VOTRE

VRAIE

HISTOIRE

Ce livre est dédié à Jésus,
le héros de notre histoire.

L'entièreté des recettes nettes de ce livre soutiendra des ministères qui aident les femmes et les enfants marginalisés dans le monde.

Dans ce livre, l'utilisation du genre masculin a été adoptée afin de faciliter la lecture et n'a aucune intention discriminatoire.

Publié à Jacksonville, en Floride, par All In Ministries Books.

Les titres d'All In Ministries Books peuvent être achetés en gros à des fins éducatives, commerciales, de collecte de fonds, de vente ou de promotion. Pour plus d'informations, veuillez envoyer un courriel à contact@allinmin.org.

La mention d'une adresse Internet ou d'une information à propos d'un ministère, d'une entreprise ou un d'produit dans ce livre n'implique pas l'approbation par All In Ministries International du contenu qui y est partagé ni des produits ou des services qui y sont mentionnés ou offerts. All In Ministries International ne se porte pas garant de l'existence de ces ressources, de leur contenu ou des services des sites, des entreprises ou des produits au-delà de la durée de vie de ce livre.

Sauf indication contraire, toutes les citations des saintes Écritures sont tirées de la traduction Segond 21.

Conception de la couverture par Danita Brooks.

Numéro de contrôle de la Bibliothèque du Congrès : 2021900138

ISBN :
978-1-958535-03-5 (livre de poche)
978-1-958535-04-2 (livre numérique)

VOTRE

VRAIE

HISTOIRE

UN GUIDE DE 50 JOURS INDISPENSABLE POUR VOTRE NOUVELLE VIE AVEC JÉSUS

SUSAN FREESE

Réactions au livre *Votre vraie histoire*

« Mon père a écrit que Dieu est toujours à l'œuvre autour de vous. C'est à vous de voir où et de vous joindre à lui. Susan Freese est l'exemple de quelqu'un qui l'a personnellement vécu ! Le jour où elle a rendu le témoignage à mon père des merveilles que Dieu était en train d'accomplir dans sa vie, il l'a exhortée à les publier afin que d'autres personnes puissent être bénies par son expérience. Ce que vous tenez dans vos mains en est le résultat. Je sais que cela vous encouragera. Dieu est aussi à l'œuvre dans votre vie. Si vous acceptez de le laisser vous guider, il vous accompagnera tout au long de votre vie ! »

Dr Richard Blackaby, président de Blackaby Ministries International et coauteur de *Experiencing God [Expérimenter Dieu]*

« Sérieuse, réfléchie, logique et appropriée – ces mots décrivent l'approche de Susan Freese pour préparer un nouveau disciple de Christ à vivre une vie qui honore Dieu. J'aurais pu également utiliser d'autres mots pleins d'éloges comme pratique, informative et bien étudiée. Par conséquent, *Votre vraie histoire* incitera doucement les croyants à s'engager dans la vie chrétienne et leur donner les outils nécessaires pour y arriver. Je crois que ce livre aidera ceux qui croient en Jésus Christ, qu'ils soient nouveaux ou aguerris, à remplir le mandat en cinq parties que nous donne Deutéronome 10.12, à savoir de craindre, l'Éternel, de marcher dans toutes ses voies, de l'aimer et de servir... l'Éternel de tout son cœur et de toute son âme... Chaque disciple de Jésus devrait absolument se procurer ce livre ! »

Dr Archie England, directeur des études bibliques au New Orleans Baptist Theological Seminary

« En tant que pasteure des femmes, je suis toujours à la recherche d'un outil de formation de disciples complet, facile à comprendre et théologiquement édifiant à l'intention des nouveaux ou des jeunes croyants. Le voici, cet outil. J'ai eu le privilège de travailler aux côtés de Susan Freese pendant plusieurs années. Grâce à sa connaissance approfondie des saintes Écritures, son obéissance à la direction du Saint-Esprit et à sa passion pour l'enseignement des femmes, des vies ont été transformées. Elle croit fermement que nous pouvons changer le monde en donnant aux gens les moyens d'être des disciples qui font des disciples. C'est précisément ce qu'accomplit si clairement son livre. »

Kelley Hastings, pasteure responsable des femmes à l'église Chets Creek

« *Votre vraie histoire* est un livre intemporel pour tous les âges. Dr Susan Freese possède une habilité inégalée à allier la pratique et l'inspiration. *Votre vraie histoire* aidera des générations de chrétiens, peu importe où ils se trouvent, dans leur voyage spirituel. Ceux d'entre nous qui apprennent en pratiquant apprécieront particulièrement cette "feuille de route" soigneusement élaborée pour nous aider à écrire notre propre histoire. C'est à la fois une lecture indispensable pour les nouveaux chrétiens et une mise au défi pour les chrétiens les plus aguerris. »

Mac D. Heavener Jr., président du Trinity Baptist College

« L'un des meilleurs outils de formation des disciples que j'ai lus. Facile à lire, il pousse à la réflexion et va droit au but. Ce guide pratique et quotidien sera un atout pour faire grandir en esprit toute personne, qu'elle se questionne sur la foi en Jésus ou un chrétien chevronné. Le livre sait s'adapter à toutes les cultures et toutes les régions géographiques de la planète. Ce sera, dès maintenant, un outil de formation de disciples indispensable pour mon ministère. C'est le genre de livre qui aura un impact sur le monde pendant des générations ! »

Chris Price, pasteur de l'église Chets Creek à Nocatee et ancien pasteur des missions

« *Votre vraie histoire* est une excellente ressource pour ceux qui veulent découvrir leur dessein divin. C'est une étude approfondie qui répondra à vos multiples questions sur votre parcours spirituel. En tant que responsable du ministère des femmes, on me demande souvent, "Où puis-je commencer pour avoir une relation personnelle avec Jésus ?" ou "Comment puis-je comprendre le message que la Bible a pour moi ?" *Votre vraie histoire* répondra à ces questions et vous guidera vers une compréhension profonde de votre nouvelle vie avec Jésus. »

Betzaida Vargas, fondatrice et directrice générale de Samaritana del Pozo

« La beauté et la force de *Votre vraie histoire* résident dans l'engagement de Susan à développer à la fois une théologie significative du discipulat de l'évangile et un manuel pratique pour la formation de disciples. D'un côté, ce livre est fascinant et facile à lire ; d'un autre, il suscite, par sa clarté, une vision pour un mouvement mondial de la formation de disciples. »

Bob Bumgarner, stratège missionnaire principal pour la Jacksonville Baptist Association

« J'ai eu l'occasion de voir Susan enseigner et mettre en pratique les principes sur le champ de mission. Elle porte dans son cœur le désir de voir Dieu être glorifié, de voir de nouveaux croyants grandir et de voir l'église se développer. Ces passions sont apparentes dans *Votre vraie histoire*, un livre qui rassemble les ingrédients essentiels de la foi et les transpose en une expérience de vie transformatrice. Grâce à ce livre, vous connaîtrez l'amour de Dieu plus en profondeur et aiderez les autres à le découvrir aussi. »

Scott Ray, directeur de l'évaluation et de l'affectation pour International Missions Board

« Susan Freese a depuis longtemps le désir acharné que tous puissent connaître et aimer Dieu profondément. *Votre vraie histoire* découle du travail passionné de Susan de produire une ressource susceptible d'amener tout le monde vers une foi plus profonde en Dieu. Elle écrit de façon assez simple et directe pour être universellement bien accueillie, mais également assez complexe pour interpeller chaque lecteur à faire une autoévaluation et une réflexion franches. En mettant l'accent sur les vérités des saintes Écritures, ce document examine comment Dieu a initié une relation avec nous et comment répondre à cette relation. *Votre vraie histoire* est donc une ressource fiable, extrêmement agréable et fondamentale pour les nouveaux croyants ainsi que les disciples de longue date et tous les autres croyants. »

Christy Price, épouse de pasteur et responsable du ministère des femmes à l'église Chets Creek à Nocatee

« Ce livre vous aidera à savoir qui vous êtes en tant que fidèle et disciple de Christ. Lorsque vous trouvez votre véritable identité, une chose est sûre : tout change! Votre propre vraie histoire prendra vie à travers ce contenu rédigé de façon intime et inspirée. J'encourage tous les nouveaux croyants et les chrétiens de longue date à consacrer 50 jours à la lecture et à la méditation des paroles de ce livre. La seule chose que je puisse vous promettre, c'est que la puissance de Dieu sera révélée et vécue d'une manière qui aura un impact non seulement sur vous, mais aussi sur la sphère d'influence que Dieu a placée autour de vous jusqu'à ce qu'il n'en reste plus de place. »

Dr Jeffery L. Crick, D.O., leader du mouvement de formation de disciples No Place Left

« Susan Freese est une fidèle servante de Christ. Je suis convaincue que la vérité contenue dans cette étude sera utilisée par le Saint-Esprit pour amener beaucoup de gens à CONNAÎTRE Jésus comme leur sauveur, à AIMER Jésus comme leur Seigneur et à SERVIR Jésus en stricte obéissance à la Bible. Tout pour la gloire de Dieu. »

Ginger Soud, membre d'un comité d'État de la Floride

« Susan et son équipe ont développé un merveilleux guide pour les nouveaux disciples de Jésus Christ qui les prépare à vivre leur vie selon Éphésiens 2.10. *Votre vraie histoire* fournira à tous les croyants les informations, ressources et outils pour mener des vies qui répondent aux exigences de la Grande Commission tout en formant des disciples formateurs de disciples. »

Bob Shallow, président directeur de C12

« En tant que chrétiens, nous devenons souvent confortables avec notre marche de foi et nous supposons que les autres savent automatiquement comment faire grandir leur foi et comment manœuvrer la vie chrétienne une fois qu'ils ont rencontré Jésus. Ce n'est pas le cas de Susan Freese qui, grâce à *Votre vraie histoire*, pointe le chemin vers une croissance de notre foi en Christ. Une ressource indispensable pour tout croyant et qui peut être utilisée à n'importe quelle étape de leur propre histoire. »

Lauren Crews, MDiv, autrice de l'ouvrage primé *Strength of a Woman: Why You Are Proverbs 31* [*La force d'une femme : pourquoi vous êtes une représentation de Proverbes 31*]

« J'ai l'honneur d'être le pasteur de Susan et de Brett Freese et je vous recommande son livre *Votre vraie histoire* sans réserve. J'ai eu le privilège de voir Susan grandir dans sa relation avec Jésus Christ et d'être là quand Dieu l'a appelée au ministère à temps plein. Susan fait tout avec excellence, de ses premiers pas dans la foi en passant par l'abandon d'un prestigieux poste en entreprise jusqu'à son entrée au séminaire pour outiller les femmes du monde entier. Dieu l'a utilisée puissamment et ce livre est la prochaine étape de sa mission pour faire la différence dans la vie des gens. J'ai bien hâte d'utiliser cette excellente ressource dans notre église et j'espère que vous le ferez aussi. »

Spike Hogan, pasteur principal de l'église Chets Creek

« *Votre vraie histoire* est une feuille de route édifiante pour tout individu qui commence un voyage spirituel ou qui le recommence à zéro. Un lecteur qui accepte de faire ce parcours de 50 jours imprégné des saintes Écritures, il sera "transformé par le renouvellement de [son] intelligence... afin qu'[il puisse] discerner quelle est la volonté de Dieu" (Romains 12.2). »

Tammie McClafferty, Ed.D., MAR, MAT, directrice générale de Lifework First Coast

« Ayant été pasteur pendant 35 ans et dirigé la formation de pasteurs en Russie et en Inde pendant 22 ans, j'ai découvert qu'un besoin universel se fait ressentir dans le monde entier : le besoin de reproduire des disciples authentiques. Des disciples authentiques, profondément ancrés dans leur relation avec Christ et sa parole et aspirant à parachever le travail de sa commission dans leurs sphères de responsabilités géographiques, familiales et sociales. Mon amie et visionnaire, Susan Freese, a profondément ressenti ce besoin et elle a choisi d'agir. Son livre, *Votre vraie histoire*, conduit le participant dans un parcours, soit celui d'une relation quotidienne cohérente avec Christ à travers sa parole et la prière, dans la puissance du Saint-Esprit. Son objectif implicite est d'inciter tout croyant à connaître Dieu, à comprendre son identité en Christ et à grandir dans le dessein divin pour sa vie. Un outil d'une telle importance aidera les églises du monde dans leur transformation. Je prie Dieu que beaucoup de gens, dans plusieurs nations, puissent entendre le message de ce livre. »

Wes Slough, formateur de pasteurs pour Saturation Church Planting

« *Votre vraie histoire* est une ressource inestimable. Beaucoup de choses sont abordées, mais à mon avis, pas un seul mot n'est de trop. Vous apprécierez la façon claire et logique dont le contenu est organisé, y compris les explications générales, les analogies percutantes et les étapes pratiques qui suivent. Chaque jour est saturé par la lecture des saintes Écritures et les quatre sections d'application quotidienne vous aideront non seulement à grandir, mais à être transformé. Je crois que le parcours de 50 jours dans la foi sera quelque chose à expérimenter à répétition qui vous servira de référence et comme outil pour former d'autres disciples. Je n'ai jamais trouvé de guide aussi complet que celui-ci pour encadrer l'ensemble des croyants et je vous le recommande vivement. Prenez le livre, invitez des amis et engagez-vous pour les 50 jours. Cela en vaut absolument LA PEINE ! »

Riann Boyd, formatrice de disciples et responsable de ministère

Table des matières

Accueil

Ce livre s'adresse à ceux qui désirent avoir une relation intime avec Jésus. C'est pour ceux qui veulent mettre en pratique une vie entière de vérités sacrées, sans avoir besoin de toute une vie pour les apprendre. C'est pour ceux qui ne veulent pas d'une foi religieuse ordinaire, d'une foi du dimanche et démodée.

Les pages de ce livre contiennent des trésors de vie enveloppés dans des mots qui attendent d'être découverts. Il m'a fallu presque 50 ans pour collecter ces trésors, expérimenter ces leçons et maintenant les partager avec vous. Que vous commenciez votre relation avec Jésus ou la recommenciez, je vous invite à entreprendre ce voyage de 50 jours pour vous guider dans vos prochaines étapes avec lui. Vous n'entendrez pas d'histoires personnelles (sauf les vraies histoires de la parole de Dieu) parce qu'il ne s'agit pas du voyage de foi de quelqu'un d'autre. En effet, c'est *votre* voyage de foi.

Chaque semaine, vous en apprendrez davantage sur le récit tissé à travers la Bible. La première partie commence par un vaste champ d'application de l'histoire de Dieu qui surplombe tout. Ensuite, nous nous concentrerons sur votre place et votre objectif dans l'histoire de Dieu. Cette fondation qui change les vies stabilisera les éléments essentiels de la foi abordés dans la seconde partie du voyage. À ce stade, la 2e partie devient aussi un guide de ressources que vous pouvez consulter lorsque les circonstances inattendues de la vie se présentent à vous. Vous découvrirez des secrets de la vie chrétienne comme, par exemple, comment demeurer en Christ, surmonter le doute, résister à la tentation et adorer Dieu en temps de souffrance. Vous allez aussi apprendre des méthodes pratiques pour étudier la Bible, partager votre foi avec les gens et prier. Si vous n'avez pas commencé une relation avec Jésus, vous aurez l'occasion de franchir ce pas. Ma prière en partageant ces leçons de vie est que vous rencontriez l'amour de Dieu, embrassiez votre portion dans l'histoire divine et que *vous appreniez de mes erreurs.*

En grandissant, j'ai fait confiance à Jésus pour le pardon de mes péchés, mais je n'ai pas su le suivre comme le guide de ma vie. Cette ignorance m'a coûté des poursuites mondaines, des pensées malsaines et une vie égoïste. Bien que j'aimais Jésus, ma compréhension incomplète de son rôle dans ma vie me laissait sans repos et sans joie. Ma carrière me distrayait et ma foi superficielle me laissait spirituellement affamée.

Mais dans cette saison sauvage, Dieu m'a soutenue et m'a révélé ce qui m'avait manqué toute ma vie : une relation quotidienne avec lui... mais plus encore, une amitié intime avec lui.

En fait, j'aimerais pouvoir vous dire que c'est à ce moment-là que je lui ai tout abandonné et que j'ai commencé à faire confiance à Jésus, non seulement pour mon salut, mais dans tous les domaines de ma vie. Mais je suis restée hésitante. J'avais peur de ce qui arriverait à mes enfants si je donnais à Dieu la direction de ma vie. Est-ce que mes enfants souffriraient de ma reddition ? Est-ce qu'on s'en prendrait à moi si j'offrais tout à Dieu ? Puis, une femme à l'église m'a gentiment raconté comment Dieu aimait mes fils plus que moi-même. J'ai réalisé que ma plus grande responsabilité en tant que mère (ou dans tout autre rôle de ma vie) était d'aimer Dieu de tout mon cœur, de toute mon âme, de toute ma pensée et de toute ma force (Marc 12.30), de lui donner mon tout, car *il m'a donné son tout*.

Tout a changé lorsque j'ai invité Dieu à prendre le contrôle de ma vie. J'ai vu la vie, non plus à travers un prisme sombre d'inquiétude ou d'ambition égoïste, mais par la foi. Ces pas d'obéissance et de confiance m'ont rapprochée de Dieu. Je voulais plus de lui et je voulais qu'*il* ait plus de *moi*. Au cours de ce voyage, j'ai découvert qui Dieu est, pourquoi j'ai été créé et comment bien vivre. J'ai trouvé *mon* histoire dans la vraie histoire de Dieu.

Au fur et à mesure que mon histoire se déroulait, Dieu m'a conduite dans un ministère à plein temps et dans un séminaire. Il m'a donné l'opportunité de partager ce que j'apprenais dans divers contextes et pays. Peu importe où je me trouvais, le besoin était le même : une relation authentique avec Jésus. Par la grâce de Dieu, les résultats ont été les mêmes : des vies magnifiquement transformées. Avec les encouragements de mon mari et de mes pasteurs, All In Ministries International est né et a pris son envol. Les églises locales et les missionnaires ont demandé à recevoir le matériel sous forme écrite, mais j'ai encore hésité. Dieu a utilisé une conversation avec le

Dr Henry Blackaby[1] pour m'encourager à franchir le pas de l'écriture et à rassembler dans un livre tout ce que j'aurais voulu savoir quand j'ai commencé avec Jésus. Mes prières d'assistance ont été exaucées à chaque étape pour créer *Votre vraie histoire*. Ce livre n'est pas censé être exhaustif, mais il contient des vérités qui ont changé ma vie et celle d'innombrables autres personnes.

Maintenant, c'est à votre tour. Je vous invite à venir avec moi dans ce voyage à travers *Votre vraie histoire* en 50 lectures quotidiennes. C'est un chapitre soigneusement choisi dans l'histoire divine et bientôt dans la vôtre. C'est ma prière. Ce ne sera pas toujours facile ou sans douleur, mais dévoiler votre vraie histoire en vaut la peine. Le changement est inconfortable, mais vous pouvez choisir comment vous y adapter. Ayez confiance en Dieu dans les prochaines étapes ; ne restez pas la même personne.

En choisissant de faire confiance à Dieu à travers ces brefs chapitres, vous ferez l'expérience d'un amour passionné, d'une joie incroyable et d'une paix surnaturelle. Cette transformation vous aidera à vivre chaque jour dans l'unité avec Dieu et vous préparera pour l'éternité. Enfin, vous verrez comment *votre* vraie histoire fait partie de la vraie histoire de Dieu.

Alors, je prie que vous soyez comme cette femme à l'église qui a gentiment partagé la vérité avec moi. Je prie pour que vous invitiez gentiment une autre personne puis une autre puis une autre dans ce voyage pour découvrir le grand amour de Dieu et son plan pour sa création. C'est ainsi que Dieu a conçu nos vies : pour *être* changées et pour *apporter* le changement aux autres.

La gloire de Dieu est notre récompense.
Susan Freese
Jean 3.30

---

1 Dr Blackaby est un pasteur de renommée internationale, un auteur et le fondateur de Blackaby Ministries International. Il est surtout connu pour son étude biblique, *Experiencing God* [*Expérimenter Dieu*].

Public international

Ce support de formation de disciples est destiné à toutes les personnes des communautés chrétiennes à travers le monde. Bien que nos styles de cultes soient variés, nous sommes unis dans nos croyances : Jésus Christ est Seigneur, toute la Bible est entièrement vraie et chaque croyant joue un rôle important dans l'histoire de Dieu. Cette étude complète les ateliers de formation de disciples offerts par All In Ministries International. Pour plus d'information et d'autres outils gratuits, visitez le www.allinmin.org.

Parcourir la Bible

Cette étude vous présentera un survol de la Bible et des méthodes d'étude lors de la cinquième semaine. Nous utilisons une traduction fiable de la Bible pour vous aider à appréhender clairement la vérité de Dieu. Il vous sera utile d'avoir avec vous une Bible pour chaque étude journalière.

En ce qui a trait aux passages bibliques, le nom du livre de la Bible est listé en premier, suivi du numéro du chapitre et ensuite du ou des versets en question. Par exemple, Jean 3.16 fait référence à l'évangile de Jean dans le Nouveau Testament (à ne pas confondre avec 1 Jean), dans le chapitre 3, au verset 16.

Jean (livre) 3. (chapitre) 16 (verset)

Les livres de l'Ancien Testament et leurs abréviations : *

Genèse (Gn)
Exode (Ex)
Lévitique (Lv)
Nombres (Nb)
Deutéronome (Dt)
Josué (Jos)
Juges (Jg)
Ruth (Rt)
1 Samuel (1S)
2 Samuel (2S)
1 Rois (1R)
2 Rois (2R)
1 Chroniques (1Ch)
2 Chroniques (2Ch)
Esdras (Esd)
Néhémie (Né)
Esther (Est)
Job (Jb)
Psaumes (Ps)
Proverbes (Pr)

Ecclésiaste (Ec)
Cantiques des Cantiques (Ct)
Ésaïe (Es)
Jérémie (Jr)
Lamentations (Lm)
Ézéchiel (Ez)
Daniel (Dn)
Osée (Os)
Joël (Jl)
Amos (Am)
Abdias (Ab)
Jonas (Jon)
Michée (Mi)
Nahum (Na)
Habacuc (Ha)
Sophonie (So)
Aggée (Ag)
Zacharie (Za)
Malachie (Ml)

Les livres du Nouveau Testament et leurs abréviations : *

Matthieu (Mt)
Marc (Mc)
Luc (Lc)
Jean (Jn)
Actes (Ac)
Romains (Rm)
1 Corinthiens (1Co)
2 Corinthiens (2Co)
Galates (Ga)
Éphésiens (Ep)
Philippiens (Ph)
Colossiens (Col)
1 Thessaloniciens (1Th)
2 Thessaloniciens (2Th)

1 Timothée (1Tm)
2 Timothée (2Tm)
Tite (Tt)
Philémon (Phm)
Hébreux (Hé)
Jacques (Jc)
1 Pierre (1P)
2 Pierre (2P)
1 Jean (1Jn)
2 Jean (2Jn)
3 Jean (3Jn)
Jude (Jd)
Apocalypse (Ap)

Les abréviations entre parenthèses sont celles utilisées dans la version Segond 21 de la Bible.

Engagement

Votre vie peut changer en 50 jours, surtout si vous vous engagez à entreprendre ce voyage. Avant de commencer, j'aimerais vous mettre au défi de ne pas manquer une seule journée de lecture. Lorsque vous avez un rendez-vous à votre calendrier, vous vous y préparez en conséquence. En signant ci-dessous votre nom et en indiquant la date, vous démontrez le sérieux de votre engagement et vos résultats s'amélioreront considérablement.

Avec l'aide de Dieu, je m'engage à consacrer les 50 prochains jours de ma vie à découvrir mon histoire dans la vraie histoire de Dieu.

Votre nom

Choisissez un lieu et une heure (nous recommandons 30 minutes) pour lire et réfléchir à un chapitre par jour. Indiquez-le ci-dessous.

Invitez vos amis

Les voyages sont meilleurs quand ils sont partagés avec des amis. Vous tirerez un plus grand profit de ce voyage dans la foi et renforcerez vos amitiés si d'autres personnes se joignent à vous. Le fait est que nous sommes meilleurs à suivre Dieu lorsque nous le faisons avec d'autres personnes. Dieu nous donne une famille de foi – l'église – pour marcher avec nous pendant que nous marchons avec lui. Il n'a jamais voulu que nous soyons seuls (Genèse 2.18). Un homme sage a dit un jour : « Il vaut mieux être deux que tout seul, parce qu'à deux on retire un bon profit du travail. En effet, en cas de chute, l'un relève son compagnon, mais malheur à celui qui est seul et qui tombe sans avoir de proche pour le relever ! » (Ecclésiaste 4.9–10). Ne tombons pas seul.

Priez et demandez à Dieu de vous conduire vers ceux qui peuvent vous rejoindre tout au long de cette étude et au-delà. Je suggère vous vous rencontriez une fois par semaine pour discuter de ce que vous apprenez. Vous pouvez utiliser les questions de discussion pour groupe qui se trouvent à la fin de chaque semaine comme guide pour votre réunion. Dressez ci-dessous la liste des noms des personnes que Dieu vous a incitées à inviter pour participer à votre voyage :

_____   _____

_____   _____

Choisissez un jour, un lieu et une heure pour vous rencontrer en groupe chaque semaine, en présentiel ou en ligne. Indiquez-les ci-dessous :

_____

PARTIE I :
DÉCOUVRIR VOTRE HISTOIRE AVEC DIEU

Je n'étais encore qu'une masse informe, mais tes yeux me voyaient, et sur ton livre étaient inscrits tous les jours qui m'étaient destinés avant qu'un seul d'entre eux n'existe. Que tes pensées, ô Dieu, me semblent impénétrables! Que leur nombre est grand!
Psaumes 139.16–17

Et si je vous disais que vous êtes la raison pour laquelle ce livre a été écrit? Et si je vous disais que vous avez un rendez-vous avec Dieu en ce moment même? Vous pouvez vous demander si c'est vrai ou vous demander pourquoi Dieu vous a inclus dans son plan, mais regardez autour de vous : y a-t-il quelqu'un d'autre qui lit ce livre? Probablement pas. Alors pourquoi vous? Parce que Dieu veut que vous sachiez qu'il vous a inscrit dans son plan. Peut-être avez-vous un voyage extraordinaire à faire pour le découvrir. Ou peut-être qu'une autre personne cherche en vous des réponses? Quoi qu'il en soit, Dieu a planifié ce moment, cet instant précis, dans cet endroit, pour que vous découvriez votre vraie histoire dans le cadre de la vraie histoire de Dieu. Peu importe qui vous êtes ou l'endroit où vous résidez, **le seul vrai Dieu vous aime en ce moment même. Il a un objectif important pour votre vie.** Vous pouvez vous demander : pourquoi m'aime-t-il? Pourquoi ma vie est-elle importante? Comment devrais-je répondre? Ce sont toutes de bonnes questions. Nous vous invitons à faire ce voyage de 50 jours pour commencer à y répondre. Pourquoi 50 jours? Dans la Bible, Dieu a choisi cette durée – 50 jours – dans la Bible pour un but précis. Après que les Hébreux aient commencé à célébrer la Pâque (nous étudierons cela au cours de la septième semaine), Dieu leur a donné un autre festival appelé la fête des semaines, plus tard appelée la Pentecôte.[1] Cette célébration d'un jour avait lieu sept semaines et un jour (50 jours) après celle de la Pâque. La Pentecôte était un jour de célébration et de révélation. En effet, elle commémore le don de la Torah (les cinq premiers livres de la Bible) à Moïse sur le mont Sinaï. Après son passage sur terre, Jésus a fait le don du Saint-Esprit aux disciples à Jérusalem le jour de la Pentecôte. Il y a quelque chose de significatif dans le fait que Dieu ait choisi le même cinquantième jour, dans l'Ancien Testament et le Nouveau Testament, pour offrir les dons de la parole et de l'esprit. La parole et l'esprit se combinent pour nous donner une plus grande révélation.

Dieu peut aussi utiliser ces 50 jours dans votre vie d'une manière spéciale. Pourquoi faire cet effort ? Parce que **votre vie compte et l'histoire de votre vie fait la différence**. Notre créateur vous a créé dans un but précis. Il a écrit une histoire pour vous, une histoire pleine de sens qui a un impact sur l'éternité. Mais pour comprendre votre but, votre véritable histoire, vous devez en connaître l'auteur. Vous devez rencontrer le seul vrai Dieu.

À quoi ressemble Dieu ? Pourquoi Dieu m'a-t-il créé ? Comment puis-je connaître Dieu ? Beaucoup d'entre nous nous sommes posé ces questions. Ne les ignorez pas parce que vous avez peur de ne pas y trouver de réponses ou parce que vous avez peur de ne pas aimer les réponses que vous trouverez. Dieu a mis ces questions dans votre cœur pour vous amener sur un chemin de foi plus proche de son cœur. Alors, posez-vous ces questions.

Vous trouverez des réponses dans la Bible, aussi connue sous le nom de la parole de Dieu ou des saintes Écritures (2 Timothée 3.16).[2] Mais plus que des réponses, vous trouverez Dieu lui-même. L'une de mes prières est que, au cours des 50 prochains jours, vous fassiez l'expérience de **la réalité de Dieu et de la véracité de la Bible.**

---

1   La Pentecôte vient d'un mot grec signifiant «cinquantième». En hébreu, la fête s'appelle *shavuot*, ce qui signifie «semaines». Cette fête est aussi connue sous le nom de festival de la moisson.

2   Vous pouvez lire la Bible en ligne sur de nombreux sites Web différents, dont Bible Gateway (biblegateway.com), Bible Study Tools (biblestudytools.com), Bible Hub (biblehub.com), Top Chrétien (topbible.topchretien.com) et YouVersion (youversion.com).

Ensemble, nous allons répondre à certaines de vos questions par la vérité de la parole de Dieu. Que vous la lisiez pour la première fois ou que vous l'ayez étudiée pendant des années, la parole de Dieu est toujours parfaite et pertinente.

Cette étude cite abondamment l'écriture et vous renvoie aux versets de la Bible (y compris plus de 1400 références) pour que la parole de Dieu puisse parler d'elle-même. Je vous suggère de réserver trente minutes chaque jour avec une Bible ouverte pour rencontrer Dieu pendant que vous parcourez ces brefs chapitres. Priez avant de lire pour inviter Dieu à se révéler à vous. Interagissez avec ce que vous découvrirez. Marquez les pages comme vous le souhaitez et écrivez vos commentaires sur les marges. **Lisez un chapitre par jour afin de pouvoir méditer et agir en fonction de ce que vous lisez.**

En apprenant à aimer Dieu de tout notre cœur, de toute notre âme, de toute notre pensée et de toute notre force (Marc 12.30), nous emprunterons ce chemin de foi en gardant à l'esprit le commandement de Jésus. Vous trouverez quatre étapes à franchir à la fin de chaque jour :

1. Lisez les Écritures en rapport avec le sujet du jour dans la rubrique «Laisser parler la Bible».
2. Répondez aux questions pour assimiler ce que vous lu dans la rubrique «Laisser parler son esprit».
3. Commencez votre conversation avec Dieu dans la rubrique «Laisser son âme prier».
4. Notez les actions que Dieu vous incite à prendre dans la rubrique «Laisser son cœur obéir».[1]

Veuillez suivre ces quatre étapes pour assimiler et appliquer la leçon de chaque jour. Cette étape est importante. **La connaissance de nouvelles informations ne transformera pas nos vies, mais, avec l'aide de Dieu, l'application de la vérité biblique le fera.**

---

1 *La Bible fait parfois référence à l'obéissance ou à une décision prise comme étant une expression du cœur (Josué 24.23 ; Joël 2.13 ; Romains 10.9–10).*

Prévisualisons le parcours de la première partie :

Tout d'abord, au cours de la première semaine, vous apprendrez à connaître Dieu et sa superbe vraie histoire. L'histoire de Dieu affecte toutes les autres histoires. Nous ne pouvons pas couvrir tout ce que vous voulez savoir sur Dieu en une semaine. Néanmoins, ce résumé vous aidera à comprendre le contexte de votre existence, de votre éternité et de votre histoire dans l'histoire de Dieu. Même si vous êtes croyant depuis longtemps, vous découvrirez peut-être des aspects de l'histoire de Dieu qui ne sont pas largement enseignés. Vous repartirez avec une meilleure compréhension de toute l'histoire de Dieu.

Puis, durant les deuxième et troisième semaines, vous comprendrez votre rôle dans l'histoire de Dieu. Pendant la deuxième semaine, vous découvrirez votre identité en Christ (qui vous êtes) et au cours de la troisième semaine, vous trouverez votre but en Christ (ce que vous faites).

Êtes-vous prêt à commencer ? Tout d'abord, prenez le temps d'examiner votre cœur. Cherchez-vous sincèrement Dieu ? Dans Jérémie 29.13, Dieu dit, « Vous me chercherez et vous me trouverez, parce que vous me chercherez de tout votre cœur. » Prenez quelques moments de prière et :

- décidez dès maintenant de chercher Dieu de tout votre cœur et de toute votre âme (Deutéronome 4.29) ;
- décidez d'accepter ce que vous découvrez sur lui, sur son histoire et comment vous vous y insérez, même si certaines choses vous surprennent ou vous dérangent d'une façon ou d'une autre ;
- priez et demandez à Dieu de préparer votre cœur pour le voyage qui vous attend et de vous donner des amis pour vous accompagner.[1]

Ensemble, cherchez la vérité et cherchez Dieu avec un cœur ouvert. Et en le cherchant, vous découvrirez qu'il a toujours été à votre recherche.

---

1 Voir la déclaration d'engagement sur la page xvii.

PREMIÈRE SEMAINE

L'HISTOIRE DE DIEU

Vous êtes invité

En effet, Dieu a tant aimé le monde qu'il a donné
son Fils unique afin que quiconque croit en lui
ne périsse pas mais ait la vie éternelle.
Jean 3.16

Que ressentez-vous lorsque vous recevez une invitation spéciale ? Quelque chose de profond se produit en vous. Savoir que quelqu'un a pensé à vous change la façon dont vous vous percevez. Quelqu'un a pensé à vous et votre présence est souhaitée. La réalité est que Dieu pense à vous et la Bible est son invitation écrite. À travers les pages de l'écriture, Dieu vous invite à lui faire confiance toute votre vie. Son invitation traverse tous les continents, toutes les cultures, toutes les époques. Et notre capacité d'écoute et de réponse en constitue sa seule limite.[1]

Bien qu'elle ait été écrite il y a longtemps, l'histoire de la Bible est encore pertinente *aujourd'hui*. Elle définit notre monde, elle explique pourquoi nous ressentons de la douleur et de l'injustice et elle promet qu'un jour Dieu rétablira tout. Tout au long de l'Ancien Testament, la Bible décrit le peuple d'Israël et sa relation avec Dieu, mais cette histoire ne leur était pas destinée qu'à eux. Cette histoire de rédemption et d'amour concerne le monde entier, et vous y compris. **Vous voulez écouter attentivement ce que Dieu dit parce qu'il s'adresse à *vous*.**

---

1 Cheryl Hauer, *God's Invitations* [*Invitations que Dieu nous envoie*], Bridges for Peace, 21 novembre 2017, consulté au : https://www.bridgesforpeace.com/letter/gods-invitations/.

Lorsque vous lisez attentivement, vous découvrirez votre vraie histoire. Oui, **votre histoire est écrite dans la Bible.** Dieu vous a créé pour le connaître et être changé par lui dans le cadre de son grand plan (Jérémie 9.23–24). Il a un dessein divin pour votre vie, mais vous ne pourrez découvrir l'appel unique de Dieu qu'en étudiant sa parole et en la mettant en pratique dans votre vie avec son aide. Dans l'histoire de Dieu, vous trouverez la signification de *votre* histoire et de toutes les histoires – passées, présentes et futures – du monde. Même si la Bible est complète, l'histoire de Dieu continue toujours de se dérouler tout autour de nous. Le dernier livre de la Bible, l'Apocalypse, nous montre ce qui se passera à la fin des temps, mais il révèle aussi que l'histoire de Dieu n'a pas de fin. Dieu nous invite à la vie éternelle à travers Jésus, maintenant et pour toujours (Jean 3.16). La vie éternelle est une amitié sans fin avec Dieu et la marque de confiance que nous lui faisons pour écrire notre histoire dans le cadre de sa vraie histoire (Jean 17.3 ; Hébreux 12.2).

Pendant les quelques instants qui suivent, écrivez ce que votre histoire a été jusqu'à présent. Comment connaissez-vous Dieu ?

Tout comme un livre est composé de nombreux chapitres qui racontent une histoire, la Bible est une collection de livres qui révèle l'histoire de Dieu pour nous. Chaque livre – ainsi que les chapitres et versets qu'il contient – fonctionne en synergie avec tous les autres pour nous révéler Dieu et la relation qu'il entretient avec nous. L'histoire de Dieu nous mène à celui qui nous a créés, celui qui est venu à nous en la personne de Jésus Christ. Toute l'histoire repose sur lui. Toute la Bible ne désigne que lui.

Alors que nous commençons notre voyage ensemble, vous et moi devons avoir une vision plus large de l'histoire de Dieu dans son ensemble. Elle peut être divisée en quatre parties fondamentales : 1. la création, 2. le péché, 3. Jésus et 4. la recréation, soit la restauration de la création de Dieu. L'Ancien Testament, qui comprend les trente-neuf premiers livres de la Bible, nous parle de la création et du péché (et du sauveur à venir). Le Nouveau Testament, regroupant les vingt-sept derniers livres de la Bible, nous parle de Jésus (le sauveur) et de la recréation. Ensemble, ces quatre parties offrent un cadre avec lequel situer toutes les histoires de la Bible ainsi que leur importance dans nos vies.

PREMIÈRE PARTIE : LA CRÉATION
Dieu nous a créés et désire avoir une relation intime avec nous.

L'Ancien Testament commence par le récit de la création. Dieu a tout créé à partir de rien et a déclaré que tout était «bon» à une exception près (Genèse 1.1). Quand Dieu a créé l'homme, il l'a fait à son image et ensuite il a dit que tout était «très bon». Il a pris un soin particulier à nous créer parce qu'il voulait avoir une relation intime avec nous. La réalité est que Dieu n'avait pas besoin de nous créer. Il vivait déjà en parfaite communauté. La Bible révèle **qu'il n'y a qu'un seul Dieu qui existe en trois personnes : le père, le fils (Jésus) et le Saint-Esprit.** Dieu a pris plaisir à nous créer. Mieux encore, nous avons le plaisir de le connaître (Colossiens 1.10). Nos premiers ancêtres, Adam et Ève, ont vécu, travaillé et marché avec Dieu dans le parfait jardin d'Éden. La joie et la paix remplissaient leur vie en tant qu'enfants de Dieu.

DEUXIÈME PARTIE : LE PÉCHÉ
Parce que le péché nous sépare de Dieu, nous avons besoin d'un sauveur.

Tout a changé quand le serpent (Satan, l'ennemi) est entré dans l'histoire. Il a déformé les paroles de Dieu pour séduire Adam et Ève.

La déception a conduit au mécontentement qui, lui, a conduit à la désobéissance. Plutôt que de faire confiance à Dieu, Adam et Ève ont cru au mensonge de Satan et se sont retournés contre Dieu. Ils ont mangé le fruit que Dieu leur avait défendu de goûter. C'est cela **le péché** : se détourner de la volonté de Dieu dans nos attitudes ou nos actions. Le péché a

> **Le péché :** se détourner de la volonté de Dieu dans nos attitudes ou nos actions.

gâché la bonne création de Dieu et tout s'est brisé. La rébellion d'Adam et Ève les a séparés de Dieu. Elle a introduit les conséquences du péché : la mort, la cupidité, la maladie, la violence et la douleur dans le monde. Les ténèbres ont désormais marqué leur vie en tant qu'ennemis de Dieu (Romains 5.10). Le reste de l'Ancien Testament raconte l'histoire de personnes en difficulté à cause du péché, de leur désobéissance aux commandements de Dieu et de leur indifférence face à sa présence, malgré l'appel des prophètes à se repentir et à revenir à lui. Plus important encore, il annonce l'histoire du plan du salut de Dieu. En effet, le monde avait besoin d'un sauveur, de quelqu'un pour nous sauver.

TROISIÈME PARTIE : JÉSUS
Jésus nous sauve de notre péché et restaure notre relation avec Dieu.

Le Nouveau Testament nous révèle notre sauveur : Jésus Christ, fils de Dieu. Il est venu nous libérer de l'emprise de l'ennemi et restaurer notre relation avec notre père céleste. Sa mission : chercher et sauver ce qui était perdu (Luc 19.10). Le début du Nouveau Testament nous parle de la vie de Jésus et nous explique comment il nous a sauvés. Dieu est juste et notre péché mérite son jugement et la peine de mort. Grâce au grand amour de Dieu, Jésus a pris notre place et a été puni pour nous, en mourant sur une croix. Ce n'était pas la fin, toutefois, mais le début d'une nouvelle vie. Jésus a vaincu la mort et est ressuscité de la tombe pour s'assurer que le péché ne pourra plus jamais nous séparer de lui. Il a vaincu le péché et la mort une fois pour toutes !

QUATRIÈME PARTIE : LA RECRÉATION —
LA CRÉATION DE DIEU RESTAURÉE
Dieu rend toutes choses nouvelles,
à commencer par nous.

Un nouveau chapitre de l'histoire de Dieu a commencé avec le tombeau vide de Jésus. Nous nous retrouvons dans ce chapitre aujourd'hui : Jésus prépare une place au ciel pour ceux qui lui font confiance. Il a donné aux croyants un nouveau dessein sur terre et a promis de revenir pour nous. Le reste du Nouveau Testament nous parle du plan du salut qui s'étend à toutes les nations et qui change le cœur et la vie des gens pour l'éternité. Aujourd'hui, la création se prépare pour le retour de Jésus. Lorsqu'il reviendra, il fera toute chose nouvelle. Il n'y aura plus jamais de fragilité. Jésus créera de nouveaux cieux et une nouvelle terre, parfaits et libres du péché. Puis les croyants adoreront Dieu et l'admireront pour toujours dans sa nouvelle création.

Dieu nous invite à lui faire confiance dans chaque partie de son histoire. Pour le reste de la semaine, nous examinerons chacune de ces 4 parties plus en détail. Nous allons découvrir comment Dieu démontre son amour pour chaque nation et pour chaque personne (Jean 3.16). **Vous, moi et tous les autres, nous avons tous été créés par son amour, pour son amour et pour partager son amour.** L'invitation de Dieu nous attend.

Laisser parler la Bible :

Lisez Genèse 1 (lecture facultative : Romains 5.12–21)

Laisser parler son esprit :

1. Que vous dit Genèse 1 à propos de Dieu ?

2. Que ressentez-vous lorsque vous réalisez que votre histoire fait partie de celle de Dieu ?

3. Comment le fait de savoir que Dieu aime tout le monde change-t-il la façon dont vous voyez Dieu, votre propre personne et les autres ?

Laisser son âme prier :

« Seigneur, merci de me révéler ton histoire à travers la Bible et de m'inviter à te faire confiance. Aide-moi pendant que je te cherche. Adoucis mon cœur et ouvre mes yeux à ta vérité alors que je commence ce voyage de foi. Je veux te connaître et connaître ma place dans ton histoire. Au nom de Jésus, je prie. Amen. »

Laisser son cœur obéir :

Qu'est-ce que Dieu vous amène à connaître, à valoriser ou à faire ?

JOUR 2

La création parfaite de Dieu révèle sa gloire

> Au commencement, Dieu créa le ciel et la terre [...]
> Dieu regarda tout ce qu'il avait fait, et il
> constata que c'était très bon.
> Genèse 1.1, 1.31

En raison de sa grande taille et des nombreuses langues et cultures anciennes qui s'y retrouvent, la Bible peut sembler intimidante pour bon nombre de personnes. Certaines pensent que la Bible est trop volumineuse pour être lue au cours d'une vie, mais en réalité, si nous la lisons une heure par jour, nous pouvons la lire entièrement en 80 jours environ. D'autres pensent que la Bible est trop compliquée et qu'il faut une formation avancée pour la comprendre, mais le fait est qu'il ne s'agit que de la révélation de Dieu. Il veut être connu. Nous ne comprenons peut-être pas tout ce que nous lisons, mais Dieu nous aide à comprendre un grand nombre de ses vérités intemporelles. Parfois, les gens croient que la parole de Dieu est un livre de règles qui nous donne une liste de choses à faire et à ne pas faire, mais quand nous la lisons, nous découvrons le plus magnifique récit de délivrance et de liberté de l'histoire de l'humanité. C'est l'histoire de Dieu.

Comme nous l'avons appris à la leçon précédente, la Bible commence par la création de toutes choses et se termine par sa recréation. Elle s'adresse au monde entier, mais elle est aussi personnelle. L'histoire de Dieu célèbre l'aspect merveilleux de la création de chacun, y compris vous (Psaumes 139). Vous n'avez pas choisi vos origines, mais la Bible révèle que Dieu, lui, l'a fait. C'est votre point de départ vers votre destinée (Actes 17.26–27). Par contre, pour comprendre l'histoire de Dieu et la place que vous occupez dans celle-ci, vous devez d'abord comprendre que **l'histoire de Dieu n'est pas centrée sur nous. L'histoire de Dieu est centrée sur Dieu et sa gloire.** Toutes choses existent pour louer *sa* grandeur. Vous découvrirez bientôt pourquoi, mais pour l'instant, commençons au début.

Dieu a tout créé, tout en tout, pour sa gloire, y compris vous et moi. Dans sa puissance, il a appelé toute la création à l'existence : lumière, terre, mer, plantes et animaux. Toute la création glorifie Dieu en montrant «sa puissance éternelle et sa divinité» (Romains 1.20). Même que «le ciel raconte la gloire de Dieu et l'étendue révèle l'œuvre de ses mains» (Psaumes 19.1). Depuis les étoiles dans le ciel jusqu'aux parties les plus cachées de notre corps, toute la création témoigne de l'éclat de Dieu et sa bonté. Les hommes, les femmes et les enfants déclarent eux aussi la gloire de Dieu. Comme la lune qui reflète la lumière du soleil, nous reflétons Dieu dans le monde. Notre raison d'être, c'est sa gloire (Esaïe 43.7). Dieu manifeste sa gloire de la plus belle manière dans son grand amour pour nous. Dieu désirait une relation intime avec l'humanité. Il nous a créés avec une attention particulière, à son image et avec son souffle. Puis Dieu dit, « Faisons l'homme à notre image, à notre ressemblance ! [...] L'Éternel Dieu façonna l'homme avec la poussière de la terre. Il insuffla un souffle de vie dans ses narines et l'homme devint un être vivant» (Genèse 1.26, 2.7). Le Dieu de l'univers forma les êtres humains à partir de la poussière de la terre. Comme le

> *Gloire :*
> L'un des mots hébreux signifiant *gloire (kabod)* se traduit littéralement par «lourd» et «pesant», en indiquant la valeur. Notre réponse envers quelqu'un dont la présence pèse lourd pour nous est l'honneur et le respect.
>
> *Glorifier* Dieu signifie penser, agir, parler et servir d'une manière qui reflète la grandeur de Dieu. C'est le but de notre vie.
>
> Source : Ludwig Koehler et al., *The Hebrew and Aramaic Lexicon of the Old Testament*, (Leiden: E. J. Brill, 1994–2000), 456.

potier moule l'argile, Dieu a apporté un soin personnel et intime à notre conception. Il n'a pas gardé ses distances quand il a créé Adam et Ève au commencement et il ne le fera pas avec vous aujourd'hui. Il veut être proche de vous.

Dieu nous a aussi créés pour que nous ayons des relations agréables les uns avec les autres. Dès le début, Dieu a dit, «Il n'est pas bon que l'homme soit seul» (Genèse 2.18). Ainsi, Dieu créa Ève pour être la compagne d'Adam.[1] Dans ce rôle, Dieu créa Ève comme la contrepartie essentielle et égale d'Adam en vue d'accomplir les desseins divins pour l'humanité. Ce premier mariage est un exemple des relations humaines les plus intimes. Plus important encore, il sert d'image de notre relation avec Dieu. À quoi devrait ressembler le mariage? Un amour sincère. Une amitié intime. Un travail partagé. Un dessein divin. Une présence indéfectible. C'est ainsi que nous devrions approcher notre relation avec Dieu, parce qu'il fait de nous ses délices. «Comme un jeune homme épouse une jeune fille vierge, [...] tu feras la joie de ton Dieu» (Ésaïe 62.5). Quel que soit votre état matrimonial, rappelez-vous que votre lien profond avec votre créateur est bien plus précieux que n'importe quel mariage terrestre. «En effet, ton époux, c'est celui qui t'a faite» (Ésaïe 54.5). **Dieu vous connaît intimement et il est fidèle.** Il appelle son peuple «l'épouse» de Christ, pleinement connue et pleinement aimée (Apocalypse 19.7–9; voir aussi Éphésiens 5.25–27). Même le meilleur des mariages sur terre n'est que le reflet de la profondeur de l'amour que Dieu déverse dans notre relation avec lui.

Nous pouvons mieux comprendre l'amour sans limites et extravagant de Dieu à travers nos propres enfants. C'est peut-être pour cela que **Dieu nous a créés pour avoir des relations intimes avec nos enfants.** Il a commandé à Adam et Ève de se reproduire

---

1 Selon *The Hebrew Aramaic Lexicon of the Old Testament* par L. Koehler et W. Baumgartner, un plus grand nombre d'instances de ce mot dans l'Ancien Testament se rapporte à l'idée partenariat plus qu'à la seconde signification possible, parfois utilisée et qui dénote une idée de «force». C'est pourquoi le Dr Archie England, professeur de l'Ancien Testament et de l'hébreu au New Orleans Baptist Theological Seminary, a suggéré que le mot hébreu original pour «partenaire», *ezer kenegdo*, est mieux traduit dans ce contexte par «homologue» ou «aide». Le Dr England a également laissé entendre que le rôle d'Ève, en tant que contrepartie d'Adam, ne signifie pas qu'il y ait une hiérarchie. Le rôle d'Ève n'est pas d'être la servante d'Adam, mais plutôt d'être sa partenaire. Ève était aux côtés d'Adam et l'aidait à réussir.

et de devenir nombreux (Genèse 1.28) afin qu'ils puissent partager les bénédictions de Dieu et ses enseignements avec leur progéniture (Deutéronome 6.5–7). L'éducation des enfants peut nous aider à mieux comprendre comment, en tant qu'enfants de Dieu, nous pouvons nous identifier à lui comme notre père céleste. Considérez comment un jeune enfant se glisse sur les genoux de sa mère et se repose dans ses bras en toute sécurité, aimé et connecté. C'est ainsi que doit être notre relation avec Dieu : nous devons nous reposer sur la foi, partager notre journée avec lui, écouter sa voix, lui faire confiance et lui obéir. Que vous ayez ou non des enfants biologiques, Dieu vous a créé pour vous reproduire. Lorsque vous transmettez votre foi à la génération suivante, vous avez des enfants spirituels et par conséquent des relations bénies qui dureront pour toujours. Dieu nous a créés pour faire de nous des parents et pour qu'il soit notre parent.

Nos relations s'étendent au reste de la création. Dès le début de Genèse, nous voyons Dieu à l'œuvre, façonnant la terre. Il nous confie ensuite la terre pour «la cultiver et la garder» (Genèse 2.15). Dieu a travaillé à la créer et nous travaillons pour l'entretenir. Dès le commencement des temps, nous découvrons les concepts bibliques d'appel, de vocation et de travail. Nous apprenons que Dieu veut que nous profitions de la nature et il nous permet de la gérer pour lui à travers notre travail. Il existe par conséquent de nombreuses vocations et nous avons tous des passions et des compétences différentes. Nous pouvons ne pas aimer le travail que nous faisons tout le temps, mais nous pouvons choisir d'être reconnaissants. Peu importe ce que nous faisons, nous pouvons rendre gloire à Dieu dans notre travail, car Dieu nous a conçus pour cela (1 Corinthiens 10.31).

Les deux premiers chapitres de la Bible révèlent beaucoup de choses sur l'histoire de Dieu. Aujourd'hui, nous avons appris que 1. l'histoire de Dieu est centrée sur Dieu et sa gloire et 2. qu'il a créé toutes choses, y compris le travail, pour manifester sa gloire. Dieu nous aime et veut que nous ayons une relation intime avec lui. Il nous bénit aussi grâce à sa création, nous aide à créer et nous invite à gérer sa création. Nous sommes créés pour être le reflet de notre Dieu créateur.

JOUR 2

Laisser parler la Bible :

Lisez Genèse 2 (lecture facultative : Psaumes 148)

Laisser parler son esprit :

1. Que peut vous apprendre la création sur votre créateur ?

2. Le seul vrai Dieu nous a créés pour le connaître. Aucune autre religion ne considère son ou ses dieux de cette façon. Pourquoi est-il important que nous connaissions Dieu d'une manière personnelle ?

3. Comment le fait de considérer Dieu comme votre époux et votre parent change-t-il la façon dont vous le voyez ?

Laisser son âme prier

Seigneur, tu es digne « de recevoir la gloire, l'honneur et la puissance, car tu as créé toutes choses et par ta volonté elles ont été créées et elles existent » (Apocalypse 4.11). Merci pour ta création parfaite. Combien j'apprécie ta gloire telle qu'elle se manifeste dans le monde magnifique qui m'entoure, qui me rappelle que ta gloire s'exprime encore mieux dans ton amour envers moi ! S'il te plaît, fais grandir ma relation avec toi. Au nom de Jésus, je prie, amen.

Laisser son cœur obéir :

Qu'est-ce que Dieu vous amène à connaître, à valoriser ou à faire ?

JOUR 3

Le péché a tout détruit

Tous ont péché et sont privés de la gloire de Dieu.
Romains 3.23

Comme le vent soufflait, un bruit familier dans le jardin d'Éden fit régner un sentiment inhabituel. Les cœurs d'Adam et Ève se remplirent d'une peur étrange. Dieu était là pour passer du temps avec ses précieux êtres qu'il avait créés à son image, mais au lieu de marcher avec Dieu, ils se sont cachés loin de lui dans les arbres. C'était le jour où le péché a tout gâché.

Dans les trois premiers chapitres de Genèse, nous voyons comment cette histoire se déroule. Dieu regarda toute la création, visible et invisible, et elle était «très bonne» (Genèse 1.31). Les gens et les anges avaient une relation parfaite avec Dieu. Dieu comblait tous leurs besoins et leurs désirs. Ils avaient également le choix soit d'aimer et de faire confiance à Dieu ou de se rebeller. Ils ont choisi de se rebeller.

Mais ils n'étaient pas les premiers rebelles. Non, il y avait un «chérubin protecteur» qui était «intègre» jusqu'à ce que la méchanceté se trouve en lui (Ézéchiel 28.14–15). Satan, connu alors sous le nom de Lucifer, était beau et brillant et il le savait. Il était tellement rempli de fierté dans son cœur qu'il a voulu devenir égal à Dieu (Ésaïe 14.12–14). Il a même convaincu un tiers des anges de se rejoindre à lui dans sa rébellion (Apocalypse 12.4–9).

En réponse à cette méchanceté, Dieu, qui est à la fois aimant et juste, a puni Satan en l'expulsant du ciel dans la honte (Ézéchiel 28.14–18). Satan détestait Dieu. Il a donc cherché à détruire ce que Dieu chérissait le plus : ses précieux êtres **créés à son image**. Il s'agit de vous et moi.

Ce qui a commencé comme une rébellion dans un monde invisible a conduit à la tromperie dans notre monde visible. Satan est venu dans le jardin sous la forme d'un serpent et a poussé Adam et Ève à se rebeller contre Dieu.

Il les a séduits en les poussant à remettre en question les paroles de Dieu à leur égard. Satan a demandé, «Dieu a-t-il vraiment dit... ?» (Genèse 3.1). Puis, il a suggéré que le commandement de Dieu qui leur interdisait de manger le fruit d'un arbre au milieu du jardin visait à priver Adam et Ève de quelque chose de bon : «Vous ne mourrez absolument pas, [...] vous serez comme Dieu» (Genèse (3.4–5). Au lieu de croire en l'amour, la bonté et la provision abondante de Dieu envers eux, Adam et Ève se mirent à remettre en question les commandements et les promesses de Dieu à leur égard.

> **Porteur d'image :**
> Contrairement aux anges ou aux animaux, les êtres humains — hommes et femmes — sont créés à l'image de Dieu (Genèse 1.27). Nous pensons, inventons, planifions, ressentons, créons, distinguons le bien du mal, avons des souvenirs et des idées et donnons naissance à de nouvelles vies. Plus important encore, nous pouvons adorer, connaître et aimer Dieu.

Satan avait créé le doute et ce doute a conduit à la désobéissance. Satan nous trompe encore aujourd'hui, tout comme il a trompé Adam et Ève. Il nous pousse à mettre en question la parole et la bonté de Dieu. Il suscite le mécontentement dans nos cœurs et nous incite à désobéir à Dieu, comme il l'a fait en semant le doute dans les cœurs d'Adam et Ève. En conséquence, Adam et Ève ont tous deux désobéi à Dieu et le péché est entré dans notre monde (Genèse 3.6). **Le péché a tout détruit. À cause du péché, toute la création gémit** (Romains 8.22). Avec le péché sont venus la mort, la douleur, la honte, la maladie, la violence, la peur, la dépression et toutes sortes de maux. La présence du péché a même affecté le fonctionnement normal de nos corps. L'accouchement est devenu très douloureux. Le travail est devenu difficile. La terre a été soumise à des catastrophes naturelles, des animaux venimeux et des épines qui l'ont rendue difficile à cultiver. Le péché a affecté la création même dans les plus petits détails, tout comme le péché affecte les plus petits détails de nos vies. **Les relations parfaites que Dieu avait créées, grâce au mariage, au rôle des parents et au travail, ont toutes volé en éclats.** Pire encore, le péché a détruit notre relation la plus importante : celle que nous entretenons avec Dieu.

Lorsque nous faisons les choses à notre manière plutôt qu'à la manière de Dieu, nous créons une séparation néfaste entre lui et nous. Comme vous vous en souvenez peut-être, c'est cela **le péché : se détourner de la volonté de Dieu dans nos attitudes et nos actions.** Le péché d'Adam et Ève les a amenés à souffrir immédiatement de la mort spirituelle et à faire face à la mort physique.

Après avoir mangé du fruit défendu, Adam et Ève ont réalisé qu'ils étaient nus parce que **la honte suit le péché.** Lorsque nous péchons, nous nous sentons sales et exposés parce que nous avons trahi notre créateur. Dans notre péché, nous nous rebellons contre celui dont nous portons l'image. Nous devenons confus quant à notre identité. Désorientés et honteux, nous faisons souvent la même chose qu'Adam et Ève : nous nous cachons loin de Dieu (Jean 3.20).

Adam et Ève ont cousu des feuilles de figuier ensemble pour couvrir leur honte (Genèse 3.7). Nous essayons aussi de couvrir notre péché et notre honte, mais nous n'utilisons pas des feuilles de figuier. Au lieu de cela, nous mentons pour couvrir nos erreurs ou nous faisons de très bonnes actions pour compenser nos échecs. Aucun de ces efforts ne dure longtemps parce que **nos tentatives pour couvrir nos péchés sont aussi vaines que les vêtements faits de feuilles de figuier.** Adam et Ève savaient que leurs feuilles de figuier ne couvriraient pas leur péché, pourtant ils ont choisi de se cacher de Dieu quand ils l'ont entendu les appeler dans le jardin.

Avant de découvrir comment Dieu a réagi au péché d'Adam et Ève, rappelons-nous que nous ne pouvons pas accuser Adam et Ève de *notre* péché. Nous enfreignons tous les règles de Dieu. « Il n'y a point de juste, pas même un seul » (Romains 3.10). Les dix commandements (Exode 20.2-17) nous enseignent à aimer et servir Dieu seul, respecter le nom de Dieu, honorer nos parents et nous confier en Dieu. Ils nous enseignent aussi à ne pas tuer, commettre l'adultère, voler, mentir ou envier ce qu'ont les autres. Jésus a rendu ces règles encore plus difficiles à suivre en enseignant que la colère persistante est aussi mauvaise que le meurtre et que la convoitise intentionnelle est aussi mauvaise que l'adultère (Matthieu 5.21–22, 28). **Dieu se soucie de nos cœurs autant que de nos actions.** Cela signifie que, même si nous faisons de bonnes choses, si nous les faisons pour de mauvaises raisons, nous péchons. Dieu nous ordonne, «Vous serez saints car je suis saint» (Lévitique 11.44–45). Nous savons que c'est *impossible*. Ainsi, nous péchons, nous ressentons la honte et nous nous cachons loin de Dieu, tout comme Adam et Ève.

Mais Dieu n'a pas abandonné Adam et Ève et il ne nous abandonne pas. Dieu est venu les chercher, tout comme il vient nous chercher. «Où es-tu», demanda-t-il (Genèse 3.9).

Cette question ne concernait pas la position physique d'Adam et Ève, mais leur position par rapport à Dieu.[1] Nous devons tous nous poser la même question. Adam et Ève ont admis leur désobéissance, mais ont utilisé des excuses et des reproches pour rationaliser leur comportement. Lorsque nous péchons, nous trouvons parfois des excuses et nous mettons le blâme sur les autres, mais il n'y a pas d'excuses pour le péché. Le mensonge n'excuse pas le péché. **Nos blessures ne nous donnent pas le droit de blesser les autres.** Adam et Ève auraient pu revenir à Dieu avec leurs questions et nous pouvons aussi lui poser les nôtres. Puisque les normes de Dieu sont parfaites et qu'il regarde le cœur, il n'a pas accepté les confessions d'Adam et d'Ève qui se jetaient la faute l'un sur l'autre. Le péché est toujours une offense grave. Le mal était fait. Dans la justice parfaite de Dieu, ce péché méritait la peine de mort. La vie est dans le sang (Lévitique 17.11) et leur sang était maintenant spirituellement pollué par le péché.

Dieu n'a jamais voulu que sa création à son image paie pour son péché. Ainsi, il a immédiatement révélé son plan du salut, un plan qui allait enlever le poids de nos péchés pour le placer sur le seul fils de Dieu, Jésus Christ. Dieu s'est détourné d'Adam et Ève et

---

1   Ian Jones, *The Counsel of Heaven on Earth: Foundations for Biblical Christian Counseling* [*Le conseil céleste sur terre : fondations pour le conseil chrétien biblique*], (Nashville: Broadman & Holman Publishers, 2006), 31–32.

s'est adressé au véritable ennemi, Satan : « Je mettrai l'hostilité entre toi et la femme, entre ta descendance et sa descendance : celle-ci t'écrasera la tête et tu lui blesseras le talon » (Genèse 3.15). Satan aurait la permission de frapper le sauveur et de le faire souffrir, mais en fin de compte, le sauveur réussirait à écraser l'ennemi qui cherche à « voler, égorger et détruire » afin que nous puissions « avoir la vie et [que nous l'ayons] en abondance » (Jean 10.10).

Avant que Dieu ne bannisse Adam et Ève du jardin, il a tué un animal et a remplacé les feuilles flétries d'Adam et d'Ève par des vêtements durables en cuir. Cela annonçait les nombreux sacrifices qui seraient faits pour couvrir le péché de l'humanité jusqu'au sacrifice ultime et définitif de Jésus (Lévitique 1.7).[1]

Oui, Jésus allait mourir pour payer notre dette à notre place. Inconcevable, mais vrai. Dieu nous offre un moyen de couvrir, d'expier notre péché et de restaurer notre vie spirituelle.

Grâce aux sacrifices de sang, d'abord de certains animaux et finalement de Jésus, qui est l'Agneau de Dieu, notre relation avec Dieu pourrait être rétablie (Hébreux 9.26, 10.4). Il fallait que du sang pur coule pour couvrir le sang impur. La mort de Jésus à notre place était un sacrifice complet et définitif qui ne sera jamais répété.[2]

Même en cette période sombre où le péché est entré dans le monde, l'amour tendre de Dieu a brillé encore plus fort. **Dieu est venu nous chercher, il nous a couverts et il a promis de nous sauver.** Oh, comme il nous aime avec passion !

---

1 Wayne Grudem, *Systematic Theology: An Introduction to Biblical Doctrine* [*Théologie systématique : une introduction à la doctrine biblique*] (Grand Rapids, MI: Zondervan, 1994), 626–627.

2 Norman L. Geisler, *Systematic Theology: In One Volume* [*Théologie systématique en un volume*], (Bloomington, MN: Bethany House Publishers, 2002), 801.

JOUR 3

Laisser parler la Bible :
Lisez Genèse 3 (lecture facultative : Psaumes 51)

Laisser parler son esprit :
1. Si Dieu vous demandait, « Où êtes-vous ? », que diriez-vous ?

2. Vous cachez-vous de Dieu d'une manière quelconque ? Si oui, expliquez.

3. Quels sentiments s'éveillent en vous lorsque vous réalisez que Dieu vous cherche (Ezéchiel. 34.11–16 ; Luc 19.10) ?

Laisser son âme prier :
*Seigneur, « tu es un abri pour moi ; tu me préserves de la détresse »
(Psaumes 32.7). Que je ne me cache jamais loin de ta face, mais que
je me cache en toi, sachant que tu me pardonneras et que tu me
protégeras. Au nom de Jésus, je prie, amen.*

Laisser son cœur obéir :
Qu'est-ce que Dieu vous amène à connaître, à valoriser ou à faire ?

Jésus nous sauve, nous pardonne et nous conduit

Christ aussi a souffert, et ce une fois pour toutes, pour
les péchés. Lui le juste, il a souffert pour des injustes
afin de vous conduire à Dieu. Il a souffert une mort
humaine, mais il a été rendu à la vie par l'Esprit.
1 Pierre 3.18

De tous les genres littéraires présents dans l'histoire de Dieu – dont
le récit, la poésie, la prophétie, les lettres – le mystère n'en fait pas
partie. Pendant des milliers d'années, le peuple de Dieu a peut-être
eu l'impression qu'il y avait trop d'inconnus. Dieu a promis d'envoyer
un sauveur, la « semence » qui écraserait l'ennemi (Genèse 3.15). Et
l'écriture a fourni des centaines de prophéties pour que le sauveur
puisse être reconnu et que l'humanité puisse croire en lui. Il y a eu
des guerres et des périodes d'errance dans le désert pour protéger
la semence de Dieu. Mais les détails du plan de salut de Dieu sont
restés cachés, ce qui a soulevé de nombreuses questions : qui pourrait nous sauver de notre condition déchue et de ce monde infecté
par le péché ? Comment pourra-t-on apaiser la colère de Dieu
contre le péché ? Comment ne pourrions-nous jamais échapper au
châtiment que nous méritons ?

La Bible nous avertit que la conséquence pour nos péchés, c'est-
à-dire de nos attitudes ou de nos actions qui violent les commandements de Dieu, est la séparation totale d'avec Dieu, pour toujours.
Mais Dieu n'avait jamais prévu que notre histoire s'arrête ainsi.

La séparation d'avec Dieu signifierait la séparation d'avec tout ce qui est bon, adorable, sage, pur, beau, héroïque et vrai. Chaque bonne chose qui reflète Dieu aurait disparu de notre existence.

Pendant longtemps, il semblait que les paroles de Dieu avaient aussi disparu. L'Ancien Testament a parlé d'un sauveur à venir, le messie, le libérateur promis par Dieu. Pendant des centaines d'années, les prophètes ont demandé au peuple de Dieu de se préparer pour accueillir le sauveur en se **repentant** (en se détournant de leur péché et en se tournant vers Dieu). Mais alors, il semble que Dieu ait arrêté de parler. L'Ancien Testament est arrivé à sa fin. Le silence... et puis l'attente.

> **La repentance :** se détourner du péché et revenir à Dieu.

Jusqu'à ce qu'un jour, au moment parfait et de la manière parfaite, un sauveur parfait est venu (Galates 4.4). Dieu a rompu le silence, a révélé le mystère de sa volonté (Éphésiens 1.9) et nous a parlé directement à travers son fils, Jésus (Hébreux 1.2). Celui qui a donné vie à la création est apparu dans cette création pour nous parler. Il était entièrement humain et entièrement Dieu. Jésus a été appelé Emmanuel, ce qui signifie «Dieu est avec nous» (Ésaïe 7.14, Matthieu 1.23). La parole de Dieu est venue, non pas sous forme écrite, mais sous forme humaine (Jean 1.14). Que disait cette parole de Dieu?

Au début, elle ne disait rien. Parce que Christ est né en tant que bébé, ce nourrisson fragile dont nous célébrons la naissance encore aujourd'hui à l'occasion de Noël. Au lieu de choisir une sage-femme et de préparer soigneusement sa layette, Marie, la mère de Jésus, a passé les dernières étapes exténuantes de sa grossesse en voyage sur des routes difficiles et poussiéreuses. Quand elle et son mari, Joseph, sont enfin arrivés à Bethléem pour être recensés par les Romains, la petite ville était si peuplée qu'ils n'ont pas pu trouver d'endroit où loger. Alors, Marie donna naissance à son fils dans une étable et le coucha dans une mangeoire (Luc 2).

Inimaginable. Mais Jésus, roi de l'univers, est né pauvre pour une raison.

Christ :
« l'oint » de Dieu ; la traduction grecque du mot hébreu « messie ».

Le grand amour de Jésus pour sa création l'a poussé à mettre volontairement de côté les privilèges royaux qui lui revenaient de droit : « Lui qui est de condition divine, il s'est dépouillé lui-même [...] en devenant semblable aux êtres humains. » (Philippiens 2.6–7). **Il est devenu pauvre afin que nous puissions devenir riches de la miséricorde et de la grâce de Dieu** (2 Corinthiens 8.9).

Au lieu d'une annonce de naissance royale avec de riches accompagnateurs, les anges ont annoncé l'arrivée de Jésus en tant que bébé aux bergers, les plus pauvres des pauvres. Même la création a proclamé la gloire de Dieu lorsqu'une nouvelle étoile a révélé le roi des rois aux mages, les plus sages des sages. Le naturel et le surnaturel ont proclamé sa venue au monde entier, aux grands et aux petits comme aux riches et aux pauvres. **La parole de Dieu est venue pour tous**. Pourquoi le sauveur est-il venu de cette façon? Jésus s'est humilié et est devenu l'un de nous afin de

Évangile :
« bonne nouvelle » ; il s'agit de la bonne nouvelle issue de la mort de Jésus, à savoir le paiement intégral de la peine du péché. En effet, toute personne qui se tourne vers Jésus et lui fait confiance pour son salut est pardonnée, renouvelée et a la vie éternelle.

pouvoir faire pour nous ce que nous ne pourrions jamais faire nous-mêmes. **« Celui qui n'a pas connu le péché, il l'a fait devenir péché pour nous afin qu'en lui nous devenions justice de Dieu »** (2 Corinthiens 5.21). Voilà donc le message complet de l'**évangile** – la bonne nouvelle – dans un seul verset. Prenez un moment pour le relire.

Dans une expression ultime de son amour, Dieu a envoyé son unique fils, Jésus, pour mener une vie parfaite et subir le châtiment de nos péchés. Il a été accusé à tort, brutalement battu et cloué sur une croix. En réalité, **nous aurions dû être sur cette croix**, « Mais lui, il était blessé à cause de nos transgressions, brisé à cause de nos fautes [...] et l'Éternel a fait retomber sur lui nos fautes à tous » (Esaïe 53.5–6). Jésus a subi le châtiment pour tous nos péchés « et non seulement pour les nôtres, mais aussi pour ceux du monde entier. » (1 Jean 2.2). **Il a pris *notre* place sur cette croix.**

Chaque année, lors du Vendredi saint, nous nous souvenons du sacrifice ultime de Jésus. Nous parlons encore de cet événement – et des gens continuent à être martyrisés pour en avoir parlé – plus de deux mille ans plus tard, mais grâce à Dieu, l'histoire ne s'est pas arrêtée là.

Trois jours plus tard, tout a changé. La tragédie s'est transformée en victoire ! La mort a été vaincue et Jésus Christ est ressuscité d'entre les morts ! Il a apparu à plus de 500 personnes, les a instruits et a revêtu ses disciples de puissance et est ensuite monté au ciel. Il a non seulement réconcilié ses relations sur la terre, mais il a aussi pourvu un moyen pour nous d'être avec lui au ciel pour toujours. Nous pouvons perdre nos corps physiques à cause de la mort et la décomposition, car nous vivons dans un monde déchu, mais notre esprit vivra pour toujours parce que Jésus a conquis la mort et qu'il nous donne la vie éternelle par notre foi en lui.

La victoire de Jésus sur la mort nous donne la victoire sur le péché.

C'est sa victoire que nous célébrons le jour de Pâques, le dimanche de la résurrection. Dieu le célèbre aussi ! Notre **réconciliation** lui procure une grande joie en raison de son grand amour pour nous. « Cet amour consiste non pas dans le fait que nous, nous avons aimé Dieu, mais dans

> **Réconciliation :** une relation réparée ou restaurée.

le fait que lui nous a aimés et a envoyé son Fils comme victime expiatoire pour nos péchés » (1 Jean 4.10). Dieu nous offre un don inestimable en Jésus Christ : « En effet, le salaire du péché, c'est la mort, mais le don gratuit de Dieu, c'est la vie éternelle en Jésus-Christ notre Seigneur » (Romains 6.23). Tout comme un cadeau ne peut être apprécié que s'il est reçu et ouvert, **nous devons recevoir le don gratuit d'une relation restaurée avec Dieu.** Comment ? En nous tournant vers Jésus et en nous détournant de nos péchés. Nous demandons le pardon de Dieu et nous suivons Jésus comme notre guide.

> **La justice :** juste, intègre, innocente, irréprochable, honnête.

Malheureusement, bon nombre de personnes refusent ce don. Certains ne croient pas que leurs péchés méritent d'être punis.

Certains s'efforcent de devenir **justes** par eux-mêmes, mais la Bible est claire : «Il n'y a pas de juste, pas même un seul» (Romains 3.10). Personne n'est assez bon, car «tous ont péché et sont privés de la gloire de Dieu» (Romains 3.23). D'autres rejettent Jésus parce qu'ils croient qu'il y a plusieurs chemins vers le ciel. Pourtant la Bible est claire : «Il n'y a de salut en aucun autre, car il n'y a sous le ciel aucun autre nom qui ait été donné parmi les hommes, par lequel nous devions être sauvés» (Actes 4.12). Jésus lui-même a dit, «C'est moi qui suis le chemin, la vérité et la vie. On ne vient au Père qu'en passant par moi» (Jean 14.6). Même Jésus a demandé au père s'il n'y avait pas d'autre moyen pour nous d'être sauvés que par sa mort sur la croix (Matthieu 26.39–42), **mais il n'y avait pas d'autre moyen.** Jésus devait mourir. Ce n'est que par Jésus que nous pouvons trouver le pardon et la réconciliation avec Dieu.

Lorsque nous demandons pardon à Jésus, le péché qui nous sépare de Dieu disparaît. L'esprit de Dieu vit maintenant en nous et nous aide à vivre chaque jour pour Jésus. Nous commençons à changer! Le péché n'a plus de contrôle sur nous. Dieu nous adopte dans sa famille et nous lui appartenons. Plus de séparation, plus de condamnation (Romains 8). Nous sommes aimés éternellement.

Et ce n'est que le début de notre vraie histoire avec Dieu. Demain, nous découvrirons ce qui se passe quand nous devenons une nouvelle créature.

JOUR 4

Laisser parler la Bible :
Ésaïe 53 (lecture facultative : Jean 19–20)

Laisser parler son esprit :

1. Ésaïe 53 a été écrit des siècles avant la venue de Jésus. Connaissez-vous quelqu'un d'autre dans l'histoire qui a accompli ces prophéties ?

2. Avez-vous déjà reçu le don du pardon et de la vie éternelle de Jésus ? Si oui, avec qui pouvez-vous partager ce don aujourd'hui ? Sinon, allez-vous recevoir son don maintenant ? **Pour en savoir plus sur cette décision importante, lisez « Recevez Jésus aujourd'hui » à la fin du jour 7.**

Laisser son âme prier :
Seigneur, ta parole dit que tu es venu chercher et sauver tous ceux qui étaient perdus, moi y compris (Luc 19.10). Merci pour ce don inestimable et aide-moi à partager ce don avec d'autres. Au nom de Jésus, je prie, amen.

Laisser son cœur obéir :
Qu'est-ce que Dieu vous amène à connaître, à valoriser ou à faire ?

Dieu rend toutes choses nouvelles – la recréation

Si quelqu'un est en Christ, il est une nouvelle créature.
Les choses anciennes sont passées ; voici, toutes choses
sont devenues nouvelles. Et tout cela vient de Dieu
qui nous a réconciliés avec lui par [Jésus-]Christ et qui
nous a donné le ministère de la réconciliation.
2 Corinthiens 5.17–18

Si nous nous arrêtons pour y réfléchir, la plupart d'entre nous avons des moments dans notre vie que nous aimerions pouvoir recommencer. (Certains d'entre nous en ont plus que d'autres.) Peut-être avons-nous dit quelque chose qui nous a embarrassés ou qui a embarrassé quelqu'un d'autre. C'est peut-être quelque chose que nous aurions fait ou omis de faire que nous regrettons. Si nous pouvions revenir en arrière et recommencer, nous ferions sûrement des choix différents. Nous aimerions avoir un nouveau départ.

Quelques chapitres seulement de la Bible nous permettent de voir émerger le thème du «nouveau départ». L'histoire épique de Dieu s'ouvre avec la création, mais quand le péché interrompt tout, Dieu fait preuve d'une miséricorde et d'une grâce innées, offrant une recréation – soit la restauration de sa création. Oui, dans la recréation, Dieu répare tout ce qui a été brisé par le péché. Il commence avec ceux qui portent son image : vous et moi. Il nous change et rétablit la plus grave destruction du péché : notre relation avec lui.

Plus question de se cacher loin de Dieu comme Adam et Ève.
Maintenant, nous courons vers Dieu.

Plus question de vivre dans les ténèbres, emprisonnés par le péché.
Maintenant, nous vivons dans la lumière, libérés de l'esclavage du péché.

Plus question de refléter la méchanceté du monde.
Maintenant, nous témoignons de la bonté de Dieu envers le monde.

Ce changement n'est possible que par Jésus. Dieu nous restaure comme ceux qu'il a créés à son image en nous rendant semblables à son fils, qui est «l'image du Dieu invisible» (Colossiens 1.15), «le reflet de sa gloire et l'expression de sa personne» (Hébreux 1.3). Par le processus de recréation, «nous porterons aussi l'image de celui qui est venu du ciel» (1 Corinthiens 15.49).

La recréation reflète la création. Tout comme la création est venue par Jésus en tant que Dieu créateur, la recréation vient aussi de Jésus (Jean 1.3 ; Colossiens 1.16). En fait, «c'est [Dieu] qui nous a faits ; nous avons été créés en Jésus-Christ» (Éphésiens 2.10). Dans la création, Dieu a d'abord appelé la lumière à l'existence. Dieu commence la nouvelle création de la même façon, avec la lumière – la lumière spirituelle. Le même Dieu «qui a ordonné que la lumière brille du sein des ténèbre a aussi fait briller sa lumière dans notre cœur pour faire resplendir la connaissance de la gloire de Dieu dans la personne de Christ» (2 Corinthiens 4.6). Nous reflétons donc sa lumière dans un monde obscur.

Dieu est un Dieu cohérent. Il a dit à Adam et Ève : «Reproduisez-vous, devenez nombreux» (Genèse 1.28) et dans la recréation, nous aussi nous portons du fruit et nous nous multiplions spirituellement. Nous grandissons dans les fruits spirituels de «l'amour, la joie, la paix, la patience, la bonté, la bienveillance, la foi, la douceur, la maî-trise de soi» (Galates 5.22–23). Notre fruit attire d'autres personnes à Jésus et nous nous multiplions spirituellement en obéissant au commandement de Christ «de [faire] de toutes les nations des disciples» (Matthieu 28.19).

Cependant, la recréation diffère de la création à certains égards. **Nous n'avons pas eu à coopérer à notre création, mais nous devons coopérer dans notre recréation.** Nous choisissons de faire confiance à Dieu et de croire ce qu'il dit dans sa parole, mais les gens ont une longue histoire de résistance à Dieu. L'idée de se défaire des choses de ce monde et de faire confiance à Dieu évoque la peur et l'anxiété. C'est peut-être pourquoi Dieu nous encourage à plusieurs reprises dans la Bible à ne pas avoir peur. Quand la vie ne se déroule pas comme nous nous y attendions et que d'autres nous font mal, nous pouvons nous éloigner de Dieu. Nous pouvons lui résister par peur d'être à nouveau blessés. Pourtant, c'est l'amour de Dieu qui nous guérit, nous change et nous donne le courage de lui faire confiance. Choisir de coopérer avec Dieu conduit à notre recréation et à une vie bien meilleure que celle que nous pourrions imaginer (Jean 10.10).

Vous pouvez trouver ces concepts difficiles ou vous demander comment la vie pourrait dépasser votre imagination. C'est ce que ce voyage de la foi vous aidera à comprendre. Nous étudierons davantage l'idée de la nouvelle naissance la semaine prochaine. Pour l'instant, sachez que coopérer dans la recréation signifie faire confiance à Jésus comme notre sauveur, puis suivre Jésus comme notre Seigneur et guide de nos vies. Nous lui demandons ce qu'il veut faire dans nos vies et à travers nos vies, car nous «ne viv[ons] plus pour [nous]-mêmes, mais pour celui qui est mort et ressuscité pour [nous]» (2 Corinthiens 5.15).

Faire confiance à Jésus est la clé de la recréation. Pour faire confiance, nous devons croire qu'il sait ce qui est le mieux, mais cette décision de faire confiance n'est pas un choix facile et unique. **Suivre Jésus est un choix quotidien, parfois minute par minute.** Nous recevons Jésus comme notre sauveur à un moment précis et, à partir de ce moment-là, nous devons choisir de suivre Jésus comme notre Seigneur *tous les jours*. Jésus nous dit, «Si quelqu'un veut être mon disciple, qu'il renonce à lui-même, qu'il se charge [chaque jour] de sa croix et qu'il me suive» (Luc 9.23).

Mais comme vous le savez peut-être, suivre Jésus au *quotidien* est difficile. Pourquoi?

Lorsque Jésus nous sauve, Dieu nous donne un nouveau départ avec un nouveau cœur : «Je vous donnerai un cœur nouveau et je mettrai en vous un esprit nouveau. Je retirerai de votre corps le cœur de pierre et je vous donnerai un cœur de chair» (Ézéchiel 36.26). Mais nos nouveaux cœurs sont à l'intérieur de nos vieux corps. Notre nouveau cœur et notre ancienne nature de pécheur s'opposent l'un à l'autre. L'apôtre Paul décrit ce conflit intérieur : «Alors que je veux faire le bien, c'est le mal qui est à ma portée. En effet, je prends plaisir à la loi de Dieu, dans mon être intérieur, mais je constate qu'il y a dans mes membres une autre loi; elle lutte contre la loi de mon intelligence et me rend prisonnier de la loi du péché qui est dans mes membres» (Romains 7.21–23). Ce conflit est la raison pour laquelle nous nous sentons si déchirés entre l'option de suivre notre nature pécheresse et celle de suivre Jésus.

Heureusement, il existe un moyen de surmonter notre nature pécheresse et de suivre le Christ : l'amour. Oui, votre vraie histoire commence par l'amour de Dieu envers vous (Jean 3.16), mais votre vie, votre dessein, votre histoire sont transformés par *l'amour de Jésus* pour vous et par *votre amour* pour Jésus. Lorsque vous faites l'expérience de la profondeur et de l'ampleur de l'amour de Dieu (Éphésiens 3.17–19), cela vous change et vous incite à suivre Jésus : «C'est que *l'amour de Christ nous presse*, parce que nous sommes convaincus que si un seul est mort pour tous, tous sont donc morts […] afin que ceux qui vivent ne vivent plus pour eux-mêmes, mais pour celui qui est mort et ressuscité pour eux» (2 Corinthiens 5.14–15). Parce que Jésus nous a aimés d'abord, nous l'aimons (1 Jean 4.19) et voulons le démontrer en lui obéissant (Jean 14.21). L'amour de Dieu n'est pas basé sur ce que nous faisons; Dieu *est* amour. Et devenir comme Christ est l'essence même de la recréation. Jésus connaissait le pouvoir de son amour. C'est pourquoi il nous a commandés : «Aimez-vous... comme je vous ai aimés» (Jean 13.34). Mais comment pouvons-nous aimer comme Dieu?

Cet amour surnaturel vient d'une source surnaturelle : le Saint-Esprit (semaine 7). Au moment de notre salut, nous sommes recréés... nés de nouveau par la puissance de l'esprit (Jean 3.5–8). Le Saint-Esprit vient pour vivre en nous et à travers nous. L'amour est *son* fruit. L'amour est le plus grand don qu'il nous accorde (1 Corinthiens 13). L'amour ne *vient pas* seulement de Dieu ; Dieu *est* amour (1 Jean 4.7–8). Lorsque nous nous remettons à la direction de Jésus, l'amour coule en nous et nous guide vers la vérité.

Pour grandir dans l'amour de Dieu, nous apprenons à le connaître dans sa parole (semaine 5). Et aimer Dieu implique tout aimer de lui, y compris sa volonté et ses voies. En obéissant à Dieu, nous apprenons que nous pouvons lui faire confiance, sachant que ses ordres sont pour notre bien et pour sa gloire. Souvenez-vous, toutefois : **la recréation ne consiste pas à suivre des règles, mais à restaurer notre relation avec Dieu.** Grâce à cette relation intime, nous devenons comme celui dont nous portons l'image. Autrement dit, pour refléter clairement Dieu, nous faisons ce que Dieu fait. Nous devons faire preuve d'amour (Jean 15.12), de pardon (Colossiens 3.13), nous sommes compatissants (Luc 6.36) et nous sommes saints (Lévitique 20.26).

Êtes-vous en train de commencer le processus de recréation ? Ne soyez pas découragé. **Dieu offre de nouveaux départs et se réjouit de chaque petit pas d'obéissance :** « En effet, ceux qui méprisaient le jour des petits commencements se réjouiront en voyant la pierre d'étain dans la main de Zorobabel. Ces sept sont les yeux de l'Éternel, qui parcourent toute la terre » (Zacharie 4.10). Lisez ce que l'apôtre Paul a raconté sur sa propre expérience de la recréation :

Ce n'est pas que j'aie déjà remporté le prix ou que j'aie déjà atteint la perfection, mais je cours pour tâcher de m'en emparer, puisque de moi aussi, Jésus-Christ s'est emparé. Frères et sœurs, je n'estime pas m'en être moi-même déjà emparé, mais je fais une chose : oubliant ce qui est derrière et me portant vers ce qui est devant, je cours vers le but pour remporter le prix de l'appel céleste de Dieu en Jésus-Christ. (Philippiens 3.12–14).

Vous êtes peut-être sur la ligne de départ, mais continuez votre course. Demain, nous discuterons du prix céleste que Dieu nous promet.

Laisser parler la Bible :
Romains 12 (lecture facultative : 1 Jean 4.7–21)

Laisser parler son esprit :
1. Pourquoi nos vieilles habitudes de pécheur ne disparaissent-elles pas immédiatement une fois que nous sommes renouvelés ?

2. Comment pouvez-vous refléter Jésus aux autres ? Quelles mesures d'obéissance avez-vous déjà entreprises ?

3. Pourquoi votre *relation* avec Dieu est-elle une motivation plus efficace que le respect des règles pour participer à votre recréation ?

Laisser son âme prier :
Père, remodèle-moi en Christ. En ton temps parfait, répare tout ce que le péché a brisé en moi. Ta parole dit que tu as commencé une bonne œuvre en moi et que tu l'achèveras quand je te rencontrerai au ciel (Philippiens 1.6). Merci d'avoir promis de me restaurer pleinement en tant que porteur de ton image. Aide-moi à te faire confiance et à t'obéir alors que tu me rends semblable à Jésus, ton image parfaite. Au nom de Jésus, je prie, amen.

Laisser son cœur obéir :
Qu'est-ce que Dieu vous amène à connaître, à valoriser ou à faire ?

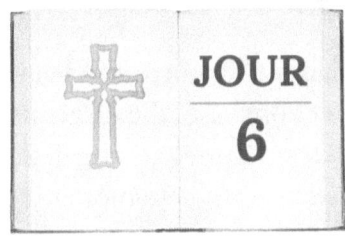

JOUR
6

La vie après la mort

Puis je vis un nouveau ciel et une nouvelle terre, car le
premier ciel et la première terre avaient disparu et la mer
n'existait plus. [...] J'entendis une voix forte venant du ciel
qui disait : « Voici le tabernacle de Dieu parmi les hommes !
Il habitera avec eux, ils seront son peuple et Dieu lui-même
sera avec eux [...]. Il essuiera toute larme de leurs yeux, la
mort ne sera plus et il n'y aura plus ni deuil, ni cri, ni douleur,
car ce qui existait avant a disparu ». Celui qui était assis sur
le trône dit : « Voici que je fais toutes choses nouvelles ».
Apocalypse 21.1, 21.3–6

Il y a une chose que Jésus a dite et à laquelle je veux que vous
réfléchissiez. Jésus a dit : « C'est moi qui suis la résurrection et la vie.
Celui qui croit en moi vivra, même s'il meurt ; et toute personne qui vit
et croit en moi ne mourra jamais » (Jean 11.25–26). Qu'est-ce que cela
signifie pour vous ? Soyez encouragés, mes amis : la tombe n'est pas la
fin. Jésus a parlé du ciel comme d'un lieu physique, d'un royaume *réel*.
Un jour, tous ceux d'entre nous qui font confiance à Jésus comme leur
Seigneur et sauveur y seront ensemble, mais que faire dans l'intervalle ?

Même si le ciel est dans notre avenir, Dieu nous dit de **tourner nos
pensées sur le ciel maintenant** (Colossiens 3.1–2). Voici pourquoi :

- Lorsque nous ressentons un profond désir intérieur, nous
  nous rappelons que nous avons été créés pour davantage.
  Nous ne sommes pas de ce monde et nous ne serons jamais
  vraiment satisfaits ici (Jean 17.16).

- Lorsque la maladie et la perte de la vie nous brisent le cœur, nous nous souvenons que nous n'avons pas été conçus pour mourir. Notre désir d'une vie éternelle est inscrit dans nos cœurs (Ecclésiaste 3.11) et la mort est une chose précieuse pour Dieu (Psaumes 116.15).

- Lorsque le mal et l'injustice nous exaspèrent, nous nous souviendrons que Jésus est sur le trône. Il ne s'inquiète pas de l'avenir. Il est aux commandes et la justice prévaudra. Il prépare une place pour ceux qui lui font confiance et il promet de revenir pour nous (Jean 14.1–2).

Oui, Jésus prépare un endroit au sens littéral du terme pour vous, un endroit appelé le ciel. Ce lieu est parfois dépeint comme un monde irréel avec de gros nuages, des anges jouant de la harpe et des services religieux ennuyeux. Rien ne pourrait être plus loin de la vérité.

Pour comprendre le ciel, nous devons à nouveau regarder dans la parole de Dieu, où le concept est mentionné plus de 200 fois. Ce pays céleste est décrit comme un endroit énorme avec de beaux jardins et une rivière qui donne la vie, une ville massive avec des portes de joyaux et des rues d'or (Hébreux 11.16, Apocalypse 21). Il y aura des foyers, des festins, des amitiés et des rires. Jésus décrit le ciel comme un lieu physique où nous aurons des corps physiques parfaits et la capacité de nous reconnaître les uns les autres (Luc 24.39–40). Nous ne nous transformerons pas en anges (comme le disent parfois les gens), mais nous vivrons avec eux. Nous ne nous ennuierons jamais, car nous serons remplis de joie et de plaisirs éternels (Psaumes 16.11). Notre péché et nos corps mortels n'entraveront plus notre relation avec Dieu. Sa présence sera notre lumière : « Il n'y aura plus de nuit et ils n'auront besoin ni de la lumière d'une lampe ni de celle du soleil, parce que le Seigneur Dieu les éclairera » (Apocalypse 22.5).

Pour avoir une idée de ce que sera le ciel, regardez autour de vous et imaginez notre monde sans péché.[1] La terre est l'ombre

---

1 Randy Alcorn, *Heaven Study Guide [Guide d'étude sur le ciel]*, (Nashville: LifeWay Press, 2006), 36–37.

du ciel (Hébreux 8.5). Dieu nous a créés pour vivre sur la terre et veut y habiter avec nous. Oui, le péché a temporairement rendu le monde imparfait, mais Dieu n'abandonnera jamais son plan pour le monde ou pour l'humanité. Un jour, le royaume de Dieu viendra sur terre et sera restauré dans sa condition originelle, sans péché. Alors Dieu habitera physiquement avec nous pour toujours.[1] Son plan initial sera réalisé. Dieu pourra dire : «Je crée un nouveau ciel et une nouvelle terre. On ne se souviendra plus des premiers événements» (Esaïe 65.17).

Il n'y aura plus de pleurs, plus de douleurs, plus de mort, plus de tristesse (Apocalypse 21.21), *mais aussi* plus d'occasions de parler de Jésus aux autres.

Seul Jésus peut nous débarrasser de nos péchés et nous conduire en toute sécurité au paradis. Dieu est parfait et juste. Il ne peut pas permettre au péché de résider là où il se trouve. C'est pourquoi nous devons partager la bonne nouvelle du salut de Jésus avant qu'il ne soit trop tard. Tous ceux que nous connaissons mourront et seront jugés (Hébreux 9.27), mais nous pouvons partager Jésus avec eux avant qu'ils ne le soient.[2]

La plupart des gens ne connaissent pas le jour du jugement, le jour le plus important de leur avenir. Chaque personne aura un examen de sa vie, mais tout le monde ne subira pas le même jugement.

La Bible parle de deux jugements, l'un pour les croyants et l'autre pour les non-croyants. Le jugement des croyants est appelé le trône du jugement de Christ (Romains 14.10-12, 2 Corinthiens 5.10). Ce n'est pas un endroit où le salut est remis en question; les croyants appartiennent déjà à Jésus en raison de leur foi en ce qu'il a accompli pour eux (Éphésiens 2.8-10). Au contraire, ce jugement est un moment où les bonnes œuvres sont révélées. Les croyants recevront des récompenses (des «couronnes») pour les choses qu'ils ont accomplies sur terre qui révèlent leur persévérance fidèle à suivre Jésus (1 Corinthiens 3.11-15, 2 Timothée 4.8, Jacques 1.12, 1 Pierre 5.4).

---

1 Ésaïe 65.17-25, Matthieu 19.28, Apocalypse 21.
2 Apprenez comment partager Jésus avec les autres lors des semaines 3 et 7.

Dans ce jugement, Dieu examinera la vie des croyants, récompensant notre service :

- **avec amour** (1 Corinthiens 13, Philippiens 1.9–11) ;
- **avec force** (Zacharie 4.6, Jean 15.5) et ;
- **pour sa gloire seule** (1 Corinthiens 3.11–15, 4.4–5).[1]

La plupart des croyants ne savent pas que ce jour du jugement déterminera notre héritage et notre position pour l'éternité.[2] Les récompenses et les missions célestes que nous allons alors recevoir seront fondées sur notre tendre bonté et notre fidélité *maintenant*. C'est choquant, non ? Ce que nous faisons maintenant a un impact sur l'éternité. Une fois de plus, comprenez que ce jugement *ne sert pas* à gagner le salut. Nous ne pouvons rien ajouter à l'œuvre parfaitement achevée de Jésus sur la croix.[3] De plus, ce jugement n'est pas un moment où le péché est condamné (Romains 8.1). Nos péchés ont déjà été ôtés, envoyés «[aussi loin que] l'orient est éloigné de l'occident» (Psaumes 103.12). Le trône du jugement de Christ ne punit pas le péché, mais récompense le service fidèle et la souffrance endurée. La plus grande récompense sera «l'étoile du matin», Jésus Christ lui-même (Apocalypse 2.28). Nous ferons l'expérience de la présence de notre Dieu pour *toujours*.

Profiter de Dieu et voir Jésus face à face changera tout. Grâce à notre rencontre avec lui, «nous serons semblables à lui parce que nous le verrons tel qu'il est» (1 Jean 3.2). Dieu achèvera notre recréation et nous restituera pleinement comme porteurs de son image. «Il transformera notre corps de misère pour le rendre conforme à son corps glorieux par le pouvoir qu'il a de tout soumettre à son autorité» (Philippiens 3.21). Il est dit que «lorsque ce corps corruptible aura revêtu l'incorruptibilité et que ce corps mortel aura revêtu l'immortalité, alors s'accomplira cette parole de l'Écriture : *la mort a été engloutie dans la victoire*» (1 Corinthiens 15.54).

---

1 Woodrow Kroll, *Facing Your Final Job Review: The Judgment Seat of Christ, Salvation and Eternal Rewards* [*Votre dernière évaluation : le tribunal de Christ, le salut et les récompenses éternelles*], (Wheaton, IL: Crossway Books, 2008), 136-137.

2 Matthieu 6.19-21, Luc 19.12-27, 1 Corinthiens 3.11-15, Apocalypse 2.26, 22.12.

3 2 Corinthiens 5.21, Hébreux 10.12, 1 Pierre 2.24, 1 Jean 2.1-2.

La douloureuse réalité est que tout le monde ne fait pas confiance à Jésus. Tout le monde n'ira pas au ciel et ne vivra pas sur une nouvelle terre. C'est très difficile à accepter, mais c'est vrai : ceux qui ne font pas confiance à Jésus seul pour leur salut mourront dans leurs péchés. Si nous nous accrochons à nos péchés, soit en refusant de le reconnaître, soit en croyant au mensonge selon lequel nous pouvons l'expier par nous-mêmes, nous nous accrochons aux conséquences de ce péché et restons séparés de Dieu pour toujours. À nous donc de choisir **si nous laissons Jésus prendre notre punition ou si nous voulons rester condamnés** (Jean 3.17–18).

Vous vous demandez peut-être : « Comment cette décision est-elle possible ? »

La possibilité d'un amour authentique et volontaire exige la possibilité de la rébellion. **Dieu nous a créés avec la capacité de l'aimer ou de le rejeter.** Quiconque rejette Jésus rejette la seule solution de Dieu pour le péché et une relation restaurée avec lui. Comme nous l'avons déjà dit, ceux qui rejettent Dieu se séparent en fin de compte de tout ce qui est bon, charmant, sage, pur, beau, héroïque et vrai.

Les non-croyants seront confrontés au jugement appelé le jugement du grand trône blanc. Ce jugement ne ressemble pas au jugement des croyants, où les actes de péché sont expiés par Jésus et seules les bonnes actions sont récompensées. Au lieu de cela, le jugement du grand trône blanc concerne chaque action commise par tous ceux qui choisissent de s'accrocher à leur péché :

> Je vis alors un grand trône blanc et celui qui y était assis. La terre et le ciel s'enfuirent loin de lui et l'on ne trouva plus de place pour eux. Je vis les morts, les grands et les petits, debout devant le trône. Des livres furent ouverts. Un autre livre fut aussi ouvert : le livre de vie. Les morts furent jugés conformément à leurs œuvres, d'après ce qui était écrit dans ces livres. La mer rendit les morts qu'elle contenait, la mort et le séjour des morts rendirent aussi leurs morts, et chacun fut jugé conformément à sa manière d'agir. Puis la mort et le séjour des morts furent jetés dans l'étang de feu. L'étang de feu, c'est la seconde mort. Tous ceux qui ne furent pas trouvés inscrits dans le livre de vie furent jetés dans l'étang de feu. (Apocalypse 20.11–15)

L'enfer n'est pas destiné aux personnes. C'est un « feu éternel qui a été préparé pour le diable et pour ses anges » (Matthieu 25.41). **L'enfer n'est pas le royaume de Satan ; c'est son lieu de tourment. Il n'y a aucune autorité.** Ceux qui rejettent Jésus Christ seront à jamais séparés de Dieu – séparés de tout ce qui est bon – dans ce lieu terrible. « Ils auront pour peine une ruine éternelle, loin de la présence du Seigneur et de la gloire de sa force » (2 Thessaloniciens 1.9).

Nous n'aimons pas penser ou parler de l'enfer et pourtant la plupart des enseignements de la Bible sur l'enfer proviennent de Jésus. Il a parlé clairement du danger de l'enfer parce qu'il ne voulait pas que quelqu'un y aille. L'enfer est un lieu terrible de tourments et de souffrances, un lieu de feu et de ténèbres, « là où *le ver ne meurt pas et où le feu ne s'éteint pas* » (Marc 9.48). Jésus nous supplie d'éviter l'enfer : « Si ta main te pousse à mal agir, coupe-la. Mieux vaut pour toi entrer manchot dans la vie que d'avoir les deux mains et d'aller en enfer, dans le feu qui ne s'éteint pas » (Marc 9.43). Jésus ne nous dit pas de nous couper littéralement les mains, mais de mettre tout en œuvre pour lui faire confiance.

Si vous vous êtes détourné de votre péché et avez fait confiance à Jésus seul pour votre salut, vous irez immédiatement dans sa présence lorsque votre corps physique mourra (Luc 23.43, 2 Corinthiens 5.6–8).[1] Ensemble, avec toutes nos sœurs et tous nos frères en Christ, nous déclarerons : « Alléluia ! Car le Seigneur, notre Dieu tout-puissant, a établi son règne. Réjouissons-nous, soyons dans la joie et rendons-lui gloire » (Apocalypse 19.6–7).

Entretemps, préparons-nous. Aimons bien dans la force de Dieu pour sa seule gloire ! Partageons Jésus avec les autres, pour qu'ils soient aussi avec lui au ciel.

---

1 Si vous voulez en savoir plus sur comment prendre cette décision importante, consultez la rubrique, « Recevez Jésus aujourd'hui » à la fin de la septième journée.

Laisser parler la Bible :
Apocalypse 21.1–22.5 (lecture facultative : Luc 16.19–31)

Laisser parler son esprit :
1. Comment votre connaissance du paradis et de l'enfer change-t-elle la façon dont vous voyez le présent ?

2. Comment le fait de savoir que Dieu récompensera le service fidèle change-t-il la manière dont vous utilisez votre temps sur terre ?

3. Pourquoi est-ce que toutes nos œuvres doivent être faites dans l'amour, dans la force de Dieu et pour la seule gloire de Dieu ?

Laisser son âme prier :
Seigneur, tu reviens bientôt. Ta parole me dit de m'affectionner aux choses d'en haut et non à celles qui sont sur la terre (Colossiens 3.2). Je t'en prie, aide-moi à voir tout et tout le monde d'un point de vue éternel. Aide-moi à faire le meilleur usage possible de ma vie sur terre. Aide-moi à servir Jésus et à le présenter aux autres. Au nom de Jésus, je prie, amen.

Laisser son cœur obéir :
Qu'est-ce que Dieu vous amène à connaître, à valoriser ou à faire ?

L'histoire de Dieu – centrée sur Jésus

Faisons-le en gardant les regards sur Jésus, qui fait naître la foi et la mène à la perfection. En échange de la joie qui lui était réservée, il a souffert la croix en méprisant la honte qui s'y attachait et il s'est assis à la droite du trône de Dieu.
Hébreux 12.2

Vous avez découvert la vraie histoire triomphante de Dieu dans notre voyage de cette semaine, ainsi ses quatre parties. C'est la seule histoire qui explique comment tout a commencé (la création), comment tout a été interrompu (le péché), comment tout peut être sauvé (la venue de Jésus) et comment tout va se terminer (la recréation).[1] Maintenant, nous avons une meilleure compréhension d'où nous avons commencé et d'où nous finirons. Ces quatre parties nous offrent une perspective éternelle qui façonne la définition de nos priorités et la solution que nous choisissons pour face aux problèmes de la vie.

Avez-vous remarqué, par contre, que Jésus est au cœur de chaque page ? L'histoire de Dieu est centrée sur Jésus, « qui fait naître la foi et la mène à la perfection » (Hébreux 12.2). Lisez ce prochain passage

---

1 Hugh Whelchel, *The Four-Chapter Gospel: The Grand Metanarrative Told by the Bible* [*L'Évangile en quatre chapitres : le grand métarécit de la Bible*], Institute for Faith, Work & Economics, consulté le 14 février, 2012, https://tifwe.org/the-four-chapter-gospel-the-grand-metanarrative-told-by-the-bible/.

biblique lentement. Notez comment l'histoire de Dieu est révélée en Christ :

> Le Fils est l'image du Dieu invisible, le premier-né de toute la création. En effet, c'est en lui que tout a été créé dans le ciel et sur la terre, le visible et l'invisible, trônes, souverainetés, dominations, autorités. Tout a été créé par lui et pour lui. Il existe avant toutes choses et tout subsiste en lui. Il est la tête du corps qu'est l'Église ; il est le commencement, le premier-né d'entre les morts, afin d'être en tout le premier. En effet, Dieu a voulu que toute sa plénitude habite en lui. Il a voulu par Christ tout réconcilier avec lui-même, aussi bien ce qui est sur la terre que ce qui est dans le ciel, en faisant la paix à travers lui, par son sang versé sur la croix. (Colossiens 1.15–20).

L'histoire de Dieu concerne entièrement Jésus. Pensez à la façon dont chaque partie de l'histoire de Dieu pointe vers **Jésus, le commencement et la fin** (Apocalypse 22.13) :

1. La création a vu le jour à travers **Jésus, notre créateur et l'auteur de la vie** (Genèse 1.26, Jean 1.3, Actes 3.15).

2. Le péché nous a asservis, mais Dieu a promis d'envoyer **Jésus, notre sauveur, pour nous libérer** (Genèse 3.15, 12.3, Galates 1.4).

3. Jésus est venu sur terre et est mort pour nous. Le châtiment de nos péchés est tombé sur **lui, notre sauveur** (Luc 23.33–34, Actes 4.12).

4. La recréation rétablit pleinement notre relation avec Dieu grâce à **Jésus, celui qui nous guérit et qui est notre roi** (1 Pierre 2.24, Apocalypse 19.16). Jésus restaurera aussi pleinement tout ce qui est mauvais dans la nature en créant un nouveau ciel et une nouvelle terre.

L'histoire de Dieu concerne entièrement Jésus. Votre histoire aussi. Et elle dépend de votre réponse à ce que Jésus a fait pour vous sur la croix.

Peu importe ce que *vous avez fait*, Dieu vous pardonnera.[1]

Peu importe ce que vous avez *subi*, Dieu vous guérira.[2]

Vous méritez d'être secouru! Et quand Jésus vous sauve, il ne se contente pas de vous sauver seulement du péché. Jésus vous sauve pour une bonne cause et vous donne une nouvelle identité (Éphésiens 2.10). **Dieu a écrit votre histoire. Vous êtes son chef-d'œuvre et vous avez été créé dans un but précis.** Ce n'est que le début. Continuez à cheminer avec nous. Nous explorerons votre histoire la semaine prochaine.

---

1 Psaumes 103.12, Marc 3.28, Romains 5.20, Éphésiens 3.20, 2 Pierre 3.9.
2 Psaumes 72.12–14, 22.24, 23.3, 34.18, Luc 4.18–19, 2 Corinthiens 5.17.

Recevez Jésus aujourd'hui

Maintenant que vous connaissez l'histoire de Dieu, vous réalisez probablement que vous avez un choix à faire. Il est temps de décider comment vous allez vous intégrer dans son histoire. Comment allez-vous répondre à l'invitation de Dieu? En ce moment, vous pouvez recevoir le pardon, l'affranchissement du péché et l'adoption dans la famille éternelle de Dieu grâce à Jésus. Recevrez-vous ce cadeau (Jean 1.12)? Nous parlons au nom de Christ lorsque nous supplions : «Soyez réconciliés avec Dieu!» (2 Corinthiens 5.20). Vous n'avez pas besoin de lutter avec des sentiments de vide ou de culpabilité, ou avec une peur constante de la mort et du jugement. Vous pouvez être réconcilié avec Dieu dès maintenant.

La peur ou le doute pourrait vous donner le goût de repousser cette décision, mais en faisant cela, vous risquez de souffrir d'une vie brisée ici sur terre et d'une éternité séparée de Dieu. Cherchez plutôt Dieu de tout votre cœur et demandez-lui d'ouvrir vos yeux à la vérité. Il le fera. Dieu vous donnera toutes les preuves dont vous avez besoin (et même plus) pour savoir qu'il est réel, mais il ne forcera pas son amour. Vous devez décider de recevoir Jésus.

Vous pouvez essayer d'arranger les choses par vous-même ou de combler votre vide intérieur d'une autre manière, mais peu importe ce que vous réaliserez ou acquerrez, ce ne sera jamais suffisant. Peu importe la façon par laquelle vous engourdissez la douleur, elle sera toujours là une fois le plaisir dissipé. Heureusement, Jésus est plus grand que toute erreur ou tout péché que vous avez pu commettre. Car «le salaire du péché, c'est la mort» (Romains 6.23), Jésus a pris votre punition lui-même. Sa mort a payé la peine pour votre péché. Sa résurrection de la tombe vous donne une nouvelle vie (Romains 6.4).

> **La foi :**
> croire à la parole de Dieu et agir en conséquence, sans tenir compte des sentiments, parce que nous avons confiance que Dieu est bon.
>
> « Or la foi, c'est la ferme assurance des choses qu'on espère, la démonstration de celles qu'on ne voit pas » (Hébreux 11.1).

Mais vous n'aurez pas un nombre de chances pour le faire (Matthieu 24.44, Luc 12.20). Si vous êtes prêt à recevoir Jésus comme celui qui vous pardonne et comme guide de votre vie, élevez votre voix et priez à Dieu. Demandez-lui le pardon de vos péchés. Placez votre foi et votre confiance seulement en Jésus pour votre salut. Remerciez-le de vous avoir sauvé. Demandez-lui de vous aider à vous détourner de votre ancien mode de vie pour adopter le sien (2 Corinthiens 5.15). La Bible dit : «Si tu confesses de ta bouche le Seigneur Jésus et si tu crois dans ton cœur que Dieu l'a ressuscité des morts, tu seras sauvé» (Romains 10.9). La croyance implique l'action.

Si vous avez choisi de recevoir Jésus maintenant, bienvenue dans la famille! Vous avez pris la décision la plus importante de votre vie. Vous êtes maintenant prêt à aller de l'avant dans ce voyage de la foi.

Laisser parler la Bible :
Éphésiens 1 (lecture facultative : Apocalypse 19.11–16)

Laisser parler son esprit :
Répondez aux questions de discussion de la première semaine.

Laisser son âme prier :
Seigneur, merci de nous avoir révélé ton histoire dans la Bible.
Tu accompliras tous tes desseins et tu seras glorifié dans toute la
création. Père, montre-moi ma place dans ton histoire. Aide-moi à
accomplir tes desseins pour ma vie et à glorifier ton nom. Au nom
de Jésus, amen.

Laisser son cœur obéir :
Qu'est-ce que Dieu vous amène à connaître, à valoriser ou à faire ?

QUESTIONS DE DISCUSSION DE LA PREMIÈRE SEMAINE :

Revoyez les leçons de cette semaine et répondez aux questions ci-dessous. Partagez vos réponses avec vos amis lorsque vous vous réunirez cette semaine.

1. Comment chaque partie de l'histoire de Dieu (la création, le péché, Jésus, la recréation) vous montre-t-elle l'amour de Dieu pour nous et son désir d'une relation intime avec nous ? Comment l'amour de Dieu pour vous change-t-il votre sentiment à son égard ?

2. En apprendre plus sur l'histoire de Dieu vous a-t-il aidé à trouver quelle serait votre prochaine étape avec lui ?

   • Avez-vous besoin de placer votre foi en Jésus comme votre sauveur ?
   • Avez-vous besoin de suivre Jésus en tant que dirigeant de votre vie ?
   • Avez-vous besoin d'aide pour penser à l'éternité dans votre vie quotidienne ?

3. La réalité de la vie après la mort affecte-t-elle votre volonté de partager la bonne nouvelle de Jésus ? Dans votre vie, qui est éloigné de Dieu ? Priez pour avoir l'occasion de leur présenter Jésus.

4. Avez-vous trouvé deux ou trois amis pour vous accompagner dans ce voyage ? Sinon, à qui pouvez-vous demander de faire ces leçons quotidiennes avec vous ? Si oui, comment vous et vos amis vous êtes-vous encouragés les uns les autres cette semaine ?

5. Connaître l'histoire de Dieu du début à la fin nous aidera à comprendre notre rôle dans l'histoire de Dieu. C'est d'ailleurs notre sujet pour la semaine prochaine. Qu'espérez-vous apprendre sur votre histoire ?

DEUXIÈME SEMAINE

VOTRE HISTOIRE, VOTRE IDENTITÉ

Vous êtes choisi

En lui, Dieu nous a choisis avant la création du monde pour
que nous soyons saints et sans défaut devant lui. Dans son
amour, il nous a prédestinés à être ses enfants adoptifs par
Jésus-Christ. C'est ce qu'il a voulu, dans sa bienveillance.
Éphésiens 1.4–5

La semaine dernière, nous avons appris l'histoire de Dieu.
Maintenant, il est temps d'en apprendre plus sur votre histoire. Ou
peut-être même de vous la réapproprier. Depuis le jour de votre
naissance, la culture du monde tente de vous dicter qui vous êtes.
Qu'il soit mis en mots ou non, le message qui nous est véhiculé est
que notre valeur se trouve dans notre statut familial, nos possessions, notre apparence ou nos réalisations. En effet, l'ennemi de nos
âmes déforme notre histoire pour créer des insécurités, des doutes,
de l'isolement et du désespoir. Quand les autres nous déçoivent ou
que nous ne répondons pas à leurs attentes (regardons les choses
en face... les deux sont inévitables, car personne n'est parfait sauf
Jésus), l'ennemi nous dit que nous n'avons aucune valeur. Nous ne
nous sentons pas aimés, pas désirés, impuissants et seuls. Notre histoire ressemble à une tragédie.

Pour découvrir votre véritable histoire, vous devez vous tourner
vers votre créateur. Vous devez apprendre à connaître celui qui vous
a créé. Lui seul peut vous montrer pourquoi vous avez été créé. Lui
seul peut vous montrer comment votre histoire est remplie d'espoir,
d'amour, de but et de vie éternelle.

Dieu est l'auteur de la vie et l'auteur de votre histoire. Il ne vous donne pas simplement une mission pour vous envoyer sur votre chemin. Au contraire, il vous offre une relation et marche avec vous à chaque étape de votre chemin. Tout ce que vous êtes et tout ce que vous faites découle de la relation que vous avez avec lui. Votre histoire se déroule au fur et à mesure que vous marchez avec lui : « En effet, c'est moi, l'Éternel, ton Dieu, qui empoigne ta main droite et qui te dis : "N'aie pas peur ! Je viens moi-même à ton secours" » (Ésaïe 41.13).

Dieu vous a créé pour un dessein et pour son plaisir (Apocalypse 4.11). Il vous a toujours aimé. Vous existez pour son plaisir. Il n'y a rien que vous puissiez faire pour gagner l'amour de Dieu et rien que vous puissiez faire pour perdre l'amour de Dieu.[1] Relisez cette dernière phrase. Rappelez-vous ce fait chaque matin avant de commencer votre journée. Le choix que vous avez à faire est de recevoir ou non son amour.

Dieu vous a choisi avant même de vous créer (Éphésiens 1.4). Lorsqu'il vous a créé, il a soigneusement choisi tous les détails de votre vie : « C'est toi qui as formé mes reins, qui m'as tissé dans le sein de ma mère. [...] Je n'étais encore qu'une masse informe, mais tes yeux me voyaient, et sur ton livre étaient inscrits tous les jours qui m'étaient destinés avant qu'un seul d'entre eux n'existe » (Psaumes 139.13-16). Dieu vous a soigneusement conçu et a soigneusement planifié vos jours.

Vous êtes si important pour Dieu qu'il veut vivre avec vous pour l'éternité.

Lisez la lettre ci-dessous de votre père céleste. Chaque ligne vient de sa parole. Écoutez attentivement et vous commencerez à découvrir votre histoire en lui.

Mon précieux enfant,

Je sais tout de toi. Je connais toutes tes habitudes.[2] J'ai même compté tous les cheveux de ta tête.[3] **Tu es mon enfant.** Je t'ai créé à

---

1 Jean 15.9-11, Romains 5.6-8, 8.38, Éphésiens 1.4-5, 1 Jean 3.16a, 4.8-10. 2 Psaumes 139.3. 3 Luc 12.7.

mon image.[1] Tu as été créé de façon merveilleuse et redoutable![2] Je t'ai connu avant que tu ne sois conçu[3] et je t'ai choisi avant la création du monde.[4] Tu n'es pas une erreur. Tous tes jours sont déjà inscrits dans mon livre et soigneusement planifiés.[5] J'ai même choisi ta date de naissance et décidé de l'endroit exact où tu vivrais.[6]

Ceux qui ne me connaissent pas m'ont mal représenté. Je ne suis pas distant et coléreux, mais compatissant et lent à la colère.[7] Je suis l'expression complète de l'amour.[8] Je te prodigue mon amour tout simplement parce que tu es mon enfant,[9] et que je suis ton père parfait.[10] Je t'offre plus que ton père terrestre n'ait jamais pu le faire.[11] Je suis ton pourvoyeur.[12] Je suis aussi le père plein de compassion qui te réconforte dans toutes tes détresses.[13] **Quand tu as le cœur brisé, je me rapproche encore plus de toi**.[14] Un jour, j'essuierai toutes tes larmes et j'effacerai toute ta douleur.[15]

Mon projet d'avenir pour toi est plein d'espérance,[16] car je t'aime d'un amour extravagant et éternel.[17] Tu ne peux pas échapper à mon amour.[18] Mes pensées d'amour à ton égard sont aussi innombrables que les grains de sable sur le bord de la mer.[19] Je pense à toi sans cesse et je me réjouis de toi en chantant.[20] **Tu es mon bien le plus précieux**.[21] Fais pareil pour moi; cherche-moi comme un trésor.[22] Si tu me cherches de tout ton cœur, tu me trouveras.[23] Je te le promets. Fais de l'Éternel tes délices et il te donnera ce que ton cœur désire.[24] Après tout, c'est moi qui t'ai donné ces désirs et moi seul qui puisse les satisfaire pleinement. Je peux faire plus pour toi que tu ne peux l'imaginer.[25] Fais-moi confiance.[26]

Savez-vous que je t'aime autant que j'aime mon fils, Jésus? Moi, je le sais.

Je l'ai envoyé pour prouver que je suis pour toi et non contre toi.[27] Je ne compte pas tes péchés.[28] Je n'attends pas que tu me signales tes erreurs. Je ne suis pas comme ça. C'est pourquoi j'ai envoyé Jésus

---

1 Genèse 01.26.
2 Psaumes 139.14.
3 Jérémie 1.5.
4 Éphésiens 1.4.
5 Psaumes 139.16.
6 Actes 17.26.
7 Exode 34.6.
8 Jean 4.8.
9 Romains 8.15.
10 Matthieu 5.48.
11 Matthieu 6.9-15.
12 Philippiens 4.19.
13 2 Corinthiens 1.3-4.
14 Psaumes 34.18.
15 Apocalypse 21.4.
16 1 Pierre 1.3.
17 Jérémie 31.3.
18 Romains 8.38-39.
19 Psaumes 139.17-18.
20 Sophonie 3.17.
21 Deutéronome 7.6.
22 Matthieu 6.33, 13.44.
23 Jérémie 29.13.
24 Psaumes 37.4.
25 Éphésiens 3.20.
26 Prov. 3.5-6.
27 Romains 8.31-32.
28 2 Corinthiens 5.19.

pour qu'il prenne ta punition et efface tes péchés.[1] Et tes péchés sont disparus ! Ils ne doivent plus te séparer de moi. La mort de Jésus a été l'expression ultime de mon amour pour toi.[2] Si tu reçois le don de mon fils, Jésus, tu me recevras et rien ne pourra plus te séparer de mon amour.[3]

Rentre à la maison et le ciel tout entier fêtera ton arrivée ![4] J'ai toujours été ton père. Je serai toujours ton père. Ma question est la suivante, veux-tu être mon enfant ?[5]

Avec amour,
Ton père, Dieu tout-puissant

1   2 Corinthiens 5.21.
2   1 Jean 4.10.
3   Matthieu 10.40, Romains 6.23, 8.39.
4   Luc 15.7, 15.24.

5   Adaptation de *Father's Love Letter* par Father Heart Communications, 1999. Éditée et utilisée avec permission.

JOUR 8

Laisser parler la Bible :

Psaumes 139 (lecture facultative : 1 Jean 3.1-3)

Laisser parler son esprit :

1. Comment le monde ou l'ennemi essaie-t-il d'écrire votre histoire ?

2. Comment était-ce de lire la lettre de Dieu pour vous ? Quelles sont les deux ou trois choses qui vous ont frappé sur les sentiments de Dieu à votre égard ?

3. Quelles idées étaient les plus encourageantes ? Si l'une de ces idées était difficile à accepter ou peu familière, allez lire les références bibliques.

Laisser son âme prier :

Père, merci de m'avoir choisi. Merci de m'avoir créé. Merci de m'avoir inclus dans ton histoire. Aide-moi à me rapprocher de toi alors que nous traversons ensemble cette histoire qui se déroule. Au nom de Jésus, amen.

Laisser son cœur obéir :

Qu'est-ce que Dieu vous amène à connaître, à valoriser ou à faire ?

JOUR 9

Vous êtes un adorateur

Que tout ce qui respire loue l'Éternel !
Psaume 150.6

Le moment que tous les cieux et la terre attendaient approchait – le moment d'un nouvel ordre d'adoration pour tous les peuples et pour toute l'éternité. Le messie promis par Dieu, l'oint, était enfin là. La famille de Jésus lui a demandé de se révéler, mais son heure n'était pas encore venue (Jean 2.4). Jusqu'à ce moment inhabituel, dans ce lieu inhabituel, Jésus transformait les pécheurs en véritables adorateurs de Dieu.

Tout a commencé lors d'une journée de voyage ordinaire, mais Jésus savait qu'il entrait dans une conversation qui allait changer l'éternité. Il a envoyé ses disciples chercher de la nourriture et a attendu près d'un puits. La femme samaritaine s'est approchée pour puiser de l'eau, sans savoir qu'elle avait rendez-vous avec Jésus. Elle passait sa journée ordinaire en se sentant moins qu'ordinaire. Sa vie avait été empoisonnée par des blessures et des difficultés. Jésus le savait et c'est pourquoi il a fait un détour de plusieurs kilomètres pour l'attendre.

Il lui a posé des questions difficiles au puits.[1] Ses mots sont descendus au plus profond de son âme pour faire ressortir son cœur. À chaque question, elle parlait de ses problèmes, mais Jésus lui montrait la vérité. Enfin, elle a révélé la question qu'elle avait sur le cœur : une question d'adoration. Où devrions-nous adorer ? Ici ou là-bas ? Mais Jésus savait que l'adoration ne concernait pas un lieu

---

1 L'histoire de la femme samaritaine se trouve dans Jean 4.1–42.

extérieur ou un système religieux, mais une position et une priorité intérieures.

> «Femme, lui dit Jésus, crois-moi, l'heure vient où ce ne sera ni sur cette montagne ni à Jérusalem que vous adorerez le Père. Vous adorez ce que vous ne connaissez pas ; nous, nous adorons ce que nous connaissons, car le salut vient des Juifs. Mais l'heure vient, et elle est déjà là, où les vrais adorateurs adoreront le Père en esprit et en vérité. En effet, ce sont là les adorateurs que recherche le Père. Dieu est Esprit et il faut que ceux qui l'adorent l'adorent en esprit et en vérité» (Jean 4.21–24).

La femme lui dit : «Je sais que le Messie doit venir, celui que l'on appelle Christ. Quand il sera venu, il nous annoncera tout» (Jean 4.25).

Puis, dans une déclaration tout à fait glorieuse et choquante, Jésus répondit clairement «Je le suis, moi qui te parle» (Jean 4.26).

Le moment de la véritable adoration était arrivé! Mais pourquoi Jésus a-t-il révélé sa divinité à *cette femme* de cette *manière* ?

Le père cherchait de vrais adorateurs pour l'adorer en esprit et en vérité. Il s'agissait de relations, pas de règles. En commençant avec Jésus, Dieu a commencé à briser les règles faites par les hommes.

Il a parlé à un Samaritain.
Les Juifs détestaient les Samaritains.

Il a parlé à une femme.
On ne parlait pas aux femmes en public.

Il a parlé à une femme divorcée qui vivait avec un homme qui n'était pas son mari.[1]

---

1 Les circonstances historiques exactes de la situation domestique de cette femme samaritaine sont inconnues. Cependant, à cette époque, les hommes étaient autorisés à divorcer leur femme pour n'importe quelle raison futile. Une femme n'avait pas ce même droit. Le fait que cette femme ait eu plusieurs maris amène l'auteur à penser qu'elle ait connu plusieurs divorces ou des morts prématurées, la rendant veuve. Si elle avait commis l'adultère, elle n'aurait pas été considérée comme une candidate convenable pour le remariage, ou même pour rester en vie (Jean 8.4–5). Les concubines n'étaient pas reconnues comme des femmes mariées par les Juifs («et l'homme que tu as maintenant n'est pas ton mari» (Jean 4.18). Compte tenu de la culture du

Jésus a enfreint toutes les règles culturelles en parlant à une femme rejetée et diminuée.

Mais les voies de Dieu ne sont pas celles du monde (Esaïe 55.8-9). Avec compassion et respect, Jésus a enseigné à cette femme – et à nous tous – qu'aucune personne n'est invisible ou ignorée. Quel que soit notre statut, notre position, notre sexe, notre ethnie ou notre situation géographique, nous sommes tous conçus pour être des adorateurs. **Pourtant, l'objet de notre adoration et la façon dont nous l'adorons en disent plus sur nous.** C'est pourquoi Jésus est venu révéler le père (Matthieu 11.27) : pour faire de nous de véritables adorateurs. Seul «le sang de Christ, qui s'est offert lui-même à Dieu par l'Esprit éternel comme une victime sans défaut, purifiera d'autant plus votre conscience des œuvres mortes afin que vous serviez le Dieu vivant!» (Hébreux 9.14).

Dans les semaines à venir, nous apprendrons à quoi ressemble la pratique de l'adoration et ce que signifie adorer en esprit et en vérité. Pour l'instant, comprenons notre identité en tant que véritables adorateurs.

L'adoration est une question de cœur. Nous adorons tous quelque chose, tout le temps. Nous adorons ce qui gouverne nos cœurs. Même si nous disons adorer Dieu, notre cœur est possiblement plus fidèle à un faux dieu ou à une idole, et même à nous-même, qu'à lui.

Le tout premier péché est né de notre désir d'être «comme Dieu» (Genèse 3.5). Chaque fois que nous cherchons à contrôler notre vie comme nous voulons, au lieu de la vivre comme Dieu la veut, nous nous adorons nous-mêmes. Lorsque nous nous inquiétons de ce que les autres pensent de nous,

> **L'adoration :**
> donner de la valeur à quelque chose ; Jésus a dit que «les vrais adorateurs adoreront le père en esprit et en vérité (Jean 4.24)», ce qui signifie que l'adoration a lieu à l'intérieur d'une personne et est offerte avec un cœur humble et pur.

---

premier siècle, l'enseignement selon lequel cette femme est une prostituée n'est pas définitif. Indépendamment de la façon dont ses mariages se sont terminés, cette femme a connu des difficultés et des souffrances considérables.

nous adorons notre réputation. Quand nous nous inquiétons, nous adorons la peur. Même Satan vénère quelque chose et quand il s'est rebellé contre Dieu, il a commencé à s'adorer lui-même.

Examinez-vous pour savoir ce que vous adorez :

- *Qu'est-ce que j'estime le plus ?*

- *Qu'est-ce qui influence le plus mes décisions ?*

- *Sur qui puis-je compter pour obtenir de l'aide en cas de crise ?*

- *Pour qui/quoi suis-je prêt à faire des sacrifices ?*

Les bonnes choses deviennent souvent de faux dieux. Ces choses peuvent même inclure la famille, un emploi, la beauté, la santé ou le travail bénévole. Si vous recherchez ces bonnes choses plus que vous cherchez Dieu, votre âme sera agitée. Rien d'autre ne satisfait notre but que de plaire et d'adorer Dieu. Lorsque nous laissons autre chose que Dieu diriger nos cœurs, il nous devient difficile d'apprécier pleinement Dieu. Nous avons même du mal à apprécier les bonnes choses qu'il nous donne. Mais lorsque Jésus est le centre de votre vie – lorsque **Christ devient votre vie** (Colossiens 3.4) –, tout passe par votre relation intime avec lui. Vous pouvez profiter de lui et des bonnes choses qu'il vous donne. C'est pourquoi le fait que les dix commandements commencent par mettre l'accent sur l'adoration ne nous surprend pas :

«Je suis l'Eternel, ton Dieu, qui t'ai fait sortir d'Egypte, de la maison d'esclavage. Tu n'auras pas d'autres dieux devant moi. Tu ne te feras pas de sculpture sacrée ni de représentation de ce qui est en haut dans le ciel, en bas sur la terre et dans l'eau plus bas que la terre. Tu ne te prosterneras pas devant elles et tu ne les serviras pas, car moi, l'Eternel, ton Dieu, je suis un Dieu jaloux. Je punis la faute des pères sur les enfants jusqu'à la troisième et la quatrième génération de ceux qui me détestent» (Exode 20.2-5).

Dieu ne veut pas d'une partie de votre vie, même si cette partie est en tête de votre liste de priorités. **Il veut *être* votre vie.** Vous vivez tout ce qui vous arrive avec Dieu. Au cours de votre journée, Dieu travaille en vous et par vous. Grâce à cette relation intime, l'adoration coule naturellement comme une expression d'amour, de révérence et d'adoration. Nous remettons tout – notre cœur, notre âme, notre esprit et notre force – à celui qui en est digne (Marc 12.29-30). Tout ce que nous faisons – sauf le péché – peut être fait pour plaire à Dieu dans un acte d'adoration.

Le problème, c'est que nous avons tous des cœurs qui errent. Nous avons besoin d'un plan pour rester soumis à Dieu. La Bible nous dit comment faire. Nous devons renouveler notre esprit (Romains 12.2) avec la parole de Dieu en échangeant les mensonges contre la vérité. Notre pensée est incroyablement puissante. **Ce sur quoi nous nous concentrons prend de l'ampleur.** Plus nous nous concentrons sur Dieu, plus nous l'adorerons. Mais l'ennemi et le monde nous distraient. Nous devons faire «toute pensée prisonnière pour qu'elle obéisse à Christ» (2 Corinthiens 10.5).

Comme vous le savez, les captifs n'aiment pas rester captifs. Ainsi, nous devons choisir de nous concentrer sur «ce qui est vrai, tout ce qui est honorable, tout ce qui est juste, tout ce qui est pur, tout ce qui est digne d'être aimé, tout ce qui mérite l'approbation, ce qui est synonyme de qualité morale et ce qui est digne de louange» (Philippiens 4.8). Pensez à filtrer toutes vos pensées et vos paroles à travers ce verset. Lorsque vous le ferez, vous constaterez que les pensées pieuses mènent à des actions pieuses, ce qui est une autre forme d'adoration. «Quoi que vous fassiez, faites tout pour la gloire de Dieu» (1 Corinthiens 10.31). Même les tâches les plus banales deviennent saintes lorsqu'elles sont accomplies pour glorifier Dieu. Adorez Dieu avec tout ce que vous êtes et dans tout ce que vous faites.

Nous adorons Dieu parce que nous l'aimons et non par obligation ou parce que nous voulons quelque chose de lui. Nous n'adorons pas Dieu pour obtenir des faveurs ou pour faire pression sur lui afin qu'il nous bénisse. Dieu ne peut pas être manipulé. Il voit à travers les masques religieux et les paroles vides : «Le Seigneur dit : "Ce peuple s'approche de moi, il m'honore de la bouche et des lèvres, mais son cœur est éloigné de moi et la crainte qu'il a de moi n'est qu'un commandement humain, une leçon apprise"» (Esaïe 29.13). Dieu veut votre cœur, pas vos paroles. Si votre adoration vous semble forcée, demandez à Dieu de se révéler. Demandez-lui de remplir votre cœur d'émerveillement. **Rappelez-vous qui Dieu est et ce qu'il a fait.**

Lorsque la femme samaritaine a réalisé qui s'adressait à elle, elle a répondu avec foi. Elle a tout déposé aux pieds de Jésus et elle a couru annoncer à tout le monde que le messie était venu (Jean 4.28-29). L'adoration a jailli de son cœur et bon nombre de personnes dans sa ville ont cru (Jean 4.39). Elle n'avait pas de formation spéciale ni de diplôme en théologie, mais elle a eu une rencontre avec Jésus et cela a suffi pour changer sa vie, ainsi que la vie des personnes qui l'ont entendue. En effet, elle était une véritable adoratrice. Vous pouvez l'être aussi. Regardez le créateur *à travers* la création. Que celui qui est bon, charmant, sage, pur, beau, héroïque et vrai devienne votre délice, car «c'est en lui que notre cœur se réjouit» (Psaumes 33.21).

JOUR 9

Laisser parler la Bible :
Apocalypse 5 (lecture facultative : Psaumes 145)

Laisser parler son esprit :
1. Aujourd'hui, vous avez appris que plus vous vous concentrez sur quelque chose, plus cela influence tous les domaines de votre vie. Comment le fait de se concentrer sur Dieu dans l'adoration affecte-t-il vos attitudes et vos actions ?

2. Quelles bonnes choses vous détournent de Dieu ?

3. D'après vous, que signifie adorer en « esprit et en vérité » ?

Laisser son âme prier :
Seigneur, tu es le seul digne de mon adoration. Pendant que je te cherche, remplis-moi de joie et d'allégresse qui débordent en une louange sincère (Psaumes 40.16). Prends le contrôle de ma vie entière : mes désirs, mes émotions, mes pensées et mes actions. Guide-moi et je suivrai. Aide-moi à considérer tout ce que je fais comme une occasion de t'adorer. Au nom de Jésus, je prie, amen.

Laisser son cœur obéir :
Qu'est-ce que Dieu vous amène à connaître, à valoriser ou à faire ?

Vous êtes pardonné et né de nouveau

*Si nous reconnaissons nos péchés, il est fidèle et juste pour
nous les pardonner, et pour nous purifier de tout mal.*
1 Jean 1.9

Des larmes ont coulé sur le visage de la femme et sont tombées sur les pieds de Jésus. Elle était bouleversée en réalisant son indignité face à la dignité de Jésus. Sa vie de pécheresse était une abomination pour son âme et une présence souillée dans la pièce. Tout le monde la regardait avec mépris. Tout le monde, sauf Jésus. La femme a ouvert son vase d'albâtre rempli d'un parfum coûteux et l'a répandu sur les pieds de Jésus. Alors que la pièce se remplit de ce parfum, Jésus a vu ce qui remplissait le cœur des gens à son égard : le dégoût et la disgrâce. Mais Jésus a réagi avec grâce. Il s'est tourné vers Simon et a dit :

Un créancier avait deux débiteurs : l'un d'eux lui devait 500 pièces d'argent, et l'autre 50. Comme ils n'avaient pas de quoi le rembourser, il leur remit à tous deux leur dette. Lequel des deux l'aimera le plus ? Simon répondit : « Celui, je pense, auquel il a remis la plus grosse somme. » Jésus lui dit : « Tu as bien jugé. » Puis il se tourna vers la femme et dit à Simon : « Tu vois cette femme ? Je suis entré dans ta maison et tu ne m'as pas donné d'eau pour me laver les pieds ; mais elle, elle les a mouillés de ses larmes et les a essuyés avec ses cheveux. Tu ne m'as pas donné de baiser ; mais elle, depuis que je suis entré, elle n'a pas cessé de m'embrasser les pieds. Tu n'as pas versé d'huile sur ma tête ; mais elle, elle a versé du parfum sur mes pieds. C'est pourquoi je te le dis, ses nombreux péchés ont été pardonnés, puisqu'elle a beaucoup aimé. Mais celui à qui l'on pardonne peu aime peu. » Et il dit à la femme : « Tes péchés sont pardonnés. » Les invités se mirent à dire en eux-mêmes : « Qui est cet homme qui pardonne même les péchés ? » Mais Jésus dit à la femme : « Ta foi t'a sauvée. Pars dans la paix ! » (Luc 7.41–50).

Le pardon nous change complètement.

Lorsque nous passons de la séparation d'avec Dieu à une relation avec lui, c'est comme si nous étions passés de la mort à la vie : « Vous qui étiez morts en raison de vos fautes et de l'incirconcision de votre corps, il vous a rendus à la vie avec lui. Il nous a pardonné toutes nos fautes » (Colossiens 2.13). Le pardon ne s'achète pas et ne se gagne pas ; c'est un cadeau inestimable que nous offre Jésus Christ. En lui, Dieu fait de vous une création entièrement nouvelle.

Notre foi en Jésus Christ ne nous *améliore* pas. Nous ne sommes pas de meilleures personnes. **Nous sommes régénérés (jour 5).** Lorsque Dieu vous pardonne, il ne vous rend pas seulement nouveau, mais il vous réconcilie aussi avec lui-même (2 Corinthiens 5.18). Il rétablit pleinement sa relation avec vous et vous accueille dans sa présence :

Et vous qui étiez autrefois étrangers et ennemis de Dieu par vos pensées et par vos œuvres mauvaises, il vous a maintenant réconciliés par la mort [de son Fils] dans son corps de chair pour vous faire paraître devant lui saints, sans défaut et sans reproche. Et vous qui étiez autrefois étrangers et ennemis de Dieu par vos pensées et par vos œuvres mauvaises, il vous a maintenant réconciliés par la mort [de son Fils] dans son corps de chair pour vous faire paraître devant lui saints, sans défaut et sans reproche. (Colossiens 1.21–22)

Imaginez que vous soyez introduit dans la présence de Dieu. Vous vous tenez devant lui sans une seule faute. De plus, **lorsque Dieu vous voit, il voit aussi la justice de Jésus.** Dieu non seulement annule votre témoignage de péché, mais il vous attribue également la parfaite justice de Christ (2 Corinthiens 5.21). C'est ce qu'on appelle la **justification**, un autre aspect étonnant du pardon : « C'est aussi pour nous. Elle sera portée à notre compte… puisque nous croyons en celui qui a ressuscité Jésus notre Seigneur » (Romains 4.24). Amis, nous avons été « ainsi donc, déclarés justes sur la base de la foi [et] nous avons la paix avec Dieu par l'intermédiaire de notre Seigneur Jésus-Christ » (Romains 5.1). Quelle bonté non méritée ! Quelle grâce étonnante ! « Je me réjouirai en l'Eternel, tout mon être tressaillira d'allégresse à cause de mon Dieu, car il m'a habillé avec les vêtements du salut, il m'a couvert du manteau de la justice. Je suis pareil au jeune marié qui, tel un prêtre, se coiffe d'un turban splendide » (Ésaïe 61.10). Vous êtes justifiés et recouverts de la justice de Jésus afin que vous puissiez être en paix avec Dieu.

Considérez les belles images que la Bible utilise pour illustrer le pardon :

- « Même si vos péchés sont couleur cramoisi, ils deviendront blancs comme la neige ; même s'ils sont rouges comme la pourpre, ils deviendront clairs comme la laine » (Ésaïe 1.18). Lorsque Dieu vous pardonne, il vous purifie non seulement du péché, mais aussi de la tache qu'a laissée le péché sur votre vie.
- « Autant l'orient est éloigné de l'occident, autant il éloigne de nous nos transgressions » (Psaumes 103.12). Lorsque Dieu vous pardonne, il vous sépare du péché qui vous a autrefois séparé de lui.
- « Il aura encore compassion de nous, il piétinera nos fautes ; tu jetteras au fond de la mer tous leurs péchés » (Michée 7.19). Lorsque Dieu vous pardonne, il écrase et élimine vos péchés pour toujours.

Jésus nous donne aussi une image du pardon dans l'histoire du fils **prodigue**. Ce jeune homme rebelle a insulté son père en demandant son héritage très tôt. Il a pris l'argent, s'est éloigné de la maison et a tout dépensé pour vivre dans le péché. Il y avait une

Prodigue : dépense inutile d'argent ou de ressources.

famine et le seul travail que le fils pouvait trouver était de travailler avec des porcs dégoûtants. Il était affamé, sale et désespéré. Il pensait que son père serait encore furieux contre lui, mais il a quand même décidé de retourner à la maison et de demander à travailler comme serviteur. Le fils s'est mis en route vers la maison :

> Il se leva et alla vers son père. Alors qu'il était encore loin, son père le vit et fut rempli de compassion, il courut se jeter à son cou et l'embrassa. Le fils lui dit : « Père, j'ai péché contre le ciel et contre toi, je ne suis plus digne d'être appelé ton fils. » Mais le père dit à ses serviteurs : « Apportez [vite] le plus beau vêtement et mettez-le-lui ; passez-lui un anneau au doigt et mettez-lui des sandales aux pieds. Amenez le veau qu'on a engraissé et tuez-le ! Mangeons et réjouissons-nous, car mon fils que voici était mort et il est revenu à la vie, il était perdu et il est retrouvé. » Et ils commencèrent à faire la fête. (Luc 15.20-24)

Dieu nous offre le même type de pardon. Lorsque vous vous tournez vers lui, il vous rencontre là où vous êtes. Vous êtes pardonné, embrassé et célébré. Le pardon de Dieu est vraiment une **grâce** étonnante qui ne s'arrête jamais.

Car même en tant que disciples de Jésus, nous avons souvent besoin d'être pardonnés. Et Dieu a la grâce de nous accorder le pardon très souvent pour qu'ainsi « nous ne soyons plus esclaves du péché » (Romains 6.6), mais nous péchons encore. « Si nous disons que nous n'avons pas de péché, nous nous trompons nous-mêmes et la vérité n'est pas en nous. Si nous reconnaissons nos péchés, il est fidèle et juste pour nous les pardonner et pour nous purifier de tout mal » (1 Jean 1.8-9).

> *La grâce :* l'amour – tendre non méritée ; la faveur non méritée.

Demandez à Dieu de vous montrer vos péchés. Priez, « Examine-moi, ô Dieu, et connais mon cœur, mets-moi à l'épreuve et connais mes pensées ! Regarde si je suis sur une mauvaise voie et conduis-moi sur la voie de l'éternité ! » (Psaumes 139.23-24).

C'est en marchant dans la lumière – en étant honnête à propos de nos péchés – que nous nous rapprochons de Dieu et des autres : « Mais si nous marchons dans la lumière, tout comme Dieu lui-même est dans la lumière, nous sommes en communion les uns avec les autres et le sang de Jésus[-Christ] son Fils nous purifie de tout péché » (1 Jean 1.7). Nous pouvons vivre dans la lumière, non pas parce que nous sommes sans péché, mais parce que nous sommes pardonnés.

Comment répondons-nous à l'amour et au pardon de Dieu ?

En aimant les autres et en les pardonnant. **L'amour et le pardon ne sont pas basés sur des émotions ; nous devons choisir d'aimer et de pardonner.** Parfois, c'est un processus long et difficile. C'est pourquoi Jésus voit la foi de la femme qui verse de l'huile sur ses pieds et rappelle à Simon (et à nous) que pour aimer beaucoup, nous devons nous rappeler que nous avons beaucoup reçu (Luc 7.47).

Prenez un moment pour réfléchir sur le pardon de Dieu dans votre propre vie. Combien de fois avez-vous péché et avez-vous eu besoin d'être pardonné ? Le pardon est le cadeau que nous avons tous besoin de recevoir, mais que nous avons du mal à donner. Refuser de pardonner aux autres nous fait du tort à nous. Le fait d'être facilement offensé et de garder rancune ruine nos relations. Les graines de la rancune deviennent des racines amères qui corrompent et compromettent de nombreuses personnes (Hébreux 12.15). Lorsque nous sommes amers, nous voulons faire du mal aux autres, mais nous finissons par nous faire du mal à nous-mêmes ; nous devenons captifs du péché (Actes 8.23). C'est pourquoi Dieu nous ordonne de nous débarrasser de l'amertume et de « [se] pardonne[r] réciproquement, [t]out comme Christ vous a pardonné » (Colossiens 3.13).

Le Seigneur vous pardonne rapidement et généreusement.

Le pardon ne signifie pas que vous oubliiez ou excusiez les mauvaises actions des autres. Vous ne restez pas dans une position où vous êtes en danger. Cela signifie simplement que **lorsque vous pardonnez aux autres, vous renoncez à l'offense et faites confiance à Dieu pour vous occuper de leurs péchés à sa manière gracieuse, tout comme il s'est occupé de vos péchés.** Ce faisant, Dieu vous libère de l'esclavage de la rancune, car vous lui remettez votre souffrance. Vous aurez peut-être du mal à pardonner, mais le Saint-Esprit en vous sera votre aide. Comme le dit l'adage, c'est lorsque vous pardonnez que vous ressemblez le plus à Jésus.

Pierre, l'un des plus proches disciples de Jésus, a nié trois fois son association à Jésus. Jésus a averti Pierre qu'il le ferait et Pierre a insisté sur le fait que cela n'arriverait jamais. Puis cela s'est produit et Pierre a pleuré amèrement (Matthieu 26). Avec une grâce étonnante, Jésus a pardonné à Pierre et l'a rétabli dans son ministère (Jean 21.15-19). Ce même Jésus qui a pardonné à ceux qui l'ont renié vous pardonne également et il vous aidera à pardonner aux autres. Il connaît votre souffrance parce qu'il l'a aussi vécue, mais son commandement est toujours valable : «Aimez vos ennemis, [bénissez ceux qui vous maudissent, faites du bien à ceux qui vous détestent] et priez pour ceux [qui vous maltraitent et] qui vous persécutent» (Matthieu 5.44).

S'il vous est difficile de libérer les autres lorsqu'ils vous ont fait du tort, laissez Dieu agir à travers vous (Philippiens 2.13). Il se peut que vous deviez pardonner à la personne plusieurs fois par jour, chaque fois qu'elle vous vient à l'esprit. Pardonnez et abandonnez-les à Dieu à chaque fois. Le lendemain, faites la même chose... et le jour d'après... et le jour suivant aussi, et ce, jusqu'à ce que vous finissiez par pardonner complètement. «S'il a péché contre toi 7 fois dans une journée et que 7 fois [dans la journée] il revienne [vers toi] et dise : "J'ai eu tort", tu lui pardonneras» (Luc 17.4). **Dieu ne pose aucune limite à son pardon et nous ne devrions pas non plus en poser.**

Jésus l'a dit à la femme samaritaine et il vous le dit aussi : «Ta foi t'a sauvée. Pars dans la paix» (Luc 7.50). Vous êtes pardonné et né de nouveau.

Laisser parler la Bible :

Matthieu 18.15–35 (lecture facultative : Psaumes 32, Luc 15.11–32)

Laisser parler son esprit :

1. Quels sentiments vous viennent à l'esprit lorsque vous pensez à la façon dont Dieu vous a pardonné ?

2. Nous devons pardonner aux autres comme nous avons été pardonnés (Éphésiens 4.32). À qui devez-vous pardonner ? Pardonnez-les aujourd'hui. Plus vous tardez à pardonner, plus vous retardez votre propre guérison. Remettez tout à Dieu. Avec l'aide de Dieu, vous pouvez le faire.

3. Concentrez-vous sur Matthieu 18.21-35. Après avoir pardonné à quelqu'un, si vous sentez que votre cœur commence à s'endurcir, pardonnez-leur à nouveau, en vous rappelant que Dieu vous pardonne aussi encore et encore.

Laisser son âme prier :

Père, ta parole dit que le ciel se réjouit lorsqu'un seul pécheur revient sur le droit chemin (Luc 15.7). Aide-moi à m'en souvenir lorsque mon péché me pousse à me cacher de toi. Aide-moi à venir à toi avec confiance et à marcher dans la lumière, sachant que tu es prompt à pardonner. Embrasse-moi comme ton enfant. Aide-moi à pardonner aux autres comme tu m'as pardonné. Au nom de Jésus, amen.

Laisser son cœur obéir :

Qu'est-ce que Dieu vous amène à connaître, à valoriser ou à faire ?

Vous êtes adopté

Dieu a envoyé son Fils [...] afin que nous recevions le
statut d'enfants adoptifs. Et parce que vous êtes ses fils,
Dieu a envoyé dans votre cœur l'Esprit de son Fils qui
crie : «Abba! Père!» Ainsi tu n'es plus esclave, mais fils;
et si tu es fils, tu es aussi héritier de Dieu par Christ.
Galates 4.4–7

Rahab était une personne peu susceptible de faire partie de l'histoire de Dieu et encore moins de sa famille. Prostituée dans la ville
cananéenne de Jéricho, Rahab avait entendu parler de la sortie des
israélites de l'Égypte. Elle savait que c'était le seul vrai Dieu qui les
avait sauvés et avait combattu pour eux pendant leur voyage à travers Canaan. Et maintenant, les israélites s'approchaient de sa ville.
Lorsque Dieu a conduit les espions israélites à *sa* porte, elle a fait
preuve d'un grand courage. Par la foi, elle les a protégés de son propre roi, risquant sa vie pour le peuple de Dieu et leur dit : «Je le sais,
l'Eternel vous a donné ce pays. La terreur que vous inspirez s'est
emparée de nous et tous les habitants du pays tremblent devant
vous. [...] En l'apprenant, nous avons perdu courage et notre esprit
est abattu devant vous, car c'est l'Éternel, votre Dieu, qui est Dieu
en haut dans le ciel et en bas sur la terre» (Josué 2.9-11). Rahab a
caché les espions israélites qui ont réussi à échapper à la capture.
Puis Dieu les a conduits à une grande victoire sur la ville de Jéricho,
dont il a renversé les murs, mais pas avant d'avoir sauvé Rahab et sa

famille et de les avoir intégrés à sa famille.[1] Dans la vraie histoire de
Dieu, nous apprenons que la ville de Jéricho a été facilement vaincue. Dieu a miraculeusement démoli les murs de la ville sans aucune
intervention humaine. Alors, les espions étaient-ils nécessaires?
Pourquoi Dieu leur a-t-il permis de risquer leur vie? Serait-ce parce
que Rahab était là? Rahab valait la peine d'être sauvée.

Nous apprendrons plus tard que la vie de Rahab a été sauvée
non seulement physiquement, mais aussi spirituellement. Rahab
sera l'arrière-arrière-grand-mère du roi David et, plus important encore, elle fera partie de la lignée de Jésus (Matthieu 1.5), et
ce, indépendamment de son passé ou de celui du peuple plein de
péchés. Indépendamment aussi de son origine ethnique ou religieuse. Elle a renoncé à ses liens avec les Cananéens et a remis
sa vie au Seigneur. Aujourd'hui encore, Rahab continue d'être un
exemple de foi en action : «Rahab la prostituée n'a-t-elle pas, de
la même manière, été considérée comme juste sur la base de ses
actes, lorsqu'elle a accueilli les messagers et les a fait partir par
un autre chemin?» (Jacques 2.25). Dieu l'a reçue et lui a rendu un
honneur particulier (Hébreux 11.31). Elle a été pardonnée, transformée et adoptée dans la famille éternelle de Dieu. Quelle grâce
extravagante!

Parmi toutes les merveilles qui accompagnent le salut, l'une des
vérités les plus réconfortantes, nourrissantes et édifiantes est de
savoir que nous devenons des enfants de Dieu. Comme Rahab, nous
pouvons trouver l'amour et l'acceptation du père et d'une nouvelle
famille ici et au ciel, quel que soit notre origine, notre nationalité ou
même notre péché passé. L'adoption est une véritable intimité, une
relation authentique avec Dieu et au cœur même de l'Évangile.

Dieu veut nous adopter dans sa famille pour toujours. Nous
sommes nés de nouveau comme ses propres enfants (Jean 3.7) et
il nous a choisis à l'avance en nous amenant à lui par Jésus Christ
(Éphésiens 1.5). Qu'est-ce que cela signifie? **Cela signifie que vous
êtes désiré et chèrement aimé :** «Voyez quel amour le père nous a
témoigné pour que nous soyons appelés enfants de Dieu! Et nous le

---

1 Lisez l'histoire de Rahab dans Josué 2 et 6.

sommes. Si le monde ne vous connaît pas, c'est qu'il ne l'a pas connu, lui» (1 Jean 3.1).

En Christ, nous avons «le droit de devenir enfants de Dieu» (Jean 1.12). Dieu veut être votre père, celui que vous connaissez et auquel vous faites confiance intimement, et «l'esprit d'adoption, par lequel nous crions : "Abba! Père"!» (Romains 8.15) tout comme l'a fait Jésus. Votre état de pécheur n'empêche pas Dieu de vouloir vous adopter. Vous ne le gênez pas. Quelles que soient les erreurs que vous ayez commises ou celles qu'on vous ait faites, votre **Abba** Père vous accueillera toujours et vous recevra tel que vous êtes.

Pensez à votre père terrestre. Était-il gentil ou cruel? Impliqué ou absent? Même si vous aviez une bonne relation avec votre père terrestre, votre relation avec votre père céleste est bien meilleure. Jésus veut que nous fassions l'expérience du lien intime que nous avons avec notre père céleste. Il nous dit : «N'appelez personne sur la terre votre père, car un seul est votre père, c'est celui qui est au ciel» (Matthieu 23.9). Jésus ne

> ### Abba :
> Dans la langue araméenne parlée à l'époque de Jésus, le mot *abba* signifiait père et était principalement utilisé au sein d'une famille et dans la prière.
>
> Source : Robert H. Mounce, Romans, vol. 27, The New American Commentary (Nashville: Broadman & Holman Publishers, 1995).

nous demande pas de renier nos pères humains, mais il veut que nous accordions beaucoup plus de valeur à notre relation avec notre père céleste. Comment y parvenir? Nous commençons par apprendre tout ce que nous pouvons sur notre père parfait.

Premièrement, nous devons comprendre à quel point notre père se soucie de nous. Il nous adopte comme des enfants spirituels et nous aide à «[grandir] à tout point de vue vers celui qui est la tête, Christ» (Éphésiens 4.15). «Comme des enfants nouveau-nés désirez le lait pur de la parole. Ainsi, grâce à lui vous grandirez [pour le salut]» (1 Pierre 2.2). En grandissant pour devenir comme Jésus, nous entendons et imitons la voix de notre **père**. Nous imitons ses actions (Éphésiens 5.1). Même Jésus n'a fait que ce qu'il a vu le **père** faire (Jean 5.19) et n'a dit que ce qu'il a entendu le **père** dire

(Jean 8.28). Il n'a pas obéi par obligation ou par un besoin malsain d'approbation. L'obéissance de Jésus Christ découlait de la relation d'amour qu'il partageait avec son **père**. Lorsque vous aimez vraiment quelqu'un, votre plus grand plaisir est d'agir en conséquence avec honneur, respect et obéissance.

Dieu nous aime suffisamment pour être prêt à nous discipliner. En tant que ses enfants adoptés, nous avons besoin de sa discipline aimante de temps en temps. Aucun de nous n'y prend plaisir, mais nous en avons tous besoin. Parce que Dieu nous aime, il nous corrige lorsque nous nous éloignons de sa volonté dans nos pensées, nos attitudes ou nos actions : «Car l'Éternel reprend celui qu'il aime, comme un père l'enfant qui a sa faveur» (Prov. 3.12). Dieu nous aime et nous corrige «pour notre bien, afin que nous participions à sa sainteté» (Hébreux 12.10). Dieu nous corrige pour nous protéger des conséquences dévastatrices du péché. Tout comme un parent se réjouit de la croissance de son enfant, Dieu se réjouit de nous voir prospérer dans ce qu'il a prévu pour nous (Éphésiens 2.10).

Notre père est notre pourvoyeur parfait. «Car votre Père sait de quoi vous avez besoin avant que vous le lui demandiez» (Matthieu 6.8). «Et vous, ne cherchez pas ce que vous mangerez ni ce que vous boirez et ne soyez pas inquiets. En effet, tout cela, ce sont les membres des autres peuples du monde qui le recherchent. Votre Père sait que vous en avez besoin» (Luc 12.29-30). Reposez-vous en sachant que «Dieu pourvoira à tous vos besoins conformément à sa richesse, avec gloire, en Jésus Christ» (Philippiens 4.19). Si les bons parents humains savent comment donner de bons cadeaux à leurs enfants, à combien plus forte raison votre père qui est dans les cieux donnera-t-il de bonnes choses à ceux qui les lui demandent. (Matthieu 7.9–11) ?

Dieu sait aussi que nous avons besoin d'une communauté, d'un lieu d'appartenance. Dieu adopte tous ceux que Jésus sauve et nous avons donc de nombreux frères et sœurs dans notre famille de foi (Romains 8.29). C'est une bonne chose qu'«il y [ait] beaucoup de demeures dans la maison de [notre] Père» (Jean 14.2), mais aucune place pour la rivalité fraternelle, car tous les enfants de Dieu sont considérés comme égaux (Matthieu 23.8, Galates 3.28). Dieu n'a pas de favoris dans sa famille (1 Pierre 1.17). Nous ne sommes pas en com-pétition avec nos frères et sœurs et nous ne faisons pas de discrimi-nation ; nous prenons soin d'eux. Nous reconnaissons leur rôle dans l'histoire de Dieu (1 Corinthiens 12). « Enfin, ayez tous les mêmes pensées et les mêmes sentiments, soyez pleins d'amour fraternel, de compassion, de bienveillance » (1 Pierre 3.8). Nous sommes en-couragés à donner notre vie pour nos frères et sœurs en Christ, tout comme Jésus a donné sa vie pour nous (1 Jean 3.16). Lorsque nous aimons nos frères et sœurs, nous leur donnons l'amour de notre père. **L'amour extravagant court dans la famille.**

Tout comme les familles terrestres désirent prendre soin de leurs futures générations, **notre père donne un héritage à ses enfants, ses « héritiers »** (Romains 8.17). « Béni soit Dieu, le Père de notre Seigneur Jésus-Christ ! Conformément à sa grande bonté, il nous a fait naître de nouveau à travers la résurrection de Jésus-Christ pour une espérance vivante, pour un héritage qui ne peut ni se détruire, ni se souiller, ni perdre son éclat. Il vous est réservé dans le ciel » (1 Pierre 1.3-4). Au ciel, nous jouirons éternellement de la gloire de Dieu, nous célébrerons sa bonté et nous nous reposerons dans son amour. Mieux encore, nous jouirons de sa présence avec un plaisir et une joie qui dépassent l'entendement (Psaumes 16.11). « Un héri-tage délicieux ! » (Psaumes 16.6).

JOUR 11

Laisser parler la Bible :

Jean 14 (lecture facultative : Romains 8.15-17)

Laisser parler son esprit :

1. Mon ami, vous êtes adopté et chèrement aimé. Éternellement. Votre place dans la famille de Dieu est assurée (Jean 10.29). Y a-t-il quelque chose qui vous empêche de vous sentir pleinement en sécurité et aimé par Dieu ?

2. Qu'est-ce que votre adoption – soit d'avoir été choisi comme l'a été Rahab – vous apprend sur l'amour de Dieu pour vous ?

3. Quel est l'impact sur vos relations actuelles et futures de considérer les autres croyants comme des membres de la famille également aimés et appréciés (Galates 3.28-29) ? Comment pouvez-vous encourager une sœur ou un frère aujourd'hui ?

Laisser son âme prier :

Seigneur, je te remercie de m'avoir adopté. Ta parole dit : « Comme un père a compassion de ses enfants, l'Éternel a compassion de ceux qui le craignent » (Psaumes 103.13). Aide-moi à te voir comme mon père compatissant. Aide-moi à grandir pour ressembler à Jésus et aide-moi à me reposer en sachant que tu combleras tous mes besoins. Fais de moi un membre encourageant de ta famille pour toujours. Au nom de Jésus, amen.

Laisser son cœur obéir :

Qu'est-ce que Dieu vous amène à connaître, à valoriser ou à faire ?

Vous n'êtes jamais seul

Tu m'entoures par-derrière et par-devant, et tu mets ta main
sur moi. Une telle connaissance est trop extraordinaire pour
moi, elle est trop élevée pour que je puisse l'atteindre.
Où pourrais-je aller loin de ton Esprit, où pourrais-je fuir
loin de ta présence ? Si je monte au ciel, tu es là ; si je me
couche au séjour des morts, te voilà. Si je prends les ailes
de l'aurore pour habiter à l'extrémité de la mer, là aussi
ta main me conduira, ta main droite m'empoignera.
Psaumes 139.5–10

Un éclair de feu venait de tomber du ciel, terrassant les ennemis
du prophète Élie. Le premier nuage de pluie après des années de
sécheresse se formait dans le ciel. La nation d'Israël changeait
physiquement avec la pluie et spirituellement avec la repentance
(1 Rois 18). Élie était un homme recherché ; des hommes cherchaient
à le tuer. Bien qu'Élie ait été témoin de la provision, de la protection
et de la puissance de Dieu pendant des années où la nation s'est
rebellée, il était fatigué. Il en avait assez. C'est du moins ce qu'il a dit
à Dieu :

« Il s'assit sous un genêt et demanda la mort en disant : "C'est assez !
Maintenant, Éternel, prends-moi la vie, car je ne suis pas meilleur que
mes ancêtres. [...] J'ai déployé tout mon zèle pour l'Éternel, le Dieu
de l'univers. En effet, les israélites ont abandonné ton alliance, ils ont
démoli tes autels et ont tué tes prophètes par l'épée. Je suis resté, moi
seul, et ils cherchent à m'enlever la vie." » (1 Rois 19.4, 14)

Mais Élie n'était pas seul. En effet, Dieu était avec lui. Il n'était pas le seul vrai croyant restant, car Dieu avait conservé 7000 croyants qui ne s'étaient pas prosternés devant les idoles (1 Rois 19.18). Élie avait besoin de nourriture pour son corps, de repos pour son âme et de se souvenir que Dieu prenait soin de lui. Le moment venu, Dieu donna à Élie de nouvelles instructions.[1]

Parfois, en tant que croyant, vous pouvez être utilisé par Dieu de manière puissante, puis l'ennemi essaiera de riposter. Le doute, le découragement et le désespoir peuvent s'installer. Vous pouvez vous sentir seul, croyant au mensonge que Dieu vous a abandonné ou que votre utilité pour Dieu a expiré. Comme Élie, vous avez besoin d'être ressourcé. Vous avez besoin d'un « repos d'Élie ». Voici ce que vous devez savoir :

Vous n'êtes jamais seul. Dieu – père, fils et Saint-Esprit – est toujours avec vous. Chaque minute de chaque jour, il désire être près de vous. C'est pourquoi il vous a créé avec tant de soin. C'est pourquoi il a envoyé un sauveur pour détruire le péché qui vous séparait de lui. C'est pourquoi il a envoyé son esprit pour vivre en vous. Il ne vous laisse jamais seul pour que vous ne vous sentiez jamais abandonné.

Lorsque nous cherchons du soutien auprès d'autres personnes et qu'elles ne sont pas là pour nous, nous pouvons nous sentir seuls, mais ce n'est pas le cas. Dieu est toujours présent (Psaumes 46.1, 139.7–10). *Vous n'êtes jamais seul.*

Jésus est Dieu *avec* vous. Il est aussi appelé *Emmanuel*, « Dieu avec nous » (Matthieu 1.23), parce qu'il a vécu comme un être humain et a habité parmi nous. Il a eu faim et s'est fatigué. Il a été tenté par le péché. Il a été maltraité et accusé à tort. Et finalement, il a été trahi, torturé et tué. C'est pourquoi, quelles que soient les épreuves auxquelles nous soyons confrontées, Jésus connaît notre souffrance : « En effet, nous n'avons pas un grand-prêtre incapable de compatir à nos faiblesses ; au contraire, il a été tenté en tout point comme nous, mais sans commettre de péché » (Hébreux 4.15). C'est aussi pour cela qu'il peut sauver parfaitement ceux qui s'approchent de Dieu par lui, étant toujours vivant pour intercéder en leur faveur (Hébreux 7.25).

---

1 Lisez le récit des expériences d'Élie au sommet de la montagne dans 1 Rois 18 et 19.

Car Christ n'est pas entré dans un sanctuaire fait de main d'homme, en imitation du véritable, mais il est entré dans le ciel même, afin de comparaître maintenant pour nous devant la face de Dieu (Hébreux 9.24). Nous n'avons plus besoin d'un temple à Jérusalem ni d'un prêtre spécial pour nous approcher de Dieu.[1] Jésus promet également d'être avec nous «tous les jours, jusqu'à la fin du monde» (Matthieu 28.20). *Vous n'êtes jamais seul.*

Le Saint-Esprit est *en* vous. Jésus dit, «Quant à moi, je prierai le Père et il vous donnera un autre défenseur afin qu'il reste éternellement avec vous : l'Esprit de la vérité, que le monde ne peut pas accepter parce qu'il ne le voit pas et ne le connaît pas. [Mais] vous, vous le connaissez, car il reste avec vous et il sera en vous» (Jean 14.16-17). Il est *avec* vous et *en* vous :

- **lorsque vous lisez et méditez la parole de Dieu :** «Mais le défenseur, l'Esprit saint [...] vous enseignera toutes choses et vous rappellera tout ce que je vous ai dit» (Jean 14.26);
- **lorsque vous priez :** «De même aussi l'esprit nous aide dans notre faiblesse [...], car nous ne savons pas ce qu'il nous convient de demander dans nos prières. Mais l'esprit lui-même intercède par des soupirs inexprimables» (Romains 8.26);
- **lorsque nous sommes tentés :** «... mais avec la tentation, il préparera aussi le moyen d'en sortir, afin que vous puissiez la supporter» (1 Corinthiens 10.13);
- **lorsque vous souffrez :** Dieu ne se contentera jamais d'*envoyer* du réconfort et de la force lorsque vous en avez besoin. Au contraire, il se présente comme la *source* du réconfort et de la force. Sa seule présence fournit un baume apaisant pour votre cœur brisé : «Quand les justes crient, l'Éternel entend et il les délivre de toutes leurs détresses» (Psaumes 34.18). Il sera notre aide et notre consolateur pour toujours (Jean 14.16-17). *Vous n'êtes jamais seul.*

---

1 Wayne Grudem, *Systematic Theology: An Introduction to Biblical Doctrine* (*Une Introduction a la Doctrine biblique* (Grand Rapids, MI: Zondervan, 1994), 626–627.

Vous n'êtes jamais seul parce que Dieu vous a donné un lieu d'appartenance : l'église (voir « Comment trouver une bonne église » à la page suivante). Nous sommes tous membres de la famille éternelle de Dieu et il nous bâtit afin de faire de nous une communauté où demeure son esprit (Éphésiens 2.19-22). Notre famille de croyants est si étroitement liée que Dieu nous appelle le corps de Christ (1 Corinthiens 12.27). Vous êtes peut-être le seul croyant de votre famille ou de votre ville, mais, en Christ, vous faites partie d'une grande famille de croyants à travers le monde. Tout comme Dieu a préservé les croyants à l'époque d'Élie, il préserve les croyants aujourd'hui : « Car, comme le corps est un et a plusieurs membres et comme tous les membres du corps, malgré leur nombre, ne forment qu'un seul corps, ainsi en est-il de Christ. [...] Mais que les membres aient également soin les uns des autres. Et si un membre souffre, tous les membres souffrent avec lui ; si un membre est honoré, tous les membres se réjouissent avec lui » (1 Corinthiens 12.12, 25-26). Vous n'êtes jamais seul dans votre douleur non seulement parce que Jésus connaît votre douleur, mais aussi parce que vous savez « que les mêmes souffrances sont imposées à vos frères dans le monde » (1 Pierre 5.9). Dieu tisse votre histoire, ainsi que celle de tous les disciples de Jésus, dans sa propre histoire. *Vous n'êtes jamais seul.*

Et parce que vous n'êtes jamais seul, vous ne devez jamais avoir peur. Ce n'est pas la volonté de Dieu pour nous : « Ne t'ai-je pas ordonné : "Fortifie-toi et prends courage" ? Ne sois pas effrayé ni épouvanté, car l'Éternel, ton Dieu, est avec toi où que tu ailles » (Josué 1.9). Lorsque nous avons peur, Dieu nous réconforte, comme il l'a fait avec Élie. Peu importe les difficultés qui surviennent, « Dieu est pour nous un refuge et un appui, un secours toujours présent dans la détresse. C'est pourquoi nous sommes sans crainte » (Psaumes 46.2-3). Dieu était avec nous hier, il est avec nous maintenant et il sera avec nous dans le futur. *Vous n'êtes jamais seuls.*

Comment trouver une bonne église

Si vous êtes un disciple de Christ ayant accès à une église, l'une de vos plus grandes priorités est de rejoindre une famille de foi pour la prière, l'enseignement biblique, la communion et plus encore. Si vous n'avez pas accès à une église, vous pouvez vous réunir chez vous (nous y reviendrons plus tard). La parole de Dieu nous ordonne de ne pas cesser de nous réunir (Hébreux 10.25). Nous avons besoin d'une famille. Voici ce qu'il vous faut rechercher dans une bonne famille :

1. **un pasteur leader et serviteur :** appelé par Dieu, le pasteur a un cœur attentif. En effet, il enseigne et obéit la Bible. Il ne s'agit pas d'un dictateur ou d'un homme qui fait plaisir aux gens. Le pasteur exalte Jésus et non pas une personne ;

2. **la croissance spirituelle :** l'église vous incite à grandir spirituellement, en vous enseignant comment devenir un disciple permanent de Jésus qui fait des disciples pour Jésus ;

3. **un environnement de partage :** les membres de l'église s'aiment et prennent soin les uns des autres. Il y a un sentiment d'unité familiale ;

4. **le service extérieur :** l'église n'est pas centrée sur elle-même, mais s'étend dans la communauté et dans le monde pour répandre l'amour de Dieu en paroles et en actions.

L'église parfaite n'existe pas (seul Jésus est parfait). Si vous trouvez une bonne église, soyez-lui fidèle. Soyez-lui fidèle avec votre temps, en assistant régulièrement aux réunions et en remplissant vos engagements avec excellence. Soyez-lui fidèle avec vos talents, en vous impliquant et en ne cherchant pas à ce que les autres fassent tout. Soyez fidèle dans vos dons, sans être avare. Prenez l'initiative de rencontrer des gens et de vous impliquer. Vous serez béni.

JOUR 12

Laisser parler la Bible :
Ésaïe 41.10-20 (lecture facultative : Deutéronome 31.6)

Laisser parler son esprit :

1. Comment pouvez-vous vous rappeler que Dieu est avec vous même lorsque vous vous sentez seul ou que vous avez peur?

2. Comment la présence de Dieu peut-elle vous rendre courageux et vous donner de la joie (Deutéronome 31.6)?

3. Connaissez-vous une personne qui se sent seule? Soyez un ami et montrez-lui qu'elle n'est pas seule. Partagez la présence de Dieu avec elle aujourd'hui.

Laisser son âme prier :
Dieu, je te remercie de ce que tu es toujours avec moi, même lorsque je me sens seul. Tu promets de ne jamais m'abandonner ni m'oublier (Hébreux 13.5). Donne-moi une plus grande conscience de présence. Que ta présence me rende courageux et me remplisse de joie. Montre-moi des personnes dans la solitude qui ont besoin de faire l'expérience de ta présence et de ta bonté à travers moi. Au nom de Jésus, je prie, amen.

Laisser son cœur obéir :
Qu'est-ce que Dieu vous amène à connaître, à valoriser ou à faire?

Vous êtes saint

Vous serez saints pour moi, car je suis saint, moi, l'Éternel ;
je vous ai séparés des peuples, afin que vous soyez à moi.
Lévitique 20.26

En ce moment même, alors que vous lisez les mots de cette page, d'incroyables expressions d'adoration se produisent dans les cieux. Selon ce qui est rapporté dans Ésaïe 6, le prophète Ésaïe a entrevu cette scène. Dans son aperçu de la salle du trône de Dieu, il a vu des êtres angéliques proclamer haut et fort : «Saint, saint, saint est l'Éternel, le maître de l'univers ! Sa gloire remplit toute la terre !» (Ésaïe 6.3).[1] Plus de 800 ans plus tard, l'apôtre Jean rapporte une expérience similaire : «Ils ne cessent de dire jour et nuit : "Saint, saint, saint est le Seigneur Dieu, le Tout-Puissant, celui qui était, qui est et qui vient !"» (Apocalypse 4.8). «Qui pourrait ne pas [te] crain- dre, Seigneur, et rendre gloire à ton nom ? Oui, toi seul, tu es saint» (Apocalypse 15.4). Ils auraient pu décrire Dieu comme étant «amour, amour, amour» ou «grâce, grâce, grâce», mais au lieu de cela, ils répètent «saint, saint, saint». Il ne suffit pas de dire que Dieu est saint. Il ne suffit pas de dire que Dieu est saint, saint. Non. Dieu est *saint, saint, saint*.

Lorsque quelque chose est répété plusieurs fois dans la Bible, cela signifie généralement que la déclaration en est une de grande importance. Dieu est *saint, saint, saint*. Mais que signifie être **«saint»** ?

---

1 Lisez l'histoire de la mission d'Ésaïe dans Ésaïe 6.

Si vous lisez un jour un mot important que vous ne connaissez pas dans la Bible, cherchez où ce mot apparaît pour la première fois dans les Écritures.[1] Vous pourriez découvrir sa signification dans son contexte. Dans ce cas-ci, le mot *saint* apparaît pour la première fois dans Genèse pour décrire le jour que Dieu a mis à part pour se reposer : «Dieu bénit

> *Saint :*
> mis à part ou dédié à Dieu dans la pureté pour un usage honorable.

le septième jour et il en fit un jour saint, parce que ce jour-là il se reposa de toute son activité, de tout ce qu'il avait créé» (Genèse 2.3). Être *saint* signifie être mis à part. Tout ce qui concerne Dieu est saint et pur : son amour, sa miséricorde, sa justice et même sa colère. Rien dans toute la création n'est comparable à la sainteté de Dieu, à son infinie perfection. Dieu est séparé de tout ce qui est péché (1 Jean 1.5).

Seules quelques personnes dans la Bible ont eu des visions de la sainteté de Dieu et toutes ont été terrifiées. Moïse s'est caché le visage (Exode 3.6). Ézéchiel est tombé sur son visage couvert de peur (Ezéchiel. 1.28). Jean est tombé «à ses pieds comme mort» (Apocalypse 1.17). Ésaïe cria : «Malheur à moi! Je suis perdu, car je suis un homme aux lèvres impures, j'habite au milieu d'un peuple aux lèvres sont impures et mes yeux ont vu le roi, l'Éternel, le maître de l'univers» (Ésaïe 6.5).

Parce que nous sommes pécheurs, la pureté de Dieu nous submerge. Dieu dit : «L'homme ne peut me voir et vivre» (Exode 33.20). La sainteté de Dieu ne peut tolérer aucune trace de péché (Hab. 1.13). «Qui pourra monter à la montagne de l'Éternel? Qui pourra se tenir dans son lieu saint? Celui qui a les mains innocentes et le cœur pur» (Psaumes 24.3–4). Seuls les purs peuvent voir la sainteté de Dieu et survivre (Matthieu 5.8). C'est un problème pour nous, car nous avons tous péché; aucun de nous n'est juste (Psaumes 143.2, Romains 3.23).

Mais Jésus nous sauve de cette condamnation à mort en nous rendant saints. Pour que nous puissions voir le Seigneur, nous

---

1 Une concordance répertorie tous les mots clés trouvés dans un texte. Les bibles comprennent parfois une concordance dans leurs outils de référence. Si la vôtre n'en a pas, vous pouvez utiliser les outils offerts sur de nombreux sites Web, notamment Bible Gateway (biblegateway.com), Bible Study Tools (biblestudytools.com), et Bible Hub (biblehub.com).

devons être saints. Dieu vous a «conduits à la sainteté par Jésus Christ» (1 Corinthiens 1.2). Il a pris notre punition sur lui : «C'est grâce à lui que vous êtes en Jésus-Christ, lui qui est devenu, par la volonté de Dieu, notre sagesse, notre justice, la source de notre sainteté et notre libérateur» (1 Corinthiens 1.30).

> Maris, aimez votre femme comme Christ a aimé l'Eglise. Il s'est donné lui-même pour elle afin de la conduire à la sainteté après l'avoir purifiée et lavée par l'eau de la parole, pour faire paraître devant lui cette Église glorieuse, sans tache, ni ride, ni rien de semblable, mais sainte et irréprochable. (Éphésiens 5.25–27)

Seul Jésus pouvait le faire, car lui seul est «saint, irréprochable, sans souillure, séparé des pécheurs» (Hébreux 7.26). Lorsque vous avez placé votre foi en Christ, «vous avez été déclarés saints, mais vous avez été déclarés justes au nom du Seigneur Jésus[-Christ] et par l'Esprit de notre Dieu» (1 Corinthiens 6.11). En conséquence, il vous a fait entrer dans sa propre présence et vous êtes saints et irréprochables devant lui, sans une seule faute (Colossiens 1.22). C'est seulement en Christ que nous pouvons obéir au commandement de Dieu : «Vous serez saints, car je suis saint, moi, l'Éternel» (Lévitique 20.26). Ce n'est qu'en Christ que nous pouvons entrer dans la présence de Dieu et vivre.

Dieu est saint. Par conséquent, en Christ, vous êtes saint. La sainteté est la vie même de Dieu en nous. Après le moment du salut vient une vie de sanctification, le processus pour devenir saint. (Nous en apprendrons davantage sur la sanctification au cours de la septième semaine.) Comme l'explique un enseignant chrétien, «notre position de justice est acquise en un instant de vraie croyance, mais notre justice – notre ressemblance à Christ – grandit en profondeur au cours d'une vie de poursuite des choses de Dieu.»[1] Dieu nous commande d'être saints tout au long de la Bible afin de souligner l'importance de la sainteté.

---

1 Francis & Lisa Chan, *You and Me Forever: Marriage in Light of Eternity* (Toi et moi pour toujours : Le Mariage a la Lumière de l'éternité) (San Francisco: Claire Love Publishing, 2014), 34.

Mais à quoi ressemble une vie de sainteté ? Nous démontrons notre sainteté intérieure à l'extérieur parce que Dieu «nous a pas appelés à l'impureté, mais à la consécration» (1 Thessaloniciens 4.7). La Bible fait souvent référence aux vêtements comme étant un signe extérieur de la vie intérieure. Par exemple, les mariées portent des vêtements spéciaux, mais leurs vêtements ne font pas d'elles des mariées ; ils *démontrent* simplement qu'elles *sont* des mariées. De la même manière, nous portons notre sainteté sur nous. Cette sainteté extérieure ne nous rend pas saints, mais elle démontre aux autres que nous vivons mis à part pour Christ : «Ainsi donc, en tant qu'êtres choisis par Dieu, saints et bien-aimés, revêtez-vous de sentiments de compassion, de bonté, d'humilité, de douceur, de patience (Colossiens 3.12)». Nous devons nous revêtir chaque jour de ces vertus de Christ et «[nous] débarrasser du vieil homme qui correspond à [notre] ancienne manière de vivre et [qui] se détruit sous l'effet de ses désirs trompeurs, à vous laisser renouveler par l'Esprit dans votre intelligence et à vous revêtir de l'homme nouveau, créé selon Dieu dans la justice et la sainteté que produit la vérité » (Éphésiens 4.22–24).

Quand vous pensez à une vie sainte, cela vous semble-t-il intimidant ? Peut-être impossible ou légaliste ? Lorsque beaucoup de personnes pensent à la sainteté, ils imaginent des comportements pieux et des rituels religieux. La sainteté n'est pas une question de règles et de rituels. Il s'agit d'examiner honnêtement votre cœur et de demander à Dieu de purifier votre attitude et vos actions. Il s'agit de vivre en étant libéré du péché. Lorsque Dieu nous révèle le péché, nous pouvons le confesser immédiatement et nous repentir, en nous détournant de ce péché pour nous tourner vers le mode de vie pieuse qui est juste et satisfaisant.

Le Saint-Esprit tissera la sainteté dans votre vie chaque jour. Après des semaines, des mois et des années de confiance en Dieu et de mise en pratique de ce qu'il dit, vous remarquerez un modèle croissant de sainteté dans votre attitude et vos actions. Par exemple, les livres que vous choisissez de lire, la musique que vous écoutez ou les films que vous regardez peuvent changer à mesure que le Saint-Esprit vous montre comment protéger votre cœur (Prov. 4.23).

Vos actions, vos paroles et vos pensées se transformeront à mesure que le Saint-Esprit vous enseignera à honorer Dieu par votre vie (Colossiens 3.17). Le Saint-Esprit façonne les détails de votre vie. Les péchés qui vous empêchaient autrefois d'agir deviennent moins puissants. Les fruits spirituels – l'amour, la joie, la paix, etc. – deviennent plus abondants (Galates 5.22-23). Ces changements se produisent au fil du temps, à mesure que nous nous revêtons quotidiennement de la sainteté. Certains jours, nous pouvons lutter contre des tentations et des frustrations qui donnent parfois l'impression que nos tentatives de poursuivre la sainteté ressemblent à l'escalade d'une montagne, sans pouvoir en atteindre le sommet. Lorsque ces jours difficiles arrivent – et ils arriveront –, nous pouvons toujours choisir de mettre un pied devant l'autre avec Jésus comme guide. Un jour, nous n'aurons plus besoin de revêtir la sainteté, car Dieu lui-même nous revêtira d'une sainteté permanente et parfaite. Au ciel, «il lui a été donné de se revêtir d'un fin lin, éclatant, pur. En effet, le fin lin, ce sont les œuvres justes des saints» (Apocalypse 19.8).

Oui, mon ami, en *Christ*, vous êtes saint. Vous ne travaillez pas pour être saint par vos propres forces. Dieu nous a élus avant la fondation du monde, pour que nous soyons saints et irrépréhensibles devant lui (Éphésiens 1.4). Revêtez-vous de la sainteté pour devenir «un vase d'usage noble, saint, utile à son maître, prêt pour toute bonne œuvre» (2 Timothée 2.21). Dieu désire la sainteté pour vous afin que vous puissiez être en relation avec lui, rempli de plus de lui et mis à part pour toutes les bonnes œuvres qu'il a prévues pour vous. La semaine prochaine, nous ferons une étude plus poussée de ces bonnes œuvres.

JOUR 13

Laisser parler la Bible :

1 Pierre 1.13–25 (lecture facultative : 1 Pierre 2.1–11)

Laisser parler son esprit :

1. Comment le fait de penser à la sainteté de Dieu affecte-t-il votre attitude d'adoration ?

2. Qu'est-ce qui, dans votre vie, n'est peut-être pas mis à part pour Dieu ?

3. Comment pouvez-vous revêtir la sainteté chaque jour ?

Laisser son âme prier :

Dieu, tu es saint. Merci de m'avoir rendu saint par Christ. Ta parole dit que tu nous as sauvés et appelés à mener une vie sainte, non pas parce que nous le méritons, mais parce que c'était ton plan pour nous montrer grâce par Jésus (2 Timothée 1.9). Je suis si reconnaissant que tu m'aies appelé. Aide-moi à revêtir la sainteté chaque jour. Au nom de Jésus, je prie, amen.

Laisser son cœur obéir :

Qu'est-ce que Dieu vous amène à connaître, à valoriser ou à faire ?

Vous appartenez à Dieu

Nous faisons toute pensée prisonnière
pour qu'elle obéisse à Christ.
2 Corinthiens 10.5

Qui êtes-vous ?

Avant cette semaine, vous auriez peut-être répondu à cette question en décrivant votre famille, votre profession, votre nationalité, etc. Ces descriptions sont peut-être exactes, mais elles ne constituent pas ce qui compte le plus de votre nouvelle identité. Lorsque vous devenez un disciple de Jésus, elles deviennent de simples notes de bas de page dans votre nouvelle histoire.

Votre véritable histoire est centrée sur ce que vous êtes en Jésus Christ, alors protégez soigneusement votre identité. Souvenez-vous de ce qui vous définit maintenant :

- vous êtes fait pour adorer Dieu ;
- vous êtes pardonné et né de nouveau ;
- vous êtes choisi et adopté dans la famille éternelle de Dieu ;
- vous n'êtes jamais, jamais seul ;
- vous êtes saint et mis à part pour les desseins de Dieu.

Votre nouvelle vie a un sens et un but – et fait de vous la cible de l'ennemi. Satan sait que vous appartenez à Dieu et qu'il ne peut vous arracher des mains de Dieu (Jean 10.28-29), mais il fera tout ce qu'il peut pour vous empêcher de profiter de votre relation avec Dieu et de la partager avec d'autres. Satan (également appelé «l'accusateur» dans les Écritures) attaquera votre identité en Jésus en émettant des pensées négatives dans votre esprit ou en créant des conflits avec d'autres personnes pour s'opposer à ce que vous êtes. L'une de ces situations vous est-elle familière ?

- Nous sommes faits pour adorer Dieu, mais l'ennemi nous dit de nous adorer nous-mêmes ou d'adorer de fausses idoles.
- Nous sommes pardonnés, mais l'ennemi nous dit que nous sommes coupables.
- Nous sommes choisis et adoptés, mais l'ennemi nous dit que nous ne sommes pas désirés.
- Nous ne sommes jamais seuls, mais l'ennemi nous dit que nous sommes abandonnés.
- Nous sommes saints, mais l'ennemi nous dit que nous ne valons rien.

Si vous avez entendu l'un de ces mensonges qui contredisent la parole de Dieu, vous devez choisir d'arrêter d'écouter et de vous rappeler qui vous êtes. Faites taire les tentatives de l'ennemi pour vous éloigner des meilleurs plans de Dieu pour vous en vous rappelant les vérités de la parole de Dieu. Mémorisez le simple verset qui ouvre la leçon d'aujourd'hui : « Nous faisons toute pensée prisonnière pour qu'elle obéisse à Christ » (2 Corinthiens 10.5). **L'ennemi veut nous faire douter de l'amour de Dieu parce que si nous le faisons, notre relation avec Dieu sera sans vie et l'obéissance à Dieu sera un fardeau.** Ne laissons pas l'ennemi nous tromper ! « Rien ne pourra nous séparer de l'amour de Dieu » (Romains 8.38-39). Nous en apprendrons davantage sur le combat spirituel plus tard. Pour l'instant, restez attentifs aux attaques de l'ennemi contre votre identité d'enfant bien-aimé de Dieu. « Résistez au diable et il fuira loin de vous » (Jacques 4.7).

Si vous commencez à vous sentir moins sûr de vous, relisez Romains 8. Dans ce chapitre, vous découvrirez qu'il n'y a pas de condamnation pour ceux qui sont en Christ. **Considérez le sentiment d'insécurité comme une invitation de la part de Dieu pour trouver votre paix *dans ce qu'il est* et *dans ce qu'il a fait pour vous*.**

Car ce que nous pensons affecte ce que nous faisons. Alors, gardons soigneusement nos pensées. N'oubliez pas que Dieu ne nous a pas seulement sauvés du péché ; il nous a aussi sauvés pour ses desseins : « C'est lui qui nous a faits ; nous avons été créés en Jésus-Christ pour des œuvres bonnes que Dieu a préparées d'avance afin que nous les pratiquions » (Éphésiens 2.10). **Oui, vous êtes son ouvrage, son chef-d'œuvre.** Il vous a choisi et a écrit une belle histoire pour votre vie, une histoire que personne d'autre ne peut vivre. Rappelez-vous qui vous êtes en Christ.

Encouragez également vos frères et sœurs en Christ. **Nous sommes tous porteurs de l'image de Dieu.** Dans la famille de Dieu, il n'y a pas de place pour les préjugés ou les classements : « Il n'y a plus ni Juif ni non-Juif, il n'y a plus ni esclave ni libre, il n'y a plus ni homme ni femme, car vous êtes tous un en Jésus-Christ » (Galates 3.28). Ne laissez pas l'ethnie, la culture, l'âge, l'éducation, le sexe ou la classe sociale d'une personne affecter la façon dont vous la voyez ou la traitez. « Devant Dieu il n'y a pas de favoritisme » (Romains 2.11) et nous ne devrions pas en avoir non plus. **Aimez vos frères et sœurs comme Dieu les aime. Voyez-les comme Dieu les voit : chacun d'eux un chef-d'œuvre.**

Il nous reste encore beaucoup de choses à apprendre sur notre nouvelle identité en Jésus et il reste encore des trésors à découvrir, mais tout peut se résumer en une seule phrase : **« Je suis à cause du grand je suis ».**

Pour se décrire, « Dieu [a] dit à Moïse : "Je suis celui qui suis." Et il ajouta : "Voici ce que tu diras aux israélites : 'Je suis m'a envoyé vers vous'" » (Exode 3.14). Dans l'Évangile de Jean, « Jésus leur dit : "En vérité, en vérité, je vous le dis, avant qu'Abraham soit né, *je suis*" » (Jean 8.58). *Je suis* est la déclaration ultime de la présence toute suffisante, toute suprême et toute puissante de Dieu. Dieu est, était et sera éternellement. Il est la cause première.[1] Il est omniscient, omniprésent, tout-puissant. Il est le grand *je suis* ! **Nous sommes à cause de ce *qu'il est* !**

---

1 Norman L. Geisler, *Systematic Theology: In One Volume* [*Théologie systématique en une volume*] (Minneapolis, MN: Bethany House Publishers, 2011), 25.

- Vous êtes choisi à cause du grand amour de Dieu qui vous a créé pour son plaisir.
- Vous êtes un véritable adorateur parce que Dieu est digne d'être adoré et qu'il vous a donné son esprit pour révéler la vérité.
- Vous êtes pardonné et né de nouveau parce que Dieu vous a pardonné et vous a donné une vie nouvelle et éternelle.
- Vous êtes adopté parce que Dieu est votre père et qu'il vous a choisi pour être son enfant.
- Vous n'êtes jamais seul, car Dieu est toujours avec vous.
- Vous êtes saints parce que Dieu est saint.

Réfléchissez à ce que vous avez appris cette semaine sur votre valeur, votre mérite et votre identité. Vous êtes tout cela et plus encore grâce à Dieu. Rappelez-le-vous chaque jour : « **Je suis à cause du grand je suis** ».

Cette semaine, nous avons appris qui nous *sommes*. La semaine prochaine, nous apprendrons ce que nous *faisons*.

Laisser parler la Bible :

Romain 8 (lecture facultative : Éphésiens 2.1-10)

Laisser parler son esprit :

1. Quelle est la différence entre la personne que je suis et la personne que je suis en Christ ?

2. Répondez aux questions de discussion de la deuxième semaine.

Laisser son âme prier :

Père, je te remercie pour ma nouvelle identité en Christ. Aide-moi à la protéger. Lorsque l'accusateur attaque mon identité en toi, rappelle-moi que je suis un enfant de Dieu choisi, adoré, pardonné, adopté, embrassé et saint. Merci de m'aimer maintenant et pour toujours. Au nom de Jésus, amen.

Laisser son cœur obéir :

Qu'est-ce que Dieu vous amène à connaître, à valoriser ou à faire ?

QUESTIONS DE DISCUSSION DE LA DEUXIÈME SEMAINE :

Revoyez les leçons de cette semaine et répondez aux questions ci-dessous. Partagez vos réponses avec vos amis lorsque vous vous réunirez cette semaine.

1. Cette semaine, nous avons appris certaines parties de votre identité en Christ. Vous êtes 1. choisi, 2. fait pour adorer, 3. pardonné et né de nouveau, 4. adopté, 5. jamais seul et 6. saint. Laquelle de ces caractéristiques vous encourage le plus ? Pourquoi ?

2. Laquelle de ces caractéristiques est la plus difficile à accepter pour vous ? Pourquoi ? Comment la parole de Dieu ou vos amis peuvent-ils vous aider à embrasser cette partie de votre identité en Christ ?

3. Nous sommes faits pour adorer. Comment notre pardon, notre adoption et notre sainteté en Christ affectent-ils notre adoration ?

4. Les adorateurs du ciel crient que Dieu est « saint, saint, saint ». C'est la seule caractéristique de Dieu répétée de cette manière dans la Bible. Pourquoi pensez-vous que la sainteté de Dieu est si importante ?

5. Satan, l'accusateur, attaque chaque partie de notre identité en Christ. Comment les mensonges de l'ennemi vous ont-ils empêché d'accéder à la liberté et à la paix que Christ veut vous donner ? Quelles vérités de la parole de Dieu vous aident à faire taire les accusations erronées de l'ennemi ?

TROISIÈME SEMAINE

VOTRE HISTOIRE, VOTRE OBJECTIF

Acceptez votre nouveau dessein

*En réalité, c'est lui qui nous a faits ; nous avons été créés
en Jésus-Christ pour des œuvres bonnes que Dieu a
préparées d'avance afin que nous les pratiquions.*
Éphésiens 2.10

Bien avant votre naissance, Dieu vous connaissait (Jérémie 1.5). Il vous a créé de manière unique afin d'accomplir un but chaque saison de votre vie. La semaine dernière, vous avez appris qui vous êtes selon le dessein de Dieu. Cette semaine, vous allez apprendre ce que Dieu veut que vous fassiez. Vous avez un dessein divin et ce n'est pas de vous asseoir et d'attendre le paradis. Dieu a un travail à faire avec vous ici. Votre dessein a une incidence sur le ciel et apporte une vraie joie et un vrai succès.

Nous sommes parfois tentés de confondre notre dessein avec la définition du succès selon le monde.[1] Nous pouvons réussir dans une carrière ou un passe-temps sans pour autant accomplir notre dessein. Le succès ne consiste pas non plus à réaliser notre potentiel. Jésus n'a pas réalisé son potentiel sur terre. Après tout, il était le roi du ciel et il est devenu un homme pauvre et humble (Philippiens 2.5–8), mais il a accompli son dessein (Jean 17.4). C'est notre objectif aussi : accomplir le dessein de Dieu pour nos vies.

---

1 Apprenez du roi Salomon, l'homme le plus sage qui n'ait jamais vécu. Il a consigné ses expériences et ses conclusions profondes sur la réussite dans un livre de l'Ancien Testament intitulé l'Ecclésiaste.

À la fin de votre vie, que l'on dise de vous ce qui a été dit du roi David : « Or, après avoir dans sa propre génération été au service de la volonté de Dieu, David est mort, a rejoint ses ancêtres et a connu la décomposition » (Actes 13.36).

Vous vous demandez peut-être : *quel est mon dessein et comment puis-je l'atteindre ?* Le reste de ce voyage de la foi a pour but de vous aider à le faire. Pour l'instant, sachez simplement que **notre dessein ultime est de glorifier Dieu et de jouir de notre relation avec lui pour toujours.**[1] Nous accomplissons ce dessein chaque jour de trois manières épanouissantes :

1. **en aimant et en obéissant à Dieu ;**
2. **en aimant tout le monde ;**
3. **en faisant des disciples.**

Nous partageons tous ce but, mais nous le réalisons chacun de manière unique. Dieu a donné à chacun d'entre nous des relations, des compétences, des ressources et des lieux différents, de sorte que l'accomplissement de ce dessein sera différent dans chacune de nos vies, tout comme il l'a été

> **Patriarche :** un père spirituel ou le chef masculin d'une famille.

pour chaque **patriarche**, en commençant par Abraham et jusqu'à Moïse. Au cours de notre première semaine ensemble, nous avons abordé l'histoire globale de Dieu. Aujourd'hui, nous allons examiner de plus près le tout début du plan de salut de Dieu pour l'humanité. Les événements de Genèse 1 à 11 se déroulent sur plusieurs années et sur plusieurs générations de personnes, mais dans Genèse 12, l'histoire ralentit soudainement et se concentre sur les pères de notre foi : Abraham, Isaac et Jacob. Ce rythme plus lent nous permet d'apprécier l'importance de la relation unique de Dieu avec chaque personne. Au fil de leurs histoires, nous apprenons comment Dieu entre en relation avec son peuple :

---

1 Assemblée de Westminster (1643–1652). *The Assembly's Shorter Catechism, with the Scripture Proofs in Reference: with an Appendix on the Systematick Attention of the Young to Scriptural Knowledge* by Hervey Wilbur (Newburyport, MA: Wm. B. Allen & Co., 1816).

- Dieu nous aime et nous donne un dessein ;
- nous exprimons notre amour envers Dieu en accomplissant le dessein qu'il a pour nous ;
- lorsque nous accomplissons notre dessein, Dieu bénit les autres à travers nous.

Lançons-nous. Et commençons là où nous nous étions arrêtés le troisième jour, lorsque Dieu a banni Adam et Ève du jardin d'Eden.

Après l'exil d'Eden, les gens se sont multipliés. Avec eux, le péché s'est également multiplié. La méchanceté humaine étant devenue intolérable, Dieu était attristé et a inondé la terre pour effacer l'humanité méchante et prendre un nouveau départ. Une seule famille a été épargnée : la famille de Noé. Dieu a placé Noé, sa famille et des groupes de toutes sortes d'animaux dans une arche (un bateau habitable) qu'il a demandé à Noé de construire (Genèse 5–9). Lorsque les descendants de Noé ont commencé à se multiplier sur la terre ferme, le péché s'est à nouveau multiplié. Dieu confondit le langage des gens pour les empêcher de s'unir dans la rébellion contre lui (Genèse 10–11).

Dieu choisit un homme, Abraham,[1] pour lancer le plan de salut (Genèse 1–3). Nous pourrions supposer qu'Abraham était une personne juste à qui l'on pouvait confier une telle mission. Étonnamment, il ne l'était pas. Il a grandi en adorant des idoles (Josué 24.2) et il ne méritait pas plus que nous d'être choisi. Dieu a dit à Abraham :

Quitte ton pays, ta patrie et ta famille et va dans le pays que je te montrerai. Je ferai de toi une grande nation, je te bénirai, [...] et toutes les familles de la terre seront bénies en toi. (Genèse 12.1–3)

Abraham savait qu'il devait se diriger vers Canaan, mais on ne lui avait pas dit exactement où il s'installerait avec sa famille. Dieu l'a invité à lui faire confiance, une étape à la fois. Abraham n'avait pas

---

1 À cette époque, Abraham (comme nous l'appelons communément) s'appelait encore Abram. Plus tard, Dieu a changé son nom pour Abraham, proclamant ainsi l'appel de Dieu sur sa vie : « On ne t'appellera plus Abram, mais ton nom sera Abraham, car je te rends père d'un grand nombre nations » (Genèse 17.5).

toutes les réponses, mais il a courageusement obéi à Dieu. Grâce à cette relation de confiance, Dieu a béni Abraham et nous tous aussi. L'obéissance d'Abraham a conduit à la naissance de notre sauveur (Matthieu 1.1).

Dieu avait promis d'envoyer le sauveur à travers la lignée familiale d'Abraham, mais la vieille épouse d'Abraham, Sara, était stérile. Malgré les circonstances, Abraham a choisi de croire que Dieu resterait fidèle à sa promesse. Ce n'était pas toujours facile et il a lutté avec l'obéissance dans ce domaine. En fin de compte, le meilleur espoir d'Abraham était de croire Dieu sur parole. Sara est finalement tombée enceinte et a donné naissance à un petit garçon nommé Isaac (Genèse 21).

La famille d'Abraham a alors commencé à se multiplier, comme Dieu l'avait promis. Isaac a grandi et a eu des fils jumeaux : Jacob et Ésaü (Genèse 25). Ces deux frères avaient une relation difficile. En fait, tous les membres de leur famille ont lutté contre le péché et leurs zones de faiblesse. La Bible, cependant, ne fait aucun effort pour cacher leurs défauts. N'oubliez pas qu'il s'agit de la vraie histoire de Dieu, de la fidélité de Dieu pour la gloire de Dieu. Il tient ses promesses même si nous ne le faisons pas.

Maintenant nous sommes quelques générations plus proches du sauveur, mais des problèmes familiaux surgissent à nouveau. Le petit-fils d'Abraham, Jacob, plus tard renommé Israël, a eu douze fils qui sont devenus les pères fondateurs des douze tribus d'Israël. Le favoritisme coupable de Jacob envers l'un de ses fils, Joseph, a suscité une terrible jalousie chez les autres fils de Jacob. Leur blessure et leur colère les poussèrent à vendre leur frère Joseph à l'esclavage égyptien. Joseph y a connu de grandes souffrances et a été emprisonné pour un crime qu'il n'avait pas commis (Genèse 37, 39–40), mais Dieu n'a pas cessé d'élaborer son plan et il a donné à Joseph une grande sagesse qui a sauvé toute l'Égypte d'une grande famine (Genèse 41). Pharaon, le roi d'Égypte, a reconnu la relation que Joseph avait avec Dieu et l'a promu de prisonnier à premier ministre.

Dans tout cela, **Dieu a changé les circonstances de Joseph pour changer son cœur.** Des années plus tard, les frères de Joseph sont venus en Égypte à la recherche de nourriture. Joseph a alors eu l'occasion de se venger, mais plutôt que d'utiliser son pouvoir contre eux, *il leur a pardonné*. Dans l'une des expressions du pardon les plus pleines de foi, Joseph leur a dit avec sagesse : «Vous aviez projeté de me faire du mal, Dieu l'a changé en bien pour accomplir ce qui arrive aujourd'hui, pour sauver la vie à un peuple nombreux» (Genèse 50.20). La foi de Joseph a non seulement béni toute sa famille, appelée aujourd'hui les israélites, mais elle nous a aussi bénis. Nous pouvons apprendre de son exemple. Mon ami, **Dieu est toujours bon** et il agit dans toutes nos circonstances − même les plus difficiles − pour sa gloire et pour notre bien (Romains 8.28−29).

À cause de la famine et de l'invitation de Joseph, les israélites sont partis en Égypte. La famille d'Abraham est devenue une grande nation. Ils étaient si nombreux qu'un autre pharaon − qui ne savait rien de Joseph − s'est senti menacé. Craignant une révolte, il a réduit les israélites en esclavage. Le peuple de Dieu était maintenant enchaîné et a imploré le secours de Dieu pendant 400 ans.

Quand le moment est venu, **Dieu a choisi un homme − Moïse − pour poursuivre son plan de salut.** Moïse a d'abord résisté l'invitation de Dieu parce qu'il se sentait insuffisant. (Moïse ne se rendait pas compte que personne n'est jamais suffisant pour réaliser le plan de Dieu. Seul Dieu peut le faire.) Moïse a eu peur, mais il a fait confiance à Dieu et a affronté Pharaon : «Laisse partir mon peuple» (Exode 9.1). Tout comme il l'a fait avec Abraham, Isaac, Jacob et Joseph, Dieu a changé le cœur de Moïse et l'a mis à l'épreuve.

À plusieurs reprises, Pharaon a libéré les israélites, puis les a emmenés en captivité à nouveau. En réponse, Dieu a montré sa puissance et son autorité en envoyant de terribles fléaux pour tourmenter le peuple égyptien et déshonorer ses faux dieux. À la fin, Pharaon a finalement accepté de laisser partir le peuple de Dieu. Puis, lorsque Pharaon a changé d'avis et les a chassés, Dieu les a délivrés en créant miraculeusement un chemin sec à travers la mer Rouge pour qu'ils puissent traverser vers la liberté (Exode 1−15). Ces hommes de foi − Abraham, Isaac, Jacob, Joseph et Moïse − avaient chacun une mission donnée par Dieu. Ils ont rempli leur mission *avec* Dieu. Leur obéissance a découlé de cette relation de confiance et des bénédictions ont découlé de cette obéissance − des bénédictions pour eux personnellement ainsi que pour d'innombrables autres personnes. Grâce à Joseph, Dieu a sauvé toute l'Égypte de la famine. Grâce à Moïse, Dieu a sauvé tout son peuple de l'esclavage. Grâce à la descendance d'Abraham, Jésus-Christ, Dieu nous sauve tous du péché.

Le même Dieu qui a appelé les patriarches de notre foi vous appelle. Allez-vous répondre à son invitation et à son plan pour votre vie ?

Dieu vous a choisi et vous a placé exactement là où vous êtes pour une bonne raison et pour accomplir son agréable dessein pour vous. Les patriarches étaient des personnes faibles et imparfaites, tout comme nous. L'apôtre Paul écrit : « Considérez, frères et sœurs, votre propre appel : il n'y a parmi vous ni beaucoup de sages selon les critères humains, ni beaucoup de puissants, ni beaucoup de nobles. Mais Dieu a choisi les choses folles du monde pour couvrir de honte les sages, et Dieu a choisi les choses faibles du monde pour couvrir de honte les fortes » (1 Corinthiens 1.26–27). Nous n'avons pas besoin de plus d'argent, d'éducation, de temps libre ou de popularité pour répondre à son appel. Si nous lui faisons simplement confiance et lui obéissons, Dieu accomplira son dessein à travers nous. Vous pouvez commencer dès maintenant. **Aimez et obéissez à Dieu, aimez les autres et faites des disciples (commencez par partager l'histoire de Dieu) où que vous soyez, comme vous seul pouvez le faire.**

Laisser parler la Bible :

Ésaïe 43.1–21 (lecture facultative : Genèse 12.1–7)

Laisser parler son esprit :

1. Où pensez-vous que Dieu vous conduit aujourd'hui ? Êtes-vous prêt à suivre Dieu comme l'a fait Abraham ? Dieu peut vous conduire à l'autre bout du monde pour faire un travail missionnaire ou il peut vous conduire de l'autre côté de la route pour parler à un voisin. Irez-vous ?

2. Comment pouvez-vous faire confiance à Dieu pour que tout, même le mal, soit transformé en bien ? L'avez-vous vu tirer le bien du mal dans votre propre vie, comme l'a fait Joseph ?

3. Êtes-vous prêt à confier à Dieu votre faiblesse, comme l'a fait Moïse ? Pourquoi pensez-vous que la puissance de Dieu fonctionne mieux dans la faiblesse (2 Corinthiens 12.9) ?

Laisser son âme prier :

Père, aide-moi à accomplir ton dessein dans ma génération (Actes 13.36).

Aide-moi à te rendre gloire en achevant le travail que tu m'as confié (Jean 17.4). Remplace ma peur par du courage. Remplace mon doute par la foi. Remplace mon insécurité par la confiance en toi. Que ta volonté soit faite et que ton nom soit glorifié dans ma vie. Au nom de Jésus, amen.

Laisser son cœur obéir :

Qu'est-ce que Dieu vous amène à connaître, à valoriser ou à faire ?

Soyez l'ambassadeur de Jésus-Christ

*Nous sommes donc des ambassadeurs pour Christ, comme
si Dieu adressait par nous son appel. Nous supplions
au nom de Christ : « Soyez réconciliés avec Dieu ! »*
2 Corinthiens 5.20

Il existe un piège dont il faut se méfier sur le chemin de la foi, un dangereux puits de mensonges. L'ennemi peut vous dire que ce que vous faites vous définit ou que vous devez gagner l'amour de Dieu, mais rien ne pourrait être plus loin de la vérité. Lorsque vous mettez votre foi en Christ, vous ne faites plus qu'un avec Christ, créé pour accomplir votre dessein avec lui. Vous travaillez à partir d'une position où vous êtes déjà accepté plutôt que de travailler pour gagner votre acceptation. Votre identité en Jésus en tant qu'enfant de Dieu pardonné est sûre (Jean 10.28). Et lorsque vous affirmez que la grâce de Dieu est suffisante pour vous (2 Corinthiens 12.9), vous voulez que les autres fassent aussi l'expérience de l'amour inconditionnel de Dieu. **Votre nouvelle identité en Jésus vous oblige à faire connaître l'identité de Dieu au monde.** Avant de retourner au ciel, Jésus nous a confié sa mission – à nous, ses disciples – de faire d'autres **disciples**. Cette mission, appelée la **grande commission**, est si

> **Disciple :**
> un apprenant ou un adepte croyant qui s'attache à son maitre en matière de doctrine et de conduite de la vie.

importante qu'elle est mentionnée 5 fois dans 5 livres différents de la Bible.[1] En effet, elle est liée à notre nouvelle identité :

> Si quelqu'un est en Christ, il est une nouvelle créature. Les choses anciennes sont passées ; voici, toutes choses sont devenues nouvelles. Et tout cela vient de Dieu qui nous a réconciliés avec lui par [Jésus-] Christ et qui nous a donné le ministère de la réconciliation. En effet, Dieu était en Christ : il réconciliait le monde avec lui-même en ne chargeant pas les hommes de leurs fautes, et il a mis en nous la parole de la réconciliation. Nous sommes donc des ambassadeurs pour Christ, comme si Dieu adressait par nous son appel. (2 Corinthiens 5.17–20)

Peu importe ce que vous avez fait ou ce qu'on vous a fait, vous êtes né de nouveau en Christ et envoyé dans le monde pour une mission. Vous êtes devenu un citoyen céleste (Philippiens 3.20) et vous êtes maintenant un ambassadeur du royaume de Dieu ici sur terre. Comme Joseph et Moïse, vous représentez Dieu dans un pays étranger.

Pour bien représenter un royaume, quel qu'il soit, nous devons bien le connaître afin de pouvoir le représenter avec intégrité. Nous pouvons commencer par savoir ce que le royaume de Dieu n'est pas : ce n'est pas un royaume terrestre (Jean 18.36) ou un royaume politique (Marc 12.13–17) destiné à remplacer nos systèmes de gouvernement actuels. Nous devons toujours obéir à la règle de droit, sauf si elle viole la loi de Dieu (Romains 13.1). Jésus a dit à ses disciples de payer des impôts

> *La grande commission :* Jésus vint et dit à ses disciples : « Tout pouvoir m'a été donné dans le ciel et sur la terre. Allez [donc], faites de toutes les nations des disciples, baptisez-les au nom du père, du Fils et du Saint-Esprit et enseignez-leur à mettre en pratique tout ce que je vous ai prescrit. Et moi, je suis avec vous tous les jours, jusqu'à la fin du monde » (Matthieu 28.18–20).

(Matthieu 22.21). Il n'a jamais recherché le pouvoir politique. Au contraire, il s'est enfui lorsqu'une foule a essayé de le couronner roi par

---

1   Matthieu 28.19–20, Marc 16.15, Luc 24.47, Jean 20.21, Actes 1.8. On trouvera plus de détails sur l'accomplissement de la grande commission plus loin dans ce livre.

la force (Jean 6.15). Mais Jésus a exercé un pouvoir spirituel. En tant qu'ambassadeurs de Jésus, **nous sommes les vases de son pouvoir** pour avoir un impact réel et positif sur le cœur spirituel de la société. Nous pouvons protéger la vie et promouvoir la justice avec l'aide et les conseils de Dieu. Lorsque nous sommes motivés par l'amour, nous le représentons bien.

Comment y parvenir ? Nous commençons par nous rappeler que le Dieu que nous servons est incroyablement doux, bon et courageux.

Au cours de l'histoire, de nombreuses personnes sont mortes pour sauver leur roi, mais notre roi est mort pour nous sauver. Avant de nous appeler à le représenter, il nous a représentés en subissant le châtiment de nos péchés : "lui qui a lui-même porté nos péchés dans son corps à la croix afin que, libérés du péché, nous vivions pour la justice. C'est *par ses blessures que vous avez été guéris*" (1 Pierre 2.24). Parce qu'il nous aime, nous l'aimons et voulons bien le représenter. En tant qu'ambassadeurs de Jésus, nous montrons au monde que dans le royaume de Dieu :

- l'amour (et non la haine) règne ;
- le pardon (et non la vengeance) guérit ;
- l'humilité (et non la fierté) récolte la bénédiction ;
- la grâce (et non la performance) règne.

En tant qu'ambassadeurs de Jésus, nous représentons sa sagesse. La sagesse de Dieu peut sembler étrange, voire insensée, aux yeux du monde (1 Corinthiens 1.20–25), mais lorsque nous suivons Dieu par la foi, le monde en remarque les résultats : "La sagesse a été reconnue juste par tous ses enfants" (Luc 7.35). Parfois, même les non-croyants vivent selon les principes bibliques sans s'en rendre compte. La vérité est la vérité, que quelqu'un croie ou non en la parole de Dieu. La parole de Dieu nous appelle à diriger les gens vers la source de toute sagesse et à dire la vérité de Dieu "dans l'amour" (Éphésiens 4.15). Les esprits les plus brillants peuvent trouver dans la parole de Dieu les réponses à leurs questions les plus profondes.[1]

---

1 Trouvez les réponses aux questions bibliques les plus fréquemment posées sur GotQuestions.org (contenu en anglais).

Nous représentons l'amour de Jésus. En aimant et en servant les autres de manière pratique, nous répandons l'amour de Dieu dans un monde en manque d'amour. L'amour de Dieu coule à travers nous vers les autres (Jean 15.12). Nous aimons non pas "en paroles et avec la langue, mais en actes et avec vérité" (1 Jean 3.18). Nous ne nous contentons pas de souhaiter du bien aux gens, nous répondons à leurs besoins physiques (Jacques 2.16). Jésus prend tous les actes d'amour à cœur. Lorsque nous servons les autres, nous le servons aussi :

> « En effet, j'ai eu faim et vous m'avez donné à manger ; j'ai eu soif et vous m'avez donné à boire ; j'étais étranger et vous m'avez accueilli ; j'étais nu et vous m'avez habillé ; j'étais malade et vous m'avez rendu visite ; j'étais en prison et vous êtes venus vers moi. » Les justes lui répondront : « Seigneur, quand t'avons-nous vu affamé et t'avons-nous donné à manger ou assoiffé et t'avons-nous donné à boire ? Quand t'avons-nous vu étranger et t'avons-nous accueilli ou nu et t'avons-nous habillé ? Quand t'avons-nous vu malade ou en prison et sommes-nous allés vers toi ? » Et le roi leur répondra : « Je vous le dis en vérité, toutes les fois que vous avez fait cela à l'un de ces plus petits de mes frères, c'est à moi que vous l'avez fait. » (Matthieu 25.35–40)

Nos expressions tangibles d'amour rendent visible le Dieu invisible. "Personne n'a jamais vu Dieu. Si nous nous aimons les uns les autres, Dieu demeure en nous et son amour est parfait en nous" (1 Jean 4.12). Le royaume de Dieu, c'est l'amour véritable et pas seulement un sentiment ; c'est aussi une action. Le royaume de Dieu est le genre d'amour qui se concentre sur les autres et qui agit ensuite.

Même les lois du royaume de Dieu découlent de son grand amour pour nous. Notre roi nous enseigne dans le **plus grand des commandements** que nous devons aimer Dieu de tout notre cœur, de toute notre âme, de toute notre pensée et de toute notre force. Et nous devons aimer les autres comme nous nous aimons nous-mêmes (Marc 12.29–31). Les dix commandements fournissent des directives spécifiques sur la manière de le faire. Les quatre premiers commandements nous montrent comment aimer Dieu (Exode 20.1–11) et les six derniers nous montrent comment aimer les autres (Exode 20.12–17). (Lorsque Dieu dit : « Ne pas... », il dit : « Ne vous faites pas de mal, ni à vous ni aux autres »). Lorsque nous commençons par un amour authentique de Dieu, nous pouvons ensuite déverser cet amour dans nos relations. C'est ainsi que nous invitons les autres à entrer dans le royaume de Dieu pour faire l'ex-

> **Le plus grand commandement :**
> Jésus répondit : «Voici le premier : "Écoute, Israël, le Seigneur, notre Dieu, est l'unique Seigneur" ; et : "Tu aimeras le Seigneur, ton Dieu, de tout ton cœur, de toute ton âme, de toute ta pensée et de toute ta force". Voici le second : "Tu aimeras ton prochain comme toi-même". Il n'y a pas d'autre commandement plus grand que ceux-là» (Marc 12.29–31).

périence personnelle de l'amour de Dieu. "Nous sommes donc des ambassadeurs pour Christ, comme si Dieu adressait par nous son appel. Nous supplions au nom de Christ : 'Soyez réconciliés avec Dieu!' (2 Corinthiens 5.20).

Permettez aux autres d'expérimenter la puissance, la sagesse et l'amour de Dieu à travers vous.

JOUR 16

Laisser parler la Bible :

2 Corinthiens 5 (lecture facultative : Exode 20.1–17)

Laisser parler son esprit :

1. Comment le fait de savoir que vous êtes un ambassadeur de Dieu change-t-il la façon dont vous voyez votre vie ?

2. Relisez la grande commission (Matthieu 28.18–20). Dressez la liste des commandements de Jésus. Quelle promesse Jésus a-t-il faite aux disciples ?

3. Comment pouvez-vous partager l'amour de Dieu avec quelqu'un aujourd'hui ? Pouvez-vous partager de la nourriture avec un ami malade, sourire à un enfant solitaire ou encourager une âme fatiguée ?

Laisser son âme prier :

Jésus, je te remercie pour ma mission d'ambassadeur. Quelle joie de pouvoir partager l'amour que tu me prodigues ! Aide-moi à représenter clairement ton amour à ce monde en manque d'amour. Ta parole dit que tu nous attires à toi avec un amour indéfectible (Jérémie 31.3). S'il te plaît, attire à toi les personnes perdues lorsque je partage ton amour avec elles. Au nom de Jésus, amen.

Laisser son cœur obéir :

Qu'est-ce que Dieu vous amène à connaître, à valoriser ou à faire ?

Formez la prochaine génération et faites d'eux des disciples

Que chaque génération célèbre tes œuvres et
proclame ton extraordinaire façon d'agir !
Psaumes 145.4

Revenons à l'histoire de Moïse et des israélites. Après une démonstration massive de la puissance de Dieu, Pharaon a libéré les israélites des liens de l'esclavage égyptien. Peu après leur départ, il a changé d'avis et la cavalerie égyptienne s'est mise à leur poursuite. Face à la mer Rouge, les quelque deux millions d'israélites ont paniqué. Ils pensaient être pris au piège, jusqu'à ce que Dieu divise miraculeusement la mer et leur offre un passage à sec. Dieu a alors refermé les parois de l'eau sur les cavaliers et les chars de guerre pour protéger son peuple élu (Exode 14).

Le voyage vers la terre promise aurait dû prendre environ quatorze jours. Au lieu de cela, il leur a fallu quarante ans. Quelques jours seulement après leur sortie d'Égypte, ils se sont plaints qu'ils avaient faim et soif. Ils souhaitaient même retourner en Égypte (Exode 15–16). Lorsque Dieu a répondu à leurs besoins quotidiens par l'apparition soudaine et étonnante de nourriture divine (appelée manne), le peuple s'est encore plaint. Ils ont oublié qui était Dieu. Ils ont oublié son amour et sa bonté. Ils ont cru l'ancien mensonge de Satan selon lequel Dieu retenait le bien, les trompait et les conduisait à l'échec

(Genèse 3.1–5). Le doute et la peur les ont paralysés et ils ont refusé d'entrer dans la terre promise (Nombres 13–14). Ils ont donc perdu ce privilège et ont dû errer dans le désert pendant quatre décennies. **L'oubli est dangereux.**

Lorsque le moment est venu pour leurs enfants d'entrer dans la terre promise, **Dieu a protégé les israélites de leur oubli** (Josué 3–4). Il sépara à nouveau les eaux, cette fois du Jourdain, qui était au dangereux stade de déluge. Après que les israélites aient traversé le Jourdain sur la terre ferme, Dieu leur demanda de construire un mémorial de douze pierres choisies au milieu du fleuve. Josué a expliqué le but de cette commémoration :

> Il dit aux israélites : «Lorsque vos enfants demanderont un jour à leur père : "Que signifient ces pierres ?", vous les instruirez en disant : "Israël a passé le Jourdain que voici à pied sec. Oui, l'Éternel, votre Dieu, a asséché devant vous l'eau du Jourdain jusqu'à ce que vous soyez passés, tout comme il l'avait fait à la mer des Roseaux, qu'il a asséchée devant nous jusqu'à ce que nous soyons passés. Ainsi, tous les peuples de la terre sauront que la main de l'Éternel est puissante et vous craindrez toujours l'Éternel, votre Dieu."» (Josué 4.21–24)

Dieu savait que des temps difficiles étaient à venir et que son peuple pouvait se sentir sans espoir. Sa solution affectueuse n'était pas de les réprimander pour leur manque de foi, mais de leur rappeler pourquoi ils pouvaient lui faire confiance. Les douze roches empilées servaient de rappel visuel de la fidélité de Dieu envers tous les peuples et en tout temps. N'oubliez plus qui est Dieu ni ce qu'il a fait. Plus de remise en question de la bonté et de l'amour de Dieu, mais souvenez-vous qu'il est parfaitement fiable. D'une autre manière, ces pierres commémoratives nous aident aujourd'hui à accomplir notre dessein. Si nous regardons de près le passage, le mémorial était destiné à trois groupes de personnes :

1. **Toutes les générations futures :**
   «*Il dit aux israélites : "Lorsque vos enfants demanderont un jour à leur père...", vous les instruirez...*» (Josué 4.21–22).

Chaque personne décide d'aimer Dieu ou de le rejeter (Josué 24.15). La foi d'une mère ne sauve pas ses enfants. La foi est personnelle et chaque personne de chaque génération est confrontée au même choix. C'est pourquoi Dieu a demandé aux croyants d'enseigner leur foi à la génération suivante (Deutéronome 6.7). Et la manière la plus efficace de le faire est de donner l'exemple d'une foi authentique. Jésus nous a demandé d'enseigner non pas seulement les commandements qu'il nous a donnés comme tels, mais d'enseigner aussi l'obéissance à ces commandements (Matthieu 28.20).

2. **Toutes les nations :**
«*Ainsi, tous les peuples de la terre sauront que la main de l'Éternel est puissante et vous craindrez toujours l'Éternel, votre Dieu*» (Josué 4.24). En tant que ses ambassadeurs, nous partageons l'amour de Dieu avec tous les peuples, qu'ils vivent de l'autre côté de la rue ou à l'autre bout du monde (Actes 1.8). Dieu ne met pas de limites à son amour. Ainsi, nous ne mettons pas de limites à la manière, à l'endroit ou aux personnes que Dieu choisit pour déverser son amour. Demain, nous apprendrons comment rejoindre nos voisins et nos nations.

3. **Tous les croyants :**
«*... vous craindrez toujours l'Éternel, votre Dieu*» (Josué 4.24). Dieu désire que nous l'aimions avec une affection sincère et que nous le respections avec une crainte et un émerveillement intérieur. Lorsque nous avons une relation saine et révérencieuse avec Dieu, nous «craignons» de le chagriner. Par gratitude sincère, nous l'adorons et lui obéissons. Au jour 19, nous en apprendrons davantage sur la façon dont nous pouvons glorifier Dieu. Ainsi, aujourd'hui encore, les pierres commémoratives des anciens israélites peuvent nous montrer comment accomplir notre dessein d'aimer et d'obéir à Dieu, d'aimer tout le monde et de faire des disciples. Un moyen facile de se souvenir de notre changement

de position est de changer de perspective : nous devons regarder vers le bas, vers l'extérieur et vers le haut. Nous *regardons vers le bas* pour faire des disciples de la prochaine génération, *vers l'extérieur* pour rejoindre nos voisins et les nations et *vers le haut* pour glorifier Dieu.

Aujourd'hui, apprenons comment nous pouvons prendre des mesures pour former la prochaine génération. Dès le début, Dieu en a fait une priorité, car chaque individu a le choix de lui faire confiance. Il a spécifiquement choisi Abraham parce qu'il allait instruire la génération suivante (Genèse 18.19). Même si vous n'avez pas eu d'enfants, Dieu vous donnera des enfants spirituels à éduquer. Faites d'eux des disciples et aimez-les pour qu'ils deviennent comme vos propres enfants. L'apôtre Paul n'avait pas d'enfants biologiques, mais il appelait les nombreux croyants qu'il a encadrés (comme Timothée et Tite) ses «enfants». Paul savait de première main que les personnes sans famille ont la liberté d'investir dans de nombreuses vies (1 Corinthiens 7.32–34).

La plupart des gens pensent que former les autres est compliqué, mais regardez les exemples des apôtres. Ils ont formé les croyants en rendant visite aux gens, en écrivant des lettres et en priant pour eux. Nous pouvons le faire aussi. La meilleure façon d'encadrer les autres est de leur consacrer du temps. Se réunir chaque semaine pour s'encourager et se rendre des comptes avec amour est une méthode puissante et efficace pour aider votre croissance également (voir, en exemple, le bloc «Réunions hebdomadaires» sur la prochaine page).

Vous n'avez pas besoin d'être un expert pour former les autres. Il suffit de lire ensemble un passage de l'Écriture et de répondre aux questions. Partagez ce que vous apprenez, mais faites-le avec humilité et douceur (pas avec fierté ou autoritarisme). Si vous ne pouvez pas répondre à une question, il est normal d'admettre que vous ne savez pas. Cherchez des passages des Écritures et demandez au Saint-Esprit de vous révéler sa sagesse. S'il est important de partager sa sagesse, il est tout aussi important de partager ses encouragements. Encouragez les autres dans leur marche avec Dieu. L'une des meilleures façons d'aider quelqu'un est de partager vos propres luttes. Racontez comment Dieu a guéri votre cœur et répondu à vos prières.

Pour partager nos histoires, nous devons nous rappeler comment Dieu a agi dans et à travers nos vies. Il peut être difficile de s'en souvenir parfois. Nous avons tendance à oublier l'amour de Dieu qui nous a été prodigué en Jésus. Au lieu de cela, nous risquons de nous attarder sur nos besoins non satisfaits ou nos prières non exaucées. Dieu nous demande sans cesse de nous souvenir, comme il l'a fait avec les israélites. « Souvenez-vous des tout premiers événements ! En effet, c'est moi qui suis Dieu et il n'y en a pas d'autre. Je suis Dieu et personne n'est comparable à moi » (Ésaïe 46.9). **Jésus savait que nous aurions du mal à nous souvenir. C'est pourquoi, par amour, il nous a ordonné d'observer un mémorial, soit la communion, également appelée la Sainte Cène.** Lorsque nous prenons la Sainte Cène, le vin (ou le jus) nous rappelle le sang de Jésus, qui a été versé pour nous. Le pain nous rappelle le corps de Jésus, qui a été rompu pour nous (Luc 22.17–20, 1 Corinthiens 11.23–26). Bien que la Sainte

---

Réunions hebdomadaires

Que ce soit par téléphone, en ligne ou en présentiel, les réunions hebdomadaires sont efficaces pour la croissance spirituelle. Envisagez d'utiliser ce programme simple pour chaque réunion :

1. **Passé**—De quoi êtes-vous reconnaissant pour la semaine écoulée ? Qu'est-ce qui vous préoccupe ? Chaque personne partage brièvement. Une personne prie et invite Dieu à prendre le contrôle de cette réunion. Ensuite, passez en revue les objectifs fixés la semaine précédente afin de vous tenir mutuellement responsables avec amour.

2. **Présent**—Qu'est-ce que Dieu vous enseigne aujourd'hui ? Lisez ensemble deux fois un passage des Écritures et répondez aux questions suivantes à partir de ce passage :

   a. Qu'apprenons-nous sur Dieu ?

   b. Qu'apprenons-nous sur les gens ? Qu'y trouvez-vous qui soti bon ? Qui soit mauvais ?

   c. Qu'est-ce que Dieu vous amène à connaître, à valoriser ou à faire ?

3. **Futur**—Comment pouvons agir sur ce que nous avons appris aujourd'hui ? Chaque personne se fixe un but. Clôturez par une prière.

(Voir l'annexe pour le plan)

Cène ne soit destinée qu'aux croyants (1 Corinthiens 11.27), lorsque des non-croyants voient cette pratique et posent des questions à son sujet, nous avons l'occasion de leur expliquer le sacrifice que Jésus a fait pour eux aussi.

Vous pouvez créer un trésor familial pour vos enfants en créant vos propres «pierres commémoratives». Tenez un journal de foi ou affichez des symboles qui vous rappellent la fidélité de Dieu dans votre vie. Ces mémoriaux vous aideront à intégrer des leçons de foi dans les conversations quotidiennes avec la prochaine génération. Ces conversations quotidiennes non planifiées sont souvent les moments où les plus grandes intuitions spirituelles sont partagées. La foi se transmet par un dialogue constant et se vit chaque jour dans nos relations les uns avec les autres (1 Thessaloniciens 2.8). La prochaine génération a besoin de la connaissance de Dieu plus que tout ce que nous pouvons lui donner. «Tu les répéteras à tes enfants; tu en parleras quand tu seras chez toi, quand tu seras en voyage, quand tu te coucheras et quand tu te lèveras» (Deutéronome 6.7). Le témoignage le plus convaincant de la puissance de Dieu est votre propre changement de vie.

Laisser parler la Bible :

Deutéronome 6.1–7 (lecture facultative : Psaumes 145)

Laisser parler son esprit :

1. Nous devons enseigner aux autres à obéir à tout ce que Jésus a ordonné (Matthieu 28.20). Qu'est-ce qui est essentiel pour nous de garder à l'esprit lorsque nous leur enseignons ?

2. Comment Dieu a-t-il agi dans votre vie ? Créez une « liste commémorative » d'événements ou de prières exaucées qui vous rappellent la fidélité de Dieu dans votre vie.

3. Les réunions hebdomadaires sont essentielles pour la croissance, l'encouragement et la redevabilité. Si vous ne participez pas à une réunion hebdomadaire, priez pour en trouver une ou créez vous-même un groupe. Qui pourriez-vous parrainer ?

Laisser son âme prier :

Père, tu lances un appel à toutes les générations (Ésaïe 41.4). Ta parole dit : « Tous les grands de la terre mangeront et se prosterneront ; devant lui s'inclineront tous ceux qui retournent à la poussière, ceux qui ne peuvent pas conserver leur vie. Leur descendance le servira ; on parlera du Seigneur à la génération future » (Psaumes 22.30–31). Alors que je regarde vers la prochaine génération, montre-moi des personnes à guider. Aide-moi à transmettre ma connaissance de toi et à vivre la vraie foi devant eux. Au nom de Jésus, amen.

Laisser son cœur obéir :

Qu'est-ce que Dieu vous amène à connaître, à valoriser ou à faire ?

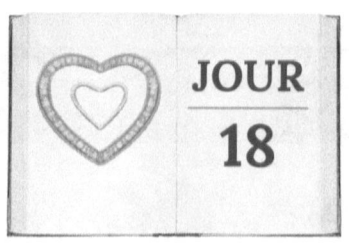

Allez vers les voisins et les nations

Allez [donc], faites de toutes les nations des disciples, baptisez-
les au nom du Père, du Fils et du Saint-Esprit et enseignez-leur
à mettre en pratique tout ce que je vous ai prescrit. Et moi,
je suis avec vous tous les jours, jusqu'à la fin du monde.
Matthieu 28.19–20

Dieu avait un plan plus vaste pour le mémorial de pierre que celui des israélites et de leurs descendants pour se souvenir de sa bonté. Les peuples des nations environnantes ont également remarqué le mémorial. Cet amas de douze pierres était un rappel douloureux de l'infériorité de leurs dieux. Le dieu d'Israël avait ouvert la mer Rouge et le Jourdain, «ainsi, tous les peuples de la terre sauront que la main de l'Éternel est puissante» (Josué 4.24). Lorsque Dieu a asséché le Jourdain au stade du déluge, il a déshonoré le dieu du fleuve que les populations locales adoraient. À ce moment-là, Dieu a démontré aux nations : «En effet, c'est moi qui suis Dieu et il n'y en a pas d'autre» (Ésaïe 46.9). «Oui, l'Éternel est grand et digne de recevoir toute louange ; il est redoutable, plus que tous les dieux» (Psaumes 96.4). Le seul vrai Dieu a fait honte à tous les faux dieux lorsqu'il a délivré son peuple. En tant qu'ambassadeurs du roi Jésus, nous proclamons une délivrance encore plus étonnante : la délivrance du péché (jours 3 et 4). La puissance de Dieu dans la séparation des eaux n'était rien comparée à la puissance que Dieu

« a déployée en Christ quand il l'a ressuscité » (Éphésiens 1.20). Faire en sorte que le peuple puisse traverser une rivière est miraculeux. Faire en sorte que des personnes pécheresses puissent revenir à Dieu est encore plus incroyable. Mais Dieu l'a fait et pas seulement pour une seule nation, mais pour toutes les nations, même celles qui adorent de faux dieux. En effet, parce que Dieu a sacrifié son Fils pour toutes les nations, nous devons parler à toutes les nations du sacrifice de son Fils.

Nous le dirons au monde entier jusqu'à ce qu'il ne reste plus aucun endroit qui ne l'ait entendu (Matthieu 24.14). « En effet, Dieu a tant aimé *le monde* qu'il a donné son Fils unique » (Jean 3.16, italique ajouté). **Jésus est venu pour le monde entier, pas seulement pour Israël. Dieu a dit à Jésus** : « C'est trop peu que tu sois mon serviteur pour relever les tribus de Jacob et pour ramener les restes d'Israël : je t'établis pour être la lumière des nations, pour apporter mon salut jusqu'aux extrémités de la terre » (Ésaïe 49.6). Jésus est venu sauver tous les peuples, afin que nous allions tous – hommes et femmes – vers tous les peuples. Nous y allons sans distinction de nationalité, de sexe ou de classe sociale. Nous sommes tous porteurs de l'image de Dieu, tous des pécheurs qui ont besoin de la grâce. Nous ne pouvons pas laisser les préjugés, la honte ou la gêne sociale nous empêcher de parler de Christ à qui que ce soit. Pensez aux personnes les plus difficiles à aimer, celles qui sont les plus différentes de vous. Jésus les aime autant qu'il vous aime. Il est mort pour eux et désire les sauver. *Alors, dites-leur.* Comment ? *En les écoutant, en leur enseignant et en les aimant.*

ÉCOUTER

Écoutez le Saint-Esprit vous guider. Vous pouvez prier :

- Seigneur, donne-moi l'occasion de partager ton amour avec _____. Ouvre son cœur et donne-moi tes paroles (Luc 12.12) ;
- Seigneur, y a-t-il quelqu'un qui te cherche près de moi ? Aide-nous à entrer en contact.

Soyez à l'écoute des *besoins* :

- Les transitions de la vie sont souvent des moments où les gens cherchent des conseils et sont prêts à entendre la véritable histoire de Dieu ;
- Lors d'épreuves, les gens sont souvent plus conscients de leur besoin de Dieu. Soyez à l'écoute des difficultés, des blessures, du stress, des inquiétudes, des grandes décisions ou de l'anxiété des gens autour de vous.

APPRENDRE

Vous avez écouté et le Saint-Esprit vous a incité à partager l'amour de Jésus. Que devez-vous faire maintenant ? Posez-leur des questions. Apprenez-en davantage sur leur histoire et demandez-leur la permission de partager la vôtre.

1. Apprenez *leur histoire*, y compris ce en quoi ils croient.
Le moyen le plus efficace de comprendre quelqu'un ou d'entamer des conversations spirituelles est de leur poser des questions. Prenez le temps d'écouter les réponses que vous recevez. Ne corrigez pas ce qu'ils vous disent lorsqu'ils vous répondent. L'écoute attentive est une forme d'amour. Posez une ou plusieurs des questions suivantes :

- Avez-vous des croyances spirituelles ?
- Croyez-vous en Dieu ?
  - Si oui, demandez : « Qui est Dieu pour vous ? »
  - Sinon, demandez : « Y a-t-il eu un moment où vous avez pensé qu'il y avait peut-être un Dieu ? » (Même s'ils répondent non, vous pouvez poser la question suivante pour poursuivre la conversation dans une manière spirituelle).
- Qui pensez-vous que Jésus soit ? Les réponses factuelles ou relationnelles peuvent donner un aperçu de l'état spirituel d'une personne (« Jésus est le fils de Dieu » est différent de « Jésus est mon Dieu »).

- Quelqu'un a-t-il déjà partagé avec vous la bonne nouvelle de Jésus?
- Avez-vous déjà eu le désir d'aller au ciel? Savez-vous comment y aller?

2. Cherchez à établir un lien et demandez à partager votre histoire. Cherchez un moyen de relier votre histoire à la leur. Votre objectif n'est pas de parler de vous ou de faire en sorte que la conversation porte sur vous. Votre but est de trouver un moyen de dire «Je comprends» ou «J'ai pensé la même chose». Ensuite, racontez comment votre vie a changé lorsque quelqu'un a partagé l'histoire de Dieu avec vous.

Vous pouvez poser l'une des questions suivantes pour déterminer si vous avez la permission de continuer :

- Puis-je vous partager une bonne nouvelle qui a changé ma vie?
- Puis-je vous raconter comment j'ai trouvé une relation personnelle avec Dieu?
- Si une personne connaît des difficultés, demandez-lui : «Puis-je vous partager quelque chose qui m'a permis de traverser une période difficile de ma vie?».

> **Partager votre histoire en quelques secondes**
>
> Savez-vous comment partager votre histoire de Dieu (aussi appelée votre témoignage)?
>
> Décrivez votre vie en deux mots avant de suivre Jésus, puis décrivez votre vie en deux mots ou une phrase après.
>
> Exemple : «il y a eu un moment dans ma vie où j'étais [rempli de peur] et où la vie me semblait [sans espoir].
>
> Puis j'ai été pardonné par Jésus et j'ai choisi de le suivre. Ma vie a changé.
>
> Maintenant, j'ai [la paix] et [un but] dans ma vie. Et surtout, j'ai une amitié avec Dieu.» Avez-vous une histoire comme celle-là?
>
> Source : #NoPlaceleft

Si la personne ne vous donne pas l'autorisation de continuer, ne poussez pas la discussion. Encouragez-les simplement et faites-les savoir que vous êtes disponible s'ils veulent discuter à l'avenir. Vous n'avez pas échoué ; vous avez fait ce que Dieu vous a appelé à faire. Priez en silence pour cette personne et attendez le moment où vos paroles seront les bienvenues. Respirez profondément et rappelez-vous que c'est la responsabilité de Dieu de les attirer à lui (Jean 6.44). Votre responsabilité est d'être son témoin.

L'AMOUR

Le partage de votre histoire conduit au partage de l'histoire de Dieu — la plus grande histoire d'amour qui soit. La façon la plus naturelle de le faire est de partager votre histoire et l'histoire de Dieu ensemble. Dieu vous a donné une histoire unique qui peut aider les autres, alors n'ayez pas peur de la raconter. Votre histoire peut inclure la guérison d'un abus, la joie dans la souffrance ou une prise de conscience des desseins de Dieu pour vous. Lorsque vous partagez votre histoire et l'histoire du salut de Jésus, veillez à y inclure quatre éléments essentiels. Le message de l'Évangile est similaire aux quatre parties de l'histoire de Dieu que nous avons apprises lors de la première semaine. Pour vous en souvenir facilement, pensez-y comme à une recette. **Le pain de l'évangile** a besoin de quatre ingrédients pour que le message prenne tout son sens. Examinons de plus près chacun de ces ingrédients :

1. **Dieu nous aime :** Partagez comment vous été créés par Dieu pour le glorifier et faire l'expérience de son amour parfait. Dieu désire que nous le connaissions et que nous ayons une relation intime avec lui, maintenant et pour toujours. « En effet, Dieu a tant aimé le monde qu'il a donné son Fils unique afin que quiconque croit en lui ne périsse pas mais ait la vie éternelle » (Jean 3.16).

2. **Le péché nous sépare de Dieu :** Partagez comment le péché a brisé notre relation d'amour avec Dieu. Le péché signifie

se détourner de la volonté de Dieu dans notre attitude ou nos actions. Vivre notre vie à notre manière, plutôt qu'à la manière de Dieu, nous sépare de Dieu et entraîne la mort (Ésaïe 59.2, Romains 6.23). Personne n'est sans péché : « Tous ont péché et sont privés de la gloire de Dieu » (Romains 3.23).

3. **Jésus nous sauve :** Partagez comment Dieu nous aime tellement qu'il n'a pas voulu que nous restions séparés de son amour. Dieu a envoyé son Fils unique, Jésus, pour nous sauver de la peine du péché et nous donner une vie nouvelle et éternelle : « Mais voici comment Dieu prouve son amour envers nous : alors que nous étions encore des pécheurs, Christ est mort pour nous. » (Romains 5.8). Le salut est obtenu par la grâce de Dieu en Jésus-Christ et non par nos efforts ou nos bonnes œuvres (Éphésiens 2.8–9).

4. **La repentance et la foi nous transforment :** Partagez le fait que lorsque nous nous détournons de nos péchés et que nous faisons confiance à Jésus seul comme étant celui qui nous pardonne et qui est le guide de notre vie, Dieu fait de nous de nouvelles créatures (2 Corinthiens 5.17). Il rétablit notre relation avec lui dès maintenant et un jour nous serons avec lui au ciel, dans notre demeure parfaite. « Si tu confesses de ta bouche le Seigneur Jésus et si tu crois dans ton cœur que Dieu l'a ressuscité des morts, tu seras sauvé. Car c'est en croyant du cœur qu'on parvient à la justice et c'est en confessant de la bouche qu'on parvient au salut » (Romains 10.9–10). La foi et la repentance vont de pair.

Ces quatre ingrédients ressemblent aux quatre grandes parties de l'histoire de Dieu étudiées lors de la première semaine. La différence la plus significative que vous avez peut-être remarquée est le quatrième ingrédient. La repentance et la foi sont le choix de recevoir le don gratuit du salut de Jésus, qui conduit à une vie nouvelle (la recréation). Comme faire du pain sans farine, sans ces quatre éléments, l'évangile ne donne rien de bon. (Pensez à supprimer un élément pour voir comment cela affecte le message.) Le Saint-Esprit peut vous amener à partager le message de Jésus de différentes manières avec différentes personnes dans différents endroits. Mais, quelle que soit la manière dont vous le partagiez, incluez tous les ingrédients. (Rappelez-vous les mots clés : *amour, péché, Jésus, repentance et foi*.)

> **Outils pour partager votre foi :**
> Dans l'annexe, vous trouverez des outils appelés «**3 cercles**» et «**Écouter, apprendre, aimer, Seigneur**» pour vous aider dans ces étapes. Des versions semblables de ces outils sont utilisées dans le monde entier. (Téléchargez des copies numériques sur allinmin.org.)

Partager le message de Jésus demande du courage. Les premières fois que vous aurez une conversation sur l'Évangile, vous serez peut-être un peu mal à l'aise, mais cela deviendra plus facile chaque fois que vous présenterez d'autres personnes à Jésus. Si partager votre foi vous effraie, souvenez-vous des israélites. Ils se sont jetés dans un fleuve déchaîné pour le traverser avant que Dieu ne fraye un chemin sec pour eux. Dieu a répondu à leur pas de foi et il fera de même pour vous. Ne croyez donc pas le mensonge selon lequel les gens ne veulent pas entendre parler de Jésus. Alors que de nombreuses religions du monde sont guidées par la peur, le message de Jésus, guidé par l'amour, est vraiment une bonne nouvelle – la meilleure nouvelle – que vous pouvez partager avec un monde en souffrance.

Au ciel, nous verrons «une foule immense que personne ne pouvait compter. C'étaient des hommes de toute nation, de toute tribu, de tout peuple et de toute langue [...] et ils criaient d'une voix forte : "Le salut est à notre Dieu qui est assis sur le trône et à l'Agneau"» (Apocalypse 7.9–10). Invitons autant de personnes que possible à se réunir avec nous ce jour-là.

Laisser parler la Bible :

Romains 10.9–17 (lecture facultative : 1 Pierre 3.15)

Laisser parler son esprit :

1. Jésus est venu pour tous. Y a-t-il une personne ou un groupe de personnes que vous avez du mal à aimer? Prenez un moment pour confesser et vous repentir de ce préjugé. Comment pouvez-vous leur montrer l'amour de Dieu?

2. Complétez l'outil « Écouter, apprendre, aimer, Seigneur » que vous trouverez en annexe pour vous préparer et vous entraîner à partager Jésus avec les autres. Passez en revue cet outil lors de vos réunions hebdomadaires pour vous responsabiliser, vous exercer et prier.

3. Entraînez-vous à partager votre histoire ainsi que l'histoire de Dieu trois fois ou plus avec un ami.

Laisser son âme prier :

Père, tu es le créateur des extrémités de la terre. Tu veux sauver toutes les nations. Ta parole dit : « La moisson est grande, mais il y a peu d'ouvriers. Priez donc le maître de la moisson d'envoyer des ouvriers dans sa moisson » (Matthieu 9.37–38). S'il te plaît, envoie plus d'ouvriers pour partager ton amour, en commençant par moi. Montre-moi où aller et ce qu'il faut dire. Au nom de Jésus, amen.

Laisser son cœur obéir :

Qu'est-ce que Dieu vous amène à connaître, à valoriser ou à faire?

Levez les yeux vers le ciel pour glorifier Dieu

> Je te louerai de tout mon cœur, Seigneur, mon
> Dieu, et j'honorerai toujours ton nom.
> Psaumes 86.12

Aujourd'hui, nous allons découvrir le plus grand dessein de tous, le dessein final des pierres commémoratives des israélites, le dessein qui nous motive à atteindre les générations, les voisins et les nations, le dessein de toute la création, le dessein de toutes les créatures et le dessein de Jésus-Christ lui-même, à savoir, **glorifier Dieu.**

Comme nous l'avons appris au début de ce voyage dans la foi, **l'histoire de Dieu et votre histoire sont toutes liées à la *gloire* de Dieu.** La dévotion de Dieu à sa gloire peut sembler arrogante, égoïste ou même tyrannique, mais elle ne l'est pas. Dieu n'est pas l'un de nous ; ses voies sont plus élevées que nos voies et ses pensées sont plus élevées que nos pensées (Ésaïe 55.9). Lorsque nous nous consacrons d'abord à nous-mêmes, nous sommes arrogants, mais lorsque Dieu se consacre d'abord à lui-même, il a raison. Il est tout sauf un tyran.

- Un tyran prend, mais Dieu donne (Actes 17.25).
- Un tyran exige du travail, mais Dieu offre du repos (Matthieu 11.28).
- Un tyran s'accroche au pouvoir, mais Dieu a renoncé à son pouvoir (Philippiens 2.5–11).

- Un tyran tue ses ennemis, mais Dieu (sous la forme humaine de Jésus) est mort pour sauver ses ennemis (Romains 5.10).

Dieu n'est pas un tyran. C'est un mensonge de l'ennemi qui a menti à propos de Dieu depuis le début. Il nous raconte des mensonges semblables à celui-ci. Ne les croyez pas. Dieu ne nous trompe pas, ne nous manipule pas, ne nous cache pas de bonnes choses et ne profite pas de nous (Nombres 23.19).

Lorsque nous levons les yeux pour glorifier Dieu, nous ne nous inclinons pas devant un tyran.

En effet, nous nous réjouissons d'un père bienveillant. Nous célébrons son amour, nous sommes impressionnés par sa puissance et nous nous reposons dans sa paix. Il est si bon et si digne de nos louanges. Prenons un moment pour réfléchir profondément sur le seul vrai Dieu. **Lisez ces versets à haute voix** pour guider votre réflexion. En dessous, vous trouverez un espace pour ajouter vos descriptions bibliques préférées de Dieu.

Mon Dieu est :

- *« l'alpha et l'oméga, le premier et le dernier, le commencement et la fin »* (Apocalypse 22.13) ;

- *« l'Éternel, l'Éternel est un Dieu miséricordieux de grâce et de compassion, lent à la colère, riche en bonté et en vérité »* (Exode 34.6) ;

- *« le Dieu des dieux, le Seigneur des seigneurs, le Dieu grand, fort et redoutable »* (Deutéronome 10.17) ;

- *« merveilleux conseiller, Dieu puissant, père éternel, Prince de la paix »* (Ésaïe 9.5).

-

·

·

Vous sentez-vous humble ? Reconnaissant ? Émerveillé ? Prenez un moment pour vous asseoir tranquillement et adorer Dieu. Lui seul est digne de toutes nos louanges (Deutéronome 10.21). Il est tout ce qui est bon, charmant, sage, pur, beau, héroïque et vrai. Comme l'a écrit le psalmiste, « Tu es mon Seigneur, tu es mon bien suprême ! » (Psaumes 16.2).

Pourquoi glorifions-nous Dieu ? Dieu nous a créés pour sa propre gloire (Ésaïe 43.7). Lui seul est digne de notre louange (Psaumes 145.3).

Comment glorifions-nous Dieu ? Nous glorifions Dieu en l'aimant, en le louant, en lui obéissant et en *le craignant*.

Nous pouvons nous demander en quoi le fait de craindre Dieu le glorifie. Dans la Bible, le mot « *crainte* » a plusieurs significations, mais dans ce contexte, la crainte signifie le respect et la crainte de la personne, de la puissance et de la position de Dieu. Comment pouvons-nous aimer quelqu'un que nous craignons ou craindre quelqu'un que nous aimons ? Aimer Dieu et le craindre vont de pair.

> **Crainte de Dieu :** respect et crainte de la personne, du pouvoir et de la position de Dieu. Les croyants qui ont une affection authentique pour Dieu « craignent » de l'affliger.

Considérez le résultat lorsque nous faisons l'un sans l'autre. Réfléchissez à ce qui pourrait arriver si nous craignons Dieu, mais ne l'aimons pas. Nous garderons nos distances. Nous ferons ce que Dieu demande, mais nous ne chercherons peut-être pas à établir une relation avec lui. Lorsque nous entendons dire que Dieu est majestueux dans sa sainteté et impressionnant dans ses actes (Exode 15.11), nous pouvons nous sentir indignes. Nous savons que la position de Dieu lui permet de juger le péché et nous pouvons donc nous inquiéter de ce qu'il fera si nous commettons une erreur.

Nous voyons dans les pages de l'Écriture que Dieu n'est pas glorifié par une crainte sans amour. Un maître de la loi pose à Jésus l'ultime question : «Quel est le commandement le plus important?» La loi juive contenait 613 autres commandements[1] qui se sont ajoutés aux dix commandements au fil du temps et ce maître de la loi était probablement épuisé en essayant de tous les respecter. Il craignait Dieu, mais l'aimait-il? Considérez la réponse de Jésus :

> Jésus répondit : «Voici le premier : "Écoute, Israël, le Seigneur, notre Dieu, est l'unique Seigneur"; et : "Tu aimeras le Seigneur, ton Dieu, de tout ton cœur, de toute ton âme, de toute ta pensée et de toute ta force."» (Marc 12.29-30)

Bien que cet enseignant ayant la crainte de Dieu ait observé la loi, Jésus lui a dit qu'aimer Dieu était le plus important. Il a dit cela parce que la crainte sans l'amour manque de relation. **Rappelez-vous que le but d'aimer et de craindre Dieu n'est pas d'aller au ciel, mais d'entrer en relation avec votre père céleste.** La crainte d'une éternité loin de Dieu vous a peut-être conduit à suivre Jésus, mais lorsque vous le recevez et le connaissez, l'amour grandit et la peur change. Vous n'avez plus peur de Dieu, car l'amour parfait bannit la peur (1 Jean 4.18). Au contraire, une crainte révérencielle de Dieu jaillit en vous, vous amenant à l'aimer et à l'adorer de tout votre être.

Voyons ce qui se passe si nous aimons Dieu, mais ne le craignons pas. Nous risquons de traiter Dieu avec désinvolture, sans tenir compte de sa position ou de ses commandements et nous ignorons les conséquences de nos choix pécheurs. Nous risquons de le tenir pour acquis. Nous voyons souvent cela dans les relations humaines. Parfois le traitement que nous donnons à ceux que nous aimons le plus est pire que le traitement que nous donnons aux étrangers.

---

1 «Le nombre 613 a été donné pour la première fois au troisième siècle de notre ère par le rabbin Simlai, qui a divisé les 613 mitzvot en 248 commandements positifs (ce qu'il faut faire) et 365 commandements négatifs (ce qu'il ne faut pas faire). Depuis l'annonce de ce chiffre, nombreux sont ceux qui ont entrepris d'énumérer les 613 commandements. La liste du 12ᵉ siècle établie par Maïmonide dans son Livre des commandements est certainement celle qui a la signification la plus durable.» Source : «Mitzvot», ReligionFacts.com, consulté le 22 juin 2017. www.religionfacts.com/mitzvot.

Cela explique pourquoi le dernier objectif des pierres commémoratives des israélites était que «vous [craigniez] toujours l'Éternel, votre Dieu» (Josué 4.24). Dieu voulait une relation juste avec son peuple élu et avec les générations qui viendraient après lui. De grandes bénédictions – des trésors – ont été promises à ceux qui craignent Dieu (Ésaïe 33.6), hier comme aujourd'hui :

- **La crainte de Dieu nous protège de la complaisance envers les gens.** Jésus a recommandé à ses disciples de craindre Dieu plutôt que de craindre les autres (Matthieu 10.28). Craindre Dieu peut vous sauver du piège dangereux qui consiste à rechercher l'approbation ou les louanges des gens au lieu de la gloire de Dieu (Proverbes 29.25, Jean 5.44).
- **La crainte de Dieu nous rend courageux.** Les autres craintes s'estompent lorsque nous craignons vraiment Dieu (Matthieu 10.28, Hébreux 13.6).
- **La crainte de Dieu nous rend sages.** «Le commencement de la sagesse, c'est la crainte de l'Éternel» (Proverbes 9.10).
- **La crainte de Dieu nous protège du péché.** Si nous craignons Dieu, nous détesterons le péché, car il viole sa nature et entrave notre relation avec lui. Quand nous craignons Dieu, nous fuyons le péché (Proverbes 16.6). Craindre Dieu et fuir le péché nous protège des conséquences dangereuses du péché et peut même prolonger notre vie (Proverbes 10.27).

Mais craindre Dieu, lui donner la révérence, ne nous vient pas toujours naturellement. Notre nature de pécheur nous conduit à ignorer la gloire de Dieu et à gonfler la nôtre. Quelles mesures pouvons-nous donc prendre pour développer une crainte aimante de Dieu ?

- **Demandez l'aide de Dieu.** Demandez-lui de vous rendre respectueux en vous enseignant ses voies (Psaumes 86.11).
- **Réfléchissez profondément à la parole de Dieu,** en particulier aux versets, comme ceux énumérés ci-dessus, qui

décrivent son caractère. La révélation de Dieu dans sa parole devrait nous faire trembler (Psaumes 119.120).

- **Appréciez la beauté et la puissance de la création.** Lisez Psaumes 19 et observez comment la gloire de Dieu dans la création incite nos cœurs à le craindre.[1]
- **Souvenez-vous des œuvres puissantes de Dieu.** Comme les israélites, rappelez-vous tout ce que Dieu a fait pour vous. Pensez à ses œuvres puissantes – dans la création, dans l'histoire de l'humanité et dans votre propre vie – chaque jour (Psaumes 77.11–12).

Notre amour et notre crainte se combinent pour agir puissamment pour glorifier Dieu et lui obéir. Jésus a dit : «Celui qui a mes commandements et qui les garde, c'est celui qui m'aime; celui qui m'aime sera aimé de mon père et moi aussi, je l'aimerai et je me ferai connaître à lui » (Jean 14.21). En gardant les commandements de Dieu pour atteindre les générations, les voisins et les nations avec l'amour de Dieu,

la gloire de Dieu devient notre motivation,
la gloire de Dieu devient notre message,
la gloire de Dieu devient notre but, et
la gloire de Dieu devient notre récompense !

---

1 Pour un regard empreint d'humilité sur la majesté de Dieu dans l'univers, lisez la réponse que Dieu a donné à Job qui décrit la conception et l'administration de la création (Job 38–42).

JOUR 19

Laisser parler la Bible :

Psaumes 19 (lecture facultative : Psaumes 128)

Laisser parler son esprit :

1. Lisez Psaumes 19 et remarquez où et quand la gloire de Dieu est révélée. La crainte de Dieu est pure (Psaumes 19.10) et la bonne réponse à sa gloire. Pourquoi pensez-vous que Dieu mérite la gloire ?

2. Pourquoi est-il important d'aimer Dieu et de le craindre ?

3. Comment le fait d'aimer et de craindre Dieu vous motive-t-il à atteindre vos objectifs ?

Laisser son âme prier :

Seigneur, Jésus s'est écrié vers toi : «Père, révèle la gloire de ton nom !» (Jean 12.28). Moi aussi, je veux te glorifier. Apprends-moi à t'aimer avec respect et à faire ton travail dans ta force et pour ta gloire seule. «Car ta bonté s'élève au-dessus du ciel et ta vérité atteint les nuages !» (Psaumes 108.5). Au nom de Jésus, amen.

Laisser son cœur obéir :

Qu'est-ce que Dieu vous amène à connaître, à valoriser ou à faire ?

Glorifiez Dieu dans l'adoration

*Toutes les nations que tu as faites viendront se prosterner
devant toi, Seigneur, pour rendre gloire à ton nom.*
Psaumes 86.9

Si vous avez déjà assisté à un service religieux, vous avez probablement fait l'expérience d'un appel à l'adoration. Quelqu'un annonce : «Venez, adorons le Seigneur». Dans les rassemblements du monde entier, la musique retentit et tout le monde se lève pour chanter ensemble. Bien que l'adoration musicale implique des instruments et des chants, c'est bien plus que cela. Il ne s'agit pas d'un échauffement avant le sermon. Il ne s'agit pas d'un moment pour se divertir. Nous unissons nos cœurs et nos voix en une offrande de louange en réponse à la valeur infinie de Dieu. Mais l'adoration est plus qu'une simple adoration musicale. C'est plus que de chanter une chanson. Lorsque nous adorons Dieu, nous nous présentons à lui. Tout ce que nous sommes. Tout ce que nous faisons. En effet, nous offrons tout à Dieu pour le glorifier.

Hier, nous avons appris comment l'amour et la crainte de Dieu fonctionnent ensemble pour le glorifier. **Cette crainte aimante de Dieu – une crainte révérencieuse empreinte de notre amour profond pour lui – déborde dans l'adoration.** Au jour 9, nous avons appris que :

- l'adoration est l'admiration de ce qui gouverne nos cœurs;
- l'adoration, c'est adorer la personnalité de Dieu et ce qu'il a fait;

- l'adoration, c'est s'offrir à Dieu. Tout ce que nous faisons – que ce soit des chants, des paroles, notre travail, nos jeux, notre service et même nos souffrances – devient un acte d'adoration lorsque c'est fait pour la gloire de Dieu ;
- l'adoration est réservée à Dieu seul.

Maintenant que nous avons défini l'adoration, décrivons ce à quoi ressemble l'adoration – *la glorification de Dieu* – dans la pratique. Comment pouvez-vous glorifier Dieu dans l'adoration ?

Adorez passionnément. Notre adoration découle de notre relation intime avec Dieu, qui englobe à la fois la vérité (ce que nous savons de lui) et l'Esprit (ce qui nous permet de nous réjouir pleinement de lui) (Jean 4.23–24). La Bible nous invite à louer Dieu dans la joie et l'action de grâce, mais lorsqu'elle évoque l'adoration, toutefois, le ton change : «Venez, prosternons-nous et humilions-nous, plions le genou devant l'Éternel, notre créateur!» (Psaumes 95.6-7). L'adoration est souvent décrite par un agenouillement ou une inclinaison, une posture de cœur externe représentant une posture de cœur interne remplie d'humilité et d'abandon. Nous nous humilions en réalisant qui nous adorons – celui dont les étoiles proclament la gloire. Les montagnes s'ébranlent devant lui, celui en présence duquel la terre tremble (Nahum 1.5). Si toute la nature adore passionnément, nous le pouvons aussi. Une adoration passionnée et personnelle est une reconnaissance sincère de Dieu en tant que Seigneur légitime de nos vies.

Adorez avec attention. Nous pouvons glorifier Dieu en ignorant ou en réduisant au silence les distractions et en dirigeant toute notre attention vers celui que nous adorons. Fermez les yeux. Inclinez votre tête. Faites ce que vous devez faire pour vous concentrer sur Dieu. Invitez le Saint-Esprit à vous faire prendre conscience de sa présence. Apprenez à reconnaître ses pensées qui façonnent vos pensées lorsque vous adorez et lisez la parole de Dieu. Laissez Dieu vous convaincre, vous encourager et vous réconforter à mesure que vous grandissez dans votre relation avec lui. «[Gardons] les regards sur Jésus, qui fait naître la foi et la mène à la perfection» (Hébreux 12.2) afin de glorifier Dieu dans l'adoration.

Adorez généreusement. Nous adorons ce qui gouverne nos cœurs, mais nous pouvons influencer ce qui gouverne nos cœurs par nos ressources, car «en effet, là où est ton trésor, là aussi sera ton cœur» (Matthieu 6.21). Donner est un privilège que nous embrassons parce que nous aimons le Seigneur et que nous voulons voir son royaume avancer. «Sachez-le, celui qui sème peu moissonnera peu et celui qui sème abondamment moissonnera abondamment. Que chacun donne comme il l'a décidé dans son cœur, sans regret ni contrainte, car Dieu aime celui qui donne avec joie» (2 Corinthiens 9.6–7).

Dieu veut que nous profitions des bonnes choses qu'il nous donne, mais il nous ordonne également d'utiliser ces ressources pour soutenir ceux qui prêchent sa parole.[1] Comme nous l'avons appris au jour 16, lorsque nous répondons aux besoins des autres, nous servons Jésus lui-même (Matthieu 25.40). Utilisez votre argent pour faire le bien et aider ceux qui sont dans le besoin (2 Corinthiens 8–9, 1 Timothée 6.17–19). Mais combien donner et à quelle fréquence? «Que chacun de vous, le dimanche, mette de côté chez lui ce qu'il pourra, en fonction de ses moyens, afin qu'on n'attende pas mon arrivée pour récolter les dons» (1 Corinthiens 16.2). Donnez individuellement, régulièrement et de manière proportionnée. Gardez à l'esprit que tout appartient à Dieu (Psaumes 24.1, 50.10).[2] **Nous devons être de bons intendants, responsables devant lui de la façon dont nous dépensons ce qu'il nous a confié.** «Vous avez reçu gratuitement, donnez gratuitement!» (Matthieu 10.8). Dieu comprend nos circonstances et il regarde le cœur derrière le don.

L'argent n'est pas notre seule ressource. Nous avons aussi du temps à donner et des talents à partager: «Ordonne-leur de faire le bien, d'être riches en belles œuvres, de se montrer généreux, prêts à partager» (1 Timothée 6.18). En tant qu'ambassadeur de Dieu, passez votre temps à investir dans les relations. Lorsque nous prenons soin des malades, que nous donnons de l'espoir aux âmes fatiguées et

---

1 Matthieu 10.10–21, Luc 19.12, 1 Corinthiens 9.6–14 et 1 Timothée 5.17–18
2 Ron Blue, *Never Enough? Three Keys to Financial Contentment* [*Jamais assez : les trois clés de la satisfaction financière*] (Nashville: B&H Publishing Group, 2017), 20.

que nous partageons Jésus avec d'autres, nous contribuons à construire le royaume de Dieu.

Adorez honnêtement. Dieu nous connaît mieux que nous ne nous connaissons nous-mêmes. Il sait quand vous vous sentez sec, apathique ou même en colère. Soyez honnête avec lui et exprimez vos sentiments dans la prière. (Lisez le livre des Psaumes pour des exemples qui remuent l'âme). Sur notre chemin de foi, nous traverserons différentes saisons qui influenceront notre adoration. Réfléchissez à la manière dont vous pourriez adorer Dieu au cours des trois saisons énumérées ci-dessous :[1]

- **La saison de la satisfaction : trouvez-vous votre délice en Dieu?** Êtes-vous absolument satisfait par Dieu et plein de joie? Remerciez-le et réjouissez-vous en lui pour cela : «Je te bénirai toute ma vie, je lèverai mes mains en faisant appel à toi» (Psaumes 63.5). «Moi, je veux me réjouir en l'Éternel, je veux être dans l'allégresse à cause du Dieu de mon salut» (Habakuk 3.18).
- **La saison du besoin : désirez-vous Dieu?** Avez-vous envie d'être dans sa présence, mais ne ressentez pas une joie profonde en sa présence parce que les circonstances vous accaparent? «Comme une biche soupire après des cours d'eau, ainsi mon âme soupire après toi, ô Dieu!» (Psaumes 42.1–2).

---

1 Adapté des trois étapes de la louage (Three Stages of Worship) de Dr Michael Sharp et Dr Mike Miller. Notes du cours de la formation intensive «Worship Leadership», Nouvelle-Orléans : New Orleans Baptist Theological Seminary, mai 2014.

Le don est une affaire entre vous et Dieu. Dieu comprend vos circonstances et regarde le cœur derrière le don. Jésus a reconnu la générosité de deux adorateurs : l'un a donné peu, l'autre beaucoup, mais tous *deux* ont donné de manière sacrificielle. La première, une pauvre veuve, n'a donné que quelques sous, mais c'est tout ce qu'elle avait pour vivre. Jésus a remarqué et loué son don sacrificiel (Luc 21.3–4). La seconde femme a versé un pot entier de parfum extrêmement coûteux en signe d'adoration à son libérateur (Jean 12.3–9). Certains ont vu dans sa générosité un gaspillage extravagant, mais Jésus a reconnu le cœur sacrificiel derrière son don. **Dieu ne s'intéresse pas à la taille de votre cadeau, mais à votre cœur.**

Priez pour que Dieu vous remplisse de joie en sa présence (Psaumes 16.11) afin que vous preniez plaisir à l'adorer (Psaumes 43.4).

- **La saison basse : vous sentez-vous à sec ?** Vous sentez-vous spirituellement stérile, alors que vous vous êtes repenti ? Admettre ses difficultés et demander de l'aide à Dieu est une forme d'adoration honnête : « Lorsque mon cœur était aigri et mes reins transpercés, j'étais idiot et je ne comprenais rien, j'étais devant toi comme une bête » (Psaumes 73.21–22). Demandez à Dieu de raviver votre amour pour lui, de redynamiser votre relation avec lui et de vous aider à lui obéir : « Ô Dieu, crée en moi un cœur pur, renouvelle en moi un esprit bien disposé » (Psaumes 51.12).

Adorez ensemble. Lorsque nous nous trouvons au plus bas, nous pouvons être tentés de nous détacher des autres. La solitude et le silence sont de bonnes formes d'adoration, mais un isolement prolongé nous rend plus vulnérables aux attaques de l'ennemi. La solution réside dans l'approche exactement inverse : adorer en compagnie d'autres croyants. Dieu nous donne le corps local de croyants pour que nous puissions nous réunir pour l'adorer et nous entraider. Dieu nous ordonne à « nous inciter à l'amour et à de belles œuvres. N'abandonnons pas notre assemblée, comme certains en ont l'habitude, mais encourageons-nous mutuellement » (Hébreux 10.24–25). Lorsque nous nous réunissons pour adorer Dieu, nous nous offrons à lui et aux autres. L'église primitive a magnifiquement modelé l'adoration collective et le Seigneur a ajouté à leur nombre (Actes 2.42–47). L'engagement actif dans une église locale est essentiel à notre santé

Ce sur quoi nous nous concentrons prend de l'ampleur (jour 9). Faites attention à ce qui consomme vos pensées afin de ne pas gaspiller votre temps, vos talents et votre argent sur des choses qui n'ont pas d'importance. Vous pourriez finir par adorer ces choses au lieu de Dieu. Si vous adorez quelque chose, vous lui ressemblerez (Ps. 115.8). Si vous adorez l'argent, vous deviendrez avide. Si vous adorez la beauté, vous deviendrez vaniteux. Donc, restez loin des idoles (1 Jean 5.21). N'adorez pas les faux dieux (les choses aussi bien que les faux enseignements).

spirituelle et constitue une priorité pour Jésus.[1] «Christ a aimé l'Eglise. Il s'est donné lui-même pour elle» (Éphésiens 5.25). Nous sommes conçus pour adorer ensemble en tant que membres de la famille de Dieu – ici et au ciel.

Mon ami, quelle que soit la saison d'adoration dans laquelle vous vous trouvez aujourd'hui,

adorez Dieu avec passion, en ne retenant rien ;
adorez Dieu avec attention, en fixant vos yeux sur Jésus ;
adorez Dieu avec générosité, en offrant tout ce que vous avez pour son service ;
adorez Dieu honnêtement, en exprimant le véritable état de votre cœur ;
adorez Dieu ensemble, en vous encourageant mutuellement à aimer Dieu, à aimer tout le monde et à faire des disciples.

Voilà une adoration qui glorifie Dieu.

---

1 Lire «Comment trouver une bonne église» au jour 12.

Laisser parler la Bible :

Psaumes 103 (lecture facultative : Psaumes 100)

Laisser parler son esprit :

1. Adorez-vous passionnément, attentivement, généreusement et honnêtement ? Lequel de ces éléments est le plus facile pour vous ? Le plus difficile pour vous ? Réfléchissez aux raisons qui sous-tendent votre aptitude (ou manque d'aptitude).

2. Décrivez la saison d'adoration dans laquelle vous vous trouvez en ce moment : une saison de satisfaction, une saison de besoin ou une saison basse ?

3. Adorez-vous avec d'autres croyants dans le cadre d'une église locale ? Si ce n'est pas le cas, priez pour que Dieu vous conduise vers une église où l'on enseigne la Bible (jour 12) ou commencez un rassemblement hebdomadaire (jour 17).

Laisser son âme prier :

Père, alors que je t'adore, fais disparaître tout le reste – toutes les personnes qui m'entourent, tous les problèmes auxquels je suis confronté. Garde mes yeux fixés sur toi, mon cœur loyal envers toi et mes ressources consacrées à toi, pour ta seule gloire. Au nom de Jésus, amen.

Laisser son cœur obéir :

Qu'est-ce que Dieu vous amène à connaître, à valoriser ou à faire ?

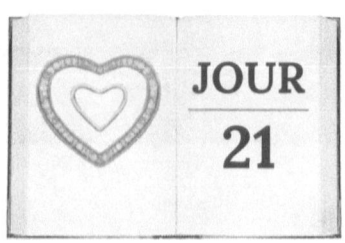

Adorez Dieu dans la douleur

Pourquoi être abattue, mon âme, et gémir en moi ? Espère en
Dieu, car je le louerai encore ! Il est mon salut et mon Dieu.
Psaumes 42.6

L'adoration peut sembler facile quand la vie est calme et que tout
va bien, mais quand la vie est difficile, l'adoration peut être difficile.
Lorsque nous souffrons, nous pouvons ne pas ressentir la bonté de
Dieu. Parfois, nous ne ressentons que la douleur, mais cette douleur
même rend pure la louange des cœurs qui souffrent, car elle témoigne d'une loyauté farouche envers Dieu. Une loyauté envers lui seul
et non simplement envers ce qu'il peut faire pour nous. L'adoration donnée en dépit de l'inconfort est souvent exempte de motifs
égoïstes et elle fait fuir l'ennemi. **Satan combat l'adoration**. Il a été
banni du ciel parce qu'il a essayé de voler la gloire de Dieu (comme si
c'était possible !). Depuis, il n'a cessé de se venger (jour 3). Il continue
à combattre la gloire de Dieu en essayant de voler notre adoration.
La souffrance nous place en première ligne de cette bataille pour la
gloire ; l'ennemi essaie de tirer profit de notre faiblesse (1 Pierre 5.8).
Il nous ment à propos de Dieu pour nous empêcher de l'adorer
(Jean 8.44). Il met en doute la bonté de Dieu, calomnie ses motifs
et ignore sa gloire (2 Corinthiens 4.4). « Et [Satan] connaît le cœur
d'amour que Dieu a pour la race humaine, alors il veut faire échouer
le dessein de Dieu qui est de faire d'eux ses adorateurs – grands,

bons et pleins de joie. Il veut frustrer le grand désir du cœur de Dieu».[1]

L'adoration donne la victoire sur les ténèbres. Lorsque les ténèbres vous assombrissent et que le mal vous brise le cœur, la dernière chose que vous avez envie de faire est d'adorer Dieu, mais c'est exactement ce que vous devez faire. Vous dites à Dieu que vous croyez en lui pour ce qu'il dit qu'il est :

votre protecteur (Psaumes 91);
votre consolateur (2 Corinthiens 1.3–4);
votre pourvoyeur (Philippiens 4.19);
celui qui vous guérit (Psaumes 103.2–4);
votre juge fidèle et vrai (Apocalypse 19.11);
votre bon berger (Jean 10.11);
votre Seigneur et votre Dieu (Jean 20.28).

Si l'ennemi vous accable d'anxiété, adorez Dieu en le remerciant, en lui demandant de l'aide et en lui faisant confiance pour le résultat. Priez : «Jésus, c'est toi qui décides de ce qui est le mieux» et remettez-lui tous vos fardeaux parce qu'il prend soin de vous (1 Pierre 5.7). «Ne vous inquiétez de rien, mais en toutes choses *faites connaître vos besoins à Dieu par des prières* et des supplications, dans une attitude de reconnaissance» (Philippiens 4.6, italique ajouté). **Ce verset contient la clé pour surmonter l'anxiété, l'inquiétude et le stress, c'est-à-dire des prières d'action de grâce.** La gratitude nous rappelle qui Dieu est et ce qu'il a fait pour nous. Le verset suivant dit : «Et la paix de Dieu, qui dépasse tout ce que l'on peut comprendre, gardera votre cœur et vos pensées en Jésus-Christ» (Philippiens 4.7). Lorsque nous répondons par l'adoration, tout en étant reconnaissants pour sa grandeur, nos problèmes nous semblent plus petits en comparaison.

Si l'ennemi vous accable de dépression, adorez Dieu en élevant votre voix vers lui. Vous ne vous concentrerez plus sur vous-même, mais sur le Dieu tout-puissant et plein d'amour. Faites confiance à

---

1 Tim Keller, *Walking with God through Pain and Suffering* [*Marcher avec Dieu à travers les épreuves et la douleur*] (New York: Dutton, publié par Penguin Group, 2013), 273.

Dieu pour vous sortir des ténèbres et remplacer votre «esprit abattu» par «un vêtement de louange» (Ésaïe 61.3). «Il m'a retiré de la fosse de destruction, du fond de la boue, et il a établi mes pieds sur le rocher, et a affermi mes pas» (Psaumes 40.3). Lorsque vous vous sentez déprimé, lisez le livre des Psaumes. Soulignez chaque verset qui apaise votre âme par ses paroles d'espoir. Les versets transforment nos peines en mots et les enveloppent dans l'amour et la fidélité de Dieu. **L'adoration déclare la bonté inébranlable de Dieu, la victoire qu'il a déjà remportée** (1 Corinthiens 15.57).

Louer Dieu dans la douleur ne signifie pas ignorer sa douleur. Louer Dieu dans la douleur signifie que vous faites face à la douleur en la déversant sur celui qui vous connaît, vous aime et se rapproche de vous. Les psaumes s'enflamment souvent de débordements émotionnels. Ils sont parfois négatifs, parfois positifs, mais sont toujours dirigés vers Dieu.

Être honnête avec Dieu au sujet de notre douleur nous aide aussi à nous prémunir contre toute amertume qui tenterait de s'enraciner dans nos cœurs (Hébreux 12.15). Il y a une grande différence entre l'amertume, qui maudit Dieu et ceux que nous jugeons responsables de notre douleur et le chagrin pieux, qui l'honore. L'amertume nous détourne de Dieu; le chagrin pieux nous tourne *vers* Dieu. Il est de loin préférable de crier vers Dieu et de tout lui dire que de se détourner de lui. Se détourner de lui conduit généralement à un état d'esprit égocentrique et à des comportements négatifs; nous prenons les choses en main et perpétuons l'amertume. Si vous vous sentez confus et blessé, il est normal de demander à Dieu «Pourquoi?» Jésus l'a fait. Sur la croix, il s'est écrié : «Mon Dieu, mon Dieu, pourquoi m'as-tu abandonné?» (Matthieu 27.46).

Jésus a posé des questions, mais il n'a jamais mis en doute la bonté de Dieu. Il savait que la volonté de son père était la meilleure – même si cela signifiait endurer une souffrance temporaire – et il n'a jamais vacillé dans cette confiance. Jusqu'à son dernier souffle, il a confié sa douleur à Dieu (Luc 23.46).

Si Dieu semble silencieux, cela ne signifie pas qu'il soit absent. Le fait d'adorer à travers la douleur élèvera votre attention vers Dieu et vous rendra plus conscient de sa présence. Il y a une intimité avec

Dieu vécue dans la souffrance. « L'Éternel est près de ceux qui ont le cœur brisé, et il sauve ceux dont l'esprit est abattu » (Psaumes 34.19). Louer Dieu dans la douleur nous rapproche de lui et apporte des bénédictions qui ne viennent que dans ces moments où notre foi est mise à l'épreuve. Le péché et la souffrance qu'il provoque n'ont jamais fait partie du plan initial de Dieu. Pourtant, dans son amour parfait, Dieu a accepté de venir sur terre et de faire personnellement l'expérience de la douleur, souffrant à notre place pour y mettre fin une fois pour toutes. Lorsque Christ reviendra, sa victoire sur le péché et la souffrance sera pleinement réalisée. D'ici là, Dieu nous donne la force de supporter – et même de trouver de la joie (Jacques 1.2) – dans notre douleur actuelle en attendant le jour où il la supprimera pour toujours (Apocalypse 21.4).

Avez-vous fait perdu quelqu'un ou quelque chose ? Dans ce que l'on croit être le plus vieux livre de la Bible, un homme nommé Job a perdu tous ses biens, ses enfants et sa santé, mais Job a pourtant exprimé son chagrin en se prosternant et en louant Dieu. Il a dit : « C'est nu que je suis sorti du ventre de ma mère, et c'est nu que je repartirai. L'Éternel a donné et l'Éternel a repris. Que le nom de l'Éternel soit béni ! » (Job 1.20–21). Le fait d'adorer malgré la douleur a prouvé la loyauté de Job envers Dieu.

Vous a-t-on trahi ? L'un des douze disciples, Judas, a trahi Jésus en le livrant à ceux qui allaient le crucifier. Jésus savait qu'il serait trahi, mais il a quand même loué Dieu (Matthieu 26.14–30). Lorsqu'un ami cher a trahi David, celui-ci a prié et a fait part à Dieu de ses sentiments. Il a écrit : « Ce n'est pas un ennemi qui m'insulte : je le supporterais ; ce n'est pas mon adversaire qui s'attaque à moi : je me cacherais devant lui ; c'est toi, un homme de mon rang, toi, mon confident et mon ami ! […] Quant à moi, je crie à Dieu, et l'Éternel me sauvera » (Psaumes 55.13–14,17). Le fait d'adorer malgré la trahison a démontré la confiance de David en Dieu.

Êtes-vous persécuté ? L'apôtre Paul a souffert de la persécution, mais il a quand même loué Dieu. Même enchaîné, il a écrit : « Réjouissez-vous toujours dans le Seigneur ! Je le répète : réjouissez-vous ! » (Philippiens 4.4). Le fait d'adorer malgré la persécution prouvait la confiance de Paul en Dieu.

Êtes-vous pauvre? Dieu a averti Habakuk que la pauvreté allait bientôt affliger son peuple, mais Habakuk a quand même loué Dieu. «En effet, le figuier ne fleurira pas, la vigne ne produira rien, le fruit de l'olivier manquera, les champs ne donneront pas de nourriture; les brebis disparaîtront du pâturage, et il n'y aura plus de bœufs dans les étables. Mais moi, je veux me réjouir en l'Éternel, je veux être dans l'allégresse à cause du Dieu de mon salut» (Habakuk 3.17–18). Le fait d'adorer malgré la pauvreté a prouvé la foi d'Habakuk en Dieu.

Vous n'êtes pas seul dans votre douleur et votre souffrance. Bon nombre de personnes dans les générations passées ont loué Dieu malgré la douleur (Hébreux 11). Nombreux sont ceux qui, dans la génération actuelle, adorent également dans la souffrance. Tendez la main à d'autres personnes qui suivent Jésus. Veillez à ne pas vous isoler; la solitude ne fait qu'ouvrir la porte à la tentation et au découragement. Lorsque vous souffrez, restez en contact avec des amis croyants dans votre église (Hébreux 10.25). Lorsque Dieu vous rétablit, offrez le réconfort que vous avez reçu de lui pour réconforter les autres (2 Corinthiens 1.3–7).

Adorez Dieu dans la douleur et faites-lui confiance pour vous faire traverser vos jours les plus difficiles. Il est à l'œuvre, même si nous ne le voyons pas ou ne le ressentons pas. Il est toujours digne de votre adoration.

Laisser parler la Bible :

Psaumes 42 (lecture facultative : Romains 8.18–39)

Laisser parler son esprit :

1. Êtes-vous actuellement dans la douleur ou la souffrance ? Si oui, qu'est-ce que cela signifie pour vous d'adorer Dieu dans votre douleur ? Sinon, comment une expérience de souffrance passée aurait-elle pu être différente si vous l'aviez traversé en adorant Dieu ?

2. Répondez aux questions de discussion de la troisième semaine.

Laisser son âme prier :

Père, tu vois ma souffrance. Tu recueilles mes larmes dans ton outre (Psaumes 56.8). Je t'apporte ma douleur. Aide-moi à t'adorer dans la souffrance, sachant que tu es mon guérisseur, mon consolateur et mon libérateur. Approfondis mes amitiés avec d'autres croyants afin que nous puissions partager le réconfort que nous recevons de toi. Au nom de Jésus, amen.

Laisser son cœur obéir :

Qu'est-ce que Dieu vous amène à connaître, à valoriser ou à faire ?

QUESTIONS DE DISCUSSION DE LA TROISIÈME SEMAINE :

Revoyez les leçons de cette semaine et répondez aux questions ci-dessous. Partagez vos réponses avec vos amis lorsque vous vous réunirez cette semaine.

1. Êtes-vous un ambassadeur de Jésus ? Qu'est-ce que cela signifie pour vous ?

2. Les patriarches bibliques partageaient un but, mais ils y sont arrivés différemment. Quels dons, compétences ou talents Dieu vous a-t-il donnés ? Vous appelle-t-il à faire un travail particulier ou à rejoindre un groupe de personnes particulier ? Quelles sont vos prochaines étapes pour atteindre votre objectif spécifique ?

3. Jésus nous ordonne de faire des disciples. Revoyez chaque étape de l'outil « Écouter, apprendre, aimer, Seigneur » que vous trouverez en annexe et mettez-les en pratique. (Si vous ne l'avez pas encore rempli, faites-le maintenant). Quand pouvez-vous partager Jésus avec les personnes figurant sur votre carte de relations ? Priez pour que des occasions se présentent. Entraînez-vous à raconter l'histoire de Dieu.

4. Lisez Matthieu 6.19–21. À votre avis, pourquoi Dieu nous dit-il d'amasser des trésors dans le ciel ? Comment pouvez-vous laisser tomber les récompenses terrestres et travailler pour les récompenses célestes ?

PARTIE II :

VIVRE SON HISTOIRE AVEC DIEU

Les histoires vraies de la Bible nous inspirent dans notre apprentissage de l'histoire de Dieu. Nous voyons le plan de salut de Dieu mis en œuvre par les pères de la foi. Nous lisons comment Dieu a séparé la mer pour Moïse (Exode 14) et le fleuve en furie pour Josué (Josué 3). Nous découvrons comment Dieu voit Agar et l'appelle par son nom (Genèse 16) et sauve Daniel de la fosse aux lions (Dan. 6). Ce ne sont là que quelques-unes des nombreuses histoires miraculeuses que nous pouvons lire avec des yeux émerveillés en réfléchissant sur la puissance du Dieu que nous servons.

Alors que ces histoires nous inspirent, nous avons tendance à oublier les jours ordinaires entre les moments de Dieu. Souvent, les gens pensent que si Dieu ne se manifeste pas de manière extraordinaire chaque jour, chaque semaine ou au moins chaque mois, quelque chose ne va pas.

Alors, que faisons-nous de ces jours ordinaires qui se transforment en mois ordinaires ainsi qu'en années ordinaires ? Que faisaient les hommes et les femmes qui vivaient au temps de la Bible ? Vous êtes-vous déjà demandé à quoi ressemblait la vie quotidienne de Moïse pendant les quarante longues années qu'il a passées comme berger à Madian avant que Dieu ne l'appelle à retourner en Égypte ?[1] Comment était la vie de la sœur de Moïse, Miriam, qui a passé des décennies à prier pour que Dieu délivre son peuple de l'esclavage ? Moïse et Miriam ont vécu leur histoire avec Dieu jour après jour. Ils ont passé une grande partie de leur vie à attendre et à faire confiance à Dieu. Il en va de même pour nous. Les buissons ardents et les

---

1 Actes 7.23–30.

mers séparées ne remplissent peut-être pas nos vies, mais **nos jours ordinaires peuvent glorifier notre Dieu extraordinaire si nous lui faisons confiance. Le** roi David nous fournit un exemple similaire.

David était un berger choisi par Dieu à un jeune âge pour devenir le futur roi d'Israël. Imaginez que vous remontiez le temps et que vous parliez avec ce jeune homme qui a été oint comme souverain bien des années avant qu'il n'accède au pouvoir. La conversation pourrait se dérouler comme suit :[1]

« Que fais-tu, David ? »

« Je garde les moutons. »

« Oui, je vois ça. »

« Mes parents m'ont donné ce travail à faire. C'est le pire travail de la maison. D'habitude, ce sont les esclaves qui gardent les moutons, mais je suis le fils cadet d'une grande famille. C'est sans doute pour ça que c'est moi qui suis dehors, jour après jour, à surveiller les animaux. »

« Que fais-tu pour passer le temps ? »

« Eh bien, je parle beaucoup à Dieu. Il n'y a personne d'autre à qui parler ici. Et j'aime jouer de la harpe, alors j'ai travaillé sur des chants de prière. »

« Des chants de prière ? »

« Oui, mes conversations avec Dieu. Je les ai mises en musique. Je les ai écrites parce qu'elles semblaient spéciales. C'est comme si Dieu me donnait les mots pour lui répondre. »

« Vraiment ? »

« Oui, mais ce n'est pas tout ce que je fais. Je dois rester vigilant, car il y a beaucoup d'animaux sauvages dans les environs qui aimeraient bien se régaler d'un de ces moutons pour déjeuner. Alors je m'entraîne aussi avec ma fronde. Chaque jour, je m'améliore à atteindre les cibles. »

« Donc, tu chantes en t'entraînant avec ta fronde autour des moutons ? »

---

1 Adapté d'une illustration d'un sermon de James MacDonald diffusé sur Walk in the Word Radio, AM 550, Jacksonville, FL, 2009.

«Bien oui. C'est ma vie. Plutôt ordinaire, je sais, mais je ne vais pas toujours à être berger. Je suis vraiment un roi.» «Tu es un roi? Vraiment?»

«Oui, j'ai été oint comme le futur roi d'Israël.»

«Où est ta robe? Où sont tes serviteurs? Où est ton trône?»

«Je n'ai pas encore de privilèges de roi.»

«Quand les auras-tu et où les auras-tu?»

«Je ne sais pas.»

«Tu ne sais pas?»

«Non.»

«Alors que vas-tu faire en attendant?»

«Eh bien, je pense que je vais continuer à chanter des prières, m'entraîner à la fronde et garder les moutons».

Pensez-vous que David savait que ses talents de tireur à la fronde lui permettraient un jour de vaincre le guerrier géant nommé Goliath (1 Samuel 17)? Pensez-vous qu'il savait que ses chants de prière (dont beaucoup se trouvent dans le livre des Psaumes) réconforteraient des millions de personnes pendant des milliers d'années? Même le roi David, que l'on appelait «un homme selon le cœur [de Dieu]» (1 Samuel 13.14), a eu des jours ordinaires. Beaucoup de jours ordinaires.

Vous n'êtes peut-être pas un roi terrestre, mais en la personne du roi Jésus, vous faites partie de la famille royale de Dieu. **Il veut faire des choses extraordinaires à travers vous lorsque vous lui donnez vos jours ordinaires.**

Mais comment pouvons-nous glorifier Dieu, jour après jour, pendant toute une vie?

Nous commençons par développer des habitudes quotidiennes qui nous aident à renforcer notre relation avec Dieu et à nous concentrer sur ses objectifs. Nous devons apprendre à prêter attention à Dieu tout au long de la journée, comme David l'a fait et faire confiance au Saint-Esprit pour nous aider à garder nos yeux sur lui. L'obéissance à Dieu, jour ordinaire après jour ordinaire, pendant des années, produit des résultats extraordinaires.

Disciplines spirituelles : activités personnelles et interpersonnelles données par Dieu dans la Bible comme moyen d'atteindre la proximité, la dévotion et la conformité avec Jésus.

Au cours des semaines 4 à 7, vous découvrirez des disciplines spirituelles quotidiennes qui vous aideront à vous connecter à l'auteur de votre véritable histoire. Au cours des prochaines semaines, vous comprendrez ce que cela signifie de vivre votre histoire avec Dieu, dans sa force et pour sa gloire, chaque jour. Il ne nous suffit pas de *connaître* Dieu; nous devons le connaître *personnellement*. Les leçons des semaines à venir vous apprendront comment vous rapprocher de Dieu en demeurant en lui et en réservant du temps pour communier avec lui. Vous découvrirez le contenu de la Bible, le mettrez en pratique et communiquerez avec Dieu par la prière. Vous découvrirez également votre relation avec le Saint-Esprit et comment il vous équipe pour servir les autres et partager l'amour de Jésus. La fin de ce voyage sera le début d'un autre alors que vous irez dans le monde, dans votre communauté et peut-être même au-delà, pour inviter les autres à découvrir la vraie histoire de Dieu.

En tant que disciple de Jésus, vous n'avez pas besoin de pratiquer ces disciplines pour construire votre propre justice. Rappelez-vous que votre bonne position devant Dieu est le résultat de votre salut par Jésus-Christ *seul.* Vous ne pouvez rien ajouter à l'œuvre achevée de Jésus sur la croix.

Vous n'avez pas non plus besoin de pratiquer ces disciplines spirituelles pour gagner l'amour de Dieu. Il vous aime *déjà.* En fait, Dieu vous aime en ce moment même. Il ne peut pas vous aimer plus qu'il ne vous aime déjà.

Au lieu de cela, considérez les disciplines spirituelles comme des rythmes quotidiens pour marcher avec Dieu alors qu'il travaille en vous et à travers vous. **Il ne s'agit pas de s'efforcer, mais de demeurer.** Pratiquez-les pour renforcer votre relation avec Dieu. Utilisez les disciplines pour reconnaître sa voix, suivre ce qu'il vous conduit, lui faire confiance dans les épreuves et l'apprécier alors que vous apprenez à vivre votre histoire dans sa force.

Faisons ensemble un nouveau pas sur notre chemin de foi.

QUATRIÈME SEMAINE

RESTER CONNECTÉ
À DIEU

Devenir l'ami de Dieu

Il n'y a pas de plus grand amour que de donner votre vie pour vos
amis. Vous êtes mes amis si vous faites ce que je vous commande.
Je ne vous appelle plus serviteurs parce que le serviteur ne sait
pas ce que fait son seigneur, mais je vous ai appelés amis parce
que je vous ai fait connaître tout ce que j'ai appris de mon père.
Jean 15.13–15

Jésus savait qu'il ne lui restait que quelques moments non interrom-
pus avec ses disciples avant d'être arrêté. Les prophéties redoutées
de sa trahison et de son exécution brutale étaient sur lui. Il savait
que ses disciples et amis les plus proches étaient sur le point de
le voir accusé, battu et cloué sur une croix pour mourir. Et qu'il ne
ferait rien pour l'empêcher. Il avait essayé de les préparer à cela (Luc
22.31–37). Il a rappelé aux disciples qu'ils avaient été choisis pour une
mission et que Dieu le père répondrait à leurs prières pour accomplir cette mission (Jean 15.7–8), mais il y avait plus. Un changement
devait s'opérer dans leur relation avec lui, à savoir quitter des disciples pour devenir des amis. Ils ne devaient plus se contenter d'obéir
aux ordres, mais comprendre son véritable objectif et le rôle qu'ils
devaient y jouer. Jésus a expliqué comment cette union intime avec
lui serait la *seule approche efficace* du ministère – et de la vie. Alors
que les heures se réduisaient à quelques minutes avec ses disciples,
Jésus leur a demandé à plusieurs reprises de **demeurer en lui.**

Cette semaine, nous allons apprendre ce que signifie demeurer
en Christ. Pour l'instant, sachez que demeurer signifie être ensemble ou uni à Jésus. En effet, l'idée est que nous vivons en lui et que

nous demeurions avec lui tout au long de notre vie. Nous partageons les pensées, les émotions, les intentions et la puissance de Jésus.[1]

Tout comme la relation des disciples avec Jésus a changé, un changement doit se produire dans *votre* relation avec lui. Au cours de la première semaine, nous avons appris l'histoire de Dieu et le fait que nous avons le choix d'en faire partie. Dans les semaines 2 et 3, nous avons étudié notre identité et notre but en Christ. Maintenant que nous savons pourquoi Dieu nous a créés, il est temps d'apprendre à vivre différemment pour atteindre notre dessein. Cela commence par le développement d'une amitié intime avec Dieu.

Votre histoire avec Dieu est une histoire d'amitié. Arrêtez-vous un instant et pensez-y. Dieu vous a créé pour être son ami. Lorsque Jésus a appelé ses disciples « amis » (Jean 15.15), cela a pu les surprendre.[2] La seule personne dans les Écritures à être appelée « ami de Dieu » jusqu'à ce point, c'était Abraham.[3] Mais Jésus savait ce qui allait se passer le lendemain et dans les semaines et les années à venir et il les a invités à se rapprocher de lui. Il nous invite aussi à le faire.

Oui, le Dieu de l'univers, qui a donné naissance aux galaxies, veut être votre ami. Aucune autre religion ne décrit la relation à entretenir avec son dieu comme étant une relation d'amitié.

L'amitié avec Dieu n'est pas une amitié ordinaire. Nous ne traitons pas Jésus avec désinvolture, comme s'il était notre égal. Le reste du Nouveau Testament fait référence à Jésus en tant que Seigneur, Dieu, sauveur et roi. Nous obéissons à Jésus, et non l'inverse. Ce que Jésus nous invite à vivre, c'est l'intimité. C'est de le connaître lui, son cœur, sa mission, sa présence. Nous nous attendons de serviteurs qu'ils obéissent sans explication, mais Jésus nous appelle ses *amis* « parce que je vous ai fait connaître tout ce que j'ai appris de mon père » (Jean 15.15).

Jésus nous partage non seulement son esprit et sa volonté, mais sa vie même. Il dit : « Il n'y a pas de plus grand amour que de donner votre vie pour vos amis. Vous êtes mes amis si vous faites ce que

---

1 Rodney A. Whitacre, *John* [Jean], vol. 4, *The IVP New Testament Commentary Series* [Séries de commentaires sur le Nouveau Testament de l'IVP] (Westmont, IL: IVP Academic, 1999), 376.
2 Kenneth O. Gangel, *John* [Jean], vol. 4, *Holman New Testament Commentary* [Commentaire Holman sur le Nouveau Testament] (Nashville, TN: Broadman & Holman Publishers, 2000), 285.
3 2 Chroniques 20.7, Ésaïe 41.8, Jacques 2.23.

je vous commande » (Jean 15.13–14). L'obéissance à ses commandements prouve notre amitié avec Dieu et cela commence par le fait de demeurer en lui.

Le secret de cette intimité, c'est le temps de qualité. En effet, plus nous passons de temps avec Jésus, plus nous apprenons à le connaître et à connaître ses voies, ses pensées. Tout comme le temps passé ensemble fait grandir les relations humaines, un temps de qualité avec Dieu fera aussi grandir votre relation avec lui. Réservez du temps chaque jour pour être tranquille devant lui, comme l'a fait Jésus.

Jésus se retirait souvent de sa vie trépidante pour passer du temps seul avec son père, généralement le matin alors qu'il faisait encore nuit (Marc 1.35). Nous pouvons suivre l'exemple de Jésus. Comme les musiciens qui accordent leurs instruments avant un concert, nous devons nous accorder – cœur, âme, pensée et force – pour être guidés par l'Esprit et centrés sur Jésus avant de commencer nos activités quotidiennes.

Vous constaterez que plus vous passerez du temps seul avec lui, plus vous aurez envie d'être avec lui. **Pour faire d'un temps de dévotion quotidien une réalité, il est bon d'avoir un plan.** Décidez d'une heure (tôt, si possible) et d'un lieu (calme, si possible). S'il est difficile de se lever tôt, essayez de vous coucher plus tôt ou trouvez un moment avant ou après la précipitation du matin. Commencez par quinze minutes et augmentez la durée à partir de là. Voici quelques rappels sur la façon d'aborder votre temps avec lui :

1. **Faites le silence.** La Bible décrit cela comme attendre devant le Seigneur dans l'espoir et le repos (Psaumes 62.1, 5). Invitez Dieu à

Possédez-vous une bible d'étude ?

Si votre bible dispose d'une concordance (voir p. 70–71) ou d'un index thématique, recherchez un attribut de Dieu qui correspond à un besoin ou un mot clé qui correspond à une préoccupation dans votre vie. Lisez le passage lentement. Si un mot ou une phrase vous semble important, notez le verset. Si votre Bible comporte des références croisées, lisez les passages suggérés. Notez ce que vous apprenez. Suivez les suggestions de votre Bible vers d'autres versets qui explorent la même idée. Priez sur ce que vous apprenez et écoutez les incitations de Dieu. Le Saint-Esprit ne vous incitera jamais à faire quelque chose de contraire à la parole de Dieu.

vous rencontrer et à diriger votre temps ensemble comme il le souhaite : «Ouvre mes yeux pour que je contemple les merveilles de ta loi!» (Psaumes 119.18). Pendant que vous vous attardez avec lui, demandez-lui d'accroître la conscience que vous avez de sa voix.

2. **Écoutez la parole de Dieu.** Lisez lentement des passages de la Bible afin d'absorber ce que vous lisez. Essayez l'approche 10-1-1. Commencez par lire dix versets seulement et concentrez-vous sur ce que Dieu vous dit à travers eux. Ralentissez et continuez à lire jusqu'à ce qu'un verset ou une phrase retienne votre attention. Concentrez-vous sur *un mot* dans ce verset pour vous souvenir de ce jour. C'est ainsi que se déroule votre conversation avec Dieu. Il vous révélera sa volonté à travers sa parole. (Bien que Dieu parle rarement de manière audible, il s'adresse souvent au cœur de chacun par sa parole.) Ce que vous lisez peut vous rappeler une circonstance ou une relation dans votre propre vie. Vous pouvez vous sentir poussé à agir en obéissant à un commandement biblique. Lorsque Dieu parle, écoutez-le et répondez-lui. Faites du verset ou du mot clé votre nourriture spirituelle pour la journée. Pensez-y tout au long de la journée. Chaque mot de la Bible est «inspiré de Dieu» (2 Timothée 3.16). Même les généalogics ct l'histoire ont des significations que nous pouvons explorer et à partir desquelles nous pouvons en apprendre plus sur Dieu, sa volonté et ses desseins.

3. **Priez.** Répondez à Dieu par la prière. Parlez-lui de ce que vous lisez dans sa parole et écoutez ses pensées dans vos pensées. À partir de ce que vous lisez, demandez à Dieu :
- Que veux-tu que je *sache de toi* aujourd'hui?
- Que veux-tu que nous fassions ensemble aujourd'hui?

Ces questions vous aideront à absorber et à appliquer ce que vous lisez. Lorsque vous réfléchissez à vos réponses, vous pouvez le prier en déclarant la parole de Dieu (le mot ou la phrase clé). Lorsque vous prononcez sa parole dans la prière, votre esprit est renouvelé pour devenir le sien. En priant, remerciez-le et demandez-lui son aide.

4. **Tenez un journal.** Notez les principaux versets bibliques, les prières et les idées que Dieu vous donne. Le fait de noter ce que vous apprenez vous aidera à vous souvenir de ce que Dieu a dit afin que vous puissiez l'appliquer et le partager avec d'autres. Si une pensée distrayante vous vient à l'esprit (par exemple, si vous pensez à quelque chose que vous devez faire plus tard dans la journée), notez-la et relâchez-la pour pouvoir vous concentrer à nouveau sur votre conversation avec Dieu.

Votre temps de dévotion quotidien (votre temps calme) développe votre amitié avec Dieu. Comme votre ami le plus fiable, Dieu est toujours là pour vous. Il se réjouit avec vous lorsque vous vous réjouissez et il vous réconforte lorsque vous souffrez. Jésus a marché sur cette terre en tant «qu'homme de douleur, habitué à la souffrance» (Ésaïe 53.3). Il compatit donc avec votre souffrance. Vous ressentez la joie de Dieu, même lorsque la vie est difficile, car vous ne marchez jamais seul.

Laisser parler la Bible :

Jean 10.11–18 et Psaumes 23 (lecture facultative : Psaumes 27)

Laisser parler son esprit :

1. Toutes les relations ont besoin de temps pour se développer et nous protégeons le temps pour les relations auxquelles nous tenons le plus. Quelles mesures devrez-vous prendre pour réserver du temps quotidien avec Dieu ?

2. Jésus se décrit comme notre bon berger et nous sommes ses brebis qui écoutent sa voix (Jean 10). En gardant cela à l'esprit, **lisez lentement Psaumes 23.** Comment comptez-vous sur lui pour vous guider aujourd'hui ?

3. Comment votre obéissance aux commandements de Jésus démontre-t-elle votre amitié avec lui (Jean 14.21) ?

Laisser son âme prier :

Dieu, merci de m'avoir appelé ton ami. Approfondis ma relation avec toi comme j'apprends à demeurer en toi. Aide-moi à discerner tes pensées dans mes pensées, afin que je puisse obéir à tes commandements. Donne-moi du temps de qualité avec toi chaque jour pour restaurer mon âme. Au nom de Jésus, amen.

Laisser son cœur obéir :

Qu'est-ce que Dieu vous amène à connaître, à valoriser ou à faire ?

Reposez-vous en Dieu, comptez sur lui et remettez-lui tout

Je suis le cep, vous êtes les sarments. Celui qui demeure en moi et en qui je demeure porte beaucoup de fruit, car sans moi vous ne pouvez rien faire.
Jean 15.5

Imaginez vous monter dans un autobus vide que conduit Jésus. Vous avez le choix de vous asseoir où vous voulez. Vous pouvez vous asseoir à l'avant, près de Jésus et de profiter d'une relation intime avec lui pendant qu'il vous guide sur la route. Ou vous pouvez vous éloigner de Jésus et prendre place à l'arrière de l'autobus. À l'arrière, le trajet est cahoteux et la vue de l'endroit où vous allez est limitée. Vous ne pouvez pas voir les actions de Jésus ni entendre clairement sa voix depuis le siège arrière. Une fois que vous êtes monté dans l'autobus, Jésus vous emmènera là où il veut que vous alliez, quel que soit l'endroit où vous choisissiez de vous asseoir. Le choix consiste plutôt à déterminer le type de relation que vous souhaitez entretenir avec lui pendant le voyage. Choisirez-vous de demeurer en lui ou de vous asseoir à l'arrière, sans lien étroit avec le conducteur ?

Dans la leçon précédente, nous avons appris comment faire grandir notre amitié avec Jésus au cours d'un temps de dévotion quotidien. Mais comment l'entretenir pendant le reste de la journée ?

Vivre en Jésus, c'est plus que passer du temps avec lui. **Demeurer en Jésus, c'est relâcher le contrôle et rester connecté afin de se reposer et de recevoir.** Comme un passager dans un autobus, nous ne contrôlons pas notre vie. Demeurer signifie que nous ne sommes plus seuls ; nous sommes avec Jésus. Le mot *demeurer* se traduit par, « séjourner » ou « résider ».[1] Pour demeurer en Jésus, il faut combiner la foi, l'obéissance, la confiance, le repos, la grâce et une vie guidée par l'Esprit. Cette communion avec Jésus consiste en une unité mystérieuse avec Dieu et elle est la seule source pour une vie abondante (Jean 10.10).

> **Demeurer** est également traduit par « rester » ou « habiter ». Dans le cadre de cette étude, demeurer en Jésus signifie :
>
> - se reposer en Dieu ;
> - compter sur Dieu ;
> - tout remettre à Dieu ;
> - recevoir de Dieu tout ce dont nous avons besoin.

Jésus dit : « Demeurez en moi et je demeurerai en vous » (Jean 15.4). Il donne l'exemple d'une vigne : « Je suis le cep, vous êtes les sarments » (Jean 15.5). Jésus est le cep et la source de vie abondante, enracinée en terre et nourrissant toute la plante. Nous sommes des sarments faibles et dépendants, incapables de produire des fruits par nous-mêmes. Lorsque le cep nous donne sa nourriture, pleine de grâce, nous pouvons porter des fruits qui changent profondément notre vie.

Pensez à quel point une petite branche faible dépend du cep pour tout ce dont elle a besoin pour survivre et prospérer. En fait, Jésus a dit : « Car ma puissance s'accomplit dans la faiblesse » (2 Corinthiens 12.9). **Notre faiblesse peut nous aider à reconnaître notre dépendance à l'égard de Dieu.** C'est là l'objectif. C'est pourquoi Paul a écrit : « Je me montrerai bien plus volontiers fier de mes faiblesses afin que la puissance de Christ repose sur moi » (2 Corinthiens 12.9). Nous restons donc connectés au cep – en croyant en Jésus, en lui faisant confiance et en sachant que tout ce que nous avons et tout ce dont nous avons besoin vient de lui. Si nous restons connectés à lui, le Saint-Esprit coulera comme de la sève à travers nous et Dieu

---

1 William Arndt et al., *A Greek-English lexicon of the New Testament and Other Early Christian Literature* (Chicago. University of Chicago Press, 2000), 630.

portera beaucoup de fruits dans nos vies.[1] Jésus dit dans Jean 15.5, « Si vous demeurez en moi et que je demeure en vous, vous porterez beaucoup de fruits ». C'est une bonne nouvelle. Mais la deuxième partie de ce verset mentionne la conséquence de la perte de ce lien : « Sans moi, vous ne pouvez rien faire » (Jean 15.5).

Si demeurer en Jésus signifie de porter du bon fruit, alors ne pas demeurer en Jésus signifie exactement le contraire : **ne rien produire.** N'avoir aucun résultat qui ait une signification éternelle. Aucune quantité de bonnes œuvres, si elles sont faites en dehors de Dieu, ne peut être considérée comme le bon « fruit » dont parle Jésus dans ce passage.

Il nous invite dans son œuvre pour que nous accomplissions avec amour ce qu'il a prévu que nous fassions (Jean 15.9, Éphésiens 2.10). Les œuvres faites sans amour, pour nous faire plaisir, pour être reconnues et pour nourrir notre orgueil, n'auront aucune valeur durable (1 Corinthiens 13.1–3).

Nous sommes destinés à être des sarments forts par lesquels coule la vie même de Dieu. C'est Dieu qui donne la vie ; ce n'est pas nous. C'est pourquoi **Jésus ne nous ordonne pas de porter du fruit, mais de demeurer en lui. Produire du fruit, c'est l'œuvre du Saint-Esprit.** Donc si nous dépendons de Jésus, le cep, comme source de notre nourriture, le fruit de Dieu se formera et nous glorifierons Dieu avec lui (Jean 15.8). Mais si nous tournons notre cœur vers les choses du monde pour nous donner la vie, nous devenons vides et sans vie, comme du bois mort et sec (Jean 15.6).

Dieu ne veut pas que nous nous desséchions et que nous nous flétrissions, sans fruit et sans vie, détachés de Jésus, notre source de vie. Il est le jardinier qui prend soin de nous (Jean 15.1). Premièrement, il nous purifie et nous connecte au cep. En Christ, nous sommes purs et nous avons le potentiel de porter du fruit (Jean 15.3), mais nous avons parfois besoin d'être taillés, comme tout bon arbre qui porte du fruit. Par exemple, les péchés tels que les commérages, le manque de confiance, les soucis, l'égoïsme et la dépendance sont comme du bois mort. Ils bloquent le flux de la nourriture vivifiante

---

1 R. Kent Hughes, *John: That You May Believe* [*Jean : pour que vous puissiez croire*], Preaching the Word [*Prêcher la parole*] (Wheaton, IL: Crossway Books, 1999), 136357.

de Jésus. Ils drainent notre énergie et nous empêchent de porter du fruit, alors le jardinier les coupe (Jean 15.2). Il veut nous voir en bonne santé, fructueux et connectés au cep, mais nous devons coopérer. **Comment demeurons-nous en Dieu ? Nous nous *reposons* en Dieu. Nous *comptons* sur Dieu. Nous *remettons* tout à Dieu. Ce faisant, nous *recevons* tout ce dont nous avons besoin de Dieu.**

1. **Se reposer en Dieu.** Croyez en Dieu, mais croyez aussi en lui pour le repos (Hébreux 4.9–11). Croyez en qui il est, à ce qu'il a fait et à qui vous êtes en lui :

- Reposez-vous dans l'amour de Jésus pour vous. Jésus dit : «Tout comme le père m'a aimé, moi aussi je vous ai aimés. Demeurez dans mon amour» (Jean 15.9) ;
- Reposez-vous dans la provision de Jésus pour vous. Dieu est pleinement conscient de vos besoins, de vos soucis et de vos inquiétudes : «Et mon Dieu pourvoira à tous vos besoins conformément à sa richesse, avec gloire, en Jésus Christ» (Philippiens 4.19) ;
- Reposez-vous dans ce que Dieu a fait pour vous par Christ. Ne vous inquiétez pas de ce que vous devez faire pour Dieu. Au contraire, servez-le parce que vous l'aimez et non par

Le christianisme mondain

Le fait de demeurer en Dieu sépare les chrétiens mondains des disciples de Jésus guidés par l'esprit et entièrement dévoués. Les chrétiens mondains pensent et agissent comme le monde. L'apôtre Paul a appelé les croyants de Corinthe «mondains» ou «charnels» (1 Corinthiens 3.1–4, respectivement).

Les chrétiens mondains attristent continuellement le Saint-Esprit en ne faisant pas ce que dit la Bible. Ils sont facilement offensés, inquiets, irritables, impitoyables, sans prière, facilement irrités, égoïstes ou trop préoccupés par ce que les autres pensent. Ils ne combattent pas agressivement le péché ; au contraire, ils permettent à leur vieille nature pécheresse d'influencer leur vie plus que le Saint-Esprit (Romains 8.5–8, 13).

En raison de leur faible foi et de leur immaturité spirituelle, ils sont conduits principalement par leurs propres désirs et leur pensée mondaine plutôt que par les désirs de Dieu et la vérité biblique.

Si cette description s'applique à vous, confessez votre faiblesse et donnez à Jésus la position légitime de suprématie dans votre vie.

obligation. Ne travaillez plus pour obtenir la faveur de Dieu. Ne vous définissez plus en fonction de vos circonstances. Ne vous accrochez plus au contrôle. Recevez son réconfort. Allez-vous vous reposer en Jésus ?

2. **Reposez-vous sur Dieu.** Croyez que Dieu dit la vérité. Appuyez-vous sur sa parole et dépendez de son Saint-Esprit. La question n'est pas de savoir si le cep fournira tout ce dont nous avons besoin, mais si nous le recevrons de lui. Allez-vous chercher d'autres sources de nourriture dans le monde et bloquer sa provision ? Ne vous éloignez pas de Dieu. Recevez tout ce que le cep vous donne chaque jour. Ayez la foi et donnez-lui un accès complet à votre vie afin qu'il puisse circuler à travers vous. Il est toujours digne de notre confiance et toujours prêt à pourvoir. Allez-vous compter sur Jésus ?

3. **Remettez tout à Dieu.** Croyez que Dieu est responsable des résultats et du dénouement. Donnez-lui votre passé, votre présent et votre avenir. La liberté, la guérison et la plénitude sont au rendez-vous lorsque vous relâchez votre emprise. C'est parce que Dieu change les cœurs et les vies ; ce n'est pas vous qui le faites. Déposez donc votre volonté, vos émotions et vos circonstances et laissez la grâce inonder votre vie. Déposez votre vie pour les autres comme Jésus l'a fait (Jean 15.12–13) et déposez également vos projets. Dieu ne vous demandera jamais de le suivre sans vous donner sa grâce pour chaque étape du chemin. Jésus promet : « Si vous gardez mes commandements, vous demeurerez dans mon amour » (Jean 15.10). Pour demeurer en Jésus, vous devez vous soumettre et obéir. Voulez-vous tout remettre à Jésus ?

Se reposer sur Jésus, compter sur lui et tout lui remettre peut sembler être un pas de foi risqué, mais regardez les bénédictions promises que nous recevons lorsque nous restons connectés à Jésus. Dans Jean 15, Jésus dit que si vous demeurez en lui et que ses paroles demeurent en vous,

- vous porterez beaucoup de fruits (v. 5) ;
- vos prières seront exaucées (v. 7, 16) ;
- vous lui obéirez (v. 10, 14) ;
- vous ferez l'expérience de son amour (v. 9–10) ;
- vous ferez l'expérience de sa joie (v. 11) ;
- vous montrerez que vous êtes son disciple (v. 8) et ;
- vous serez son ami (v. 14).

Cela semble trop beau pour être vrai, mais c'est vrai. Et vous avez un choix à faire chaque jour, à chaque instant. Mon ami, allez-vous choisir de dépendre de Jésus ?

Laisser parler la Bible :

Jean 15.1–17 (lecture facultative : 1 Jean 3.11–24).

Laisser parler son esprit :

1. Comment l'image de l'autobus ou du cep a-t-elle changé la façon dont vous voyez votre relation avec Dieu ?

2. Relisez la définition d'un chrétien mondain. Dans quels domaines dépendez-vous des choses du monde plutôt que de Dieu ? Prenez le temps de demander à Dieu de vous aider dans ces domaines.

3. Quelles mesures pouvez-vous prendre pour vous reposer en Dieu, compter sur Dieu et tout remettre à Dieu ? Commencez par un premier pas aujourd'hui.

Laisser son âme prier :

Seigneur Jésus, tu es ma source de vie. Je veux demeurer en toi. Aide-moi à me reposer en toi, à compter sur toi, à tout te remettre et à recevoir de toi tout ce dont j'ai besoin. Porte beaucoup de fruits dans ma vie pour ta gloire. Au nom de Jésus, amen.

Laisser son cœur obéir :

Qu'est-ce que Dieu vous amène à connaître, à valoriser ou à faire ?

Recevez de Dieu, enracinez-vous profondément

Béni soit l'homme qui fait confiance à l'Éternel et qui
place son espérance en lui ! Il ressemble à un arbre
planté près de l'eau et qui étend ses racines vers le cours
d'eau : il ne s'aperçoit pas de la venue de la chaleur et
son feuillage reste vert. Lors d'une année de sécheresse,
il ne redoute rien et il ne cesse pas de porter du fruit.
Jérémie 17.7–8

Sur votre chemin de foi, des passages de la Bible peuvent devenir
des favoris personnels. Dans vos moments de découragement, vous
découvrez des passages qui rafraîchissent constamment votre âme.
Et dans vos moments de joie et d'adoration, vous trouvez des versets qui déclarent la majesté et la splendeur de Dieu. Il est fréquent
que les croyants reviennent à des passages bien aimés pour y puiser
espoir et encouragement. Prenons l'exemple d'Ésaïe 55. Nous citons
le verset 11 pour nous rappeler que la parole de Dieu «ne retourne
pas à [lui] sans effet» (Ésaïe 55.11), mais nous oublions de continuer
à lire. Nous extrayons nos parties préférées du chapitre, mais nous
oublions le contexte. Si vous regardez de près, le passage révèle une
transformation incroyable : «Au lieu des buissons épineux poussera
le cyprès, au lieu de l'ortie poussera le myrte» (Ésaïe 55.13). La parole
de Dieu accomplira son objectif de prendre les épines et les ronces,

conséquence du péché (jour 3) et de les transformer en arbres luxu-
riants (qui représentent une vie nouvelle). Ce passage symbolise non
seulement la quatrième partie de l'histoire de Dieu, mais aussi le fait
que nous sommes comme ces épines et ces arbres.

L'œuvre du salut de Dieu nous change complètement. Nous
ne passons pas d'un faible buisson d'épines à un meilleur buisson
d'épines. Lorsque nous recevons Jésus, nous devenons fondamen-
talement différents.[1] Notre nouvelle vie en Jésus fait de nous des
arbres puissants, forts et fructueux, «plantation de l'Éternel destinée à manifester sa splendeur» (Ésaïe 61.3), mais les arbres poussent lentement et nous aussi. Il faut du temps pour développer de
profondes racines spirituelles en Dieu, pleinement ancrées et prêtes
à puiser dans sa puissance alors que nous vivons nos histoires avec
lui chaque jour. **La force et la fécondité de nos vies dépendent de
nos racines.**

Ce sont les racines qui comptent le plus. Les branches cassées
peuvent repousser, mais les racines cassées peuvent tuer tout un
arbre. C'est pourquoi «les hommes pieux ont des racines profondes» (Proverbes 12.3, Louis Segond). **Les racines invisibles donnent
des fruits visibles.** Nous «plongeron[s] de nouvelles racines vers le
bas et porteron[s] du fruit vers le haut» (2 Rois 19.30). De la même
manière, le temps que nous passons seuls avec Dieu est invisible,
mais il soutient notre foi et fournit des preuves extérieures de notre
foi. Tout comme les racines s'abreuvent continuellement d'eau et de
nutriments, nous devons continuellement puiser dans la force, la
sagesse, la grâce et l'amour de Dieu. Nous ne pouvons pas mériter
ces dons. Seul Dieu peut les donner gratuitement, mais nous devons
les recevoir.

Demeurer en Jésus, c'est développer en lui des racines profondes
et saines, arrosées par l'eau vive du Saint-Esprit (Jean 4.10, 7.38–39).
Par nos temps de dévotion quotidiens, nous nous enracinons dans
la parole de Dieu, dans la prière, dans la grâce et dans l'amour. Pour
recevoir de Dieu tout ce dont nous avons besoin, il faut de la foi et

---

1   Paul Tripp, *Why do I Need the Bible?* [«*Pourquoi ai-je besoin de la Bible?*»], Paul Tripp Ministries, consulté le 13 mai 2019. https://www.paultripp.com/app-read-bible-study/posts/
001-why-do-i-need-the-bible.

de la confiance pour faire pousser des racines spirituelles prêtes à absorber la provision de Dieu. **De quelle nourriture avez-vous besoin de recevoir de Dieu aujourd'hui ?**

Cultivez des racines dans la parole de Dieu pour recevoir sa sagesse. La sagesse est un don divin de Dieu offert généreusement à ceux qui le demandent (Jacques 1.5), mais souvent nous ne la demandons pas, donc nous ne la recevons pas (Jacques 4.2). Lorsque nous passons du temps avec Dieu, lorsque nous lisons ou écoutons sa parole, cela devient une occasion de puiser dans sa sagesse et sa force. Il guide nos chemins, nos conversations et nos relations.

> Heureux l'homme qui ne suit pas le conseil des méchants, [...] mais qui trouve son plaisir dans la loi de l'Éternel et la médite jour et nuit ! Il ressemble à un arbre planté près d'un cours d'eau, il donne son fruit en sa saison, et son feuillage ne se flétrit pas. Tout ce qu'il fait lui réussit. (Psaumes 1.1–3)

Ancrez-vous dans la parole de Dieu comme les racines s'ancrent fermement les arbres dans le sol. Commencez par lire chaque jour un verset du livre des Proverbes, l'un des livres de sagesse de l'Ancien Testament. En passant du temps dans la parole de Dieu, nous apprenons la volonté de Dieu et notre fondation sera solide malgré les tempêtes les plus violentes de la vie (Matthieu 7.24–25). Restez dans sa parole.

Enracinez-vous dans la prière pour recevoir sa paix. La prière, et surtout la prière privée, fait pousser de profondes racines spirituelles. Tout comme les racines des plantes boivent continuellement de l'eau, nous « prions sans cesse » (1 Thessaloniciens 5.17) en buvant le rafraîchissement et la force du Saint-Esprit. Et peu importe ce qui se passe dans le monde qui nous entoure, lorsque nous offrons des prières avec gratitude, Dieu nous donne sa paix surnaturelle (Philippiens 4.6-7). Sa paix est plus grande que tout ce que nous pouvons comprendre ou essayer de produire par nous-mêmes. **Notre paix est alimentée par notre vie de prière.** C'est grâce à la paix de Dieu que les croyants qui vivent une perte ou qui endurent une maladie chronique peuvent dire malgré tout : « Je vais bien. Dieu est avec moi ». La paix qu'ils reçoivent par la prière devient un témoignage puissant de la provision et de l'attention de Dieu. Ils reçoivent de Dieu tout ce dont ils ont besoin lorsqu'ils placent leur confiance en lui par la prière :

> « À celui qui est ferme dans ses intentions tu assures une paix profonde parce qu'il se confie en toi » (Ésaïe 26.3).

Jésus connaissait l'importance de vivre dans cet état de paix permanente et de dépendance à l'égard de son père. C'est pourquoi il nous a donné l'exemple lui-même en prenant des temps de prière personnels. Il « se retirait dans les déserts et priait » (Luc 5.16). Il nous a également enseigné explicitement la prière : « Mais toi, quand tu pries, entre dans ta chambre, ferme ta porte et prie ton père qui est là dans le lieu secret ; et ton père, qui voit dans le secret, te le rendra [ouvertement] » (Matthieu 6.6). Le « Notre père » est sans doute le modèle de prière le plus détaillé et le plus souvent mémorisé.[1] Quelle que soit votre vie de prière personnelle, sachez que plus vous passez de temps à prier, plus vous avez de chance d'atteindre notre but. Restez dans la prière.

Enracinez-vous dans la grâce de Dieu pour recevoir son amour. Il est difficile de donner de l'amour si vous n'en avez pas vous-même reçu. Demeurer en Christ, c'est absorber intentionnellement l'amour inconditionnel de Dieu chaque jour. Lorsque nous nous rappelons que nous ne pouvons rien faire pour gagner ou perdre l'amour de Dieu, nous nous enracinons dans la grâce de Dieu. Plutôt que de supposer le pire chez les autres, nous croyons au meilleur. Nous portons moins de jugements et répandons l'amour plus rapidement. Par la foi, nous prions « que vous soyez enracinés et fondés dans l'amour » (Éphésiens 3.17). L'apôtre Paul connaissait la puissance de l'amour de Dieu. Il a prié :

---

1 Le « Notre père » est une prière qui se trouve dans Matthieu 6.9-13 : « Notre père céleste ! Que la sainteté de ton nom soit respectée, que ton règne vienne, que ta volonté soit faite sur la terre comme au ciel. Donne-nous aujourd'hui notre pain quotidien ; pardonne-nous nos offenses, comme nous aussi nous pardonnons à ceux qui nous ont offensés ; ne nous expose pas à la tentation, mais délivre-nous du mal ».

Je prie que vous soyez enracinés et fondés dans l'amour pour être capables de comprendre avec tous les saints quelle est la largeur, la longueur, la profondeur et la hauteur de l'amour de Christ, et de connaître cet amour qui surpasse toute connaissance, afin que vous soyez remplis de toute la plénitude de Dieu. (Éphésiens 3.18–19)

Lorsque nous recevons l'amour incommensurable de Dieu, nous devenons plus conscients de ce que nous sommes en Christ. Cette expérience nous change et nous devenons un vecteur de l'amour de Dieu pour les autres. C'est en nous enracinant profondément dans l'amour de Christ que nous remplissons notre objectif de bien aimer les autres (jour 16). Sachez qui vous êtes parce que vous *le* connaissez si bien. Demeurez dans son amour (Jean 15.9).

Dieu est sans limites. Lorsque nous demeurons en Christ, il nous fournit tout ce dont nous avons besoin au bon moment et de la bonne manière. «Ainsi donc, tout comme vous avez accueilli le Seigneur Jésus-Christ, marchez en lui ; soyez enracinés et fondés en lui, affermis dans la foi telle qu'elle vous a été enseignée, et soyez-en riches en exprimant votre reconnaissance à Dieu» (Colossiens 2.6–7). Le temps que nous passons avec Dieu nous enracine en lui afin que nous nous imprégnions de sa force, même lorsque nous avançons dans les défis de chaque jour. **Et lorsque, sous la surface, nos racines sont profondes, nous pouvons aussi faire pousser des branches à la surface.** Nos branches deviendront larges et fortes, elles abriteront les autres, survivront aux tempêtes et porteront beaucoup de fruits. Nous en apprendrons davantage sur les fruits demain, mais pour l'instant, souvenez-vous que le temps que vous passez chaque jour à l'écart avec Dieu est un travail de racine – et les racines sont la clé pour demeurer en Dieu.

JOUR 24

Laisser parler la Bible :

Psaumes 1 (lecture facultative : Ésaïe 55)

Laisser parler son esprit :

1. En quoi le fait de faire confiance à Dieu pour qu'il pourvoie tout ce dont vous avez besoin change-t-il votre façon d'affronter les difficultés?

2. Qu'est-ce qui vous empêche de passer du temps avec Dieu chaque jour? Quels changements pouvez-vous apporter pour être enraciné en Dieu et dans sa parole?

3. Quelle nourriture avez-vous besoin de recevoir de Dieu aujourd'hui? La joie? Du réconfort? Du discernement? Demandez à Dieu de vous aider; il le fera.

Laisser son âme prier :

Père, je veux faire pousser des racines saines en toi. En passant du temps avec toi chaque jour, aide-moi à grandir dans ta parole, dans la prière et dans ton amour. Ancre-moi en toi pour que je reçoive tout ce dont j'ai besoin et que je sois fort dans les moments difficiles. Au nom de Jésus, amen.

Laisser son cœur obéir :

Qu'est-ce que Dieu vous amène à connaître, à valoriser ou à faire?

Portez du fruit en demeurant en lui

Mais le fruit de l'Esprit, c'est l'amour, la joie, la paix, la
patience, la bonté, la bienveillance, la foi, la douceur, la
maîtrise de soi. Contre de telles attitudes, il n'y a pas de loi.
Galates 5.22–23.

S'il n'y avait qu'un mot pour décrire ce qui se passe dans la vie d'un
croyant entre maintenant et le ciel, ce serait *changement*. Avoir la
foi en Jésus nous place dans un processus de transformation qui
dure toute la vie. Nous sommes complètement renouvelés spirituellement, mais les preuves de ce changement peuvent prendre du
temps à se manifester. C'est comme une graine qui met du temps à
pousser avant de produire des fruits. Avec le temps, nos vies changent véritablement et finissent par produire des fruits spirituels.
Dans les deux cas, c'est Dieu qui provoque la croissance. L'apôtre
Paul l'a dit de cette façon : «J'ai planté, Apollos a arrosé, mais c'est
Dieu qui a fait grandir» (1 Corinthiens 3.6).

   La belle réalité est que quelqu'un a planté la graine de l'évangile
dans votre vie, que ce soit il y a quelques jours ou quelques années,
mais c'est Dieu qui fait pousser la graine (Marc 4.26–28). Il veut que
vous fassiez l'expérience de l'amour véritable, que vous soyez libéré
de vos dépendances, que vous ayez une confiance paisible, que
vous vous réjouissiez de l'avenir et bien plus encore. Peu importe
ce que vous avez fait ou ce qui vous a été fait, Dieu achèvera ce qu'il

a commencé dans votre vie (Philippiens 1.6). Il transformera *chaque partie de votre corps :*[1]

1. votre **esprit** dans l'esprit de Christ lorsque vous lisez la parole de Dieu;
2. vos **affections** pour Dieu lorsque vous recevrez son amour inconditionnel;
3. votre **volonté** lorsque vous apprenez à demeurer en Dieu, à lui faire confiance et à lui obéir;
4. vos **relations** : vous aimez les autres, même ceux qui sont difficiles ou différents de vous;
5. votre **dessein**, car vous apprenez à vivre pour la gloire de Dieu et non pour votre gloire.

Commencez-vous à voir certains de ces changements? Soyez encouragé et reconnaissant pour le bon travail de Dieu dans votre vie. N'oubliez pas que ce qui compte, ce n'est pas le chemin qu'il vous reste à parcourir, mais celui que vous avez parcouru. Nous en apprendrons davantage sur ce processus de changement (appelé sanctification) au cours de la semaine 7. Pour aujourd'hui, toutefois, sachez que porter du fruit est la preuve du changement et le résultat d'une foi constante.

Porter du fruit est un cadeau précieux que Dieu nous fait pour que nous sachions que nous lui sommes fidèles. Nous n'avons pas besoin d'attendre de rencontrer Jésus pour savoir que nous avons une relation authentique avec lui. Rappelez-vous que le salut se fait par la foi seule, «mais la foi qui sauve n'est pas seule».[2] Jésus a dit à ses disciples :

> Je suis le cep, vous êtes les sarments. Celui qui demeure en moi et en qui je demeure porte beaucoup de fruit, car sans moi vous ne pouvez rien faire. Si quelqu'un ne demeure pas en moi, il est jeté dehors comme le

1 Zane Pratt, «Faire des disciples dans une autre culture », séance de groupe lors de la conférence Send, Orlando, FL, 26 juillet 2017.
2 Norman L. Geisler, *Systematic Theology: In One Volume* [*Théologie systématique en un volume*] (Minneapolis, MN: Bethany House Publishers, 2011), 890.

sarment et il sèche ; puis on ramasse les sarments, on les jette au feu et ils brûlent. Si vous demeurez en moi et que mes paroles demeurent en vous, vous demanderez ce que vous voudrez et cela vous sera accordé. Ce qui manifeste la gloire de mon père, c'est que vous portiez beaucoup de fruit. Vous serez alors vraiment mes disciples. (Jean 15.5-8)

Vous et moi pourrions lire ce passage et penser que le commandement est de porter du fruit, mais dans la langue grecque originale du Nouveau Testament, nous découvrons que le commandement est de demeurer en Jésus. Porter du fruit est la preuve de notre amitié intime avec lui. Nous pouvons nous reposer en sachant que nous sommes responsables non pas de la *quantité* de fruits, mais de la *qualité* de notre relation avec Dieu.

Tous les croyants peuvent porter du fruit en abondance. Une pauvre veuve peut porter autant de fruits qu'un pasteur de longue date si elle demeure en Christ et utilise ce que Dieu lui a donné pour sa gloire (Luc 16.10). Dieu nous transforme en sa nature lorsque nous le laissons faire (jour 5) : « On vous a enseigné à vous débarrasser du vieil homme qui correspond à votre ancienne manière de vivre et se

> **Légalisme :**
> Suivi obsessionnel des règles. Les gens tombent dans le légalisme lorsqu'ils s'efforcent de gagner les faveurs de Dieu ou d'impressionner les autres par un comportement extérieur correct ou par des bonnes œuvres. Jésus condamne le légalisme. Nous ne pouvons pas servir Jésus si nous essayons toujours d'impressionner les autres (Galates 1.10) et nous ne pouvons pas gagner la faveur de Dieu par quoi que ce soit que nous faisons. Au contraire, nous recevons la faveur de Dieu grâce à ce que Jésus a fait pour nous (Éphésiens 2.8-9). L'obéissance pieuse ne découle pas du légalisme mais de la gratitude et de l'amour pour Dieu et tout ce qu'il a fait pour nous.

détruit sous l'effet de ses désirs trompeurs, à vous laisser renouveler par l'Esprit dans votre intelligence et à vous revêtir de l'homme nouveau, créé selon Dieu dans la justice et la sainteté que produit la vérité » (Éphésiens 4.22-24). Coopérer n'est pas une question d'amélioration de soi et de **légalisme**. Il s'agit de revêtir la nouvelle identité que Dieu vous a donnée. Peu importe où nous vivons ou combien d'années nous avons vécu, Dieu porte des fruits abondants à travers nous lorsque nous demeurons en Jésus.

Maintenant que nous avons appris ce que cela veut dire de porter du fruit, il est temps de définir ce que c'est. La Bible décrit le fruit de différentes manières : un caractère semblable à celui de Christ (Galates 5.22–23), un comportement juste (Philippiens 1.11), une louange (Hébreux 13.15) et la conduite de personnes à la foi en Christ (Romains 1.13–16). Jésus a parlé de porter du fruit par *notre amour* pour Dieu et pour les autres (Jean 15.9–17).

Aujourd'hui, concentrons-nous sur le fruit de notre caractère à l'image de Christ, bourgeonnant d'abord dans nos cœurs, puis nous épanouissant dans nos actions. L'amour, la joie, la paix, la patience, la bonté, la fidélité, la gentillesse et la maîtrise de soi sont tous liés. En effet, ce sont différents aspects du même fruit, cultivé par l'Esprit, en vous. Si nous avons l'amour, nous aurons la joie. Si nous avons la joie, nous aurons la paix. Il en va de même lorsque le fruit nous fait défaut. Sans la paix, nous ne pouvons pas avoir de patience. Sans patience, nous ne pouvons pas avoir la maîtrise de soi et ainsi de suite. Le fruit de l'Esprit augmente ou diminue tout comme notre relation avec Dieu augmente ou diminue. Nous sommes parfois tentés de penser que nous pouvons cultiver certains aspects de ce fruit et pas d'autres. Quelqu'un pourrait dire : «Je n'ai jamais été une personne patiente, mais je peux cultiver les autres aspects». Ou encore : «Mon père était dur, alors je n'ai jamais appris à être doux», mais nous ne pouvons pas arrêter de grandir dans certains aspects du caractère pieux parce qu'ils sont difficiles. Nous ne voulons pas non plus limiter l'action de Dieu dans nos vies à cause de notre personnalité, de notre passé ou de notre culture. Tous les aspects des fruits spirituels sont *essentiels*. Heureusement, si nous grandissons de manière sincère dans l'un de ces aspects, nous grandirons aussi dans les autres.

Si nous voulons savoir si la foi est authentique, regardons le fruit. Jésus a dit : «Tout bon arbre produit de bons fruits, mais le mauvais arbre produit de mauvais fruits. [...] C'est donc à leurs fruits que vous les reconnaîtrez» (Matthieu 7.17–20). Demandez à Jésus de vous aider à vous débarrasser des mauvais fruits. Il peut vous aider à cultiver les bons fruits qui montrent que vous lui appartenez : «Que toute amertume, toute fureur, toute colère, tout éclat de voix, toute calomnie et toute forme de méchanceté disparaissent du milieu de vous. Soyez bons et pleins de compassion les uns envers les autres ; pardonnez-vous réciproquement comme Dieu nous a pardonné en Christ» (Éphésiens 4.31–32). Oui, pardonnez-vous les uns aux autres.

Le pardon fait partie de tout bon fruit. Comme nous l'avons appris au jour 10, puisque Dieu nous a pardonné, nous pouvons pardonner aux autres qui nous ont fait du mal. Il s'agit d'une étape cruciale dans notre cheminement de foi et c'est pourquoi nous voulons le mentionner à nouveau. Car recevoir le pardon de Dieu et pardonner aux autres adoucit notre cœur et nous permet de cultiver le fruit de l'Esprit. Le pardon n'excuse pas les offenses, mais libère le ressentiment qui empoisonne les bons fruits. Nous ne sommes plus facilement offensés lorsque nous nous rappelons que nous sommes pardonnés. Les cœurs qui pardonnent sont patients, gentils et loyaux.

En revanche, le manque de pardon est une mauvaise herbe qui étouffe les bons fruits. Elle bloque l'amour, tue la joie et vole la paix. Elle peut conduire à une amertume qui nous rend impatients, méchants et même haineux. Nous pouvons abandonner les gens, devenir durs et négligents dans nos paroles et dans nos actes. Lorsque nous refusons de pardonner aux autres, c'est généralement parce que nous ne comprenons pas ou ne nous rappelons pas à quel point Dieu nous a pardonné (Luc 7.47). La dure vérité est que lorsque nous refusons de pardonner, nous restons dans l'esclavage et nous trahissons la grâce de Dieu. (Lisez Matthieu 18.21–35, une parabole sur un débiteur qui ne pardonne pas.) Mon ami, **le pardon ne libère pas l'offenseur ; il nous libère et nous permet de sortir de notre souffrance**. Cette étape difficile apporte la guérison et la santé pour porter de bons fruits.

Les bons fruits révèlent une foi réelle. Le fait de porter du fruit n'est pas seulement la preuve d'un changement intérieur du cœur, mais il se révèle aussi dans les actions extérieures Jacques dit que la vraie foi produit de bonnes actions – de bons fruits (Jacques 2.26). «Ce n'est pas par les œuvres [que vous êtes sauvés], afin que personne ne puisse se vanter» (Éphésiens 2.8–10).[1] Et Dieu est également à l'œuvre dans votre vie en ce moment, vous transformant pour produire du fruit spirituel. Ne vous découragez pas si le changement ne se produit pas rapidement – cela fait partie du travail de fond nécessaire à votre véritable histoire (jour 24). Ne nous lassons pas de faire le bien, car la moisson viendra au moment voulu, si nous n'abandonnons pas (Galates 6.9). Continuez à vous nourrir du cep. N'abandonnez pas. Dieu produira une récolte à travers vous lorsque le moment sera venu et elle sera délicieuse.

---

1 Ibid., 1041.

JOUR 25

Laisser parler la Bible :

Galates 5.13–6.10 (lecture facultative : Jacques 2.14–26)

Laisser parler son esprit :

1. Qu'apprenez-vous sur votre foi en regardant les fruits dans votre vie ?

2. Pensez à ceux qui ont planté des graines de l'Évangile dans votre vie et remerciez Dieu pour eux. Qui dans votre vie s'est éloigné de Dieu et auprès de qui vous pourriez, avec amour, semer des graines de l'Évangile ?

3. Y a-t-il quelqu'un à qui vous devez pardonner ? Faites la liste des personnes ou des blessures que vous devez pardonner. Demandez au Saint-Esprit de vous aider à pardonner et à libérer chaque offense ou personne qui vous vient à l'esprit. Le **pardon est une étape nécessaire dans votre cheminement de foi.** Si vous n'êtes pas capable de pardonner, demandez à un pasteur de confiance ou à un ami chrétien avisé de vous aider.

Laisser son âme prier :

Père, produis de bons fruits dans ma vie pour ta gloire. Je prie pour que, lorsque les autres passent du temps avec moi, ils goûtent à ta bonté. Montre-moi les fruits de ma vie qui ne te plaisent pas ; enlève-les et nettoie mon cœur pour que je puisse produire de bons fruits. Des fruits d'amour, de joie, de paix, de patience, de bonté, de gentillesse, de fidélité et de maîtrise de soi. Aide-moi à pardonner aux autres comme tu m'as pardonné. Merci pour tout ce que tu fais en moi et à travers moi. Au nom de Jésus, amen.

Laisser son cœur obéir :

Qu'est-ce que Dieu vous amène à connaître, à valoriser ou à faire ?

Résistez à la tentation

Recherchez le bien et non le mal, afin que vous viviez.
Amos 5.14

Résister à la tentation est plus compliqué que nous le pensons. La plupart des gens ne sont pas doués pour anticiper la puissance de leurs pulsions et s'exposent involontairement à la tentation. Comme l'étape du pardon de la leçon précédente parfois difficile, mais nécessaire, nous faisons aujourd'hui un pas difficile pour nous prémunir contre le péché parce que le péché est grave.

Nous ne pourrons jamais comprendre tous les effets néfastes du péché sur la création, mais nous pouvons nous rendre compte de sa gravité en regardant à la réponse sévère de Dieu à son égard. Notre péché lui a coûté Jésus, son Fils unique, cloué sur une croix. Il était nu, en sang, humilié et abandonné pour que nous puissions être pardonnés, guéris, choisis et adoptés. Jésus a non seulement payé le prix pour notre péché, mais il a également brisé le pouvoir du péché sur nous. Nous étions autrefois esclaves du péché, mais maintenant nous sommes libres (Romains 6.22). Nous pouvons vivre pour Dieu, avec Dieu et en Dieu. **Rien ne pourra jamais nous séparer de l'amour de Dieu** (Romains 8.38). Pas même le péché.

Mais le péché fait toujours mal. Il nous blesse et blesse toutes nos relations, et en particulier notre relation avec Dieu. **Le péché bloque notre connexion avec le cep.** Coupés de notre source de vie, notre paix, notre force et notre joie vont se flétrir. Nous ne produirons pas de bons fruits. Dieu nous semblera distant. Notre prière sera sans vie et sa parole sera ennuyeuse. Le péché brise notre demeure dans sa présence et nous subissons les conséquences de cette séparation.

Si nous essayons encore de nous en sortir avec le péché, nous n'avons pas compris. Le péché a toujours des conséquences, des conséquences terribles, qui bloquent la vie abondante – les bénédictions – que Jésus est mort pour vous donner.

L'inquiétude vole notre repos. La jalousie écrase notre paix. Les commérages blessent nos amis. La peur étouffe notre foi. Les plaintes tuent notre joie. Le mensonge brise notre confiance. L'infidélité détruit nos relations.

Nous voulons tous le repos, la paix, l'amitié, la foi et la joie. Nous voulons tous des relations dignes de confiance. Comprenons donc les faits et mettons un plan en place. La réalité, c'est que nos désirs malsains peuvent nous attirer dans le péché (Jacques 1.14) et notre ennemi connaît nos faiblesses : « En effet, tout ce qui est dans le monde – la convoitise qui est dans l'homme, la convoitise des yeux et l'orgueil dû aux richesses – vient non du père, mais du monde » (1 Jean 2.16). Satan a également tenté Jésus dans chacun de ces domaines, mais Jésus est resté fidèle. Apprenons de l'exemple parfait de Jésus.[1]

Tout d'abord, Satan a utilisé la tentation physique pour pousser Jésus à faire ce qui lui semblait juste (Luc 4.3-4). Lorsque Jésus a jeûné pendant quarante jours, Satan lui a demandé de transformer les pierres en pain. Jésus répondit : « Il est écrit : "L'homme ne vivra pas de pain seulement" » (Luc 4.4). Jésus a fait confiance à Dieu pour satisfaire ses besoins *au bon moment*. Mes amis, l'ennemi murmure : « Tu es en train de rater quelque chose. Personne ne le saura. Ce ne sera qu'une fois » ou « Tout le monde pèche et tous les péchés sont égaux ; de plus, Dieu veut que tu sois heureux ». N'écoutez pas ces mensonges. En dehors de Dieu, nous n'avons rien de bon (Psaumes 16.2). Faites confiance à Dieu pour vous satisfaire. « Lui qui n'a point épargné son propre fils mais l'a donné pour nous tous, comment ne nous accorderait-il pas aussi tout avec lui ? » (Romains 8.32). Dieu pourvoira de la bonne manière.

---

1 Lisez Luc 4.1-13 pour le récit complet de la tentation de Jésus par Satan dans le désert. Remarquez que, bien que Jésus soit sans péché, il a quand même connu la tentation. Cela démontre que la tentation n'est pas péché comme telle.

Ensuite, Satan a utilisé la tentation émotionnelle pour amener Jésus à remettre en question l'amour de Dieu (Luc 4.5–8). Satan a montré à Jésus tous les royaumes du monde et les lui a offerts. Tout ce que Jésus avait à faire était d'adorer Satan, mais Jésus a refusé. Jésus a fait confiance à Dieu pour lui donner ce qui lui revenait de droit *au bon moment*. Mon ami, l'ennemi vous montrera la richesse, la beauté et le pouvoir du monde. Il vous dira : «Vous n'êtes pas suffisant. Vous n'êtes pas assez intelligent. Vous n'avez pas assez d'argent. Vous n'êtes pas attirant». Il essaiera de vous convaincre que vous serez complet et satisfait dès que vous vous concentrerez sur ces choses. Ne l'écoutez pas, résistez-lui. Il essaie de détourner votre adoration de sur Dieu et de vous plonger dans une frénésie constante. Si nous ne sommes pas satisfaits sans ces choses, nous ne serons pas satisfaits par ces choses. En effet, l'ennemi brise les promesses et vole les bénédictions. Dieu tient ses promesses et donne les vraies bénédictions. Ce ne sont pas toujours des richesses terrestres éphémères, mais des richesses célestes éternelles. Ce n'est pas une beauté physique qui se fane, mais une beauté intérieure qui ne se fane pas. Ce n'est pas un pouvoir mondain, mais une influence pieuse.[1] Soyez fidèle dans les petites choses et Dieu vous confiera de grandes (Matthieu 25.23).

Finalement, Satan a utilisé la tentation de l'orgueil pour remettre en question l'identité de Jésus (Luc 4.9–12). Satan voulait que Jésus saute du toit du temple pour prouver son identité de messie, sachant que les anges le rattraperaient. Jésus a refusé. Jésus n'avait pas besoin de faire ses preuves. Il a fait confiance à Dieu pour révéler sa véritable identité *au bon moment*. Satan remettra en question votre identité en Christ et vous tentera de chercher l'approbation des autres. Il murmurera à vos oreilles : «Êtes-vous vraiment un enfant de Dieu? Est-ce que Dieu vous aime vraiment? Si oui, prouvez-le. Travaillez plus dur. Soyez plus performant. Efforcez-vous». Ne l'écoutez pas, résistez-lui. Bien sûr, vous êtes l'enfant de Dieu. Il n'est pas nécessaire de prouver votre identité aux autres ou à vous-même.

---

1   Matthieu 5.13–14, 6.19–20, 1 Pierre 3.3–4.

Satan nous tente comme il a tenté Jésus. Il est le père de tous les mensonges et il n'a qu'une seule mission : voler, égorger et détruire (Jean 8.44 ; 10.10). Il déteste Dieu et il déteste notre lien permanent avec Dieu. Il veut que nous cédions à la tentation pour pouvoir briser ce lien. **La tentation en elle-même n'est pas un péché ; c'est un appel au combat.** Voici comment combattre et gagner :

1. **Comptez sur le Saint-Esprit, et non pas sur votre volonté.**[1] Vous n'êtes jamais seul. Dieu est avec vous, en vous et il «peut vous empêcher de trébucher» (Jude v. 24). «Dieu est fidèle, et il ne permettra pas que vous soyez tentés au-delà de vos forces ; mais avec la tentation il préparera aussi le moyen d'en sortir, afin que vous puissiez la supporter.» (1 Corinthiens 10.13). Grâce à la puissance du Saint-Esprit, nous pouvons toujours faire le bon choix. Grâce à la puissance du Saint-Esprit, nous pouvons toujours faire le bon choix. Nous ne sommes plus esclaves du péché et nous avons maintenant le pouvoir et l'autorité de faire de meilleurs choix. Comptez sur le Saint-Esprit et activez la promesse : «Résistez au diable et il fuira loin de vous» (Jacques 4.7).

2. **Déclarez la parole de Dieu.** Les mots sont puissants (Proverbes 18.21, Matthieu 12.37). Chaque fois que Satan a tenté Jésus, celui-ci a cité les Écritures en retour. Jésus connaissait les Écritures pour chaque tentation spécifique. Il était prêt *avant l'attaque* ; nous pouvons l'être aussi. Jésus vous a déjà donné la victoire, alors dites cette vérité à haute voix : «Je suis un enfant de Dieu avec la victoire sur l'ennemi _____» (voir 1 Corinthiens 15.57). Prenez l'autorité sur la tentation. Nous n'avons peut-être pas le contrôle d'une première pensée impie, mais, grâce à la puissance du Saint-Esprit, nous avons le contrôle sur notre deuxième pensée et sur une mauvaise action potentielle.

3. **Éliminez les tentations.** Jésus a prié : «Ne nous expose pas à la tentation» (Matthieu 6.13). Il a également enseigné que nous devrions

---

1 Au cours de la semaine 7, vous en apprendrez davantage sur le Saint-Esprit et sur la manière de travailler avec lui.

nous débarrasser de nos yeux, de nos mains et de nos pieds s'ils nous poussent à pécher (Marc 9.43–48). Jésus ne parlait pas d'une véritable amputation, mais il voulait montrer à quel point nous devions prendre au sérieux le fait d'éviter la tentation. Qu'est-ce qui vous tente? Ne le regardez pas, ne le touchez pas et n'y allez pas. « Mais revêtez-vous du Seigneur Jésus-Christ et ne vous préoccupez pas de votre nature propre pour satisfaire ses convoitises » (Romains 13.14). Les plaisirs éphémères du péché n'en valent pas les conséquences.

4. **Demandez de l'aide.** Satan cible les gens solitaires comme les prédateurs ciblent les proies isolées. Trouvez des amis; établissez des liens avec des croyants locaux dans une église. Aidez-vous mutuellement à prêter attention à Dieu et à vous tenir mutuellement responsables de votre résistance aux tentations auxquelles nous sommes tous confrontés. Partagez vos luttes contre le péché. Mémorisez ensemble les Écritures qui donnent du pouvoir. Encouragez-vous mutuellement et rencontrez-vous régulièrement. « Avouez-vous [donc] vos fautes les uns aux autres et priez les uns pour les autres afin d'être guéris » (Jacques 5.16).

Le péché est dangereux. Ne laissez pas Satan vous dire le contraire. Aucun plaisir physique, aucune possession ou réalisation dans cette vie ne vaut la peine de rompre communion avec Dieu.

> Lorsque vous vous **CONFESSEZ**, vous admettez votre péché et convenez avec Dieu qu'il est mauvais. Lorsque vous vous **REPENTEZ**, vous vous détournez de votre péché et obéissez à Dieu en faisant ce qui est juste.

Et lorsque vous péchez – et nous le faisons tous – confessez-vous et repentez-vous immédiatement. « Si nous disons que nous n'avons pas de péché, nous nous trompons nous-mêmes et la vérité n'est pas en nous. Si nous reconnaissons nos péchés, il est fidèle et juste pour nous les pardonner et pour nous purifier de tout mal » (1 Jean 1.8–9).

Jésus ne nous sauve pas seulement de la peine du péché, mais il nous sauve aussi de la tentation. Demeurez en lui.

JOUR 26

Laisser parler la Bible :
Colossiens 3.1–17 (lecture facultative : Jacques 4)

Laisser parler son esprit :
1. Quelles personnes, quels lieux et quelles choses vous tentent ? Comment pouvez-vous les éviter ?

2. Identifiez, écrivez et mémorisez des versets spécifiques qui vous aideront à résister aux tentations que vous rencontrez le plus souvent.

Laisser son âme prier :
Seigneur, merci d'avoir payé le prix ultime pour me sauver du péché. Ô Dieu, que je n'utilise jamais ta grâce comme une excuse pour pécher. Libère-moi de mes habitudes pécheresses et délivre-moi de la tentation afin que je puisse jouir d'une amitié étroite avec toi. Au nom de Jésus, amen.

Laisser son cœur obéir :
Qu'est-ce que Dieu vous amène à connaître, à valoriser ou à faire ?

Combattez avec l'armure de Dieu

Éternel, conduis-moi dans ta justice, à cause de mes adversaires, aplanis ta voie devant moi,
Psaumes 5.9

Imaginez un chemin menant à Dieu, serpentant sur des collines, traversant des vallées et des rivières. Comme nous suivons Jésus, nous devons rester sur ce chemin bien qu'il soit étroit et difficile (Matthieu 7.14). Il est étroit parce que Jésus est le seul chemin vers le père (Jean 14.6) et difficile parce que nos corps sont entravés par nos anciennes natures pécheresses. Nous vivons dans un monde plein de tentations, de distractions, de fausses religions et de péchés, tous utilisés par l'ennemi pour nous éloigner de notre marche avec Jésus. Heureusement, nous avons un moyen de rester sur la bonne voie, un moyen de suivre le bon chemin qui est tracé devant nous.

La foi qui demeure.

Comme nous l'avons appris toute la semaine, le fait de demeurer en Jésus nous relie à Jésus, le seul chemin vers le père. Quand nous demeurons en lui, nous restons sur sa voie parce que nous sommes un avec lui. Satan connaît l'incroyable puissance que possède celui qui demeure en Jésus et il fera tout pour rompre notre unicité avec Dieu. Mais nous connaissons sa stratégie séculaire et comment résister à ses tentations. Aujourd'hui, nous en apprendrons davantage sur son approche et comment nous pouvons soutenir fermement notre foi :

«Ce n'est pas contre l'homme que nous avons à lutter, mais contre les puissances, contre les autorités, contre les souverains de ce monde de ténèbres, contre les esprits du mal dans les lieux célestes» (Éphésiens 6.12).

L'homme n'est pas notre ennemi; Satan l'est. Parce que nous sommes en Christ, Satan ne peut pas nous contrôler, mais cela ne l'empêche pas de rester à l'affût sur le chemin qui mène à Dieu. Parfois, il chuchote des mensonges ou crie des insultes et des accusations. D'autres fois, il travaille à travers des pratiques prohibées, comme l'occultisme ou la magie (Galates 5.19–21). Il essaie de perturber notre communication avec Dieu et envoie des distractions pour détourner notre attention. Il envoie des gens nous diviser et semer le doute dans nos esprits. *Satan est l'auteur de la confusion et de la division.* Soyez prudent; son activité ne semble pas toujours immédiatement mauvaise (2 Corinthiens 11.14). Jésus l'appelait le père des mensonges (Jean 8.44), mais n'ayez pas peur parce que Satan ne peut pas égaler Dieu : «Celui qui est en vous est plus grand que celui qui est dans le monde» (1 Jean 4.4). Satan n'est pas omniprésent (être partout, tout le temps), omniscient (tout connaître) ou omnipotent (tout-puissant). Il ne peut pas lire nos pensées et il n'a aucune autorité sur nous. Nous pouvons marcher en paix, en profitant pleinement de la présence de Dieu sur ce chemin, parce qu'il n'est pas seulement avec nous, mais il nous donne l'armure spéciale de la victoire :

C'est pourquoi, prenez toutes les armes de Dieu afin de pouvoir résister dans le jour mauvais et tenir ferme après avoir tout surmonté. Tenez donc ferme : ayez autour de votre taille la vérité en guise de ceinture; enfilez la cuirasse de la justice; mettez comme chaussures à vos pieds le zèle pour annoncer l'Évangile de paix; prenez en toute circonstance le bouclier de la foi, avec lequel vous pourrez éteindre toutes les flèches enflammées du mal; faites aussi bon accueil au casque du salut et à l'épée de l'Esprit, c'est-à-dire la parole de Dieu. Faites en tout temps par l'Esprit toutes sortes de prières et de supplications. Veillez

à cela avec une entière persévérance et en priant pour tous les saints »
(Éphésiens 6.13–18).

**Dieu va de l'avant pour combattre pour son peuple et il nous
donne son armure (Ésaïe 59.17). Chaque partie de l'armure symbolise une réalité importante de sa protection sur nous.** Dans
Éphésiens 6, l'apôtre Paul utilise l'image de l'armure d'un soldat
romain pour illustrer notre armure spirituelle. Voyons comment
chaque partie nous protège pendant que nous demeurons en Christ :

1. **La ceinture de la vérité :** Cette ceinture vous guide dans votre
marche avec Dieu. Les anciens Romains croyaient que la zone autour de la taille était le siège des émotions. Certaines cultures partagent encore ce point de vue. Entourer (encercler et sécuriser) cette
zone symbolise le fait de garder nos émotions sous contrôle en les
alignant avec la vérité. Lorsque nous mettons la ceinture de la vérité,
nous alignons nos pensées, nos attitudes et nos actions avec la
vérité de la parole de Dieu (Jean 17.17). Satan ment sur toute la ligne.
Il déforme la parole de Dieu et déforme nos émotions. Il envoie de
faux enseignants pour nous détourner du chemin de Dieu. Il utilise
la peur et l'apitoiement sur soi pour nous faire trébucher. Pourtant,
plus nous nous ceignons de la ceinture de vérité de Dieu, moins nous
sommes susceptibles de trébucher face à la tromperie de l'ennemi.
« Vous connaîtrez la vérité et la vérité vous rendra libres » (Jean 8.32).
Attachez votre ceinture de vérité.

2. **La cuirasse de la justice :** La cuirasse recouvre votre poitrine,
généralement considérée par les Romains comme le lieu où votre
âme réside, avec la justice de Jésus, son obéissance parfaite et sa
vertu. Elle vous défend aussi contre deux des ennemis les plus
vicieux de votre âme, l'autosatisfaction et l'autocondamnation :

- L'autosatisfaction rejette la justice de Christ comme étant
inutile, en disant : « Je n'ai pas besoin d'un sauveur. Je suis
assez bon. Dieu me doit sa faveur » ;
- L'autocondamnation, l'autre extrême, rejette la justice de
Christ comme étant trop insuffisante, en disant : « L'œuvre de

Christ sur la croix n'était pas suffisante. Je suis trop coupable. Je dois m'efforcer de gagner la faveur de Dieu».

Ce sont deux dangereuses formes d'orgueil, révélant une croyance en l'autosuffisance, la capacité de gagner la faveur de Dieu par nous-mêmes. Tous deux ignorent la réalité de la grâce de Dieu (Galates 2.21). Dans sa grâce, **Dieu a transféré nos péchés sur Jésus à la croix et nous a transmis la justice de Jésus (2 Corinthiens 5.21, 1 Pierre 2.24). L'ultime échange!** Dès lors, la justice de Christ, qui est à la fois nécessaire et suffisante, nous couvre. Placez votre foi uniquement dans la justice de Jésus. Ayez l'assurance qu'en lui, vous êtes *déjà* juste et *vivez* d'une manière qui honore votre appel. Le péché donne à l'ennemi le contrôle sur votre vie, une opportunité de vous détourner du chemin de Dieu (Éphésiens 4.27). Gardez votre cœur en revêtant continuellement la cuirasse de la justice.

3. **Les chaussures de paix :** Au cours du premier siècle après J.-C., les soldats romains portaient des sandales à pointes attachées par d'épaisses lanières de cuir. Elles offraient une base solide pour une bataille intense. Les chaussures stabilisent votre pied. Satan essaie de vous faire perdre l'équilibre en causant des divisions relationnelles, surtout au sein de l'église. Ne le laissez pas faire. Dieu nous a donné un fondement de paix (Luc 21.26, Jean 16.33). Soyez conciliateur. Jésus a dit que l'unité entre ses disciples montrerait au monde que Dieu l'avait envoyé (Jean 17.21). Vivez en paix avec Dieu et avec les autres et quand les autres s'interrogent sur la paix qu'ils voient dans votre vie, «[soyez] toujours prêts à défendre l'espérance qui est en vous» (1 Pierre 3.15). «Qu'ils sont beaux les pieds de ceux qui annoncent la paix, de ceux qui annoncent de bonnes nouvelles» (Romains 10.15). Attachez vos chaussures de paix.

4. **Le bouclier de la foi :** les soldats romains trempaient d'abord leurs boucliers dans l'eau pour se protéger contre les traits enflammés de leurs ennemis. Le bouclier de la foi éteint les flèches enflammées du doute, de la honte, de la peur et de la culpabilité de notre ennemi. Il peut crier, «vous ne pouvez pas faire confiance à Dieu! Dieu ne vous aime vraiment pas! Vous ne valez rien», mais vous pouvez arrêter

ces flèches avec la foi en la bonté de Dieu, la foi en l'amour de Dieu, la foi en Jésus. «Puisque tout ce qui est né de Dieu remporte la victoire contre le monde, et la victoire qui a triomphé du monde, c'est votre foi» (1 Jean 5.4). «La foi vient de ce qu'on entend, et ce qu'on entend vient de la parole de Dieu» (Romains 10.17), donc écoutez Dieu. Méditez sur sa parole en marchant avec lui. «Car nous marchons par la foi et non par la vue» (2 Corinthiens 5.7).

5. **Le casque du salut :** Ce casque protège vos pensées, c'est l'assurance du salut pour protéger votre esprit des mensonges de Satan. Savoir que vous êtes sauvé est une défense solide contre le doute, la peur, la confusion et l'insécurité (1 Jean 5.11–13). L'ennemi ne peut pas vous voler votre salut (Jean 10.28). Dieu vous a sauvé du péché et vous a adopté comme son propre enfant. Vous lui appartenez pour toujours. Vous êtes pardonné pour toujours. Vous êtes aimé pour toujours. Il vous couvre et vous protège. «Éternel, Seigneur, mon puissant Sauveur, tu protèges ma tête le jour du combat» (Psaumes 140.8). Vous n'avez rien à craindre.

6. **L'épée de l'Esprit :** L'épée de l'Esprit est la parole de Dieu. Dans Éphésiens 6.17, «la parole» signifie les paroles de Dieu.[1] Nous devons nous en tenir à ce qui est dit dans la Bible et utiliser cela pour combattre l'ennemi. Que la parole de Dieu demeure en vous, comme vous demeurez en lui (Jean 15.7). **L'Écriture nous aide à discerner ce qui est presque vrai de ce qui est réellement vrai.** Ce qui est presque vrai est toujours faux et dangereux. Satan a parfois une apparence attirante (2 Corinthiens 11.14), mais ne soyez pas dupe. Quand l'ennemi présente de beaux détours du chemin de Dieu, la parole de Dieu éclaire le droit chemin afin que nous puissions le suivre (Psaumes 119.105). L'épée de l'Esprit est la seule arme offensive de notre armure. Elle est «vivante et efficace, plus tranchante que toute épée à deux tranchants, pénétrante jusqu'à séparer âme et esprit, jointures et moelles; elle juge les sentiments et les pensées

---

1 Dictionnaire explicatif complet des paroles de l'Ancien et du Nouveau Testament, (Nashville: Thomas Nelson, 1984), 683.

du cœur.» (Hébreux 4.12). Utilisez-la pour anéantir les mensonges de l'ennemi, comme Jésus l'a fait.

L'épée de l'Esprit est toujours tranchante et efficace dans la bataille. Mais avec quelle détermination la tenons-nous ? Irions-nous au combat avec une arme mortelle en utilisant seulement deux doigts ? Bien sûr que non. Si c'était le cas, nous serions facilement vaincus. De la même façon, tenir négligemment l'épée de l'Esprit, en gardant nos Bibles fermées sans les lire alors que nous combattons chaque jour, est un choix dangereux. Pourquoi l'un d'entre nous irait-il au combat sans savoir manier son arme la plus efficace ? Amis, nous devrions apprendre à bien manier cette arme (2 Timothée 2.15). Gardez la parole de Dieu à portée de main et tenez-la bien fermement.

7. **La prière constante :** Aucun soldat ne se rend au combat sans avoir un moyen de communiquer avec ses chefs, et nous non plus. Nous devons être en communication constante avec notre chef pour recevoir des instructions. «Je t'instruirai et te montrerai la voie que tu dois suivre ; je te conseillerai, j'aurai le regard sur toi» (Psaumes 32.8). Priez toujours pour vous-même et les autres, afin de rester ferme dans la foi et de proclamer courageusement le message de Jésus (Éphésiens 6.19). Parlez à Dieu et écoutez ses instructions.

Penser à la vie comme à une bataille constante peut sembler intense, épuisant, voire effrayant, mais ce n'est pas le cas. Combattre ne consiste pas à saigner ou à se soumettre à l'ennemi. Il s'agit de demeurer en Jésus. Son sang a déjà coulé pour nous et il a remporté la victoire (1 Jean 5.4). Trouvons du repos en sa capacité à combattre pour vous (Exode 14.14). **La bataille appartient à Dieu** (2 Chroniques 20.15).

Laisser parler la Bible :

Psaumes 91 (lecture facultative : Ésaïe 59.17–19)

Laisser parler son esprit :

1.   En quoi est ce que le fait de savoir que Dieu est avec vous change-t-il la façon dont vous voyez votre voyage ?

2.   Quelles parties de l'armure vous aident le plus à résister à l'ennemi ?

3.   Comment pouvons-nous être certains d'avoir la victoire (Psaumes 91, Éphésiens 1.19–23) ?

Laisser son âme prier :

Seigneur, aide-moi à demeurer en toi et à te faire confiance pour me guider. Rappelle-moi de revêtir ton armure avec ta force afin que je puisse résister au diable et encourager d'autres croyants qui marchent avec moi. Aide-moi à apprécier ce voyage avec toi et à me rapprocher de toi à chaque pas que je fais... Au nom de Jésus, amen.

Laisser son cœur obéir :

Qu'est-ce que Dieu vous amène à connaître, à valoriser ou à faire ?

Entrez dans le repos de Dieu grâce à sa parole

Il reste donc un repos de sabbat pour le peuple de Dieu. En effet, celui qui entre dans le repos de Dieu se repose lui aussi de son activité, tout comme Dieu s'est reposé de la sienne. Empressons-nous donc d'entrer dans ce repos afin que personne ne tombe en donnant le même exemple de désobéissance.
Hébreux 4.9–11

Au commencement, Dieu créa les cieux et la terre (Genèse 1). Dans sa puissance, il a appelé à l'existence toute la création et a insufflé la vie dans le corps d'Adam. Lorsque tout cela fut accompli, Dieu créa à nouveau : il créa un jour de repos. Dès les premières pages de notre Bible, nous voyons un cycle de travail et de repos qui se poursuit dans l'histoire de Dieu :

- «Pendant six jours, tu feras ton ouvrage. Mais le septième jour, tu te reposeras» (Ex. 23.12);
- «Tu travailleras six jours et tu te reposeras le septième jour; tu te reposeras, même au temps du labourage et de la moisson» (Ex. 34.21);
- «Garde le silence devant l'Éternel et espère en lui» (Psaumes 37.7);
- «Arrêtez et sachez que je suis Dieu» (Psaumes 46.10);
- «Venez à l'écart dans un lieu désert et reposez-vous un peu» (Marc 6.31).

Il peut sembler étrange que Dieu doive nous ordonner de nous reposer, mais les humains ont une longue histoire de résistance au repos. Pourquoi le combattons-nous ?

Peut-être parce que nous ne le comprenons pas. Comme nous l'apprenons dans la Genèse, Dieu fut le premier à se reposer : «Le septième jour, Dieu mit un terme à son travail de création. Il se reposa de toute son activité le septième jour. Dieu bénit le septième jour et en fit un jour saint, parce que ce jour-là il se reposa de toute son activité, de tout ce qu'il avait créé» (Genèse 2.2–3). La première chose que Dieu déclara sainte n'est pas une personne ou un objet, mais un jour. Il s'est reposé après avoir achevé son œuvre et il a appelé son jour de repos «saint» ou mis à part. En nous basant sur ces versets, nous pourrions définir le repos comme un temps mis à part pour apprécier l'œuvre achevée de Dieu.

Mais ce concept de repos ne se restreint pas à une pause de travail. Un autre verset offre plus de clarté : «C'est dans le retour à moi et le repos que sera votre salut, c'est dans le calme et la confiance que sera votre force» (Ésaïe 30.15). Dans ce cas, le repos consiste à retourner à Dieu, à trouver la paix en sa présence et à mettre

Un jour de repos

Pour les croyants, le repos spirituel en Jésus est un mode de vie. Cependant, en plus du repos spirituel, Dieu a créé notre corps pour qu'il ait besoin de repos physique. Il est sage de prendre un jour de repos sabbatique chaque semaine, si possible. Lorsque nous nous vidons en servant, nous devons prendre le temps de nous ressourcer.

Après que Dieu ait utilisé Élie pour démontrer sa puissance sur le mont Carmel, Élie était épuisé et déprimé (voir jour 12). Dieu savait que la dépression spirituelle d'Élie provenait de l'épuisement physique et il a donc répondu aux besoins physiques d'Élie. Après que Dieu ait donné à Élie du repos et de la nourriture, Élie a pu retourner à l'œuvre de Dieu (1 Rois 18–19).

Qu'est-ce qui vous restaure ? Si votre travail implique un travail physique, vous pouvez avoir besoin de vous reposer physiquement en lisant un livre ou en vous asseyant pour rendre visite à des amis. Si votre travail n'implique pas d'activité physique, vous aurez peut-être besoin de vous reposer en sortant pour profiter de la création de Dieu. Jésus a enseigné que le sabbat a été créé pour répondre aux besoins des gens et non les gens pour répondre aux exigences du sabbat (voir Marc 2.27). Il n'y a pas besoin d'être légaliste à propos d'un jour de repos hebdomadaire. Rappelez-vous simplement que Dieu vous a donné un corps physique avec des limites physiques. Reposez-vous.

notre confiance en lui. **Le repos, c'est prouver notre confiance en Dieu.** Bien que Dieu ait instruit aux israélites d'observer une pause de travail physique avec un jour du sabbat pour se souvenir de leur délivrance (Deutéronome 5.15), nous voyons que le repos de Dieu n'est pas seulement une inactivité physique.

À l'époque de Jésus, les chefs religieux avaient mal compris le repos. Lorsqu'ils accusaient les disciples de Jésus de violer le sabbat, Jésus leur répondit, «Le sabbat a été fait pour l'homme, et non l'homme pour le sabbat» (Marc 2.27). Plus tard, les mêmes chefs religieux attaquèrent Jésus pour avoir enfreint leurs règles du sabbat, mais le repos du sabbat était destiné à les aider, pas à les accabler. Leur obsession pour les règles en matière de repos les a empêchés de comprendre l'essence du principe du repos – et de trouver la seule vraie source de repos : Jésus, le Seigneur du sabbat (Matthieu 12.8).

À travers Jésus, nous jouissons du repos ultime, la paix avec Dieu. Nous pouvons compter sur lui et nous décharger entièrement sur lui, pour trouver en lui le repos. Il nous invite à nous joindre à lui dans le vrai repos que seul lui peut fournir :

> Venez à moi, vous tous qui êtes fatigués et courbés sous un fardeau, et je vous donnerai du repos. Acceptez mes exigences et laissez-vous instruire par moi, car je suis doux et humble de cœur, et vous trouverez le repos pour votre âme. En effet, mes exigences sont bonnes et mon fardeau léger. (Matthieu 11.28–30)

Joug : Cadre ajusté porté sur les épaules pour aider une personne ou un animal à porter une charge en deux parties égales.

Le repos, dans le sens complet du terme, découle de notre relation avec Dieu, une relation rendue possible seulement par Christ. **Le repos, c'est donc plus qu'un jour sans travail par semaine ; c'est aussi un mode vie où nous choisissons de demeurer en Dieu.** Le repos, qu'il soit physique, mental, émotionnel et spirituel, est un don inestimable de Dieu.

Nous nous reposons physiquement de notre labeur.
Nous nous reposons de notre anxiété,
de nos peurs ou de nos soucis.
Nous nous reposons dans le salut de Dieu.

La grâce de Dieu permet de travailler et de se reposer, mais si nous cherchons notre valeur au travers du travail, le repos sera difficile. Si nous trouvons notre valeur en Jésus, nous plaçons notre confiance non plus en ce que nous faisons, mais en ce *qu'il* a fait. Nous nous reposons en lui. Et quand nous accomplissons des œuvres, nous ne le faisons pas pour mériter l'amour de Dieu, mais le faisons en réponse à son amour. Nous trouvons l'équilibre entre le travail et le repos quand nous demeurons en lui.

Alors, pourquoi résistons-nous le repos ? Nous apprenons des israélites qu'ils ont refusé d'entrer dans le repos de Dieu lorsqu'ils ont refusé d'entrer dans la terre promise (Hébreux 3.17–19). Ils ne croyaient pas qu'il prendrait soin d'eux et par conséquent, ils ont connu des troubles et ont erré longtemps dans le désert. À plus grande échelle, tous nos péchés suivent le même parcours : nous doutons que Dieu puisse nous satisfaire, alors nous cherchons la satisfaction en dehors de sa volonté. Et nous doutons du fait que Dieu a le contrôle et nous nous accrochons à nos problèmes. Puis nous nous inquiétons et nous errons sans cesse, éloignés de Dieu. C'est comme faire les cent pas, s'épuiser et n'aller nulle part. Nous restons dans le désert.

Aujourd'hui, Dieu nous invite à entrer dans son repos, non pas à travers la terre promise, mais à travers celui qui a été promis : Jésus. Quand les gens ne font pas confiance à Christ, ils rejettent son don de repos. Ils doutent de lui, lui désobéissent et errent sans cesse dans la vie. Même en tant que croyants, nous pouvons tomber dans une tendance similaire. Lorsque nous doutons des promesses de Dieu et que nous désobéissons à ses commandements, nous bloquons notre connexion permanente avec lui et ne parvenons pas à entrer dans son repos.

Êtes-vous *inquiets*? Que vous n'ayez jamais fait confiance à Jésus pour votre vie ou que vous lui ayez fait confiance, mais que vous vous soyez éloigné, la solution est la même : retournez à Dieu et reposez-vous en lui. «C'est dans le retour à moi et le repos que sera votre salut» (Ésaïe 30.15). Demandez à Dieu d'émonder (ou de couper) tout bois mort qui vous empêche de demeurer en lui. Croyez en Dieu et en ce qu'il dit. Hébreux 4.3 le dit ainsi : «Quant à nous qui avons cru, nous entrons dans le repos». Vous pouvez vous reposer et vous détendre dans l'étreinte chaleureuse de Dieu, sachant qu'il est toujours avec vous, qu'il vous aime toujours et qu'il est toujours digne. Alors quand la vie semble vous écraser et que les inquiétudes essaient de vous ronger, respirez profondément. Inspirez l'amour de Dieu et expirez l'anxiété. Concentrez-vous à nouveau sur Dieu (Colossiens 3) et entrez à nouveau dans son repos.

Laisser parler la Bible :

Hébreux 3.7–4.12 (lecture facultative : Matthieu 12.1–14)

Laisser parler son esprit :

1. Comment définiriez-vous le repos de Dieu ? Quels moyens vous faut-il pour entrer dans son repos ?

2. Répondez aux questions de discussion de la quatrième semaine.

Laisser son âme prier :

Père, tu es mon refuge. Tu as dit : « Venez à moi, vous tous qui êtes fatigués et courbés sous un fardeau, et je vous donnerai du repos » (Matthieu 11.28). Je suis fatigué et chargé. Donne-moi ton repos. Apaise mon cœur et délivre-moi de tout ce qui bloque ma connexion avec toi. Au nom de Jésus, amen.

Laisser son cœur obéir :

Qu'est-ce que Dieu vous amène à connaître, à valoriser ou à faire ?

QUESTIONS DE DISCUSSION DE LA QUATRIÈME SEMAINE :

Revoyez les leçons de cette semaine et répondez aux questions ci-dessous. Partagez vos réponses avec vos amis lorsque vous vous réunirez cette semaine.

1. Comment le fait de demeurer en Jésus fait-il grandir votre relation avec Dieu et vous aide-t-il à vivre votre histoire dans sa force ?

2. Comment Dieu vous a-t-il émondé dans le passé ? Quels sont les obstacles qui vous empêchent de demeurer en Christ et dont Dieu veut vous libérer ?

3. « Mais le fruit de l'Esprit, c'est l'amour, la joie, la paix, la patience, la bonté, la bienveillance, la foi, la douceur, la maîtrise de soi » (Galates 5.22–23). Lequel de ces fruits semblez-vous porter en abondance ? Lequel de ces fruits désirez-vous développer en profondeur ?

4. Comment le péché cause-t-il la souffrance ? Pourquoi le péché bloque-t-il votre connexion avec Jésus ? Quelles mesures pratiques pouvez-vous prendre pour résister à la tentation ?

5. Comment pouvez-vous revêtir l'armure de Dieu chaque jour ? Quelle arme vous rassure particulièrement ? Quelle(s) arme(s) négligez-vous de vous prendre régulièrement ?

CINQUIÈME SEMAINE

LA PAROLE DE DIEU –
ÉCOUTER L'AUTEUR
DE LA VIE

Chérissez la parole de Dieu

En effet, ce n'est pas une parole sans
importance pour vous : c'est votre vie.
Deutéronome 32.47

Si nous voulons vraiment connaître Dieu, si nous voulons vraiment comprendre comment changer nos vies et le monde, la Bible doit être notre priorité absolue. Mais connaître les vérités de la Bible ne suffit pas. Nous devons vivre les vérités de la Bible avec Dieu. Des vies se transforment et des communautés changent quand nous appliquons avec amour la vérité biblique à travers la puissance du Saint-Esprit. Nous consacrons cette semaine d'étude à la Bible, notre bien terrestre le plus précieux. Nous allons parcourir la Bible, apprendre comment l'étudier et la mémoriser, découvrir pourquoi nous pouvons lui faire confiance et plus encore. Commençons donc !

La Bible ne ressemble à aucun autre livre de toute l'histoire. Dieu a inspiré plus de quarante auteurs humains de différents milieux à l'écrire. Ils étaient des bergers, des chefs religieux, des rois, des fonctionnaires et des pêcheurs. Ils ont écrit sur une période de plus de 1600 ans sur trois continents différents – l'Asie, l'Europe et l'Afrique[1]. Mais ce qu'il y a de plus merveilleux dans tout cela, c'est que tous ces auteurs évoquent le même thème. Pourquoi ? Parce

---

1 Howard G. Hendricks et William D. Hendricks, *Living By the Book: The Art and Science of Reading the Bible* [*Une vie en règle : l'art et la science de la lecture de la Bible*] (Chicago: Moody Publishers, 2007), 26. Moody Publishers, 2007), 26.

que Dieu *lui-même* les a poussés à raconter son histoire. Qui d'autre pourrait élaborer un message de vérité unifié au travers d'époques, de personnalités et de cultures si différentes ? Qui d'autre pourrait écrire un livre, si cohérent, qui change des vies ? Personne sauf Dieu. C'est son livre, sa vraie histoire.

Comment le savons-nous ? Sa parole nous le dit et sa vie coule à travers elle.[1] « Toute l'Écriture est inspirée de Dieu » (2 Timothée 3.16), car « aucune prophétie de l'Écriture n'est une affaire d'interprétation personnelle, car ce n'est jamais par une volonté d'homme qu'une prophétie a été apportée, mais c'est poussé par le Saint-Esprit que des hommes ont parlé de la part de Dieu » (2 Pierre 1.20–21). Par sa parole, Dieu nous parle, nous enseigne, nous corrige et nous prépare pour ce qui nous attend (2 Timothée 3.16–17). Sur chaque page de l'Écriture, Dieu se révèle lui-même à nous et notre amour pour lui s'enracine profondément. **Pour aimer davantage Dieu, nous devons apprendre à le connaître par sa parole.**

C'est pourquoi il est si important d'accepter *chaque partie* de la Bible et si dangereux de modifier l'Écriture. Si nous choisissons de croire à certaines parties de la Bible et de rejeter celles avec lesquelles nous ne sommes pas d'accord, nous façonnons notre propre religion ou nous taillons un faux dieu. Tout comme des médicaments qui sauvent des vies peuvent devenir inefficaces ou dangereux s'ils sont altérés, il en est de même des Écritures qui donnent la vie. Jésus a mis en garde contre le fait d'ignorer des parties de la Bible que nous n'aimons pas :

> Pas une seule lettre ni un seul trait de lettre ne disparaîtra de la loi avant que tout ne soit arrivé. Celui donc qui violera l'un de ces plus petits commandements et qui enseignera aux hommes à faire de même sera appelé le plus petit dans le royaume des cieux ; mais celui qui les mettra en pratique et les enseignera aux autres, celui-là sera appelé grand dans le royaume des cieux. (Matthieu 5.18–19)

---

1 Le jour 31 traite de la validité de la parole de Dieu.

Ne modifiez pas la parole de Dieu.

N'ajoutez pas non plus d'autres éléments à la parole de Dieu. «Toute parole de Dieu est pure. [...] N'ajoute rien à ses paroles. Il te reprendrait et tu apparaîtrais comme un menteur» (Proverbes 30.5–6). Dans l'Apocalypse, nous voyons une mise en garde encore plus forte contre toute altération de la parole de Dieu :

> Je le déclare à toute personne qui écoute les paroles de prophétie de ce livre : si quelqu'un y ajoute quelque chose, Dieu lui ajoutera les fléaux décrits dans ce livre ; et si quelqu'un enlève quelque chose aux paroles du livre de cette prophétie, Dieu enlèvera sa part de l'arbre de la vie et de la ville sainte décrits dans ce livre. (Apocalypse 22.18–19)

Les conséquences de l'altération ou de la déformation de la parole de Dieu sont sévères. C'est pourquoi donc «nous ne nous conduisons pas avec ruse et nous ne falsifions pas la parole de Dieu» (2 Corinthiens 4.2).

Malgré ces avertissements, les gens continuent d'ajouter ou de retrancher des éléments à la Bible pour justifier leur croyance ou éviter d'offenser les autres. C'est pourquoi il est d'une importance capitale

> ### Traductions de la Bible
> Les traductions de la Bible d'aujourd'hui sont superbes. Les manuscrits originaux de la Bible ont été soigneusement copiés à la main pendant des générations. De petites erreurs de copie ont été trouvées (par exemple, des mots mal orthographiés, des lettres manquantes ou en double). Sur les moins de 1 % d'écritures copiées de manière incorrecte, aucun enseignement ou commandement doctrinal n'a été compromis.
>
> Source : Geisler, Norman L. "Bible, Evidence For," *Baker Encyclopedia of Christian Apologetics*, Baker Reference Library (grand Rapids, MI: Baker Books, 1999).

d'étudier la Bible par nous-mêmes. Nous pouvons connaître Dieu et sa parole. Nous n'avons pas besoin d'être surpris par les événements futurs que révèle la Bible, comme le jugement (jour 6). Nous pouvons nous protéger de faux enseignements et apprendre la sagesse de Dieu en étudiant la Bible.

Votre temps d'étude de la Bible peut être séparé de votre temps de dévotion. Pendant votre temps de dévotion (jour 22), vous pouvez vouloir méditer sur quelques versets de la Bible, prier et rester attentif aux impulsions du Saint-Esprit (Galates 5.16). **Lorsque nous étudions la Bible, notre lecture est plus intense : nous cherchons à la comprendre, à la mémoriser et à l'étudier soigneusement pour en apprendre davantage au sujet de Dieu.** Que vous étudiiez la Bible pendant votre temps libre ou que vous le fassiez séparément, l'essentiel est d'avoir la volonté de le faire et d'être constant.

Parfois, nous avons du mal à étudier la Bible. Les horaires changent. Les membres de la famille tombent malades. La vie devient compliquée. Le résultat est que nous nous laissons distraire et qu'étudier la Bible peut nous sembler un poids. Survolons quelques-unes des bénédictions qui ne viennent que lorsque nous persévérons dans la connaissance de la parole de Dieu :

1. **Connaître Dieu** – La Bible présente la personne, la position et la puissance de Dieu sur toutes les pages pour que vous puissiez connaître, adorer et aimer Dieu. Si nous ne passons pas de temps dans la parole de Dieu, nous avons tendance à l'oublier. Et comme nous l'avons mentionné au jour 17, l'oubli est dangereux.

2. **Se connaître soi-même** – La parole de Dieu est comme un miroir reflétant la réalité de nos cœurs. Nous pouvons voir ce que Dieu veut que nous découvriions sur nous-mêmes et que nous remarquions les bénédictions qu'il nous donne quand nous marchons dans ses voies (Jacques 1.22–25).

3. **Connaître le plan de Dieu** – La Bible révèle une perspective complète du monde depuis son origine jusqu'à l'accomplissement de son destin (première semaine) et de notre rôle dans celui-ci. Si nous vivons uniquement dans le présent, sans comprendre la grande et véritable histoire de Dieu, il est facile d'être découragés et distraits.

4. **Apprendre à bien vivre au quotidien** – Aujourd'hui, vous avez décidé de lire ce parcours de foi. Dans quelques minutes, vous choisirez d'appliquer ce que vous avez appris. Après cela, vous prendrez une autre décision puis une autre. Chaque jour, vous prenez des milliers de décisions et la parole de Dieu vous guide comme une lumière sur votre sentier pour vous aider à faire des choix judicieux (Psaumes 119.105).

Tout comme la pratique quotidienne d'exercices physiques et une alimentation saine transforment nos corps progressivement, l'étude régulière de la Bible nous transforme progressivement sur le plan spirituel. Que nous soyons conscients ou non de cette transformation, nous renforçons nos muscles spirituels. Mais contrairement à la nourriture physique, lorsque nous nous remplissons de la parole de Dieu, nous ne serons jamais rassasiés. Notre capacité d'absorption de la parole de Dieu augmente sans cesse et nous en voulons toujours plus. La parole de Dieu est le seul festin qui puisse vraiment satisfaire la faim de nos âmes. En apprenant cette semaine comment étudier la Bible, vous découvrirez sa valeur incommensurable, souvent décrite à l'aide d'images :

- la parole de Dieu vous fait grandir comme une **semence** (1 Pierre 1.23);
- la parole de Dieu vous guide comme une **lumière** (Psaumes 119.105);
- la parole de Dieu vous lave comme de **l'eau** (Éphésiens 5.25–26);
- la parole de Dieu vous **ancre sur le roc** (Matthieu 7.24–25);
- la parole de Dieu vous **arrose** comme une pluie, en alimentant votre croissance afin que vous portiez du fruit (Ésaïe 55. 10–11);
- la parole de Dieu vous émonde et vous protège comme une **épée** tranchante (Eph. 6.17; Hébreux 4.12);

- la parole de Dieu vous **enseigne**, vous **réprimande**, vous **corrige** et vous **forme** (2 Timothée 3.16–17) ;
- la parole de Dieu est votre **vie même** (Deutéronome 32.47).

La parole de Dieu nous donne la vie et change notre cœur. Pas étonnant donc que l'ennemi l'attaque sans relâche. Sa plus vieille ruse, c'est de nous pousser à remettre en question la Bible. Rappelez-vous quand il a tenté Ève dans le jardin. I lui a demandé, « Dieu a-t-il vraiment dit …? » (Genèse 3.1). S'il peut semer le doute, il peut déclencher une réaction en chaîne qui nous éloigne de Dieu :

- Satan sait que si nous ne faisons pas confiance à la parole de Dieu, nous ne la lirons pas ;
- Si nous ne lisons pas la parole de Dieu, nous ne découvrirons pas l'histoire de Dieu et celle qu'il a écrite pour nous ;
- Si nous ne découvrons pas l'histoire de Dieu, nous ne saurons pas quand l'ennemi nous trompe ;
- Et si nous sommes trompés, nous ne résisterons pas à la tentation et nous n'adorerons pas Dieu.

Oui, l'ennemi veut désespérément que nous doutions de la parole de Dieu. Mais comme nous l'avons appris, nous pouvons éteindre ces flèches enflammées du doute avec nos boucliers de foi. *Croyez* en la parole de Dieu. Acceptez en toute confiance cette épée de l'Esprit et « [détruisez] les œuvres du diable » (1 Jean 3.8). C'est pourquoi Jésus est venu et c'est pourquoi nous sommes ici. Nous détruisons les œuvres du diable quand nous libérons des générations, des voisins et des nations avec la vérité de la parole de Dieu. Manions correctement nos épées.

Laisser parler la Bible :

Psaumes 19.7–11 (lecture facultative : 2 Pierre 1)

Laisser parler son esprit :

1. Quelle est l'image de la Bible la plus significative pour vous aujourd'hui ? Pourquoi ?

2. Quelle est la différence entre le temps de dévotion et l'étude de la Bible ? Comment créer du temps pour les deux ?

3. Au jour 19, nous avons lu Psaumes 19. Lisez les versets 7–11 et énumérez les différentes descriptions données de la parole de Dieu ainsi que les objectifs qu'elle atteint. Quels sont les changements spécifiques que la parole de Dieu a créés en vous ?

Laisser son âme prier :

Père, tu es l'auteur de la vie, l'auteur de la Bible et l'auteur de mon histoire. En lisant ta parole, révèle-toi à moi. Donne-moi la sagesse et la compréhension. Montre-moi comment appliquer ta parole à ma vie quotidienne pendant que je vis l'histoire que tu as écrite de moi. «Ouvre mes yeux pour que je contemple les merveilles de ta loi» (Psaumes 119.18). Au nom de Jésus, amen.

Laisser son cœur obéir :

Qu'est-ce que Dieu vous amène à connaître, à valoriser ou à faire ?

Recevez la parole de Dieu – la parabole du semeur

Un semeur sortit pour semer sa semence. […]
La semence, c'est la parole de Dieu.
Luc 8.5, 8.11

Entre le moment où vous recevez Jésus et le moment où vous recevez votre nouvelle résidence au ciel, il existe peu de choses plus nourrissantes et satisfaisantes pour votre âme que de se réjouir de la parole de Dieu. Plus nous lisons la parole de Dieu, plus le désir de la lire augmente. C'est parce qu'au fur et à mesure que nous absorbons les vérités des Saintes Écritures et que nous les appliquons à nos vies, nous sommes radicalement transformés (Romains 12.2). Le péché perd sa puissance et la grâce de Dieu entre dans nos cœurs. **Mais pour libérer la puissance de la parole de Dieu dans nos vies, nous devons la lire et la recevoir.** Jésus illustre la manière dont nous recevons la parole de Dieu par la parabole du semeur. Alors que vous la lisez, rappelez-vous que la parole de Dieu est la semence (Luc 8.11) :

Un semeur sortit pour semer sa semence. Comme il semait, une partie de la semence tomba le long du chemin ; elle fut piétinée et les oiseaux du ciel la mangèrent. Une autre partie tomba sur un sol pierreux ; quand elle eut poussé, elle sécha, parce qu'elle manquait d'humidité. Une autre partie tomba au milieu des ronces ; les ronces poussèrent avec elle et l'étouffèrent. Une autre partie tomba dans la bonne terre ;

quand elle eut poussé, elle produisit du fruit au centuple.» Après cela, Jésus dit à haute voix : «Que celui qui a des oreilles pour entendre entende. (Luc 8.5–8)

Remarquez que toutes les semences étaient bonnes. La semence dans cette parabole est parfaite. C'est l'état du cœur d'une personne et la façon dont elle reçoit la parole qui fait la différence entre une vie fructueuse et une vie étouffée qui ne grandit pas dans la foi. L'état du sol limite ou favorise la croissance. La parole de Dieu est vraie et puissante et a tout pour être fructueuse, mais c'est nous qui déterminons à quel point elle sera fructueuse dans nos vies. Lorsque vous lisez l'explication de Jésus sur les quatre différents sols, pensez à l'état de votre propre cœur. Quel sol êtes-vous ?

1. **Êtes-vous un chemin endurci et exposé à l'ennemi ?** «Ceux qui sont le long du chemin, ce sont ceux qui entendent ; puis le diable vient et enlève la parole de leur cœur, de peur qu'ils ne croient et soient sauvés» (Luc 8.12).

Votre vie est-elle une autoroute endurcie par les blessures du passé, le doute émotionnel ou la vie de péché ? Si tel est le cas, le monde peut écraser la semence de la parole de Dieu dès qu'elle vient à vous. L'ennemi peut arracher ce qui reste. Si nous endurcissons nos cœurs, si nous entretenons la rancune ou si nous nous complaisons dans le péché, nous nous exposons à l'ennemi et rendons plus difficile la croissance de la parole de Dieu dans nos cœurs. Le prophète de l'Ancien Testament, Osée, a donné les instructions ci-dessous aux tribus d'Israël dont la vie avait été endurcie par le péché :

Semez pour la justice, moissonnez pour la bonté, défrichez-vous un champ nouveau ! C'est le moment de rechercher l'Éternel, jusqu'à ce qu'il vienne et déverse pour vous la justice. (Osée 10.12)

La vie des israélites était semblable à un terrain vierge inutilisé et inutilisable. La solution était alors d'ouvrir leurs cœurs, à l'image du sol vierge que nous remuons pour le préparer à la culture, afin de recréer la justice de Dieu. C'est la même chose maintenant pour nous. Si Dieu vous parle maintenant, n'endurcissez pas votre cœur (Hébreux 4.7). Demandez à Dieu de soigner les blessures émotionnelles ou d'ôter les mauvaises habitudes qui durcissent votre vie. Peu importe le degré d'abandon et de difficultés de ces aspects de notre vie, Dieu peut encore produire une moisson. Il nous accordera sa grâce à chaque étape du changement et de la guérison en cours.

2. **Êtes-vous semblables au roc qui n'a point de racines?** «Ceux qui sont sur le sol pierreux, ce sont ceux qui, lorsqu'ils entendent la parole, l'acceptent avec joie; mais ils n'ont pas de racine, ils croient pour un temps et abandonnent au moment de l'épreuve» (Luc 8.13).

Cela vous décrit-il? Vous sentez-vous bien quand vous entendez la bonne nouvelle de Jésus, mais perdez votre détermination à le suivre quand la foi semble difficile et qu'un autre chemin semble plus facile? L'enthousiasme momentané pour Jésus n'est pas la même chose que le fait de demeurer en lui (voir la semaine 4). Certaines personnes semblent spirituellement passionnées pendant un certain temps, mais intérieurement, elles ne demeurent pas en Jésus. Les sentiments spirituels ne sont pas les racines spirituelles dont nous avons besoin pour nous soutenir durant la souffrance et la tentation. Une foi superficielle s'estompe au fil du temps.

Nous, les humains, sommes souvent superficiels et vivons en fonction de nos émotions. La superficialité consiste à vivre en fonction de ce que nous pensons et ressentons au lieu d'être conduits par le Saint-Esprit. Nous devons dire, «Je le crois et personne ne peut me le voler». Si notre sol est rocheux, nous devons déterrer les roches de l'apathie ou de la paresse. Ce sont des roches qui nous affaiblissent et empêchent notre croissance spirituelle. Au lieu de cela, laissez vos racines pousser profondément en Dieu. «Je prie qu'il vous donne, conformément à la richesse de sa gloire, d'être puissamment fortifiés par son Esprit dans votre être intérieur, de sorte que Christ habite dans votre cœur par la foi. Je prie que vous soyez enracinés et fondés dans l'amour» (Éphésiens 3.16–17). Revenez sur la leçon du jour 24 pour voir comment développer des racines profondes.

3. **Êtes-vous semblable à un sol épineux, empêtré dans l'inquiétude, la richesse et le plaisir?** «Ce qui est tombé parmi les ronces, ce sont ceux qui ont entendu la parole, mais en cours de route ils la laissent étouffer par les préoccupations, les richesses et les plaisirs de la vie et ils ne parviennent pas à maturité» (Luc 8.14).

Êtes-vous rongé par les soucis dans votre vie, votre apparence ou votre succès? Pensez-vous souvent à l'argent, en voulant toujours plus? Désirez-vous le bonheur, le divertissement ou les loisirs plus que Dieu? Si c'est le cas, ces petites choses vont grandir comme des épines et étouffer votre croissance spirituelle. Nous passons à côté de ce que Dieu a prévu pour nous quand nous sommes distraits par le plaisir, le faux prestige, l'argent et toutes sortes d'autres choses.

Jésus nous a dit de ne pas nous inquiéter : « En effet, tout cela, ce sont les membres des autres peuples qui le recherchent. Or, votre Père céleste sait que vous en avez besoin. Recherchez d'abord le royaume et la justice de Dieu et tout cela vous sera donné en plus. » (Matthieu 6.32–33).

4. **Êtes-vous de la bonne terre?** «Une autre partie tomba dans la bonne terre; quand elle eut poussé, elle produisit du fruit au centuple. [...] Ce qui est tombé dans la bonne terre, ce sont ceux qui ont entendu la parole avec un cœur honnête et bon, la retiennent et portent du fruit avec persévérance» (Luc 8.8, 15).

Maintenant, nous arrivons au sol propice, la «bonne terre» qui produit une récolte à partir de la parole de Dieu. Mais comme nous l'avons fait pour les autres sols, mettons nos cœurs à l'épreuve : aimez-vous la parole de Dieu et l'appliquez-vous à votre vie? Dépendez-vous d'elle pour votre sagesse et votre force? Avez-vous plus confiance en Dieu qu'à votre propre intelligence (Proverbes 3.5)? Si tel est le cas, la parole de Dieu fleurira en vous et portera beaucoup de fruits (jour 25).

Jésus nous invite à prier pour la récolte : « Si vous demeurez en moi et que mes paroles demeurent en vous, vous demanderez ce que vous voudrez et cela vous sera accordé. Ce qui manifeste la gloire de mon Père, c'est que vous portiez beaucoup de fruit. Vous serez alors vraiment mes disciples.» (Jean 15.7–8). Remarquez le contexte de formation des disciples dans ces versets. Jésus promet de nous donner tout ce que nous demandons, si nous restons connectés à lui et à sa parole. Lorsque nous le faisons, nous voulons la même chose que lui et adressons des prières conformément à sa volonté.

Revisitez cette parabole du semeur pour vous rappeler ce qu'il faut faire pour devenir une bonne terre : «Ce qui est tombé dans la bonne terre, ce sont ceux qui ont entendu la parole avec un cœur honnête et bon, la retiennent et portent du fruit avec persévérance» (Luc 8.15). Si vous trouvez un aspect de votre vie qui est une terre vierge, confiez-le au Seigneur pour qu'il le cultive. Dieu est le grand laboureur (Jean 15.1) et sa volonté est de produire des fruits dans votre vie.

Que cette parabole vous encourage également lorsque vous semez la parole de Dieu dans la vie des autres. Lorsque vous partagez la parole de Dieu, les graines que vous semez sont bonnes. Si elles ne s'enracinent pas et ne croissent pas dans la vie de quelqu'un, la terre – l'état de son cœur – est peut-être le problème. **Dieu mesurera nos vies non pas par la récolte, mais par les semences que nous semons dans l'amour.** Notre travail est de semer la parole de Dieu avec amour et de l'arroser pendant que nous faisons des disciples, mais c'est Dieu seul qui la fait grandir (1 Corinthiens 3.6–8).

Laisser parler la Bible :

Luc 8.4–15 (lecture facultative : Jérémie 4.1–4)

Laisser parler son esprit :

1. La plupart d'entre nous nous identifions probablement à plus d'un type de sol. Quel type de terre trouvez-vous dans votre cœur ?

2. Quelle terre non cultivée ou quelles distractions épineuses menacent votre croissance et votre croissance ?

3. Dans quel domaine de votre vie voyez-vous Dieu produire des fruits en ce moment ? Prenez un moment pour célébrer sa fidélité et son engagement envers votre croissance en lui. Notez les domaines dans lesquels vous portez des fruits afin de vous en souvenir (dressez une pierre commémorative – voir le jour 17).

Laisser son âme prier :

Père, je te remercie pour la bonne semence de ta parole. Empêche l'ennemi de me l'arracher. Aide-moi à m'enraciner profondément afin de tirer parti de tes innombrables réserves de rafraîchissement et de force. Fais de mon cœur un terrain fertile pour que ta parole puisse grandir et porter des fruits... Au nom de Jésus, amen.

Laisser son cœur obéir :

Qu'est-ce que Dieu vous amène à connaître, à valoriser ou à faire ?

Ayez confiance en la parole de Dieu – les raisons de croire

Ta parole est la vérité.
Jean 17.17

Comment savez-vous que la Bible n'est pas une histoire inventée? Est-ce que quelqu'un vous a déjà posé cette question? Peut-être vous êtes-vous demandé si la Bible est vraiment la parole de Dieu? Comme vous le découvrirez aujourd'hui, nous pouvons avoir confiance en l'autorité des Écritures.

Non seulement la Bible déclare être la parole de Dieu des milliers de fois...

Non seulement Dieu a inspiré les hommes à écrire les livres de la Bible...

Non seulement les auteurs attribuent les paroles qu'ils écrivaient à Dieu...

Mais il existe également plusieurs autres raisons de faire confiance à la Bible. Pour l'instant, nous n'en explorerons que 8 :

1. **Jésus a fait confiance à la parole de Dieu et a témoigné personnellement de son authenticité.** Jésus a commencé son ministère en lisant Ésaïe 61.1–2, qui décrit le sauveur que Dieu a promis d'envoyer. Il a ensuite déclaré, « Aujourd'hui cette parole de l'Écriture, que vous venez d'entendre, est accomplie » (Luc 4.21). Jésus a enseigné la

parole de Dieu, la loi et l'a vécue. Il a dit, « Ne croyez pas que je sois venu pour abolir la loi ou les prophètes ; je suis venu non pour abolir, mais pour accomplir » (Matthieu 5.17). Comme nous l'avons appris au jour 26, Jésus a également résisté à la tentation en citant les Saintes Écritures, chacune de ses réponses à Satan était précédée par « Il est écrit… » (Matthieu 4.4, 4.7, 4.10). Le jour de la résurrection, lors de la première Pâque, Jésus s'est inspiré de la Bible pour parler à deux disciples : « Il leur expliqua dans toutes les Écritures ce qui le concernait » (Luc 24.27). Si Jésus, le fils parfait de Dieu, a fait confiance à la parole de Dieu, combien plus devrions-nous faire de même ?

2. **La Bible regorge de références historiques et géographiques.** Une œuvre imaginaire ne comprendra probablement pas autant de détails historiques. Les livres historiques de l'Ancien Testament sont remplis de détails spécifiques sur les lieux, les dates, les temps, les personnes et l'ancienne culture du Proche-Orient. Dans son récit de la vie de Jésus, Luc a inclus tous les détails nécessaires pour fournir le contexte exact de la naissance de Jésus. Quels détails pouvez-vous trouver dans ces versets ?

> À cette époque-là parut un édit de l'empereur Auguste qui ordonnait le recensement de tout l'Empire. Ce premier recensement eut lieu pendant que Quirinius était gouverneur de Syrie. Tous allaient se faire inscrire, chacun dans sa ville d'origine. Joseph aussi monta de la Galilée, de la ville de Nazareth, pour se rendre en Judée dans la ville de David, appelée Bethléem, parce qu'il était de la famille et de la lignée de David. Il y alla pour se faire inscrire avec sa femme Marie qui était enceinte. (Luc 2.1–5)

Dans ces versets, Luc énumère les noms de deux gouverneurs, un événement historique précis, trois lieux géographiques, le nom et l'histoire familiale de Joseph et la raison pour laquelle Joseph était avec Marie. Luc n'avait pas peur des vérificateurs. En réalité, ce niveau de détail incite les gens à examiner les faits pour en déterminer l'exactitude.

3. **Les documents historiques et l'archéologie attestent de l'exactitude de la Bible.** Non seulement la Bible renferme un contenu spirituel fidèle, mais elle relate également des détails historiques et géographiques avec une précision remarquable. Par exemple, des archéologues ont découvert des preuves de la destruction de Jéricho qui correspondent au récit biblique trouvé dans Josué.[1] Des inscriptions en araméen qui décrivent la « maison de David » ont été découvertes sur la tel de Dan.[2] Une rampe de siège et un charnier datant de l'invasion assyrienne pendant le règne d'Ézéchias[3] ont été déterrés. Plusieurs autres preuves archéologiques ont été trouvées.

Il existe également d'anciens documents historiques qui relatent les détails des événements décrits dans la Bible. Par exemple, Matthieu et Marc décrivent tous deux une obscurité inhabituelle et un tremblement de terre qui se sont produits lorsque Jésus a été crucifié :

> De midi jusqu'à trois heures de l'après-midi, il y eut des ténèbres sur tout le pays. [...] Et voici que le voile du temple se déchira en deux depuis le haut jusqu'en bas, la terre trembla, les rochers se fendirent, les tombeaux s'ouvrirent et les corps de plusieurs saints qui étaient morts ressuscitèrent. (Matthieu 27.45, 27.51–52)

Des historiens ont décrit des événements similaires. L'historien grec Phlégon a écrit que sous le règne de Tibère César, à peu près au moment de l'exécution de Jésus, la nuit a recouvert la terre en milieu de journée et des tremblements de terre ont secoué la région.[4] Un autre historien nommé Thallus a écrit qu'une obscurité épouvantable

---

1   Walter A. Elwell, *Evangelical Dictionary of Theology: Second Edition* [*Dictionnaire évangélique de théologie, deuxième édition*], (Grand Rapids, MI: Baker Academic, 2001).
2   Ibid.
3   Nicholas R. Werse, « Hezekiah, King of Judah » [*Ézéchias, roi de Judah*], éd. John D. Barry, David Bomar, Derek R. Brown, Rachel Klippenstein, Douglas Mangum, Carrie Sinclair Wolcott, Lazarus Wentz, Elliot Ritzema, and Wendy Widder, *The Lexham Bible Dictionary* [*Le dictionnaire biblique Lexham*] (Bellingham, WA: Lexham Press, 2016).
4   Gary R. Habermas, *The Historical Jesus: Ancient Evidence for the Life of Christ* [*Le Jésus historique : d'anciennes preuves de la vie de Christ*], (Joplin, MO: College Press Publishing Company, 1996), 218.

a couvert la terre et des tremblements de terre ont secoué la Judée.[1] Ces documents séculiers concordent avec le récit biblique concernant l'obscurité et les tremblements de terre au moment de la mort de Jésus.

4. **Les prophéties bibliques ont prédit avec précision des événements historiques bien avant qu'ils ne se produisent.** La Bible contient des centaines de prophéties, dont la plupart ont déjà été accomplies (celles qui ne se sont pas encore produites s'appliquent aux temps de la fin, lorsque Jésus reviendra.) Les événements prévus dans l'Ancien Testament et décrits dans le Nouveau Testament sont parmi les prophéties les plus précises qui se soient jamais réalisées. En voici quelques-unes :

- environ 700 ans avant la naissance de Jésus, Michée a écrit que le Messie naîtrait à Bethléem (Michée 5.2, Matthieu 2.1–6) ;
- Zacharie a prédit que Jésus serait trahi pour trente pièces d'argent (Zacharie 11.12, Matthieu 26.14–15) ;
- David a prophétisé que les mains et les pieds de Jésus seraient percés (Psaumes 22.16, Jean 20.24–28) ;
- Ésaïe a prédit que le corps de Jésus reposerait dans le tombeau d'un homme riche (Ésaïe 53.9, Matthieu 27.57–60) ;
- La résurrection de Jésus a également été prédite dans plusieurs passages (Psaumes 16.8–11, Actes 2.24–31).

Quelqu'un aurait pu être tenté de manipuler certains détails de la vie pour faire concorder les Écritures, mais personne n'aurait pu changer son lieu de naissance, le déroulement de sa mort ou ce qui arriverait à son corps après la mort. Les gens ne peuvent pas connaître ou contrôler l'avenir, mais Dieu peut le faire. Et il le fait ! La Bible prédit avec précision les événements futurs parce que son auteur connaît « dès le début ce qui doit arriver et longtemps à l'avance ce qui n'est pas encore mis en œuvre » (Ésaïe 46.10).

---

1 Ibid., 196–197.

5. **La Bible contient des informations embarrassantes sur ses « héros ».** De nombreux historiens de l'Antiquité ont exagéré les victoires des dirigeants et minimisé ou éliminé leurs échecs dans le but de promouvoir des idéologies ou des causes. Mais les auteurs de la Bible n'ont pas effectué de tels ajustements. Les Saintes Écritures rapportent ouvertement qu'Abraham a engendré un fils avec la servante de sa femme et a menti au sujet de sa femme, en l'appelant sa sœur. Jacob a menti et a volé. Moïse a commis un meurtre. David a commis un meurtre et l'adultère. Jonas s'est enfui loin de la présence de Dieu et ensuite il a détesté que les gens de Ninive se soient repentis. Pierre a renié Christ trois fois. Paul a participé au meurtre de disciples de Jésus (et l'a même cautionné). Si la Bible était l'œuvre de l'homme, elle n'exposerait probablement pas les défauts de ses héros. Heureusement, la Bible a été inspirée divinement afin de glorifier Dieu, et non les hommes.

6. **La Bible comprend plusieurs récits de témoins oculaires.** Quatre personnes différentes – Mathieu, Marc (sous la direction de Pierre), Luc et Jean – ont chacun écrit un récit de la vie de Jésus. Si leurs histoires étaient complètement différentes, nous ne pouvions pas leur faire confiance. Mais leurs histoires sont très similaires, avec seulement de petites différences qui semblent être basées sur leur personnalité, les détails qu'ils ont remarqués et les personnes auxquelles ils ont parlé. Ces variations que certains appellent « incohérences » sont, en fait, une autre raison pour laquelle nous devrions croire à l'authenticité de ces histoires.[1] Des histoires identiques racontées par quatre hommes très différents suggéreraient forcément une copie ou une édition profonde. Lorsque nous lisons les évangiles de Mathieu, de Marc, de Luc et de Jean, nous pouvons voir qu'ils sont semblables, mais pas identiques. C'est ce à quoi nous pourrions précisément nous attendre de la part de multiples récits réels des mêmes événements.

---

1 J. Warner. Wallace, *Cold-Case Christianity: A Homicide Detective Investigates the Claims of the Gospels* [*Le christianisme à l'épreuve des faits : un détective criminel enquête sur les affirmations des évangiles*], (Colorado Springs, CO: David C Cook, 2013).

7. La Bible valorise les femmes et s'appuie sur leur témoignage.
Les cultures dans lesquelles la Bible a été écrite ne respectaient pas les femmes. Pourtant la Bible loue, récompense et célèbre de diverses manières les femmes. La Bible rapporte que des femmes ont été les premières à découvrir le tombeau vide de Jésus tandis que les hommes se cachaient effrayés derrière des portes verrouillées. Si les auteurs masculins de la Bible avaient inventé l'histoire de la résurrection, ils ne se seraient pas décrits comme des lâches et auraient encore moins choisi des femmes comme témoins de la résurrection de Jésus, puisque le témoignage d'une femme dans leur culture était considéré comme sans valeur. De plus, les évangiles rapportent également volontiers que Jésus a parlé non seulement aux femmes (dont certaines étaient des prostituées), mais aussi aux étrangers, aux enfants, aux lépreux et aux collecteurs d'impôts. Il a parlé ouvertement à toutes sortes de personnes que la culture trouvait offensantes ou sans valeur. Même que ces interactions ont été choquantes, les disciples de Jésus, divinement inspirés pour écrire l'histoire de Dieu avec une précision indéfectible, les ont quand même relatées. La Bible n'est pas un produit de leur culture. C'est un produit de Dieu.

8. Enfin, vous pouvez connaître personnellement la vérité de la Bible à travers votre propre expérience. En lisant la Bible tous les jours, les bonnes vérités apparaîtront au bon moment. Vous commencerez à remarquer la profondeur, la clarté et la beauté de la parole de Dieu. Le Saint-Esprit vous aidera à voir des liens entre différentes parties de l'Écriture, ce qui vous permettra de mieux comprendre les vérités spirituelles. Souvent, la lecture de la Bible vous apportera la paix même si ce que vous lisez ne décrit pas directement les sources de votre stress. C'est parce qu'à chaque fois que vous la lisez, vous rencontrez son auteur et cette rencontre avec Dieu vous apporte la paix.

Mais que se passe-t-il quand vous ne sentez pas la paix de Dieu ? Que se passe-t-il quand vous éprouvez de l'incertitude ? Il est normal d'avoir des questions et des doutes, surtout lorsque nous éprouvons de la souffrance. Il est même arrivé à Jean-Baptiste de douter de Jésus. Cet homme que Dieu avait envoyé pour préparer la voie à Jésus, qui affronta avec audace l'hypocrisie, prêcha la repentance et déclara, «Voici, l'Agneau de Dieu, qui ôte le péché du monde!» (Jean 1.29) était la même personne qui douta de Jésus depuis une cellule de prison. Jean-Baptiste envoya ses disciples demander à Jésus, «Qui es-tu? [...] Que dis-tu de toi-même?» (Luc 7.22). Seul, affamé et emprisonné par le méchant roi Hérode, Jean se demanda si Jésus établirait le royaume puisque cela ne s'était pas produit.

En réponse, Jésus a présenté des preuves à travers l'Écriture : «Allez rapporter à Jean ce que vous avez vu et entendu : *les aveugles voient, les boiteux marchent,* les lépreux sont purifiés, *les sourds entendent,* les morts ressuscitent, *la bonne nouvelle est annoncée aux pauvres*» (Luc 7.22). Jésus disait qu'il faisait tout ce que les Écritures avaient annoncé que lui, le Messie, ferait (Ésaïe 35.5–6).

Si le doute vous pousse à remettre en question la vérité, revenez à l'évidence, comme Jésus a encouragé Jean-Baptiste à le faire. Souvenez-vous de votre expérience avec Dieu. Laissez la création vous convaincre à nouveau de l'existence de Dieu. Plongez dans la parole de Dieu. Priez comme l'homme qui cria vers Jésus, «Je crois, [Seigneur,] viens au secours de mon incrédulité!» (Marc 9.24).

> *Des doutes? Considérez Luc 11.9–10 :*
>
> «Et moi, je vous dis : "Demandez et l'on vous donnera ; cherchez et vous trouverez ; frappez et l'on vous ouvrira. En effet, tous ceux qui demandent reçoivent, celui qui cherche trouve et l'on ouvrira à celui qui frappe." »

Mais les doutes n'ont pas à faire partie de votre histoire. Un autre homme de Dieu, Paul, s'est également retrouvé en prison menacé d'une exécution imminente.

Pourtant, il n'a pas faibli dans sa foi. Pourquoi était-il si confiant? Il avait la foi. Les preuves factuelles sont essentielles, mais elles sont insignifiantes face à la confiance née de la foi, qui se développe à travers une relation durable avec Dieu. Paul a écrit : «Je n'en ai point honte, car je sais en qui j'ai cru» (2 Timothée 1.12). Celui en qui il croyait a affermi son cœur, et non pas ses convictions. Quand vous souffrez ou que vous avez des doutes, souvenez-vous de celui en qui vous avez cru. Demeurez en lui.

Laisser parler la Bible :

2 Timothée 3.14–4.8 (lecture facultative : Exode 24.4)

Laisser parler son esprit :

1. Quelle est, selon vous, la raison la plus évidente de croire en la Bible ?

2. Pourquoi pensez-vous que les gens croient que la Bible n'est ni exacte ni pertinente ? Croyez-vous que la Bible soit exacte et pertinente ? Pourquoi ou pourquoi pas ? Prenez le temps de permettre à la Bible de vous aider à dissiper toute trace d'incrédulité.

3. Comment le fait de demeurer en Jésus peut-il aider une personne à affirmer sa confiance en la parole de Dieu ?

Laisser son âme prier :

Père, ta parole est entièrement vraie. Aide-moi à croire en elle et à la mettre en pratique pleinement. Je prie pour connaître, vraiment connaître, la vérité. Seule ta vérité me rendra libre (Jean 8.32). Ta parole est la vérité (Jean 17.17). Seigneur, rends notre relation si réelle, si intime, si pleine, qu'elle ne laisse plus de place au doute. Au nom de Jésus, amen.

Laisser son cœur obéir :

Qu'est-ce que Dieu vous amène à connaître, à valoriser ou à faire ?

Parcourez la Bible livre par livre

Ta parole est entièrement éprouvée, et ton serviteur l'aime.
Psaume 119.140

Si votre Bible pouvait parler, que vous dirait-elle ? Vous dirait-elle comment commencer votre voyage à travers ses pages ? Ou saluerait-elle votre retour après un long moment d'absence ? Peut-être vous dirait-elle combien elle se réjouit de vos moments de communion quotidiens. Mais si votre Bible semble négligée aujourd'hui, nous pouvons vous aider à mieux vous familiariser avec elle. Si vous vous sentez un peu intimidé par le recueil que constituent les 66 livres de la Bible, vous n'êtes pas seul. Par où commencer ? Un excellent moyen de se sentir plus à l'aise en territoire inconnu est d'en faire une visite guidée.

Oui, notre voyage de foi d'aujourd'hui comprend un tour dans la Bible. En passant en revue son contexte et son contenu de base, nous découvrirons comment l'histoire de Dieu s'articule. Nous aurons également un meilleur aperçu des passages à lire pour trouver l'aide dont nous avons besoin. Nous terminerons notre tour par des suggestions de passages que vous pourriez envisager lire en premier. Allons-y.

Nous commencerons par le début la Bible : **l'Ancien Testament.** À l'origine, écrit principalement en hébreu, l'Ancien Testament a été compilé sur une période de 1000 ans.[1] il peut être divisé en quatre parties :

1. **la Torah (de Genèse à Deutéronome)** : La Torah, ou la loi juive écrite, est constituée des cinq premiers livres de la Bible. Ces livres ont été inspirés par Dieu à Moïse et referment les histoires de la création, du déluge, des patriarches et de l'errance du peuple hébreux avant d'entrer dans la terre promise. Elle comprend également les lois bibliques du judaïsme, à commencer par les dix commandements. La Torah est aussi appelée le pentateuque ou les cinq livres de Moïse.

2. **l'histoire du peuple de Dieu (de Josué à Esther)** : Les douze livres suivants continuent de raconter l'histoire du peuple de Dieu dans un ordre chronologique relatif. Nous avons déjà parcouru l'histoire depuis la création jusqu'à la traversée du Jourdain pour entrer dans la terre promise (de Genèse à Josué). Revenons donc au point où nous avons interrompu l'histoire.

Dans **Josué**, nous voyons Dieu diriger les israélites vers la conquête de la terre promise. Au début, les israélites n'avaient pas de roi ; ils avaient plutôt des juges. Dans le livre des **Juges**, nous voyons des cycles de péché endémique et de repentance de courte durée, car « à cette époque-là, il n'y avait pas de roi en Israël. Chacun faisait ce qui lui semblait bon » (Juges 21.25). Comme c'est souvent le cas, le péché du peuple a entraîné sa souffrance. Dieu est resté fidèle et a continué à délivrer son peuple par l'intermédiaire de ses guides, les juges, mais malheureusement, les israélites ont inlassablement continué à pécher.[2] Ils ont ignoré Dieu et ont adoré des idoles. C'est dans ce contexte de péché que se situe le livre de **Ruth**. Certains chercheurs croient que le livre de Ruth a été écrit dans une perspective féministe. Ce livre nous apprend comment Dieu a inclus une femme non israélienne dans son plan du salut, l'intégrant ainsi à la lignée de Jésus.

Finalement, les israélites ont exigé un roi pour ressembler à toutes les autres nations. Dieu accorda leur demande et en **1 Samuel**,

---

1   À l'origine, les livres de l'Ancien Testament ont été écrits en hébreu, à l'exception de portions du livre de Daniel qui étaient à l'origine écrits en araméen.
2   Juges 2.2–3, 11–13, 17, 19 ; 3.6, 7, 12 ; 4.1 ; 6.1, 10 ; 8.24–27, 33 ; 10.6 ; 13.1 ; 17.6 ; 21.25.

nous découvrons le premier roi d'Israël, Saül. Ce roi s'éloigna rapidement du chemin de Dieu et perdit la bénédiction de Dieu. Dans 1 Samuel 13, nous découvrons David, dont le règne comme roi d'Israël est documenté dans **2 Samuel.** David était un homme selon le cœur de Dieu (1 Samuel 13.14). Il est l'auteur d'environ la moitié de ce que nous lisons dans les Psaumes. C'était aussi un homme de guerre qui avait de nombreux défauts. Mais contrairement à Saül, David se repentait et revenait à Dieu quand il péchait. Dieu bénit David, instaurant son règne pour toujours et choisissant sa lignée familiale pour accueillir le messie (2 Samuel 7.8–17). Dans **1 Rois**, nous lisons l'histoire de Salomon, le fils de David, qui succéda à son père. Il était le plus sage des hommes, mais pas assez pour éviter d'épouser de nombreuses femmes qui adoraient d'autres dieux.

Dans **2 Rois**, on voit à plusieurs reprises que les rois humains ont été détruits par le péché. Nombre de ces rois ont poussé leur peuple à adorer d'autres dieux et tout le monde en a subi les conséquences. Tout d'abord, le peuple d'Israël s'est divisé en deux royaumes distincts : Juda (le royaume du sud) et Israël (le royaume du nord). Puis Dieu envoya les deux royaumes en captivité parce que le peuple a refusé de se repentir de ses péchés et de son idolâtrie. Les Assyriens ont fini par conquérir Israël et les Babyloniens ont conquis Juda et ont emmené une grande parie du peuple en **exil** à Babylone. Plus tard, les Babyloniens ont été conquis par les Perses. La période des rois a duré environ 345 ans[1]. Les livres de **1 et 2 Chroniques** réexaminent de nombreux événements clés de cette époque :

> **Exil :**
> L'expulsion d'une nation de sa patrie. Lors des invasions assyriennes et babyloniennes, un reste — ou un petit groupe de personnes — a été laissé pour travailler la terre.

1 Chroniques rapporte une grande partie des événements de 1 et 2 Samuel et 2 Chroniques rapportent ceux de 1 et 2 Rois.

Finalement, après 70 ans d'exil à Babylone, Dieu ramena une partie de son peuple à la maison, comme annoncé[2] dans les Saintes Écritures.

---

1 K. A. Kitchen, *On the Reliability of the Old Testament* (Grand Rapids/Cambridge: William B. Eerdmans Publishing Company, 2006), 30–32.
2 Ésaïe 23.15; Jérémie 25.11–12.

Dans le livre **d'Esdras**, la Bible nous parle d'une période de restauration physique et spirituelle. Pendant que les exilés de retour au pays s'attelaient à la reconstruction du temple de Jérusalem, le sacrificateur Esdras aidait le peuple à se reconstruire spirituellement en rétablissant la loi de Dieu et en renouvelant l'alliance de Dieu (un contrat formel de la relation entre Dieu et son peuple). Le livre de **Néhémie** décrit la reconstruction de la muraille entourant Jérusalem, qui a permis de rétablir la sécurité contre les ennemis voisins. Plus important encore, le mur contribua à restaurer l'identité et la confiance de la nation en tant que peuple élu de Dieu. Dans le livre **d'Esther**, nous lisons l'histoire d'une orpheline hébreuse incroyablement courageuse qui est devenue la reine de Perse. En raison de sa position royale, elle a risqué sa vie pour sauver le peuple de Dieu d'un génocide.

3. **les écrits du peuple de Dieu (de Job à Cantique des cantiques) :** Les cinq livres suivants rapportent les réponses des hommes à Dieu, mais ils ne sont pas moins inspirés par Dieu. Ces livres sont aussi appelés les livres de Sagesse ou la littérature de la Sagesse. Le langage y est souvent poétique, plein d'images et de paroles savamment écrites. **Job** raconte l'histoire de la fidélité d'un homme à Dieu malgré d'intenses souffrances. Les **Psaumes** sont une collection de chants, de prières et de poèmes consacrés à la gloire de Dieu et qui expriment souvent l'émotion humaine brute à la lumière de la vérité de Dieu. Le roi Salomon a consigné une partie de sa sagesse dans les **Proverbes** et a décrit la vanité d'une vie sans Dieu dans **l'Ecclésiaste**. Il a aussi écrit un poème d'amour passionné, le **Cantiques des cantiques**, également appelé **Cantique de Salomon**. Ce chant poétique raconte une histoire romantique entre un époux et son épouse. Certains érudits croient qu'il symbolise l'amour de Dieu pour les hommes et celui de Jésus pour l'église.

4. **les écrits des prophètes (d'Ésaïe à Malachie) :** Les 7 derniers livres de l'Ancien Testament sont les réponses de Dieu à son peuple. Dans ces livres, Dieu exprime son grand amour et sa compassion, exhortant son peuple à se repentir et à revenir à lui. Dieu nous prévient également que ceux qui refusent de se repentir et de lui faire confiance subiront sa colère.

Les histoires du peuple de Dieu, les réponses qu'ils donnent à Dieu et les réponses que Dieu leur donne nous renseignent sur les effets dévastateurs du péché sur notre relation avec Dieu et avec les gens autour de nous. À travers ces histoires, toutefois, Dieu promet sans cesse d'envoyer un sauveur. En ce sens, l'Ancien Testament est une histoire d'espérance et le Nouveau Testament est l'accomplissement de cette espérance.

Peu de temps après la résurrection de Jésus, 9 auteurs humains, inspirés par Dieu, ont écrit les livres du **Nouveau Testament** en grec *koinè*, la langue commune de l'époque[1], la même que dans l'Ancien Testament. Le Nouveau Testament peut être divisé en 4 parties :

1. **l'histoire de Jésus (de Matthieu à Jean) :** Les évangiles de Matthieu, de Marc, de Luc et de Jean relatent la vie, les enseignements, la mort et la résurrection de Jésus ;

2. **l'histoire de l'église (Actes) :** Le livre d'Actes relate les 30 premières années de l'Église primitive et la propagation du christianisme. Parfois appelé les Actes du Saint-Esprit, le livre comprend la venue de l'Esprit à la Pentecôte (voir p. 1).

3. **les lettres du Nouveau Testament (de Romains à Jude) :** Ces lettres, écrites par les responsables de l'Église primitive, expliquent la théologie centrée sur Jésus. Elles décrivent aussi comment vivre en communauté avec d'autres croyants et comment présenter Jésus aux incroyants.

4. **la conclusion (Apocalypse) :** Ce livre décrit la fin des temps, lorsque Jésus reviendra pour régner à jamais. Nous voyons la colère de Dieu libérée sur ceux qui restent séparés de Dieu par leur péché. Mais nous voyons aussi la pleine expression de l'amour de Dieu et sa présence auprès de son peuple dans un nouveau ciel et une nouvelle terre. C'est un livre de

---

1 James P. Sweeney, *Chronology of the New Testament* [*Chronologie du Nouveau Testament*], ed. John D. Barry, David Bomar, Derek Brown, Rachel Klippenstein, Douglas Mangum, Carrie Sinclair Wolcott, Lazarus Wentz, Elliot Ritzema, and Wendy Widder, *The Lexham Bible Dictionary* [*Le dictionnaire biblique Lexham*] (Bellingham, WA: Lexham Press, 2016).

grande espérance dans la vie à venir, une éternité où il n'y aura plus de chagrin ni de souffrance parce que Jésus crée toutes choses nouvelles (Apocalypse 21.4–5).

Maintenant que nous avons fait un tour rapide de la Bible, voici des suggestions d'endroits où commencer :

- Commencez par les évangiles. En tant qu'ambassadeurs de Jésus, la chose la plus importante que nous puissions faire est d'apprendre à le connaître – qui il est, ce qu'il dit et fait, ce qui l'intéresse. Suivez-le en lisant plusieurs fois Matthieu, Marc, Luc et Jean dans l'ordre de votre choix. Vous apprendrez à connaître votre sauveur et vous lui ressemblerez davantage. En lisant, vous remarquerez aussi que Jésus citait fréquemment les livres de Deutéronome et les Psaumes, alors, vous aurez peut-être envie de lire ces deux livres. Pour mieux comprendre comment vivre selon l'enseignement de Jésus, lisez les lettres du Nouveau Testament. Chaque lettre du Nouveau Testament a été écrite pour traiter d'une situation particulière. Il est donc essentiel de lire tous les livres à plusieurs reprises.

- Lorsque vous commencez la lecture d'un livre, prenez le temps de le lire en une ou deux étapes pour en avoir une bonne vue d'ensemble. Puis, recommencez la lecture du livre depuis le début, mais cette fois, lisez lentement. Concentrez-vous sur les idées clés.

- Pensez à utiliser un plan de lecture quotidien pour vous guider à travers toute la Bible. Vous pouvez trouver plusieurs plans de lecture en ligne. De plus, de nombreuses bibles comportent des plans de lecture au début ou à la fin du livre.

Quelle que soit l'approche de lecture que vous choisissez, **le but n'est pas de parcourir la Bible, mais que son message nous touche.** Vous savez maintenant *où* lire dans la Bible. Demain, vous en apprendrez plus en détail comment la lire pour renforcer votre relation avec Dieu.

Laisser parler la Bible :
Psaumes 119.1–56 (lecture facultative : 2 Pierre 3.18)

Laisser parler son esprit :
1. Au cours de notre voyage biblique, qu'est-ce qui vous a paru nouveau ou vous a surpris ?

2. Lisez la première partie de Psaumes 119 (versets 1 à 56). Comment sommes-nous bénis ?

3. Discutez avec un ami pour savoir quel livre de la Bible étudier en premier. Vous pouvez vous mettre d'accord sur un plan de lecture à suivre ensemble. Ensuite, rendez-vous compte mutuellement des comptes et discutez de ce que vous avez appris. En lisant chaque livre, cherchez à savoir comment il cadre dans la grande histoire de Dieu.

Laisser son âme prier :
Père, ta parole est si riche, si pleine. Aide-moi à l'étudier chaque jour. Lorsque je lis les évangiles, aide-moi à commencer à agir, à penser et à parler comme Jésus. Ouvre mon esprit et mon cœur et « Donne-moi de l'intelligence conformément à ta parole ! » (Psaumes 119.169). Au nom de Jésus, amen.

Laisser son cœur obéir :
Qu'est-ce que Dieu vous amène à connaître, à valoriser ou à faire ?

Étudiez la Bible étape par étape

Ouvre mes yeux pour que je contemple les merveilles de ta loi.
Psaumes 119.18

Les chefs religieux ont attendu ce moment toute leur vie. Année après année, ils ont étudié la Bible et ont cherché à accomplir les commandements des Saintes Écritures. Ces hommes étaient fiers d'avoir mémorisé et de savoir interpréter la Bible hébraïque (l'Ancien Testament). Ils ont enseigné à leurs enfants, comme leurs parents leur avaient enseigné, à se préparer à la venue du messie. Et quand ce moment est arrivé, quand Jésus s'est tenu devant eux, beaucoup de ces docteurs de la loi ne l'ont pas reconnu. Non pas parce que Jésus n'avait pas accompli les prophéties, il le fit. Non pas parce qu'ils étaient confus ; ils ne l'étaient pas. Ils ne l'ont pas reconnu parce qu'ils n'ont pas compris le sens des Saintes Écritures. Jésus leur a dit :

> Vous étudiez les Écritures parce que vous pensez avoir par elles la vie éternelle. Ce sont elles qui rendent témoignage à mon sujet et vous ne voulez pas venir à moi pour avoir la vie ! (Jean 5.39-40)

Ils se vantaient de comprendre les Écritures, alors qu'elle se rapportait à Jésus depuis le début (Luc 24.25-27). Jésus leur disait, « Comment pouvez-vous connaître l'Écriture et ne pas me connaître ? » Plutôt que d'adorer la parole de Dieu (Jésus), ils adoraient les paroles de Dieu. Ils se concentraient sur les règles et non sur leur relation avec Dieu. Ils étaient centrés sur la loi et non sur l'amour de Dieu. Leurs têtes étaient pleines de connaissances, mais leurs cœurs demeuraient inchangés.

Aujourd'hui, alors que nous apprenons à étudier la Bible, adoptons une approche différente. Étudions les Saintes Écritures avec humilité et avec le désir de connaître et de suivre Jésus. Croissons à la fois dans la vérité et dans l'amour. Exaltons Jésus, pas nous-mêmes, avec nos nouvelles connaissances. Parce que lorsque nous ouvrons la Bible, nous sommes certains de rencontrer Dieu. Expérimenter Dieu approfondira notre besoin de sa grâce et notre amour pour Jésus. Maintenant que nous savons qu'il faut aborder l'étude de la Bible dans le but de changer le cœur, pas seulement pour remplir nos têtes des connaissances, lançons-nous. Il existe plusieurs manières d'étudier la Bible. Ci-dessous, voici une approche en 5 étapes :

1. **Priez :**
Avant de commencer à lire, **priez**. Le Saint-Esprit nous aide à comprendre la parole de Dieu (1 Jean 2.27). Il nous guide dans toute la vérité (Jean 16.13). Demandez-lui de vous donner la sagesse et d'ouvrir vos yeux spirituels pendant que vous lisez la parole de Dieu (Psaumes 119.18). Ensuite, ayez confiance qu'il fera ce que vous avez demandé (Jacques 1.5–7). Maintenant, vous êtes prêt à lire.

2. **Lisez :**
   - Lisez attentivement. Quand vous étudiez la Bible, soyez attentifs. Lire les versets à haute voix peut vous aider à ralentir et à écouter les paroles. Écrire les versets peut vous aider à ralentir et à vous concentrer. L'une des méthodes consiste à tracer une ligne au milieu d'une feuille de papier puis à écrire le passage, verset par verset du côté gauche et du côté droit à consigner les notes et les pensées à côté de chaque verset. Pendant que vous lisez et copiez, cherchez des informations sur le message : Qui parle ? À qui s'adresse-t-il ? Que disent-ils ? Pourquoi ? Quand ?

- **Lisez plusieurs fois.** Cela vous aidera à trouver ces informations. Si vous lisez le même passage plusieurs fois, de nouveaux détails, de nouveaux sens et des applications personnelles ressortiront. C'est la parole vivante de Dieu, ce qui signifie qu'elle n'est pas statique ; elle est active (Hébreux 4.12). La parole de Dieu pénètre nos vies pour évaluer ce qui s'y trouve.

- **Lisez avec assiduité.** Étudier la Bible demande du temps et des efforts. **Il est important de connaître le contexte des passages et des histoires de la bible, sinon nous risquons de mal les comprendre.** Prenez le temps de découvrir les contextes historique et culturel, le sens littéral (ce qu'il dit) et la nature littéraire du passage (comment il s'inscrit dans le chapitre et livre). Réfléchissez à la manière dont cela se rapporte à l'histoire de Dieu dans son ensemble (semaine 1) et comment cela renvoie à Jésus (Luc 24.13–17, 27). Lorsque nous lisons pour examiner le contexte – le sens plus large – nous pouvons comprendre la pleine signification d'un passage.

- **Lisez attentivement.** Remarquez aussi les détails. Quels verbes sont utilisés ? Quels mots sont répétés ? Lorsqu'un mot ou un verset ressort, notez-le. Si votre Bible donne des références croisées, explorez-les. Faites également attention aux mots de transition. Si vous voyez le mot donc, lisez la section précédente pour mieux comprendre le texte (à quoi renvoie-t-il ?). Si vous voyez le mot « mais », cherchez une sorte de réorientation. Si vous ne comprenez pas un mot, cherchez-le ailleurs dans la Bible et utilisez le contexte pour en déterminer le sens, comme nous l'avons fait pour les mots saints (jour 13) et repos (jour 28). Laissez la Bible vous aider à interpréter la Bible.

- **Lisez avec humilité.** Parfois, la Bible est difficile à lire parce que nous ne sommes pas toujours en accord avec elle.

À ce moment, souvenez-vous que les voies de Dieu sont plus élevées que les nôtres (Ésaïe 55.9). Faites-lui confiance et croyez en sa parole. À d'autres moments, le passage vous semblera familier et vous pourriez supposer que vous le comprenez déjà parfaitement. Quand cela arrive, demandez humblement à Dieu de vous ouvrir les yeux sur de nouveaux détails ou de nouvelles orientations. Enfin, lorsque vous ne trouvez pas les informations ou les réponses que vous souhaitez, souvenez-vous que : « Les choses cachées sont pour l'Éternel, notre Dieu ; les choses révélées sont pour nous et nos enfants, à toujours, afin que nous mettions en pratique toutes les paroles de cette loi. » (Deutéronome 29.28). Concentrez-vous sur ce qu'il vous a donné, sachant que c'est exactement ce dont vous avez besoin.[1]

3. **Posez des questions :**
   - Que disait Dieu au public initial ? Réfléchissez aux faits. Que s'est-il réellement passé dans le passage ? Ne nous précipitons pas à appliquer la Bible à nos propres vies avant de comprendre comment elle s'est appliquée au public initial. Essayez de comprendre ce que le Saint-Esprit leur disait pour leur situation particulière.

   - Quel est le format ? La manière dont ces paroles ont été présentées est également importante. Est-ce que le psaume était censé être parlé ou chanté ? Était-ce destiné à être lu à voix haute à un groupe ou à un individu ? En prêtant attention à la façon dont chaque passage a été présenté à l'origine vous aurez un contexte qui vous permet de mieux comprendre le sens d'un passage.

---

1 Cette section « Étudiez la Bible » détaille la façon dont j'ai appris à étudier la Bible. J'ai trouvé la plupart de ces concepts dans ce livre : Howard G. Hendricks et William D. Hendricks, *Living By the Book: The Art and Science of Reading the Bible* [*Une vie en règle : l'art et la science de la lecture de la Bible*], (Chicago: Moody Publishers, 2007), 26. Moody Publishers, 2007), 79-131.

- Y a-t-il des vérités intemporelles pour les croyants aujourd'hui? Y a-t-il une promesse ou un avertissement qui soit vrai pour tout le monde à tout moment?

- Que vous disent les Écritures à propos de Dieu? De sa personne? De son caractère? De ses promesses?

- Que vous disent les Écritures sur l'humanité? Sur nos cœurs? Sur nos besoins? Sur nos comportements?

Si le temps est limité, vous pouvez simplement demander, «Qu'est-ce que Dieu veut que je sache, que je valorise ou que je fasse?»

4. **Mettez-le en pratique :**
   - Que vous dit la Bible à propos de vous-même? Nous devons personnellement mettre la parole de Dieu en pratique dans nos vies : «Mettez en pratique la parole et ne vous contentez pas de l'écouter en vous trompant vous-mêmes par de faux raisonnements» (Jacques 1.22). Souvenez-vous que **Dieu ne veut pas seulement nous informer. Il veut nous transformer. Le but de Dieu est que nous ressemblions davantage à Christ** (Romains 8.29). Avec son aide, nous mettons sa parole en pratique dans notre vie quotidienne pour développer un caractère, des attitudes et des comportements semblables à ceux de Christ.

   - Avez-vous trouvé une promesse? La Bible contient des milliers de promesses, dont plusieurs sont assorties de conditions spécifiques. Par exemple, Romains 10.9 déclare que si nous disons et croyons que Jésus est Seigneur, alors nous serons sauvés. Les promesses assorties de conditions nous montrent quoi faire.

   - Y avez-vous trouvé un ordre? Y a-t-il une action à entreprendre d'après ce passage?

- Y avez-vous trouvé une mise en garde ou un avertissement? Dieu veut nous protéger du danger. Souvent, notre nature pécheresse est notre plus grande menace. Ses avertissements nous aident à éviter des souffrances inutiles.

5. **Priez et tenez un journal :**
   - Parlez avec Dieu. S'il vous a donné une direction, demandez-lui de préciser votre prochaine étape et de vous aider à avancer dans la foi. S'il vous a révélé un péché, demandez-lui de vous pardonner et de vous en libérer. S'il vous a fait une promesse, remerciez-le pour sa fidélité. S'il vous a montré quelque chose sur lui-même, remerciez-le de s'être révélé à vous. Priez en rappelant à Dieu sa parole. (Nous discuterons de la prière en fonction des Écritures la semaine prochaine, au jour 40.)

   - Tenez un journal. Écrivez les versets, les prières et les réflexions personnelles. En tenant un simple carnet où vous pouvez noter ce que vous apprenez, cela vous aidera à vous souvenir de la fidélité de Dieu. Cela pourra également vous rappeler des choses que vous avez apprises qui pourront

---

Promesses et lois dans la Bible

Lorsque vous appliquez la parole de Dieu à votre propre vie, gardez à l'esprit que certaines promesses n'ont été données qu'à des personnes spécifiques et à un moment précis. Par exemple, la promesse de Dieu que Marie concevrait et donnerait naissance au fils de Dieu ne s'appliquait qu'à Marie. Toutes les promesses bibliques ne sont pas universelles. De la même manière, toutes les lois de l'Ancien Testament ne sont pas encore applicables. De nombreuses lois lévitiques étaient réservées au sacerdoce et visaient à démontrer que les israélites étaient mis à part par Dieu. Après la venue de Jésus, qui a permis aux personnes de toutes les nations de rejoindre la famille de Dieu, certaines lois ont changé. Par exemple, la circoncision spirituelle du cœur, qui se produit lorsque les gens placent leur foi en Christ, a remplacé la circoncision physique (Romains 2.25–29). De même, Dieu a annulé les lois alimentaires, déclarant que tous les aliments sont purs, tout comme tous les gens — Juifs et païens — peuvent devenir spirituellement purs grâce à Jésus (Actes 10). Bien que le contexte soit important, il est essentiel de se rappeler que Dieu ne rompt jamais ses promesses. Il est fidèle.

aider d'autres personnes durant leur voyage de foi. Et n'hésitez pas à souligner ou à faire des notes dans votre Bible. Elles peuvent devenir des pierres commémoratives (jour 17) pour marquer ce que vous avez appris, comment Dieu vous a aidé pendant une période difficile et le chemin que vous avez parcouru dans votre marche avec Dieu.

Après avoir terminé, **partagez**. Parlez à quelqu'un de l'expérience que vous avez faite de la parole de Dieu. Partagez ce que Dieu vous enseigne avec une attitude humble. Demandez aux autres de partager ce qu'ils apprennent. Transmettez vos connaissances lorsque Dieu crée des opportunités.

Plus de conseils pour l'étude de la Bible :

1. Lisez le même passage dans différentes traductions de la Bible, si possible, pour mieux le comprendre.

2. Si votre Bible a des versets de référence croisée, repérez-les et voyez comment des idées ou des mots clés peuvent apparaître ailleurs dans la Bible. Lorsque nous comparons différentes versions des Écritures, nous sommes à l'abri des malentendus. L'utilisation de références croisées nous aide à comprendre le sens d'un verset ou d'un passage et la façon dont il peut être relié à d'autres parties de la Bible.

3. Lorsqu'un verset vous paraît important, ralentissez votre rythme de lecture et examinez chaque mot. Par exemple, Jésus a enseigné à ses disciples à prier dans Matthieu 6.9-13. Réfléchissez à chaque mot en commençant par le premier mot, « Notre ». Que vous révèle ce mot pluriel ? Qui est inclus dans « Notre » ? Passez ensuite au deuxième mot, « et ». Que vous dit ce titre sur votre relation avec Dieu ? Continuez à analyser chaque mot lentement pour découvrir des trésors. (Remarque : Utilisez une traduction littérale de la Bible lorsque vous effectuez des études de mots.)

4. Ne cherchez pas de sens caché. La Bible n'est pas un casse-tête ; c'est la révélation par Dieu de vérités intemporelles pour tous les hommes. Il veut que nous la lisions et que nous la comprenions avec son aide et non avec notre tendance humaine à manipuler les Écritures pour soutenir nos idées ou pour justifier nos positions.

5. Il existe de nombreuses ressources disponibles aussi bien en ligne que sous forme de livre.[1] Beaucoup de gens ont un dictionnaire biblique (qui définit les nombreux mots difficiles inclus dans la Bible) et une concordance (pour trouver l'emplacement des mots bibliques dans la Bible). Vous pouvez retrouver l'un de ces outils, ou les deux, au dos de votre Bible. Lorsque vous utilisez des commentaires, vérifiez votre compréhension après avoir effectué votre analyse. Si personne d'autre n'est parvenu à des conclusions similaires, vous faites probablement fausse route.

Traductions de la Bible

L'hébreu de l'Ancien Testament et le grec du Nouveau Testament sont des langues complexes. Leurs structures grammaticales et leurs styles littéraires n'existent pas nécessairement dans d'autres langues. La traduction de la Bible est donc une tâche complexe. Heureusement, grâce à la recherche avancée, de nombreuses traductions modernes sont superbes. Si vous avez le choix entre plusieurs traductions, essayez d'utiliser une traduction mot à mot lorsque vous étudiez des mots. Lorsque vous étudiez des concepts pour une application moderne, utilisez des traductions «pensée par pensée». Pour une approche équilibrée, utilisez des traductions médiatrices (comme Louis Segond).

---

1 Visitez allinmin.org pour plus de ressources que nous avons compilées pour vous aider à étudier et mettre la vérité biblique en pratique dans votre vie.

Si vous avez du mal à étudier la Bible, dites-le à Dieu. Demandez-lui de vous donner une passion pour sa parole. C'est une prière à laquelle il prend plaisir à répondre. Dieu veut que nous prenions plaisir à passer du temps avec lui dans sa parole. Il veut que nous puisions force, sagesse, paix et joie dans ses pages. En le faisant, nous évitons tout sentiment d'orgueil lié à notre niveau de connaissance. Souvenez-vous, Jésus veut que vous le connaissiez, pas seulement que vous sachiez des choses le concernant. Invitez Dieu à transformer votre esprit et votre cœur en apprenant sa volonté dans sa parole.

Laisser parler la Bible :

Psaumes 119.57–112 (lecture facultative : Philippiens 1.9–11)

Laisser parler son esprit :

1. Quelles sont les étapes de la méthode d'étude de la Bible énumérée ci-dessus que vous faites déjà ?

2. Quelles sont les étapes qui sont encore nouvelles pour vous ?

3. Comment pouvez-vous mettre en pratique ce que vous apprenez en étudiant la Bible ? Dieu n'est pas impressionné par la connaissance (une série de faits). Il veut entretenir une relation avec vous. Comment est-ce que l'étude de la Bible vous permettra de mieux le connaître et le servir ?

Laisser son âme prier :

Père, que je n'oublie jamais ta parole (Psaumes 119.16) ! Aide-moi à étudier la Bible. Guide-moi lorsque je la lis et que je l'applique à ma propre vie. Donne-moi l'opportunité de partager ce que tu m'apprends avec d'autres... Au nom de Jésus, amen.

Laisser son cœur obéir :

Qu'est-ce que Dieu vous amène à connaître, à valoriser ou à faire ?

Mémorisez la parole de Dieu

Je serre ta parole dans mon cœur, afin
de ne pas pécher contre toi.
Psaumes 119.11

À travers nos choix quotidiens, chaque jour, vous et moi répondons aux deux questions suivantes : « Qu'est-ce que je crois de Dieu ? » et « Qu'est-ce que je crois de ma personne ? » Que nous en soyons conscients ou non, nous voyons la vie à travers le prisme de la théologie et de l'identité. La plupart du temps, nous ne réalisons même pas que nous faisons des hypothèses et tirons des conclusions sur Dieu, sur nous-mêmes et sur le monde qui nous entoure. Notre ensemble de croyances (ou notre vision du monde) façonne nos conversations et nos priorités. Pour le dire autrement, ce qui est dans nos cœurs détermine le cours de tout ce que nous faisons (Proverbes 4.23). La parole de Dieu a beaucoup à enseigner sur la nécessité de protéger nos cœurs et d'aspirer aux choses d'en haut.[1] Nous avons besoin d'une vision du monde qui puisse expliquer, guider et motiver toutes les choses vers la mission que Dieu nous appelle à accomplir. La connaissance de Dieu en quatre parties (première semaine) nous aide à comprendre le monde et à réagir de façon appropriée. Mais nous avons aussi besoin de principes bibliques pour tous les domaines

---

1 Pour des exemples sur la protection de votre cœur, voir Proverbes 4.23; 24.12; Philippiens 4.7; Colossiens 3.1.

et tous les moments de notre vie. C'est pourquoi **il est essentiel de cacher la parole de Dieu dans nos cœurs.**

Apprenons aujourd'hui pourquoi et comment mémoriser la parole de Dieu. **En mémorisant la parole de Dieu, elle devient disponible pour nous à tout moment.** Peu importe où nous allons ou ce que nous faisons, nous sommes toujours prêts pour tout ce qui nous arrive. La parole de Dieu est notre puissant outil personnel et polyvalent de transformation. C'est une lumière pour notre chemin, un marteau pour écraser le péché, un miroir pour sonder nos âmes, une épée pour vaincre l'ennemi et bien plus encore. Lorsque nous mémorisons la parole de Dieu, personne ne peut nous l'arracher et nous la rendons disponible pour que Dieu l'utilise à tout moment. Les Écritures peuvent inspirer nos prières et nos conversations «quand tu seras chez toi, quand tu seras en voyage, quand tu te coucheras et quand tu te lèveras» (Deutéronome 6.7). Une prière puissante qui change des vies peut venir soit des Écritures, soit de notre propre cœur. Lorsque nous mémorisons l'Écriture, nous combinons les deux. Le Saint-Esprit nous rappelle ces vérités écrites sur nos cœurs qui sont souvent les réponses à nos prières.

Mémoriser la parole de Dieu nous réconforte, nous et les autres, avec les bonnes paroles au bon moment. Parce que nous avons tous vécu des moments difficiles, il est très réconfortant d'être soutenu par des gens qui nous aiment. Lorsque la parole de Dieu est gravée dans nos cœurs, Dieu nous utilise pour encourager les gens autour de nous. Nous pouvons les regarder dans les yeux et leur partager des paroles d'amour et d'espoir plutôt que de regarder notre Bible ou notre téléphone pour trouver un verset. Parfois, c'est nous qui avons besoin d'encouragements. Mais personne ne peut être avec nous à chaque instant de la vie. Aucun autre homme ne peut porter notre douleur à notre place. C'est alors que Dieu nous rappelle avec sa parole que nous avons cachée dans nos cœurs qu'il est là et qu'il est à l'œuvre. La parole de Dieu apaise notre chagrin : «Tes paroles se sont présentées à moi et je les ai dévorées. Ta parole a provoqué mon allégresse, elle a fait la joie de mon cœur, car je suis appelé de ton nom, Éternel, Dieu de l'univers!» (Jérémie 15.16).

Mémoriser la parole de Dieu renouvelle notre pensée. Les principes de la Bible vont à l'encontre de ce que le monde promeut et de nos désirs égoïstes. Certains principes ne nous viennent tout simplement pas naturellement, mais ils sont essentiels pour que nous demeurions en Christ. Mémoriser les Écritures permet aux pensées de Dieu de s'ancrer profondément dans nos âmes pour nous fortifier, nous corriger et nous encourager. Lorsque nécessaire, nous pouvons faire des choix qui vont à l'encontre de notre tendance naturelle. Nos pensées sont radicalement transformées (Romains 12.2). Comme lorsque nous sommes accusés ou trahis, notre réponse naturelle peut être défensive ou offensive. La parole de Dieu nous rappelle de nous calmer : « Ne rendez pas le mal pour le mal, ni l'insulte pour l'insulte ; bénissez au contraire. Vous le savez, c'est à cela que vous avez été appelés afin d'hériter de la bénédiction » (1 Pierre 3.9). Lorsque nous sommes confrontés à un membre de notre famille, un collègue ou un membre difficile de notre église, Dieu nous chuchote : « Supportez-vous les uns les autres dans l'amour » (Éphésiens 4.2). Lorsque nos yeux sont ouverts à notre propre orgueil et à notre propre justice, Dieu nous rappelle, « Humiliez-vous » (Jacques 4.10). Plutôt que d'attirer l'attention sur nous-mêmes, nous attirons l'attention sur Dieu. Notre attitude de jugement se transforme en compassion. Le fait d'être facilement offensé ou en colère se transforme en une attitude pacificatrice. Nous recevons bien la correction et admettons quand nous avons tort. Cela est complètement contre nature, c'est la parole qui agit dans nos cœurs.

Mémoriser la parole de Dieu nous aide à réaliser notre objectif. Plus nous étudions les Saintes Écritures, plus nous découvrons le caractère de Dieu et notre appel. La parole de Dieu pénètre nos cœurs et notre amour pour Dieu grandit, tout comme notre amour pour les autres. Nous voulons qu'ils connaissent une amitié intime avec Jésus. Nous voulons les voir délivrés des griffes du péché et épanouis dans une nouvelle vie, maintenant et éternellement. Mais notre objectif d'aimer Dieu, d'aimer les autres et de faire des disciples signifie que nous devons toujours être prêts à partager notre espérance en Christ (1 Pierre 3.15). En mémorisant la parole de Dieu, nous pouvons expliquer le message de Dieu avec les mots de Dieu. Vous souvenez-vous du «pain de l'Évangile» du jour 18 ? Commencez par mémoriser un verset pour chacun de ces quatre ingrédients essentiels :

- Dieu nous aime : «En effet, Dieu a tant aimé le monde qu'il a donné son fils unique afin que quiconque croit en lui ne périsse pas, mais ait la vie éternelle» (Jean 3.16);
- Jésus nous sauve : «Tous ont péché et sont privés de la gloire de Dieu» (Romains 3.23);
- Jésus nous sauve : «Mais voici comment Dieu prouve son amour envers nous : alors que nous étions encore des pécheurs, Christ est mort pour nous» (Romains 5.8).
- La repentance et la foi nous changent : «Si tu reconnais publiquement de ta bouche que Jésus est le Seigneur et si tu crois dans ton cœur que Dieu l'a ressuscité, tu seras sauvé. En effet, c'est avec le cœur que l'on croit et parvient à la justice et c'est avec la bouche que l'on affirme une conviction et parvient au salut, comme le dit l'Écriture» (Romains 10.9–10).

Mémoriser la parole de Dieu nous aide à résister à la tentation. «Je serre ta parole dans mon cœur, afin de ne pas pécher contre toi» (Psaumes 119.11). La mémorisation de l'écriture est, sans aucun doute, une arme puissante qui vainc le péché quand nous l'utilisons : «En effet, la parole de Dieu est vivante et efficace, plus tranchante que toute épée à deux tranchants» (Hébreux 4.12). Bien que la parole de Dieu soit absolument tranchante, il arrive que nous ne la saisissions pas. Heureusement, nous pouvons renforcer notre maîtrise de la parole en la mémorisant. Nous n'avons pas de meilleur exemple que Jésus. Comme nous l'avons appris au jour 26, il a fermement saisi la parole de Dieu pour résister à la tentation. Nous pouvons nous préparer au combat spirituel en mémorisant les Écritures, en particulier les versets qui se rapportent à nos tentations et à nos faiblesses les plus courantes. Par exemple :

Tentation	Versets à mémoriser
Colère	«L'homme stupide affiche toute sa passion, tandis que le sage y met un frein.» (Proverbes 29.11) «Ainsi donc, mes frères et sœurs bien-aimés, que chacun soit prompt à écouter, lent à parler, lent à se mettre en colère, car la colère de l'homme n'accomplit pas la justice de Dieu.» (Jacques 1.19–20)
Orgueil	«Ce n'est que par orgueil qu'on attise les querelles, mais la sagesse est avec ceux qui écoutent les conseils.» (Proverbes 13.10) «Dieu s'oppose aux orgueilleux, mais il fait grâce aux humbles.» (Jacques 4.6)
Manque de maîtrise de soi en ce qui a trait à l'argent, la gloutonnerie ou le plaisir charnel	«Soumettez-vous donc à Dieu, mais résistez au diable et il fuira loin de vous.» (Jacques 4.7) «Aucune tentation ne vous est survenue qui n'ait été humaine. Dieu est fidèle et il ne permettra pas que vous soyez tentés au-delà de vos forces; mais avec la tentation il préparera aussi le moyen d'en sortir, afin que vous puissiez la supporter.» (1 Corinthiens 10.13)
Mauvaise langue	«Qu'aucune parole malsaine ne sorte de votre bouche, mais seulement de bonnes paroles qui, en fonction des besoins, servent à l'édification et transmettent une grâce à ceux qui les entendent.» (Éphésiens 4.29) «Une réponse douce calme la fureur, tandis qu'une parole dure augmente la colère.» (Proverbes 15.1)
Appétit pour les choses matérielles	«La piété est pourtant une grande source de profit quand on se contente de ce que l'on a. En effet, nous n'avons rien apporté dans le monde et [il est évident que] nous ne pouvons rien en emporter. Si donc nous avons de la nourriture et des vêtements, cela nous suffira.» (1 Timothée 6.6–8) «Que votre conduite ne soit pas guidée par l'amour de l'argent, contentez-vous de ce que vous avez. En effet, Dieu lui-même a dit : *Je ne te délaisserai pas et je ne l'abandonnerai pas.*» (Hébreux 13.5)

Commérage	«Celui qui propage des calomnies dévoile des secrets, tandis que l'homme digne de confiance les garde.» (Proverbes 11.13) «Si quelqu'un [parmi vous] croit être religieux alors qu'il ne tient pas sa langue en bride, mais trompe son propre cœur, sa religion est sans valeur.» (Jacques 1.26)
Inquiétude/ peur	«Fortifie-toi et prends courage ? Ne sois pas effrayé ni épouvanté, car l'Éternel, ton Dieu, est avec toi où que tu ailles.» (Josué 1. 9) «En effet, ce n'est pas un esprit de timidité que Dieu nous a donné, mais un esprit de force, d'amour et de sagesse.» (2 Timothée 1.7)

Nous voyons la puissance de la mémorisation des Écritures, mais la plupart des gens abandonnent lorsqu'il s'agit de trouver comment le faire. Si vous voulez mémoriser les Saintes Écritures, mais que vous ne savez pas par où commencer, voici quelques suggestions qui pourraient vous aider :

1. Choisissez un verset qui signifie quelque chose pour vous. Choisissez un passage que Dieu peut utiliser d'une manière spécifique pour votre vie.

     «**Consacre-les** par ta vérité! Ta parole est la vérité.» (Jean 17.17)

> **Sanctifier :** purifier ou rendre saint ou sacré; l'idée est que des personnes ou des choses soient mises à part pour le culte à Dieu.

2. Citez la référence du verset avant et après le verset, ainsi vous saurez où la trouver.

     «Consacre-les par ta vérité! Ta parole est la vérité.» (Jean 17.17)

3. Divisez le verset en phrases plus courtes et mémorisez une phrase à la fois. **Concentrez-vous sur ce que dit le passage afin qu'il soit écrit dans votre esprit et dans votre cœur :**

     Consacre-les par ta vérité/(Méditez : la vérité transforme) ta parole est la vérité. (Méditez : la parole de Dieu est la vérité.)

4. Lisez le verset à haute voix plusieurs fois, en insistant sur les mots clés. La répétition est la clé de l'apprentissage, alors révisez-le souvent.

    CONSACRE-les par ta vérité ! Ta PAROLE est la vérité.

5. Écrivez le verset et, sans regarder la référence, écrivez la première initiale de chaque mot du verset.

    (Jean 17.17) Consacre-les par ta vérité ! Ta parole est la vérité.
    (Jean 17.17) C L P T V T P E L V. Jean 17.17

La clé pour mémoriser les Écritures n'est pas d'essayer de mémoriser des données – des lettres, des mots et des phrases. Nous ne sommes pas des ordinateurs et il ne s'agit pas de saisir des données. Nous engageons à la fois notre cœur et notre esprit lorsque nous prenons des décisions, donc mémorisez avec le cœur et l'esprit. Apprenez non seulement ce qui est écrit dans le texte, mais aussi pourquoi c'est écrit. Comprenez le lien, l'histoire ou le sens. Lorsque vous sélectionnez un passage, concentrez-vous sur le style et la substance de ce qui est communiqué.

Nous pensons souvent que nous ne pouvons pas mémoriser les Saintes Écritures, mais chacun de nous mémorise des choses qui sont importantes pour nous – des dates importantes, des mots de passe, des chansons, même des statistiques sportives. Comme nous l'avons déjà établi, les choses sur lesquelles nous nous concentrons prennent de l'ampleur. Si nous y consacrons notre temps et notre attention, nous pouvons y arriver. Et vous pouvez rendre cela amusant. Essayez de chanter des versets, d'utiliser des mouvements de la main ou de dessiner des images. Certaines personnes préfèrent mémoriser en écoutant la parole de Dieu. Il existe des bibles audio disponibles en ligne et sous forme physique qui rendent l'écoute et la mémorisation plus facile.

Mémoriser la parole de Dieu ne consiste pas à être capable de se souvenir d'une série de mots. Il s'agit de se préparer à tout ce qui vous attend sur votre chemin. Lorsque vous cachez la parole de Dieu dans votre cœur, vous emportez une lampe de poche pour éclairer votre chemin, de l'eau pour rafraîchir votre âme, du pain pour nourrir votre esprit et une épée pour combattre votre ennemi. Préparez bien votre cœur.

JOUR 34

Laisser parler la Bible :

Psaumes 119.113–176 (lecture facultative : Jacques 1.22)

Laisser parler son esprit :

1. Pourquoi pensez-vous que les gens ont du mal à mémoriser certaines choses ? Pourquoi devrait-il être plus facile pour nous de mémoriser la parole de Dieu ?

2. Y a-t-il certains domaines de votre vie où vous sentez que Dieu travaille pour vous transformer ? Trouvez un verset pour vous aider, vous encourager ou vous guider dans ce domaine et commencez à le mémoriser dès maintenant.

3. Parmi les nombreux avantages de la mémorisation de versets de la Bible, lequel vous concerne le plus ?

Laisser son âme prier :

Seigneur, écris ta parole sur mon cœur. Fais de mon esprit une éponge pour s'imprégner des Saintes Écritures. Guide-moi afin que je mémorise les versets dont tu sais que j'aurai besoin pendant mon voyage de foi. Tandis que ta parole s'enracine dans ma vie, change mon cœur et transforme mes pensées... Au nom de Jésus, amen.

Laisser son cœur obéir :

Qu'est-ce que Dieu vous amène à connaître, à valoriser ou à faire ?

JOUR
35

Révisez et mettez la parole de Dieu en pratique

Que ce livre de la loi ne s'éloigne point de ta bouche ;
médite-le jour et nuit, pour agir fidèlement selon tout
ce qui y est écrit ; car c'est alors que tu auras du succès
dans tes entreprises, c'est alors que tu réussiras
Josué 1.8

Dans les temps anciens, les gens parcouraient des kilomètres et faisaient de longues files, pendant des jours, pour rencontrer des chefs spirituels. Ils cherchaient de l'aide pour prendre des décisions, pour avoir des prédictions pour l'avenir, une révélation divine ou une bénédiction. En tant que disciples de Jésus, nous n'avons pas besoin de voyager ou d'attendre la révélation de Dieu. Nous pouvons ouvrir la Bible. Lorsque nous le faisons, l'auteur du livre nous guide vers la vérité. Quel que soit le continent, la culture ou la génération, la parole de Dieu vivifie et transforme des vies à tout moment. Nous avons beaucoup appris sur la parole de Dieu cette semaine, alors prenons un peu de temps pour mettre en pratique no apprentissages (Matthieu 7.24). Appliquons les stratégies d'étude de la Bible des leçons de cette semaine à un passage précis des Écritures et révisons les étapes abordées au jour 33 :

1. Avant de commencer, *priez*.
2. Lisez le passage attentivement et à plusieurs reprises.
3. Posez-vous des questions sur ce que vous avez lu.
4. Mettez le contenu en pratique.
5. Priez et notez ces prières et ces réflexions dans un journal. Cela vous aidera à vous rappeler et à partager ce que vous avez appris avec d'autres personnes.

Comme nous allons le voir, les nouveaux étudiants de la Bible peuvent apprendre d'importantes vérités spirituelles sans aucune formation ou expérience particulière. Allons-y !

Étape 1 : Commencez par la prière.

Demandez à Dieu la sagesse et le discernement spirituel pour comprendre et appliquer ce passage des Saintes Écritures à votre vie.

Étape 2 : Lisez le passage.

Lisez-le humblement et délibérément. Prenez note des détails choisis minutieusement. Ensuite, lisez-le une deuxième fois, en soulignant les mots clés et en prenant des notes dans la marge.

Jacques 1.1-12

De la part de Jacques, serviteur de Dieu et du Seigneur Jésus-Christ, aux douze tribus dispersées : salut ! La mise à l'épreuve de la foi

Mes frères et sœurs, considérez comme un sujet de joie complète les diverses épreuves auxquelles vous pouvez être exposés, sachant que la mise à l'épreuve de votre foi produit la persévérance. Mais il faut que la persévérance accomplisse parfaitement sa tâche afin que vous soyez parfaitement qualifiés, sans défaut et qu'il ne vous manque rien.

Si l'un de vous manque de sagesse, qu'il la demande à Dieu, qui donne à tous simplement et sans faire de reproche et elle lui sera donnée. Mais qu'il la demande avec foi, sans douter, car celui qui doute ressemble aux vagues de la mer que le vent soulève et agite de tous côtés. Qu'un tel homme ne s'imagine pas qu'il recevra quelque chose du Seigneur : c'est un homme partagé, instable dans toute sa conduite.

Que le frère de condition humble tire fierté de son élévation. Que le riche, au contraire, se montre fier de son abaissement, car il disparaîtra comme la fleur de l'herbe. Le soleil se lève avec son ardente chaleur, il dessèche l'herbe, sa fleur tombe et toute sa beauté s'évanouit. De même, le riche se flétrira dans ses entreprises.

Heureux l'homme qui tient bon face à la tentation, car, après avoir fait ses preuves, il recevra la couronne de la vie que le Seigneur a promise à ceux qui l'aiment.

Étape 3 : Posez des questions.

(Note importante : Les réponses suivantes servent d'exemple d'interprétation de l'étude biblique. Dieu peut parler différemment à différentes personnes à partir d'un même passage.)

- **Qui parle ?** Jacques, un serviteur du Seigneur.
- **À qui parle-t-il ?** Les croyants dispersés parmi les nations.
- **Quelle est l'idée générale du passage ?** Jacques sait que tous les croyants seront confrontés à toutes sortes d'épreuves et il leur donne un moyen de voir leurs épreuves d'une perspective éternelle.

Répondre à ces trois premières questions est un bon début. Maintenant, examinons chaque verset de plus près.

- **Que disait Dieu à travers Jacques au public original ?**
  - Les épreuves peuvent être des tests de foi qui produisent la persévérance.
  - La persévérance est nécessaire pour parvenir à la maturité spirituelle.
  - Si les croyants ont besoin de sagesse face aux épreuves, ils doivent la demander à Dieu.
  - Dieu donne généreusement la sagesse sans hésitation, à condition que le croyant demande sans douter que Dieu réponde.

- Pauvre ou riche, personne n'échappe aux épreuves ou à la mort.
- La bénédiction vient après avoir résisté à l'épreuve.

- **Quel était le format?** Le livre de Jacques est une lettre d'un leader à des frères et sœurs dans la foi.

- **Y a-t-il des vérités intemporelles pour les croyants aujourd'hui? Des promesses? Des avertissements?**
  - Tous les croyants seront confrontés à des épreuves.
  - Les croyants n'ont pas besoin de s'interroger sur le but des épreuves. Ils peuvent demander à Dieu la sagesse et il la leur donnera généreusement.
  - Notre statut financier n'a aucune incidence sur notre position éternelle auprès de Dieu.
  - La couronne de vie promise (la vie éternelle) est destinée à ceux qui aiment Dieu et la preuve de cet amour se manifeste par une obéissance inébranlable dans cette vie.

- **Que vous dit ce passage sur Dieu?**
  - Dieu veut que nous devenions spirituellement forts afin que nous ne soyons pas superficiels, faibles et facilement influençables.
  - Dieu ne gaspille pas la douleur. Les épreuves peuvent être utilisées pour notre bien.
  - Dieu donne généreusement sa sagesse divine à ceux qui la demandent sincèrement.
  - Dieu fait grandir notre foi en nous aidant à persévérer dans des épreuves afin de pouvoir résister aux épreuves et de profiter de l'éternité avec lui.
  - Dieu nous bénit à la fois ici sur terre (maturité spirituelle grâce aux épreuves) et dans l'éternité (couronne de vie, après avoir résisté aux épreuves).

- **Que vous enseigne ce passage sur l'humanité ?**
  Tous les croyants doivent grandir dans la foi. Les épreuves peuvent être utilisées pour développer la persévérance, mais nous devons choisir comment nous considérons les épreuves.

Étape 4 : Mettez en pratique ce que vous avez appris.

- **Qu'est-ce que ce passage vous apprend sur vous-même ?**
  Ce passage me rappelle comment les épreuves révèlent le type de foi que j'ai. Ma réaction face à l'adversité et à l'affliction montre ce en quoi je crois et où je place mon espérance. Lorsque je fais confiance à Dieu durant les épreuves, il me donne sa sagesse, sa puissance et sa force. Cette confiance en Dieu produit de la persévérance qui m'aide à mûrir et à perdurer jusqu'à la fin.

  Je me rends compte que j'ai le choix quant à la manière d'affronter les épreuves : choisir la joie et la confiance en Dieu, sachant qu'il fait une œuvre en moi, ou choisir le désespoir, en croyant au mensonge de Satan et en doutant de la bonté de Dieu. Plutôt que de voir les épreuves comme une conséquence d'un manque de foi, je peux endurer des difficultés en sachant que Dieu est à l'œuvre pour mon bien terrestre et éternel.

- **Y a-t-il une promesse, une commande, un avertissement à en tirer ?**
  Dieu promet de nous donner la sagesse pendant les épreuves si nous la demandons sans douter. Nous ne sommes pas abandonnés à nous-mêmes, à essayer de naviguer à travers l'adversité ou à nous demander pourquoi Dieu a permis ces épreuves. Nous pouvons le demander à Dieu, qui nous a promis sa sagesse. Dieu promet aussi de nous bénir à la fois ici (maturité spirituelle) et dans l'éternité (couronne de la vie).

- **De quoi voulez-vous vous souvenir ?**
  Développer la persévérance, c'est comme développer des muscles. Je dois grandir dans ma foi et résister aux épreuves. Je ne veux pas être un disciple de Jésus faible qui est facilement

agité et ballotté par les vagues ou le vent. Je veux être fort dans le Seigneur. Je dois me rappeler de faire confiance à Dieu à travers des épreuves, car cela conduit à la maturité spirituelle. Des récompenses éternelles sont en jeu. Je choisis la joie.

Mémoriser : « Mes frères et sœurs, considérez comme un sujet de joie complète les diverses épreuves auxquelles vous pouvez être exposés, sachant que la mise à l'épreuve de votre foi produit la persévérance. » (Jacques 1.2–3)

Étape 5 : Priez.

Ô, Dieu, je te remercie de m'avoir aidé à voir les épreuves de ton point de vue. Je suis reconnaissant que les épreuves ne soient pas des distractions inutiles, mais qu'elles puissent être utilisées à des fins meilleures et éternelles. Donne-moi ta sagesse et ta force pour que je puisse apprendre et devenir fort en toi. Aide-moi à persévérer jusqu'au bout avec une perspective divine, en choisissant la joie. Tu vaux plus que toutes les épreuves que je dois endurer, car tu m'as aimé le premier et tu as souffert pour moi. Je t'aime. Au nom de Jésus, amen.

Au travers de l'exemple ci-dessus, avez-vous pu voir comment étudier la Bible ? Grâce à une lecture attentive, nous avons pu apprendre une vérité spirituelle qui va à l'encontre de ce que la plupart des gens disent au sujet des épreuves. Les épreuves ne sont pas nécessairement dues à un manque de foi ; elles peuvent aider à développer notre foi. Pensez à lire tout le livre de Jacques pour voir comment ce thème des épreuves et de la croissance de la foi est développé. Une leçon importante de ce passage est que nous pouvons simplement ouvrir la parole de Dieu et demander sa sagesse.

Cette semaine, nous avons exploré la puissance de la parole de Dieu. La semaine prochaine, nous allons explorer comment la parole de Dieu donne de la puissance à nos prières. Jésus promet « Si vous demeurez en moi et que mes paroles demeurent en vous, vous demanderez ce que vous voudrez et cela vous sera accordé » (Jean 15.7). **Lorsque nous étudions la parole de Dieu et que nous l'utilisons dans notre prière, elle a pouvoir de changer les cœurs et de déplacer les montagnes.**

Laisser parler la Bible et votre esprit :

Maintenant, c'est à votre tour. Prenez le temps de vous exercer à étudier la parole de Dieu. Cette semaine, vous avez déjà lu le chapitre le plus long de la Bible, le psaume 119. Pour cet exercice, lisez le chapitre le plus court de la Bible, le psaume 117.

1. Lisez le psaume 117 ci-dessous. Suivez les étapes d'étude de la Bible mentionnées plus haut. (Pour plus d'informations, retournez au jour 33.)
2. Soulignez, surlignez ou entourez les mots clés directement sur cette page. Vous pouvez écrire des notes sur les versets dans la marge.
3. Une fois toutes les étapes terminées, vous pouvez choisir un verset à mémoriser. Dans ce cas, vous pourriez mémoriser le psaume entier.
4. Répondez aux questions de discussion de la cinquième semaine.

Psaumes 117

Louez l'Éternel, vous toutes les nations,

Célébrez-le, vous tous les peuples !

Car sa bonté pour nous est grande, et sa fidélité dure à toujours.

Louez l'Éternel !

Laisser son âme prier :

Ô, Dieu, je te remercie pour ta parole. Je la chéris. « La loi de ta bouche est plus précieuse pour moi que des milliers de pièces d'argent et d'or (Psaumes 119.72). Aide-moi à étudier la Bible tous les jours et aide-moi à comprendre ce que je lis. Je prie que je ne m'intéresse pas seulement à la parole, mais que je sois transformé par elle. Transforme mon cœur, mes pensées, mes paroles et mes actions. « Affermis mes pas dans ta parole » (Psaumes 119.133). Au nom de Jésus, amen.

Laisser son cœur obéir :

Qu'est-ce que Dieu vous amène à connaître, à valoriser ou à faire ?

QUESTIONS DE DISCUSSION DE LA CINQUIÈME SEMAINE :

Revoyez les leçons de cette semaine et répondez aux questions ci-dessous. Partagez vos réponses avec vos amis lorsque vous vous réunirez cette semaine.

1. Lorsque vous avez lu la parabole du semeur, qu'avez-vous appris sur votre propre cœur ? Comment pouvez-vous devenir plus réceptif à la parole de Dieu ?

2. Nous avons exploré de nombreuses raisons pour lesquelles nous pouvons faire confiance à la parole de Dieu. Quelle raison était nouvelle pour vous ?

3. Dans notre exploration des livres de la Bible, nous avons suivi l'histoire de la Bible de la création à l'éternité. Comment votre histoire reflète-t-elle la plus grande histoire que nous trouvons dans la parole de Dieu ?

   ○ Au temps des juges, le peuple d'Israël s'est retrouvé dans un cycle de péché et de repentance. En quoi le fait de connaître ce cycle et de savoir comment le combattre dans votre vie peut-il vous aider ?

   ○ Vous êtes-vous déjà senti distant dans votre relation avec Dieu, comme les israélites en exil ? Comment la mémorisation des Écritures peut-elle vous aider à ressentir davantage sa présence dans votre vie ?

   ○ Comment l'étude de la parole de Dieu peut-elle vous aider à vivre une communion étroite avec Dieu, comme l'amour exprimé dans le Cantique des cantiques ?

   ○ L'étude de la parole de Dieu vous aidera à mieux connaître Jésus et les personnages des évangiles. Comment l'étude de la parole de Dieu peut-elle vous aider à demeurer en Jésus ?

4. Après avoir passé ce temps ensemble à étudier *Votre vraie histoire*, convenez, si possible, d'un plan de lecture que votre groupe pourrait suivre ensemble pour continuer à vous réunir et à discuter de ce que vous avez appris.

SIXIÈME SEMAINE

LA PRIÈRE — PARLER AVEC L'AUTEUR DE LA VIE

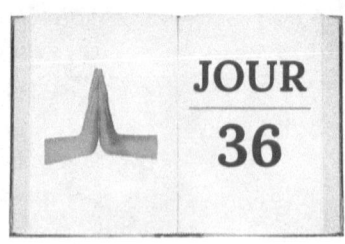

Parlez avec Dieu et changez votre cœur

Nous avons auprès de lui cette assurance, que si nous demandons quelque chose selon sa volonté, il nous écoute. Et si nous savons qu'il nous écoute, quelque chose que nous demandions, nous savons que nous possédons la chose que nous lui avons demandée.
1 Jean 5.14–15

Dieu aime vous parler. Il chérit vos prières, car elles témoignent de la belle amitié que vous partagez. Réfléchissez à la manière dont vous pourriez conserver une lettre pour vous souvenir d'une personne ou d'une occasion importante. La Bible dit que Dieu conserve vos prières dans des coupes d'or et qu'elles montent à lui comme un doux parfum (Apocalypse 5.8, Psaumes 141.2). Il répète, « Priez sans cesse » (1 Thessaloniciens 5.17). Pourquoi ? Parce que la prière approfondit votre relation avec Dieu. Les amis deviennent plus proches lorsqu'ils se parlent.

Pouvez-vous imaginer des amis qui ne se parlent jamais ? Ils n'auraient pas une réelle amitié. Ou un couple marié qui ne se parle jamais directement sauf par le biais d'un pasteur ou d'un autre intermédiaire ? Ils seraient toujours mariés légalement, mais leur relation serait une relation tendue et impersonnelle. Sans la prière, votre relation avec Dieu serait tout aussi fade. La prière maintient votre amitié avec Dieu dynamique, vivante et personnelle.

La prière est une conversation continue qui découle d'une profonde amitié avec Dieu. Quand vous lui parlez, «[votre] bouche exprime ce dont [votre] cœur est plein» (Luc 6.45). Les parents et les enfants ne se contentent pas de répéter des salutations classiques et apprises par cœur :

«Bonjour!», «Comment allez-vous?», «Je vais bien. Et vous?», «Bien, merci.», «Bonne journée!», «Au revoir.». Non, dans des relations saines, les gens parlent aussi avec leur cœur, de façon spontanée et sincère. La Bible contient des exemples de prières que nous pouvons utiliser pour parler à Dieu, mais nous pouvons aussi parler à Dieu avec nos propres mots. Il ne juge ni ne critique nos paroles; il regarde à nos cœurs. Il ne s'inquiète pas de la grammaire ou ne désire pas de prières qui semblent impressionnantes. Il se soucie de vous et s'intéresse à ce que vous avez à dire de votre cœur.

Certaines personnes peuvent trouver difficile de parler à quelqu'un qu'elles ne peuvent pas voir. D'autres auront du mal à prier parce qu'ils croient que Dieu fera ce qu'il veut, quelles que soient nos prières. Considérez ces idées sur le but et le pouvoir de la prière.

Priez pour être plus proche de Dieu, pas seulement pour obtenir plus de Dieu. Oui, Dieu se réjouit de répondre à nos prières et nous pouvons partager à Dieu les désirs de nos cœurs (Psaumes 37.4), mais désirons Dieu plus que toute autre chose. Priez pour que vos pensées soient ses pensées; votre cœur, son cœur; votre volonté, sa volonté. Puis, lorsque vous prierez conformément à ses désirs pour vous, il fera ce que vous demandez dans son temps parfait. «Tout ce que vous demanderez en mon nom, je le ferai afin que la gloire du Père soit révélée dans le Fils. Si vous [me] demandez quelque chose en mon nom, je le ferai» (Jean 14.13–14). Jésus dit que nous pouvons demander en son nom afin de faire avancer ses desseins pour la gloire de Dieu. L'un des objectifs de la prière est de découvrir ce qui est dans le cœur de Dieu afin que nous puissions aligner nos cœurs sur le sien.

La prière change notre cœur, mais pas toujours votre situation. Lorsque vos prières sont en accord avec la volonté de Dieu, il promet de vous entendre (1 Jean 5.14–15). Sa réponse sera peut-être oui, peut-être non et peut-être pas maintenant. Si l'une de vos demandes est contraire à sa volonté, il vous dira non. Demandez à Dieu de travailler dans votre cœur pour vous aider à marcher dans ses voies, même si les détails n'ont pas de sens à vos yeux. Dans le jardin de Gethsémané, Jésus a prié pour échapper à la grande souffrance qu'il savait imminente : «Mon Père, si cela est possible, que cette coupe s'éloigne de moi! Toutefois, non pas ce que je veux, mais ce que tu veux» (Matthieu 26.39). Jésus voulait échapper à la souffrance, mais il voulait surtout faire la volonté de Dieu. Il n'a pas obtenu pas la réponse souhaitée, mais il est sorti de ce temps de prière avec un cœur pleinement soumis à la volonté de son père et le courage de voir cette volonté s'accomplir. La prière ne changera pas toujours nos circonstances, mais elle nous aidera à faire confiance à Dieu malgré nos circonstances.

Priez avec autorité pour vous opposer aux projets du diable. La prière n'est pas seulement une conversation avec Dieu, mais aussi une arme puissante dans le combat spirituel. Comme nous l'avons appris aux jours 26 et 27, la parole de Dieu et la prière nous aident à vaincre les désirs de la chair et les attaques de l'ennemi. Jésus a toujours eu l'autorité sur l'ennemi et il nous a donné cette autorité quand il a vaincu Satan à la croix (Colossiens 2.15). **Nous devons maintenant revendiquer la victoire de Jésus afin que nous aussi puissions vaincre le pouvoir de l'ennemi (Luc 10.19).** Comptez sur sa force et entrez en action par la prière. Comme nous l'avons vu au jour 26, priez à haute voix avec autorité quand la tentation survient : «Je suis un enfant de Dieu et en Christ, j'ai la victoire sur _ _ _ _ _ _ _ _ _ _». Insérez n'importe quel péché ou problème auquel vous faites face. Rappelez-vous que l'ennemi ne peut pas vous forcer à pécher. **Par Jésus, vous avez l'autorité, de résister à l'ennemi et de vous placer sous la protection de Dieu.**

Combinons notre connaissance de la prière avec quelques directives pratiques qui nous aideront à prier, à écouter et à avancer dans la volonté de Dieu :

1. **Priez en groupe.** Une prière de groupe efficace (parfois appelée prière collective) nécessite concentration et humilité. Lorsque nous prions en accord sur une même préoccupation, le Saint-Esprit nous

guide d'une manière plus spécifique. Soyez authentique et transparent lorsque vous êtes invité à prier. N'hésitez pas à apporter une contribution, ne vous préoccupez pas de l'opinion que les autres ont de vous et n'ayez pas peur de faire une erreur. Nous apprenons tous du Saint-Esprit et des uns des autres. Même ceux qui prient de manière fluide sont toujours en train de mûrir dans leur foi. Vous pouvez dire quelque chose qui apporte encouragement ou un éclaircissement lors d'une réunion de prières.

Inversement, n'imposons rien dans la prière et ne dirigeons pas nos prières contre un autre participant. Au contraire, humiliez-vous devant le Seigneur (Jacques 4.10). La prière avec d'autres croyants nous rapproche les uns des autres et nous rapproche de Dieu (Matthieu 18.20). L'Église primitive a donné l'exemple de la dévotion envers Dieu et envers les autres lorsqu'elle adorait et *priait ensemble* (Actes 2.42–47).

2. **Priez seul.** Bien que nous ne soyons jamais spirituellement seuls à prier (Romains 8), prier alors que nous sommes *physiquement* seuls garde nos motivations pures. Nous sommes libres de la tentation d'agir pour plaire aux autres ou de nous préoccuper de ce que pensent les autres. La prière en privé est plus efficace sans distractions (pas de téléphone, pas de montre, pas d'ordinateur). Jésus dit, « Mais toi, quand tu pries, entre dans ta chambre, ferme ta porte et prie ton Père qui est là dans le lieu secret ; et ton Père, qui voit dans le secret, te le rendra [ouvertement] » (Matthieu 6.6). Nos prières secrètes, celles qui ne sont entendues que de Dieu, sont particulièrement précieuses pour lui.

3. **Priez physiquement.** Utilisez votre corps pour vous aider à exprimer vos sentiments. Une posture humble démontre un cœur humble, donc vous pouvez vous agenouiller devant Dieu (Psaumes 95.6). Vous pouvez également tourner la face vers le ciel (Jean 17.1), ouvrir vos mains pour recevoir (Esdras 9.5) ou vous coucher à plat ventre devant Dieu (Matthieu 26.39). Venez devant Dieu avec la bonne attitude de cœur. Il est Dieu et nous sommes mortels. Il nous fournit tout et nous n'avons rien à offrir à part ce qu'il nous donne. Priez de toute votre force.

4. **Priez à haute voix.** Le fait de parler à voix haute peut vous aider à rester concentré. Cela vous rappellera que vous parlez à une personne réelle.

5. **Planifiez votre prière.** Si vous avez besoin de rester concentré, prenez des notes (dans votre journal, si possible). Écrivez vos questions ou vos louanges. Concentrez-vous sur Dieu, puis écrivez les versets qui vous viennent à l'esprit pendant que vous **écoutez les pensées de Dieu à l'intérieur de vos pensées.** Incluez ces quatre éléments pendant que vous priez : adoration, confession, actions de grâce et supplications (souvenez-vous de l'acronyme «ACAS»). Demain, nous apprendrons les grandes lignes de cette prière à partir de l'exemple du roi Josaphat.

Jacques 5.16 dit, «La prière du juste agit avec une grande force» Dieu aime vous parler, alors passez un peu de temps à parler avec lui maintenant. Puis, *écoutez* ses réponses. Cela produit des résultats qui transforment des vies.

Laisser parler la Bible :

Matthieu 6.1–18 (lecture facultative : Psaumes 86)

Laisser parler son esprit :

1. Comment qualifierez-vous vos prières ? Pour renforcer vos temps de prière, regardez les prières dans la Bible. De nombreux versets peuvent être transformés en prières. Des versets qui reflètent le caractère de Dieu et des promesses peuvent être paraphrasés pour les adresser en prière à Dieu.

2. Faites-vous partie d'un groupe de prière ? Sinon, y a-t-il un groupe de croyants avec lesquels vous pouvez vous connecter pour la prière ?

3. Pourquoi priez-vous aujourd'hui ? Envisagez de créer un espace de prière dans le coin d'une pièce ou dans un placard. Affichez des messages et des versets bibliques pour vous aider à prier intentionnellement. En consacrant un espace uniquement à la prière, cela vous aidera à faire de la prière une priorité.

Laisser son âme prier :

Père, je suis émerveillé que toi, le créateur de l'univers, veuilles me parler. Je te remercie ! Fais-moi grandir dans la prière. Aide-moi à prier continuellement avec un cœur sincère. Rends mon cœur et mon esprit semblables aux tiens, afin que je puisse prier selon ta volonté. Au nom de Jésus, amen.

Laisser son cœur obéir :

Qu'est-ce que Dieu vous amène à connaître, à valoriser ou à faire ?

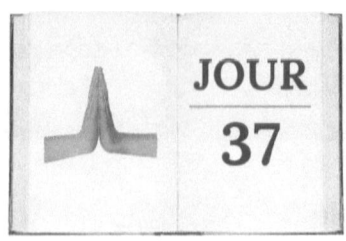

Priez et écoutez

Invoque-moi et je te répondrai ; je t'annoncerai de grandes
choses, des choses cachées, que tu ne connais pas.
Jérémie 33.3

Des messagers coururent à Jérusalem avec un avertissement terrifi-
ant d'une armée d'envahisseurs s'approchant de la ville : «Une foule
nombreuse s'avance contre toi» (2 Chroniques 20.2). Une alliance de
nations marchait contre le roi Josaphat et le peuple de Juda. Cette
nouvelle inattendue a fait naître la peur dans le cœur du roi. Mais
plutôt que d'appeler des soldats et de dresser des plans de bataille,
le sage roi a réagi avec foi. Un ordre a été donné à toute la nation :
«Jeûnez et priez tous»! Le peuple a tout arrêté et s'est immédiatement rendu depuis toutes les villes de Juda jusqu'à la capitale pour
chercher le Seigneur ensemble. Le roi se tenait dans le temple du
Seigneur, élevait sa voix au ciel et conduisait la prière.

Dieu a entendu leurs prières et les a secourus miraculeusement : les
nations qui s'opposaient au roi Josaphat se sont retournées l'une contre
l'autre. Les hommes de Juda n'ont pas eu à mener de bataille. Pourtant,
ils ont vaincu une armée si massive qu'il leur a fallu trois jours pour rassembler tous les biens que leurs ennemis avaient laissés derrière eux.

Nous pouvons apprendre beaucoup de la prière du roi Josaphat. Son
rôle dans l'histoire de Dieu était d'apporter une réforme spirituelle dans
le royaume du sud, mais il a également offert un modèle de prière puissante. Lorsque nous examinons de près sa prière lors du rassemblement
national, nous constatons qu'elle se compose de quatre éléments principaux : adoration, confession, actions de grâce et supplication (ACAS).

1. **Adoration** : Josaphat a commencé par prier, «Éternel, Dieu de nos ancêtres, n'est-ce pas toi qui es Dieu dans le ciel et n'est-ce pas toi qui domines sur tous les royaumes des nations? N'est-ce pas toi qui détiens la force et la puissance, toi à qui personne ne peut résister?» (2 Chroniques 20.6). Lorsque nous commençons nos prières par l'adoration, nous nous souvenons de celui à qui nous parlons : le Dieu tout-puissant. Imaginez-vous entrant dans le sanctuaire du trône de Dieu (Hébreux 4.16) et exprimez votre amour envers lui. **Adorer Dieu alimente notre foi.** Les problèmes que nous lui soumettons commencent à diminuer avant même que nous en parlions quand nous les considérons à la lumière de la puissance et de la majesté de Dieu. N'attendons pas que la bataille soit finie pour le louer. Prenez votre temps pour honorer votre père céleste.

2. **Confession : Josaphat** poursuivit son adoration avec humilité. «Notre Dieu, ne vas-tu pas les juger? En effet, nous sommes sans force devant cette foule nombreuse qui vient nous attaquer et nous ne savons que faire, mais nos yeux sont sur toi» (2 Chroniques 20.12). Le roi Josaphat a reconnu qu'il n'était pas assez fort ou assez intelligent pour faire face à ce qui allait venir, mais il a gardé les yeux sur Dieu. Nous pouvons suivre son exemple. Après avoir loué la perfection de Dieu, **admettez votre propre imperfection – pas seulement vos péchés évidents, mais aussi vos faiblesses.** Quand vous le faites, vous vous enracinez dans la grâce de Dieu (jour 24), sachant que «Dieu résiste aux l'orgueilleux, Dieu s'oppose aux orgueilleux, mais il fait grâce aux humbles» (Jacques 4.6).

3. **Actions de grâce** : Même si un danger incroyable s'approchait de lui, Josaphat a choisi d'être reconnaissant pour la façon dont Dieu s'était occupé de son peuple dans le passé :

> N'est-ce pas toi, notre Dieu, qui as dépossédé les habitants de ce pays devant ton peuple, devant Israël et qui l'as donné pour toujours à la descendance d'Abraham, ton ami? Ils l'ont habité et ils t'y ont construit un sanctuaire en l'honneur de ton nom en disant : «Si un malheur nous atteint – que ce soit l'épée, le jugement, la peste ou la famine –, nous

nous présenterons devant ce temple et devant toi, car ton nom réside dans cette maison. Nous crierons à toi du fond de notre détresse et tu nous écouteras et nous sauveras !» Voici maintenant les Ammonites et les Moabites ainsi que les habitants de la région montagneuse de Séir. Tu n'as pas permis aux israélites de pénétrer sur leur territoire quand ils venaient d'Égypte et, en effet, ils ont fait un détour et ne les ont pas détruits. Les voici qui nous récompensent en venant nous chasser de ton héritage, celui que tu nous as donné ! (2 Chroniques 20.7-11)

La gratitude nous aide à voir la protection de Dieu. Plus nous nous souvenons de sa fidélité, plus notre foi est puissante. Et plus nous cherchons la main de Dieu sur nos vies, plus nous voyons sa main dans les détails. Nous reconnaissons que toute bonne chose vient de lui, donc nous ne sommes pas égarés (Jacques 1.16-17). Comme le dit le proverbe, la gratitude rend suffisant ce que nous avons. Le roi Josaphat a choisi de se souvenir de la fidélité et des dons de Dieu. Il a décidé que Dieu serait suffisant. Rendons grâces, ouvrons nos yeux sur ce que Dieu nous a déjà donné et faisons confiance à sa providence.

4. **Supplication** : Josaphat a demandé à Dieu de sauver son peuple de ses ennemis, car il savait qu'il ne pouvait pas le faire de lui-même : «Notre Dieu, ne vas-tu pas les juger ? En effet, nous sommes sans force devant cette foule nombreuse qui vient nous attaquer et nous ne savons que faire, mais nos yeux sont sur toi» (2 Chroniques 20.12).

Comme un enfant qui dépend d'un parent pour subvenir à ses besoins, nous dépendons de notre père céleste. Dieu nous invite à lui demander ce dont nous avons besoin et se réjouit de nous donner de bonnes choses (Matthieu 7.11). Mais si nous ne nous tournons pas vers lui ou ne lui faisons pas confiance, nous ne l'invitons pas dans la situation. «Vous ne possédez pas parce que vous ne demandez pas» (Jacques 4.2). **Confiez-lui toutes vos demandes et laissez-le décider de ce qui est le mieux.** Quels sont vos besoins ? Demandez à Dieu de les satisfaire. Priez aussi pour ceux des autres. Nous devrions «[prier] pour tous les saints» (Éphésiens 6.18). Aucune de vos demandes n'est trop grande ni trop petite. Pensez à dresser une liste de vos supplications dans votre journal et à la mettre à jour chaque semaine, en notant quand et comment Dieu a répondu à vos prières.

Au fur et à mesure que vous verrez Dieu répondre à des demandes spécifiques, votre confiance en lui grandira. Nous en apprendrons davantage sur la prière d'intercession au jour 41.

En incluant les éléments de prière (ACAS), vous arriverez à rester concentrés. L'ennemi veut perturber notre communication avec Dieu et essaie de nous distraire. Résistez à ses interruptions. Si la distraction se présente sous la forme d'idées ou de tâches que vous devez accomplir, notez-les par écrit, pour les examiner une fois que vous aurez fini la prière. Si ce qui vous distrait persiste, rejetez cela au nom de Jésus.

Lorsque nous prions, seuls ou en groupe, nous devons nous rappeler de faire une pause et d'écouter Dieu. «Il réveille, oui, matin après matin il réveille mon oreille pour que j'écoute comme le font des disciples» (Ésaïe 50.4). Lorsque vous priez, parlez et écoutez à tour de rôle, comme vous le faites dans les conversations quotidiennes avec les gens. Priez, «Parle, Éternel, car ton serviteur écoute» (1 Samuel 3.9). La voix de Dieu est souvent comme «un murmure doux et léger» (1 Rois 19.12), alors il vous faut faire le silence dans votre cœur pour l'entendre. Restez tranquille et concentrez-vous sur Jésus. Il a dit, «Mes brebis écoutent ma voix, je les connais et elles me suivent» (Jean 10.27).

Après que Josaphat eut prié, il a écouté Dieu. Dieu a répondu à Josaphat, en disant : «N'ayez pas peur et ne vous laissez pas effrayer devant cette foule nombreuse, car ce ne sera pas vous qui combattrez, ce sera Dieu. [...] Vous n'aurez pas à mener ce combat. Prenez position, tenez-vous là et vous verrez la délivrance que l'Éternel vous accordera» (2 Chroniques 20.15, 20.17). Incroyable! Sans surprise, Josaphat a obéi et le secours de Dieu est arrivé comme promis. De la même manière, nous pouvons avoir confiance qu'il nous entend : «L'Éternel est près de tous ceux qui font appel à lui, de tous ceux qui font appel à lui avec sincérité. Il accomplit les désirs de ceux qui le craignent, il entend leur cri et les sauve. L'Éternel garde tous ceux qui l'aiment, mais il détruira tous les méchants» (Psaumes 145.18–20).

Nous pouvons choisir d'obéir avant même de prier, sachant que c'est sa bataille, et pas la nôtre, qui doit être gagnée. Et ensuite nous pouvons suivre sa direction.

Laisser parler la Bible :

2 Chroniques 20.1–23 (lecture facultative : 2 Chroniques 6.1–11, 34–35)

Laisser parler son esprit :

Exercez-vous à écrire vos prières en utilisant le canevas suivant. Consignez vos prières dans un journal et notez les dates, afin de pouvoir faire une rétrospection pour voir comment Dieu vous a répondu (une pierre commémorative – jour 17).

1. **A**doration (adorer Dieu)
2. **C**onfession (confesser vos péchés et vos faiblesses)
3. **A**ctions de grâce (rendre grâce pour tout et même pour les épreuves)
4. **S**upplication (présenter nos requêtes)
5. Écoutez les réponses de Dieu, écrivez ce qu'il vous dit, demandez-lui de vous le confirmer, puis suivez sa direction.

Laisser son âme prier :

Père, apprends-moi à prier. Quand je viens à toi, fais de moi un adorateur, humble, reconnaissant et confiant en ta grâce et ta puissance. Affine ma perception de ta voix. Apprends-moi à écouter. Aide-moi à étudier et à méditer ta parole afin que je puisse prier selon ta volonté et entendre clairement ta voix... Au nom de Jésus, amen.

Laisser son cœur obéir :

Qu'est-ce que Dieu vous amène à connaître, à valoriser ou à faire ?

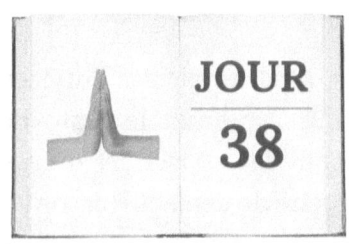

Évitez les obstacles
à la prière

Alors ils m'appelleront et je ne répondrai pas ; ils me
chercheront et ils ne me trouveront pas. Parce qu'ils ont haï
la science, et qu'ils n'ont pas choisi la crainte de l'Éternel.
Proverbes 1.28–29

Nous ne vivrons peut-être pas assez longtemps pour tout apprendre de par nos propres erreurs. Il est judicieux, parfois, d'apprendre des erreurs des autres. C'est peut-être exactement ce qu'a fait le roi Josaphat. Hier nous avons vu comment il a géré l'invasion de plusieurs nations en s'en remettant humblement en prière à Dieu. Des années auparavant, une autre menace militaire avait obligé le père de Josaphat, le roi Asa, à réagir. Plutôt que de se tourner vers Dieu, il s'est tourné vers une autre nation et l'a payé pour mener sa bataille. Bien qu'Asa ait déjà fait l'expérience de la puissance salvatrice de Dieu, il a succombé à l'autosuffisance et au doute. Le prophète Hanani a confronté le roi Asa :

En effet, l'Éternel parcourt toute la terre du regard pour soutenir ceux dont le cœur lui est attaché sans réserve. Tu t'es comporté de façon stupide dans cette affaire, car désormais tu auras des guerres. (2 Chroniques 16.9)

Parce que le cœur d'Asa n'était pas entièrement loyal à l'unique vrai Dieu, les conflits marquèrent le reste de ses jours. Comme Josaphat, nous aussi pouvons apprendre du roi Asa, afin de réaliser que Dieu est à la recherche de ceux qui lui sont dévoués. Il recherche des croyants qui le cherchent de tout leur cœur. Quand il voit que nos cœurs lui sont consacrés, Dieu répond à nos prières et se montre fort en notre faveur.

Mais parfois quand nous prions, Dieu ne répond pas. Nos prières donnent l'impression de tomber par terre sans résultat. Ce n'est pas que nous avons besoin d'un amplificateur ou de parler plus clairement. Parfois Dieu ne nous entend pas parce que nous avons dans nos vies un péché qui bloque nos prières (Psaumes 66.16–20 ; Ésaïe 5). Ou nous prions pour de mauvaises raisons. Oui, nos propres mauvais choix (et non pas les mauvaises décisions des autres) peuvent entraver nos prières. Aujourd'hui, identifions les principales erreurs que les gens peuvent commettre lorsqu'ils s'approchent de Dieu dans la prière afin que nous puissions les éviter. Cette liste n'est pas exhaustive, mais elle contient les sept raisons les plus probables pour lesquelles Dieu ne répond pas à nos prières.

1. **Le péché non confessé** : Avez-vous déjà changé de sujet lorsqu'une conversation vous mettait mal à l'aise ? Nous le faisons aussi avec Dieu. Quand il nous révèle un péché par la conviction du Saint-Esprit et que nous évitons de le confesser, en continuant à prier pour d'autres préoccupations, nous créons une barrière. **Dieu ne prêtera pas attention à nos prières tant que nous n'avouerons pas le péché qu'il nous a déjà révélé.** Pourquoi devrions-nous nous attendre à ce que Dieu nous écoute et nous réponde quand nous ne l'écoutons pas et ne lui répondons pas ? Le psalmiste écrit, « Si j'avais eu l'injustice en vue dans mon cœur, le Seigneur ne m'aurait pas exaucé » (Psaumes 66.18). Notre péché attriste Dieu et le péché devrait nous attrister aussi (Éphésiens 4.30). C'est pourquoi nous devons confesser nos péchés dès que Dieu nous les rappelle. Il est fidèle pour nous pardonner (1 Jean 1.9) et pour restaurer notre relation avec lui. Laissez-le vous restaurer.

2. **La désobéissance** : En plus de confesser, nous devons aussi nous repentir en nous détournant du péché et en nous tournant vers Dieu. Lorsque nous sommes déterminés à suivre notre propre voie et à ignorer les instructions de Dieu, nos prières sont sans valeur pour lui. «Si quelqu'un détourne l'oreille pour ne pas écouter la loi, sa prière même fait horreur» (Proverbes 28.9). Il y a une différence entre quelqu'un qui se soumet à la souveraineté de Jésus tout en luttant parfois pour obéir et quelqu'un qui prie Dieu pour obtenir sa bénédiction tout en le défiant délibérément. Quand nous voulons les bénédictions de Dieu, mais que nous rejetons ses voies, nos prières peuvent être entravées, peu importe le nombre d'autres bonnes choses que nous faisons. «L'Éternel trouve-t-il autant de plaisir dans les holocaustes et les sacrifices que dans l'obéissance à sa voix ? Non, l'obéissance vaut mieux que les sacrifices et l'écoute attentive vaut mieux que la graisse des béliers» (1 Samuel 15.22). Dieu connaît nos cœurs et désire nous pardonner, mais nous devons lui faire confiance et le suivre.

3. **L'égoïsme** : L'égoïsme, l'indifférence aux besoins des autres, entrave la prière. Dieu veut que nous prenions soin de nous-mêmes, mais nous devons aussi être sensibles aux besoins de ceux qui nous entourent. La volonté de Dieu façonne nos prières et une partie de sa volonté est que nous aimions et servions les autres : «Que chacun regarde, au lieu de regarder à ses propres intérêts, regarde aussi ceux des autres» (Philippiens 2.4). Dieu voit toujours nos véritables motivations. «Quand vous demandez, vous ne recevez pas parce que vous demandez mal, dans le but de satisfaire vos passions» (Jacques 4.3). Quand nos prières sont égoïstes, Dieu ne peut pas y répondre.

4. **Le doute** : Lorsque nous prions avec foi, nous avons confiance en la personne de Dieu et en ce qu'il a fait. En revanche, lorsque nous prions sans foi, nous doutons de ses promesses et de ses capacités. **Demander à Dieu sans croire qu'il va nous aider est une preuve de doute.** Priez-vous en doutant ou avec foi? «Mais qu'il la demande avec foi, sans douter, car celui qui doute ressemble aux vagues de la

mer que le vent soulève et agite de tous côtés. Qu'un tel homme ne s'imagine pas qu'il recevra quelque chose du Seigneur » (Jacques 1.6–7). Il est normal de douter de Dieu parfois et quand cela arrive, nous pouvons demander à Dieu de renforcer notre foi, en priant comme l'homme qui a crié à Jésus, «Je crois, [Seigneur], viens au secours de mon incrédulité ! » (Marc 9.24). **Priez dans la foi, c'est-à-dire avec la foi en la bonté de Dieu et non la foi qu'il fera tout ce que nous demandons.** Notre désir sincère d'obtenir quelque chose ne l'oblige pas à accéder à notre demande. Souvenez-vous : *Dieu est bon, quoi qu'il arrive.* Lorsque nous le croyons, nous avons confiance en la solution qu'il apportera à la situation que nous traversons. Si nous doutons de la bonté de Dieu, alors nous douterons du fait que sa réponse soit la bonne, qu'elle soit oui, non ou pas maintenant. **Demandez avec foi et laissez *Dieu* décider du résultat**, en vous rappelant qu'il «récompense ceux qui le cherchent» (Hébreux 11.6).

5. **Le refus de pardonner** : Si nous sommes rancuniers, Dieu peut ne pas écouter nos prières. Refuser de pardonner aux autres indique que nous ne comprenons pas le coût immense du sacrifice de Jésus pour nous. Mais quand nous grandissons dans la grâce de Dieu et que nous réalisons l'ampleur de son pardon, nous pardonnons aux autres comme nous avons été pardonnés, même quand les gens nous ont blessés à plusieurs reprises. «Alors Pierre s'approcha de Jésus et lui dit : "Seigneur, combien de fois pardonnerai-je à mon frère, lorsqu'il péchera contre moi ? Est-ce que ce sera jusqu'à 7 fois ?" Jésus lui dit : "Je ne te dis pas jusqu'à 7 fois, mais jusqu'à 70 fois 7 fois"» (Matthieu 18.21–22). Pardonner aux autres, même quand – et surtout quand – c'est compliqué, donne à Dieu une grande gloire et une preuve de notre foi en lui. C'est l'une des façons les plus significatives de démontrer, en tant que disciples de Jésus, notre identité en Christ (voir les jours 10 et 25 pour en savoir plus sur le pardon).

Soyons clairs, pardonner aux autres ne signifie pas que nous devons rester dans des situations d'abus. Vous n'avez pas besoin de vous mettre dans une situation dangereuse. Comme nous l'avons déjà dit, le pardon consiste à abandonner toute colère ou amertume envers nos agresseurs et à permettre à l'amour et à la grâce de Dieu vous guérir. Il vous libère pour que vous puissiez ressentir le pardon de Dieu dans votre propre vie. **Même s'ils ne le méritent pas, pardonnez aux autres parce que vous avez été pardonnés par Dieu quand vous ne le méritiez pas.** En fin de compte, le pardon vous libère et libère vos prières.

6. **L'offense** : Avez-vous fait du tort à quelqu'un ou l'avez-vous offensé ? Jésus dit que nous devons mettre les choses en ordre avant de venir à Dieu dans la prière. « Si donc tu présentes ton offrande vers l'autel et que là tu te souviennes que ton frère a quelque chose contre toi, laisse ton offrande devant l'autel et va d'abord te réconcilier avec ton frère, puis viens présenter ton offrande » (Matthieu 5.23–24). Parfois, nous pouvons ne pas savoir ce que nous avons fait de mal. La personne agit différemment ou prend ses distances. Il est préférable d'aller vers elle et de lui demander si nous l'avons offensée. Excusez-vous. Demandez pardon. Réparez l'offense. Quand Zachée rencontra Jésus, il se repentit d'avoir volé. Il corrigea cela en donnant la moitié de ses biens aux pauvres et en rendant aux gens quatre fois ce qu'il leur avait pris (Luc 19.8). Lorsque nous nous repentons devant Dieu et réparons le mal causé aux autres, nous pouvons faire plus que ce qui est demandé. Parfois, la personne que nous avons lésée refuse de pardonner, même après que nous ayons essayé d'arranger les choses. Nous devons nous rappeler que chacun gère la douleur différemment et elle peut avoir besoin de plus de temps. Quand cela arrive, priez et sachez que c'est **Dieu qui change les cœurs, et pas vous.** Laissez-le agir, en sachant que vous avez fait ce qu'il vous a demandé de faire. Paul enseigne, « S'il est possible, dans la mesure où cela dépend de vous, soyez en paix avec tous les hommes » (Romains 12.18).

7. **Le conflit conjugal** : Les conflits dans un mariage peuvent aussi entraver la prière. L'apôtre Pierre enseigne : « Maris, vivez de même en montrant de la compréhension à votre femme, en tenant compte de sa nature plus délicate ; montrez-lui de l'estime, car elle doit hériter avec vous de la grâce de la vie. Agissez ainsi afin que rien ne

fasse obstacle à vos prières» (1 Pierre 3.7). Bien que Pierre adresse ce verset aux maris, les femmes ne peuvent pas non plus créer des conflits dans leur mariage sans en subir les conséquences. Si nous créons des problèmes dans notre mariage, nous perturbons aussi notre relation avec Dieu. Ne vous inquiétez pas des attitudes et des actions de votre conjoint; assurez-vous juste que vos attitudes et vos actions honorent Dieu.

Si nous apprenons de ces erreurs, nous pouvons éviter de les reproduire nous-mêmes. Dieu prend le péché au sérieux parce qu'il nous aime. S'il nous permettait d'avoir une vie de prière éclatante alors que le péché interfère encore dans notre relation, il accepterait des attitudes et des actions qui violent sa nature sainte et qui nous sont préjudiciables. Dieu nous aime trop pour cela.

Donc, si vous vous reconnaissez dans l'un de ces obstacles à la prière, sachez que Dieu désire vous pardonner. Si vous doutez, demandez à Dieu de fortifier votre foi. Si vous portez le fardeau d'un péché non confessé, de la désobéissance ou de l'égoïsme, confessez-le à Dieu. Ensuite, avancez dans la repentance. Si vous avez de la rancune, libérez-vous-en. Si vous avez offensé quelqu'un ou êtes en conflit avec votre conjoint, arrangez la situation. Votre amitié intime avec le Seigneur sera alors restaurée. «Le regard de l'Éternel est sur ceux qui le craignent, sur ceux qui espèrent en sa bonté» (Psaumes 33.18). Dieu prend vraiment plaisir à entendre et à répondre à vos prières.

Laisser parler la Bible :

Ésaïe 59 (lecture facultative : Psaumes 66)

Laisser parler son esprit :

1. Y a-t-il des obstacles à vos prières ? Après avoir lu la leçon d'aujourd'hui, quelles sont, à votre avis, les choses qui bloquent vos prières ?

2. Quand vous priez, êtes-vous plus motivé par la volonté de Dieu ou par vos propres désirs ? Pourquoi pensez-vous que c'est le cas ?

3. Priez-vous avec foi ou êtes-vous en proie au doute ? Que pourriez-vous faire pour améliorer votre foi ?

Laisser son âme prier :

Père, révèle-moi tout ce qui fait obstacle à mes prières. Donne-moi le courage d'éliminer le péché, afin que je puisse communiquer claire-ment avec toi. Dès qu'un obstacle se présente, rends-moi conscient de cela afin que je puisse y faire face immédiatement. Écoute mes prières. Parle-moi. Aide-moi à t'écouter... Au nom de Jésus, amen.

Laisser son cœur obéir :

Qu'est-ce que Dieu vous amène à connaître, à valoriser ou à faire ?

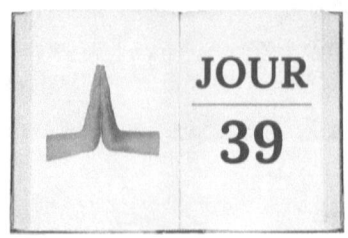

Jeûnez et priez

Alors tu appelleras et l'Éternel répondra ;
tu crieras et il dira : me voici
Ésaïe 58.9

Il y a des moments dans la vie de chacun où la prière seule ne suf-fit pas. Les circonstances sont trop difficiles. Les besoins sont trop grands. Les décisions sont trop importantes. Il y a des moments où nous avons besoin d'entendre Dieu et nous avons besoin de l'enten-dre immédiatement.

Considérons la reine Esther et son rôle dans l'histoire de Dieu. Elle a risqué sa vie pour sauver le peuple juif d'un terrible complot de génocide (Esther 4). Le premier ministre du roi méprisait tellement les juifs qu'il avait conçu un plan pour les détruire dans tout l'empire. Il fixa une date pour leur extermination. Esther, une orpheline juive qui avait épousé le roi perse, devait entrer dans la cour du roi à l'im-proviste pour implorer la miséricorde du roi pour son peuple, ce qui était pourtant un motif d'exécution. La situation était désespérée. Mardochée, le cousin et tuteur d'Esther, l'a interpellé, **« Peut-être est-ce pour une circonstance telle que celle-ci que tu es parvenue à la royauté »** (Esther 4.14). Esther avait besoin de courage et les Juifs avaient besoin de salut. Tout le monde avait besoin d'être protégé du mal. Ils ont donc prié et jeûné pendant trois jours. Animée par la foi, Esther entra humblement dans la cour du roi, faisant confiance à Dieu pour le résultat. Dieu lui accorda gracieusement les faveurs du roi. Une fois de plus, Dieu a porté secours à son peuple quand il s'est tourné vers lui.[1]

À maintes reprises, nous voyons dans la Bible qu'il est important de prier et de jeûner, que ce soit individuellement ou en groupe. Ce type de prière intense est approprié parce que la situation est sérieuse. Ce qui distingue le jeûne biblique des autres jeûnes c'est le motif : la recherche du cœur de Dieu. Parfois, au point de pleurer. Le Seigneur dit, «Revenez à moi de tout votre cœur, avec des jeûnes, avec des pleurs et des lamentations!» (Joël 2.12). Le jeûne ne consiste pas seulement à s'abstenir de manger; c'est une prière prononcée avec repentance, intercession ou agonie. Jésus a aussi parlé d'un moment de tristesse où **ses** disciples jeûneraient. «Les jours viendront où le marié leur sera enlevé et alors ils jeûneront durant ces jours-là» (Marc 2.20). Mais qu'est-ce que le jeûne biblique et comment pouvons-nous le faire d'une manière qui plaise au Seigneur?

Le jeûne est l'expression extérieure d'une prière intérieure. C'est un acte d'abnégation par lequel nous détournons notre attention de nous-mêmes (de nos besoins physiques) pour la porter sur Dieu. Le jeûne n'est pas un régime pour perdre du poids, une punition ou une exigence de salut. Durant un jeûne, nous ne marchandons pas avec Dieu; notre privation ne nous garantit pas d'obtenir sa faveur. Au contraire, notre prière associée au jeûne exprime notre désespoir de voir Dieu intervenir à sa façon et notre confiance en lui. Il y a de la puissance dans le jeûne.

Quand nous jeûnons, nous nous privons de nourriture solide pour démontrer notre soif de Dieu. La privation physique accroît notre prise de conscience du spirituel, car notre chair se soumet à l'Esprit. Plutôt que de rechercher la nourriture quand nous avons faim, nous permettons à ces souffrances de faim de devenir des invitations à la prière qui nous poussent vers Dieu. Notre faim ou notre fatigue nous rappelle notre faiblesse humaine et la nécessité de la grâce continuelle de Dieu. Alors que nous continuons à prier et à nous nourrir de sa parole, il en résulte une dépendance plus

---

1 Lisez le livre d'Esther pour mieux comprendre le soin providentiel de Dieu pour son peuple.

profonde pour Dieu et pour notre communion avec lui. C'est pourquoi certaines traditions chrétiennes intègrent des formes de jeûne dans leur pratique habituelle. Un bon exemple est le jeûne pendant le carême (les quarante jours précédant le dimanche de Pâques) pour préparer leur cœur à célébrer la résurrection de Christ.

Il existe différents types de jeûnes. En général, le jeûne consiste à s'abstenir de nourriture et à ne boire que de l'eau pendant vingt-quatre heures, en commençant après le repas du soir. (Vous vous souvenez du roi Josaphat au jour 37? Le peuple jeûna de cette façon.) **Avant de restreindre votre régime, consultez votre médecin.** *Un jeûne à l'eau uniquement n'est pas encouragé sans supervision médicale.* Une autre approche du jeûne consiste à boire de l'eau, du café/thé et du jus de fruits tout au long de la journée, en ne rompant le jeûne que pour le repas du soir. Vous pouvez également éliminer un repas par jour ou limiter votre alimentation aux légumes, au bouillon, au jus, au café/thé et à l'eau pendant plusieurs jours. Ces variantes de jeûnes vous permettent d'avoir assez d'énergie pour fonctionner.[1]

Si vous vous abstenez de nourriture et d'eau (ce qu'on appelle un « jeûne absolu »), votre jeûne doit être très court. Il ne devrait jamais être entrepris sans préparation physique, sans conseil et sans supervision. Si vous êtes âgé de moins de 18 ans, si vous êtes enceinte ou si vous souffrez d'un problème de santé qui interdit de jeûner, vous pouvez décider de vous priver d'autre chose. Par exemple, vous pouvez décider de vous priver de la technologie (p. ex. téléphone, ordinateur, médias sociaux) ou du divertissement (p. ex. télévision, films, musique).

Dieu ne se soucie pas tant de ce dont nous nous privons, mais plutôt des raisons qui nous poussent à jeûner. Comme nous l'avons appris hier, ce qui compte pour Dieu, c'est la motivation.

Au fil des siècles, les israélites sont devenus légalistes avec le jeûne et Dieu a exposé leur hypocrisie. Ils se comportaient comme

---

1 La Bible ne parle pas du jeûne des enfants. Le jeûne des enfants est déconseillé par égard pour leurs besoins métaboliques et nutritionnels. Si vous avez des antécédents médicaux, êtes enceinte ou êtes diabétique, vous pouvez toujours pratiquer une prière dans l'esprit du jeûne (tout en respectant votre régime alimentaire) en envisageant de vous priver d'autre chose que de la nourriture.

s'ils voulaient glorifier Dieu, mais en réalité, ils ne cherchaient qu'à impressionner les autres. Ils étaient fiers de leur rigueur religieuse et pensaient que Dieu l'était aussi. Ils se demandaient pourquoi Dieu n'applaudissait pas leurs efforts, alors il leur dit clairement : « C'est que, le jour où vous jeûnez, vous accomplissez vos propres désirs et traitez durement tous vos ouvriers. Votre jeûne débouche sur des procès et des disputes, sur de méchants coups de poing. Vous ne jeûnez pas, comme vous le faites aujourd'hui, de manière à faire entendre votre voix là-haut » (Ésaïe 58.3-4). Leur jeûne d'autoglorification ainsi que leurs péchés non confessés ont mis Dieu en colère. Jésus les a mis en garde : « Lorsque vous jeûnez, ne prenez pas un air triste comme les hypocrites. En effet, ils présentent un visage tout défait pour montrer aux hommes qu'ils jeûnent. Je vous le dis en vérité, ils ont leur récompense » (Matthieu 6.16). **Dieu déteste le jeûne d'apparat.**

Notre jeûne devrait être très différent du jeûne que Jésus a critiqué dans Matthieu 6. Au lieu de cela, il ordonne aux croyants de faire ceci : « Quand tu jeûnes, parfume ta tête et lave ton visage afin de ne pas montrer que tu jeûnes aux hommes, mais à ton Père qui est là dans le lieu secret ; et ton Père, qui voit dans le secret, te le rendra » (Matthieu 6.17–18). Le secret permet de garder vos motivations pures. Quand vous jeûnez avec un groupe, les autres sauront que vous jeûnez, mais n'attirez pas l'attention sur vous. **Dieu aime le jeûne discret.**

Il existe de nombreuses raisons bibliques pour jeûner,[1] mais aujourd'hui nous nous concentrerons sur deux d'entre elles : le jeûne pour la résolution d'un problème et le jeûne pour le renouvellement spirituel. Quand le prophète Esdras est revenu à Jérusalem après son exil en Perse, il avait un problème. Son rôle dans l'histoire de Dieu était de rétablir la loi de Dieu avec d'autres prêtres du Seigneur, mais

---

1 La parole de Dieu nous donne de nombreux exemples de jeûnes à suivre. Dans l'Ancien Testament, le peuple de Dieu s'est repenti et a jeûné pour le renouvellement spirituel (1 Samuel 7.1–8), pour la sécurité et la résolution de problèmes (Esdras 8.21–23), pour la misericorde et la faveur (Néhémie 1–2), pour la santé physique (Daniel 1.12–20) et pour la protection contre le mal (Esther 4.16). Dans le Nouveau Testament, les croyants jeûnaient également pour leur dévotion personnelle (Luc 2.37), pour la dévotion de groupe (collective) (Actes 13.2) et pour la préparation au ministère (Actes 14.23).

les ennemis des régions environnantes s'y opposaient. C'était une menace sérieuse, mais les israélites étaient trop effrayés et gênés pour demander de l'aide au roi de Perse. Esdras rapporte, «J'ai proclamé un jeûne d'humiliation devant notre Dieu» (Esdras 8.21). Dieu répondit et Esdras ajouta, «C'est pour cela que nous avons jeûné et recherché notre Dieu et il a accueilli favorablement notre prière» (Esdras 8.23). Dieu approuva le jeûne collectif d'Esdras et nous pouvons donc nous en inspirer. Trois points en ressortent :

1. **Esdras a demandé à toutes les personnes concernées par le problème de jeûner.** Si un problème affecte un groupe, le cercle de personnes devant jeûner devrait être aussi large que possible. (Un problème privé nécessite un jeûne privé.)[1]

2. **Ils ont jeûné avec sérieux et humilité.** Ils espéraient désespérément la solution de Dieu, le cherchant sincèrement afin d'obtenir son aide. Persévérez dans la prière pendant que vous jeûnez.

3. **Ils ont jeûné *avant* d'essayer de résoudre le problème.** N'agissez pas avant d'avoir prié, jeûné et entendu Dieu. Il est essentiel d'attendre sa réponse.

Vous n'êtes peut-être pas confronté à un problème mortel comme Esdras, mais jeûner en prière vous aidera à chercher la sagesse pour prendre des décisions plus claires.

Dieu peut vous appeler à jeûner pour un renouvellement spirituel, un jeûne pour la liberté spirituelle, pour un réveil, pour un retour à Dieu dans votre mariage, dans votre communauté, dans votre nation ou même dans votre propre vie. Le prophète Samuel a appelé le peuple de Dieu à jeûner parce qu'il était spirituellement faible et égaré depuis des années. L'arche de l'alliance, qui symbolisait la présence de Dieu, avait été volée à cause du péché des israélites.

---

1 Elmer L. Towns, *Fasting for Spiritual Breakthrough: A Guide to Nine Biblical Fasts* [*Le jeûne pour une percée spirituelle : un guide pour 9 types de jeûnes bibliques*], (Ventura, CA: Regal Books, 1996), 46–47.

Ils avaient l'impression que Dieu les avait abandonnés, alors Samuel a appelé à un jeûne. Avant de prier pour le peuple, il leur ordonna de se débarrasser de tous leurs faux dieux. Ils répandirent de l'eau sur le sol devant le Seigneur durant une cérémonie, symbolisant la purification et le renouvellement spirituel. « Et ils jeûnèrent ce jour-là en disant : « Nous avons péché contre l'Éternel! » » (1 Samuel 7.6). Dieu répondit en triomphant de leurs ennemis et en leur confiant à nouveau l'arche. Le jeûne de Samuel nous donne deux orientations :

1. **Comme pour Esdras, Samuel a impliqué tout le monde dans le jeûne.** Toute la communauté voulait un renouvellement spirituel, donc toute la communauté a jeûné.

2. **Ils ont confessé leurs péchés et s'en sont repentis ensemble.**[1] Ils ont assumé la responsabilité du péché qui les avait éloignés de Dieu et rendus spirituellement affamés. « Nous avons péché contre l'Éternel » (1 Samuel 7.6). Non seulement ils ont confessé leur péché, mais ils se sont repentis en détruisant leurs idoles et en retournant à lui.

Nous pouvons regarder leur rôle dans l'histoire de Dieu et apprendre de leur exemple. La discipline du jeûne ne doit pas être prise à la légère. Le jeûne concerne les situations qui exigent une attention sérieuse. Dieu nous invite à jeûner et à prier parce que cela l'honore et nous en tirons profit, car cela nous rend plus conscients de sa présence dans la situation que nous traversons. En pensant à votre vie, vous pouvez peut-être vous identifier aux cris d'Esdras et de Samuel pour une intervention divine. Si Dieu vous conduit à jeûner, réfléchissez aux questions ci-dessous avant de commencer :

1. Identifiez le but de votre jeûne. Pourquoi jeûnez-vous ?
2. Déclarez votre foi en la capacité d'intervention de Dieu (Ésaïe 59.1).

---

1 Ibid., 66–89.

3. Déterminez comment vous allez jeûner (eau et jus seulement, un repas par jour, etc.). **Consultez votre médecin avant de supprimer des aliments de votre régime alimentaire.**

4. Décidez quand vous commencerez le jeûne et quand vous le terminerez.

5. Trouvez une promesse biblique pour vous encourager pendant votre jeûne : «Alors tu appelleras et l'Éternel répondra, tu crieras et il dira : « Me voici! »» (Ésaïe 58.9).

Le jeûne nous démontre à nous-mêmes et à Dieu que nous sommes sérieux dans notre relation avec lui. Quand vous jeûnez avec votre cœur centré sur la volonté de Dieu, attendez-vous à des réponses de celui qui vous aime et désire ardemment que vous le trouviez (Jérémie 29.13). Rapprochez-vous de Dieu et fortifiez votre foi en adorant humblement Dieu par la prière et le jeûne.

Laisser parler la Bible :

Ésaïe 58 (lecture facultative : Esther 4)

Laisser parler son esprit :

1. Avez-vous déjà jeûné et prié ? Si oui, pensez-vous que cela a amélioré votre temps de prière ? Expliquez.

2. Voyez-vous des problèmes dans votre vie ou dans votre communauté qui nécessitent un jeûne ?

3. Est-ce que vous et vos amis envisageriez de jeûner pour un renouvellement spirituel ? Si oui, parlez et priez les uns avec les autres sur la possibilité de jeûner ensemble.[1]

Laisser son âme prier :

Père, aide-moi à développer ma maturité spirituelle, pour savoir comment et quand jeûner. Quand je jeûne, aide-moi à ne pas céder à l'apitoiement sur moi-même ou à l'orgueil, mais au contraire, aide-moi à prier avec désespoir et avec un cœur plein de foi. Que je puisse toujours avoir faim de toi par-dessus tout. Au nom de Jésus, amen.

Laisser son cœur obéir :

Qu'est-ce que Dieu vous amène à connaître, à valoriser ou à faire ?

---

1 Visitez allinmin.org pour obtenir des outils téléchargeables à utiliser pour un jeûne en groupe.

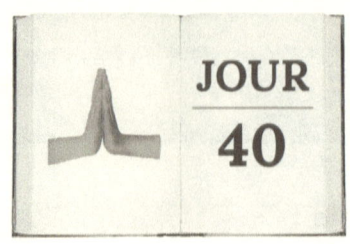

Priez avec la parole de Dieu, découvrez la volonté de Dieu

Si vous demeurez en moi et que mes paroles demeurent en vous, demandez ce que vous voudrez et cela vous sera accordé.
Jean 15.7

Peu importe où vous vivez dans le monde, vous pouvez voir que les gens sont des créatures d'habitude. Nous nous levons à la même heure chaque matin. Nous préparons les mêmes aliments chaque jour. Nous avons tendance à nous asseoir aux mêmes endroits aux réunions hebdomadaires de l'église. Mais si les routines de la vie quotidienne peuvent nous être utiles, en créant un environnement d'ordre et de prévisibilité, elles peuvent aussi être nuisibles à nos habitudes de prière régulière. S'approcher inconsciemment de Dieu de la même façon, avec la même prière, jour après jour, peut rendre notre relation avec lui ennuyeuse et sans vie. Parfois, nous avons besoin d'insuffler de la vie à nos prières et nous pouvons le faire grâce aux Écritures, qui sont inspirées par Dieu.

La prière qui se fonde sur les Saintes Écritures enflamme notre communication avec Dieu. Nous voyons cette pratique en application à travers toute la Bible, lorsque de grands croyants, y compris notre Seigneur Jésus lui-même, priaient avec assurance avec les Écritures. Les prières scripturaires peuvent nous aider à maintenir notre communication avec Dieu vivante, efficace, centrée sur lui (et pas sur nous-mêmes) et sur sa gloire (pas la nôtre). En utilisant ses paroles, nous cherchons à aligner notre pensée avec la sienne et à prier selon sa volonté. Nous faisons confiance à la promesse qu'il entend et répond aux prières qui sont conformes à sa volonté (1 Jean 5.14–15). C'est pourquoi le psalmiste David a déclaré avec confiance : « Fais de l'Éternel tes délices et il te donnera ce que ton cœur désire » (Psaumes 37.4).

Mais certaines personnes abusent de ces Écritures et s'en servent comme des formules uniques pour obtenir ce qu'elles veulent. *Fais de l'Éternel tes délices ? D'accord, je t'aime, Seigneur ! J'aime te louer, Seigneur ! J'aimerais que tu répondes à toutes mes prières maintenant, Seigneur.* Ce n'est pas ce que ces versets signifient. « Faire de l'Éternel ses délices » signifie le désirer et il vous donnera de nouveaux désirs – ses désirs. Que veut Dieu pour nous ? Sa volonté est toujours :

- pour sa gloire (Romains 11.36) ;
- d'avoir une relation avec nous (Matthieu 23.37) ;
- de nous amener à lui-même par Christ (Romains 5.1) ;
- que nous devenions semblables à Christ (Romains 8.29) ;
- pour que nous nous réjouissions, que nous lui rendions grâces et que nous le priions sans cesse (1 Thessaloniciens 5.16–18).
- pour notre sainteté et notre pureté sexuelle (1 Thessaloniciens 4.3) ;
- que tous les hommes viennent à lui (2 Pierre 3.9) ;
- que la vérité nous remplisse (Colossiens 3.16) ;
- pour le bien de nos cœurs plus que pour l'accomplissement d'œuvres (Osée 6.6) ;
- que nous demeurions en lui et que nous jouissions d'une vie abondante (Jean 10.10, 15.1–17).

Nous savons que ces choses sont la volonté de Dieu parce que sa parole le dit et nous pouvons prier avec assurance pour qu'il travaille à accomplir ce qu'il désire. Cependant, quand il s'agit de décisions plus spécifiques, plus personnelles – par exemple pour savoir où emménager ou pour trouver un emploi –, nous ne trouvons pas d'instructions détaillées dans la Bible. Cela peut sembler décourageant à première vue, mais alors que nous continuons à nous enraciner dans la parole de Dieu, notre esprit est transformé. Nous devenons alors plus aptes à discerner sa volonté unique pour nous et à reconnaître sa main dans nos besoins particuliers. La clé est de remplacer la pensée du monde par l'esprit de Christ : « Ne vous conformez pas au monde actuel, mais soyez transformés par le renouvellement de l'intelligence afin de discerner quelle est la volonté de Dieu, ce qui est bon, agréable et parfait » (Romains 12.2).

Parfois, malgré nos efforts pour discerner la volonté de Dieu, nous ne savons tout simplement plus comment prier. Quand nous ne savons pas quoi dire, l'Écriture peut nous donner les bons mots. Et nous pouvons aussi compter sur le Saint-Esprit pour prier *pour* nous. Dieu connaît tous nos désirs et nos besoins, même ceux que nous ne connaissons pas encore. Nous pouvons lui faire confiance pour organiser les circonstances et pourvoir à nos besoins au bon moment et de la bonne manière, même lorsque nous n'avons pas les mots justes :

> De même l'Esprit aussi nous vient en aide dans notre faiblesse. En effet, nous ne savons pas ce qu'il convient de demander dans nos prières, mais l'Esprit lui-même intercède [pour nous] par des soupirs que les mots ne peuvent exprimer. Et Dieu qui examine les cœurs sait quelle est la pensée de l'Esprit, parce que c'est en accord avec lui qu'il intercède en faveur des saints. (Romains 8.26–27)

Avec l'aide du Saint-Esprit, nous pouvons décharger nos fardeaux sur Dieu, en lui faisant confiance pour diriger le résultat selon sa volonté. Nous n'avons pas besoin de discerner la volonté de Dieu *avant* de prier. **La prière nous conduit à la découverte de sa volonté.** Par la prière, Dieu change notre cœur pour le rendre conforme à sa volonté. Priez humblement pour ce que vous voulez, mais priez avec un cœur soumis à ses desseins : « Toutefois, que ce ne soit pas ma volonté qui se fasse, mais la tienne » (Luc 22.42). Lorsque Dieu commence à vous montrer sa volonté, continuez à lui faire confiance en évoluant dans les prochaines étapes avec obéissance. L'apôtre Paul a fidèlement illustré cet exemple. Trois fois, il a demandé à Dieu de retirer «une écharde dans le corps, un ange de Satan pour [le] frapper» (2 Corinthiens 12.7) et trois fois, Dieu a refusé sa demande.

Néanmoins Paul est resté fidèle à Dieu parce que son désir était avant tout de faire la volonté de Dieu. Par cette expérience, il a appris que la grâce de Dieu est suffisante pour accomplir la volonté de Dieu. Par conséquent, Paul «a terminé la course» et «[a] gardé la foi» (2 Timothée 4.7) et Dieu fut grandement glorifié à travers sa vie.

Lorsque nous nous appuyons sur Dieu et sur sa parole dans la prière, surtout dans nos moments difficiles, nous puisons davantage de sa force pour vivre selon son plan. **C'est peut-être dans ces moments difficiles que nous pouvons le mieux voir comment l'Écriture fortifie nos prières. Prier avec la parole de Dieu libère la puissance de Dieu pour transformer nos cœurs et nos circonstances.** Elle est aussi «est inspirée de Dieu et utile pour enseigner, pour convaincre, pour corriger, pour instruire dans la justice, afin que l'homme de Dieu soit formé et équipé pour toute œuvre bonne» (2 Timothée 3.16–17). La parole de Dieu ne faillit jamais; elle nous parle et nous prépare pour ses plans.

Sachant que la parole de Dieu accomplit toujours son œuvre, nous pouvons courageusement revendiquer les promesses de Dieu et croire qu'il les tiendra. Il y a plus de 7000 promesses dans la Bible et la plupart sont conditionnelles. Certaines promesses s'adressent à des personnes particulières. Et d'autres exigent une action particulière. Lorsque vous lisez une promesse, examinez soigneusement le contexte d'origine pour voir si elle est conditionnelle ou pas. Prêtez attention pour savoir si vous devez faire quelque chose avant que Dieu n'entre en scène. Quand nous présentons des promesses conditionnelles en prière, nous demandons à Dieu de nous aider à assumer notre responsabilité, puis nous l'appelons à répondre à notre obéissance comme il l'a promis. Voici quelques exemples :

- «Soumettez-vous donc à Dieu, mais résistez au diable et il fuira loin de vous. Approchez-vous de Dieu et il s'approchera de vous» (Jacques 4.7-8).

Dieu, aide-moi à m'abandonner à toi et à résister à l'ennemi afin qu'il me laisse tranquille. Aide-moi à te chercher. Je viens à toi de tout mon cœur. Approche-toi de moi, Seigneur.

- «Si nous reconnaissons nos péchés, il est fidèle et juste pour nous les pardonner et pour nous purifier de tout mal» (1 Jean 1.9).

  Père, merci pour ta fidélité à me pardonner. Je confesse que j'ai _____. Purifie-moi de toute iniquité et aide-moi à marcher dans ton esprit, pour ta gloire.

- «Recherchez d'abord le royaume et la justice de Dieu et tout cela vous sera donné en plus» (Matthieu 6.33).

  Seigneur, aide-moi à faire de tes desseins ma priorité et à vivre selon tes principes plutôt que les choses de ce monde. Je sais que quand je le ferai, tu répondras à tous mes besoins. Je te fais confiance.

La prière active les promesses de Dieu dans nos vies. Nous ne savons peut-être pas quand ni comment Dieu les accomplira, mais nous savons que prier en fonction de ses promesses nous aide à lui faire confiance et à vivre selon sa volonté. «En effet, pour toutes les promesses de Dieu, c'est en lui que se trouve le «oui» et c'est [donc] aussi par lui que nous disons «amen» à Dieu, pour sa gloire» (2 Corinthiens 1.20). Dieu nous aime et veut que nous priions, que nous déclarions sa parole dans la foi, que nous revendiquions ses promesses et que nous mettions notre espoir entièrement en lui. «Souviens-toi de ta promesse à ton serviteur, puisque tu m'as donné l'espérance!» (Psaumes 119.49).

Laisser parler la Bible :
Matthieu 6.9–13 (lecture facultative : Romains 12.1–2)

Laisser parler son esprit :
1. Connaître la volonté de Dieu nous aide à faire face aux problèmes et à prendre des décisions. Sur quelle promesse de l'Écriture vous appuyez-vous ? Trouvez-en une aujourd'hui qui vous aide d'une manière ou d'une autre.

2. Les désirs de votre cœur ont-ils changé depuis que vous grandissez dans votre amitié avec Dieu ? Développez.

3. Si vous luttez dans un domaine particulier, trouvez un verset ou un passage des Écritures qui vous aidera à surmonter votre problème. Notez-le et mémorisez-le (jour 34). Déclarez régulièrement ces paroles de l'Écriture en prière. Dieu aime entendre sa parole et il aime l'entendre de vous pour savoir comment vous aider à vaincre.

Laisser son âme prier :
Père, ta parole est puissante. Aide-moi à prier en fonction de ta parole afin que je prie selon ta volonté. Révèle-moi les promesses que tu accomplis dans ma vie et aide-moi à les mémoriser et à te les déclarer en prière. Donne-moi les désirs de ton cœur. Au nom de Jésus, amen.

Laisser son cœur obéir :
Qu'est-ce que Dieu vous amène à connaître, à valoriser ou à faire ?

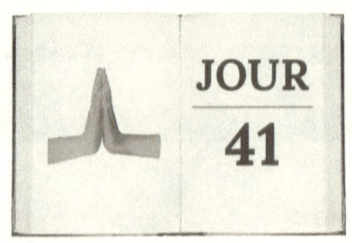

JOUR 41

Priez pour les autres – la grande portée de l'intercession

J'exhorte donc, avant toutes choses, à faire des prières, des supplications, des requêtes, des actions de grâce, pour tous les hommes.
1 Timothée 2.1

Dans les moments précédant sa crucifixion, Jésus a offert à ses disciples un don incommensurable : il a *prié* pour eux – et pour *vous*.[1]

La relation entre Jésus et ses disciples a été caractérisée par une prière constante. Jésus a prié avant de choisir ses disciples (Luc 6.12–16), il a prié pour eux tout au long de son ministère et ses prières pour eux (et pour vous) ne sont pas arrêtées lorsqu'il est monté au ciel. Aujourd'hui, en ce moment même, Jésus continue de prier pour vous depuis son trône au ciel (Romains 8.34, Hébreux 7.25). Jésus couvre ceux qu'il aime dans la prière. Nous, en tant qu'ambassadeurs, faisons de même.

Pour qui Dieu veut-il que nous priions ?

- Les autorités (1 Timothée 2.1–2) ;
- Tous les saints (Éphésiens 6.18) ;

---

1 Vous pouvez trouver cette prière, la plus longue prière dans la Bible en dehors des Psaumes, dans Jean 17.

- Les malades (Jacques 5.14–15) ;
- Les pécheurs (Jacques 5.15–16) ;
- Vos ennemis (Matthieu 5.44, Luc 6.28) ;
- Les ouvriers (Matthieu 9.38) ;
- TOUS les hommes (1 Timothée 2.1).

Pourquoi l'intercession (la prière centrée sur les autres) est-elle si importante ? Prier les uns pour les autres invite Dieu à entrer dans notre relation et nous lie dans l'amour et l'unité. L'intercession change notre cœur à l'égard d'une personne, car nous nous humilions : « Que chacun de vous, au lieu de regarder à ses propres intérêts, regarde aussi ceux des autres » (Philippiens 2.4). Nous ne marchons pas seuls sur le chemin de Dieu. Nous avons des frères et sœurs qui marchent avec nous et nous sommes appelés à prendre soin d'eux et à les encourager. **Mais il est difficile pour nous de poser des actes significatifs pour les gens avant de prier pour eux. Après avoir prié pour eux, toute parole et tout acte de bonté seront empreints de la puissance de Dieu.** Considérez ces exemples bibliques d'intercession :

- Abraham a intercédé pour Lot et Dieu l'a épargné de la destruction de Sodome (Genèse 18) ;
- Moïse a intercédé pour une nation entière, les israélites rebelles, et Dieu s'est abstenu de les détruire (Exode 32–33 ; Psaumes 106.23) ;
- Samuel a intercédé pour le peuple de Dieu et Dieu a pardonné son péché et a vaincu leurs ennemis (1 Samuel 7) ;
- Élie a intercédé pour le pays et Dieu a envoyé la pluie (1 Rois 18.41–46) ;
- Job a intercédé pour ses amis qui l'avaient accusé à tort et Dieu leur a pardonné (Job 42) ;
- Esther a intercédé pour les Juifs et Dieu les a délivrés des Perses (Esther 4.15–17) ;
- L'Église primitive a intercédé pour Pierre alors qu'il était emprisonné et Dieu a ouvert les portes de la prison (Actes 12) ;
- Jésus a intercédé pour nous et Dieu nous a sauvés de notre péché (Ésaïe 53.12).

Nous avons de nombreux exemples d'intercession dans la Bible parce que l'intercession est très importante pour Dieu. Une partie de sa volonté pour nous est d'intercéder pour ceux qu'il aime. Nous devons donc lui demander de nous aider à voir les autres comme il les voit. **Dieu vous donnera la sagesse et le discernement nécessaire pour savoir comment prier pour les besoins portés à votre attention.** Si un ami souffre de persécution, il peut vous guider à prier pour l'endurance ou le soulagement. S'il souffre à cause de mauvais choix, il peut vous amener à prier pour la repentance et la délivrance. Lorsque Dieu change votre cœur pour voir les autres comme il les voit, vos prières changent aussi. Vous ne prierez peut-être plus, « *Dieu, résous leurs problèmes* », « *mets fin à leur chagrin* », « *envoie-leur de l'argent.* » Au lieu de cela, vous prierez :

> *Dieu, donne-leur tes plus grandes bénédictions, même si recevoir ces grandes bénédictions implique la douleur. Apporte-leur du soulagement dès que possible et donne-leur une grande force en attendant. Délivre-les du mal. Libère-les du péché et de tout ce qui entrave leur relation avec toi. Sois glorifié dans leur vie. Donne-leur de l'endurance et permets-leur de vivre une expérience avec toi maintenant plus que jamais. Donne-leur ta joie et ta paix. Montre-moi comment je peux les aider et les encourager.*

Lorsque nous intercédons pour les autres, nous devons nous rappeler que les prières dites avec foi et accompagnées d'actions honorent Dieu et bénissent les autres. Avez-vous l'impression de ne pas avoir assez de foi? Si Dieu vous a donné la foi pour venir à Jésus, vous avez déjà suffisamment de foi pour amener les autres à Jésus dans la prière. Même la foi, aussi petite qu'une graine de moutarde, peut déplacer des obstacles insurmontables. « C'est parce que vous manquez de foi, leur dit Jésus. Je vous le dis en vérité, si vous aviez de la foi comme un grain de moutarde, vous diriez à cette montagne : « Déplace-toi d'ici jusque-là » et elle se déplacerait; rien ne vous serait impossible » (Matthieu 17.20). La réponse de Dieu à nos prières n'est pas liée à la taille de notre foi. Peu importe depuis combien de temps vous êtes croyant, les péchés que vous avez commis dans le passé ou le sentiment que vos prières sont faibles, vos prières peuvent déplacer des montagnes. Même avec un peu de foi, nous pouvons prier pour que des situations impossibles prennent place. Tout est possible avec notre Dieu omniscient, tout-puissant, omniprésent (Matthieu 19.26, Marc 10.27).

Enfin, **n'oubliez pas de prier en action.** « Persévérez dans la prière, veillez-y avec une attitude de reconnaissance » (Colossiens 4.2). Si vous voyez une personne ou un problème qui nécessite la prière, priez immédiatement. Si nous tardons, nous pourrions nous laisser distraire. Si quelqu'un vous invite à prier pour lui, considérez cela comme un privilège et gardez ses sujets de prière confidentiels. Lorsque vous intercédez pour les autres, Dieu peut vous montrer comment les aider.

- Si vous priez pour que quelqu'un trouve un emploi et que vous pensez à une personne qui embauche, connectez votre ami à la personne qui embauche.
- Si vous priez pour un ami malade et que vous réalisez que vous avez de la nourriture saine à partager, apportez de la nourriture à votre ami.
- Si vous priez pour que quelqu'un connaisse Christ, cherchez une occasion de lui parler de Jésus.
- Si vous êtes marié à un incroyant, vos prières et vos actions pieuses peuvent influencer votre conjoint. L'apôtre Pierre a dit au sujet des maris incroyants, « Femmes, soumettez-vous à votre mari. Ainsi, ceux qui refusent de croire à la parole pourront être gagnés sans parole par la conduite de leur femme, en observant votre manière de vivre pure et respectueuse » (1 Pierre 3.1–2).

La prière n'est pas passive. La prière est active. Ne tardez pas à faire du bien (Proverbes 3.28).

Notre portée physique est limitée, mais notre portée dans la prière est illimitée. Nous pouvons faire avancer l'évangile dans le monde entier par l'intercession et influencer de millions de personnes pour la gloire de Dieu !

Laisser parler la Bible :

Jean 17 (lecture facultative : Colossiens 1.9–12, 3, 4.2–6)

Laisser parler son esprit :

Vous souvenez-vous de notre nouvelle perspective en tant qu'ambassadeurs de Christ (jours 17–19)? Aujourd'hui, laissez cet appel
guider votre prière pendant que vous priez à l'aide de Colossiens.

1. **Priez pour la prochaine génération (Colossiens 1.9–12).**
    Priez pour qu'ils connaissent Dieu, qu'ils comprennent sa
    volonté (Colossiens 1.9), qu'ils mènent une vie fructueuse
    (Colossiens 1.10), qu'ils fassent l'expérience de la puissance de
    Dieu (Colossiens 1.11) et qu'ils rendent joyeusement grâce au
    père (Colossiens 1.12).

2. **Priez pour vos voisins et les nations (Colossiens 4.2–6).** Priez
    pour des opportunités de partager Christ (Colossiens 4.3) et
    de le représenter comme il faut par une vie sage et des paroles
    pleines de grâce à partager (Colossiens 4.5–6).

3. **Priez pour rendre gloire à Dieu (Colossiens 3).** Demandez à
    Dieu de vous aider à vous concentrer sur Christ (Colossiens 3.1)
    et de vous aider à faire de sa gloire votre plus grand objectif
    (Colossiens 3.3). Priez pour que votre vie soit revêtue de com-
    passion, de bonté, d'humilité, de gentillesse et de patience.
    Priez que votre vie soit sainte et qu'elle glorifie Dieu, car vous
    aimez les autres et les pardonner librement (Colossiens 3.5–15).

Laisser son âme prier :

Père, tu as dit : « Il fera appel à moi et je lui répondrai. Je serai avec lui dans la détresse, je le délivrerai et je l'honorerai » (Psaumes 91.15). Que je puisse ne jamais hésiter à faire appel toi pour moi-même et pour les autres. Au nom de Jésus, amen.

Laisser son cœur obéir :

Qu'est-ce que Dieu vous amène à connaître, à valoriser ou à faire ?

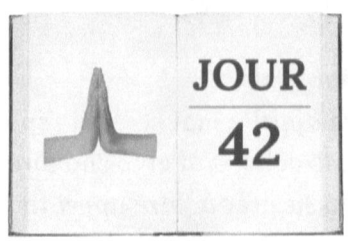

Priez avant tout, priez toujours, priez maintenant

Persévérez dans la prière, veillez-y avec actions de grâce.
Colossiens 4.2

L'une des réalités les plus significatives, les plus profondes et les plus merveilleuses de tout l'univers est la suivante : **Dieu répond aux prières.** Ne nous habituons jamais à cette étonnante vérité. Ne prenons jamais pour acquis le fait que Dieu écoute nos prières et y répond. Il répond à nos prières à cause de qui il est. Notre réponse à sa grâce et à sa bonté ? Que le règne de Dieu vienne et que sa volonté soit faite dans nos vies, nos mariages, nos familles, nos églises et nos nations (Matthieu 6.10). Cette semaine, nous avons beaucoup appris sur ce privilège spécial que nous avons avec Dieu dans la prière :

- la prière découle de votre relation avec Dieu et croît en fonction de celle-ci ;
- la prière est une conversation avec Dieu qui change parfois vos circonstances et toujours votre cœur ;
- nous devons être attentifs aux obstacles à la prière et les résoudre immédiatement ;
- nous pouvons jeûner ou prier avec les Écritures pour fortifier notre vie de prière ;

- nous prions pour les personnes que nous connaissons personnellement et, sous l'inspiration divine, pour d'innombrables autres.

Plus important encore, le but de la prière est de connaître le cœur de Dieu, et il nous montre souvent son cœur à travers sa parole. C'est pourquoi il est si important d'étudier les Saintes Écritures et de les mémoriser. C'est par sa parole que Dieu nous parle. Lorsque nous étudions et que nous apprenons les Saintes Écritures, le Saint-Esprit nous rappelle les bons versets au moment opportun (Jean 14.26). Quand il le fait pour vous, priez à leur sujet.

Dieu parle aussi d'autres façons : «Dans les derniers jours, dit Dieu, je déverserai de mon Esprit sur tout être humain; vos fils et vos filles prophétiseront, vos jeunes gens auront des visions et vos vieillards auront des rêves» (Actes 2.17). Parfois Dieu parle à l'église au travers des circonstances, d'impressions, de pensées spontanées, de rêves, de visions ou d'autres façons. Nous pouvons voir de nombreux exemples de cela dans la Bible :

- **Dieu a parlé** à Abraham (Genèse 12.1), Agar (Genèse 16.7–13), Moïse (Exode 3.5), tous les prophètes, Saul (appelé Paul) (Actes 9.5) et Jean (Apocalypse 1.17–18);
- **Dieu a envoyé des rêves** à Jacob (Genèse 28.12), Joseph (le fils de Jacob) (Genèse 37.5), Pharaon (Genèse 41), Nabuchodonosor (Daniel 2), Joseph (le mari de Marie) (Matthieu 1.20–21, 2.13) et aux mages (Matthieu 2.12);
- **Dieu a donné des visions** à Ésaïe (Ésaïe 2.1), Jérémie (Jérémie 24.1), Ézéchiel (Ézéchiel 1.1), Daniel (Daniel 10), Pierre (Actes 10.9–16), Paul (Actes 16.9), Jean (Apocalypse 1) et à bien d'autres personnes encore;
- **Dieu a donné des paroles à l'église**, aux gens de Judée, de Galilée, de Samarie (Actes 9.31), d'Antioche (Actes 13), de Jérusalem (Actes 15) et même à nous.

La *façon* dont Dieu nous parle n'est pas aussi importante que la façon dont nous *réagissons* à ce que nous croyons qu'il dit. C'est fascinant de savoir que Dieu nous parle de plusieurs façons, mais soyez vigilant. Une mauvaise interprétation des messages de Dieu peut entraîner de graves conséquences. **Une chose est sûre : quand Dieu nous parle, il ne contredit jamais sa parole.** Certaines personnes ont essayé de prédire la fin des temps, croyant avoir reçu une révélation spéciale, mais la parole de Dieu dit que personne ne connaît le jour ni l'heure du retour de Jésus (Matthieu 24.36). Certains chefs religieux enseignent que toute maladie est le résultat d'un péché non confessé, mais la Bible enseigne que toute l'humanité subit les conséquences du péché, ce qui inclut la maladie (Romains 8.20–22).

Lorsque vous croyez avoir entendu de Dieu, demandez-lui de confirmer le message. Quand vous le faites, un pasteur ou un ami peut, sans le réaliser, évoquer un verset qui s'applique à votre situation. Durant votre méditation avec le Seigneur, vous pouvez être attiré par un verset qui confirme ce que vous avez entendu. Des croyants matures et des responsables de l'église qui connaissent la Bible peuvent aussi vous aider à discerner si un message vient de Dieu. Une fois que vous avez confirmé que le message vient de Dieu, obéissez-lui entièrement et immédiatement. Le Saint-Esprit vous donnera la force de suivre ses directives. L'obéissance tardive ou partielle est synonyme de désobéissance et, comme nous l'avons appris plus tôt, la désobéissance peut entraver nos prières.

Alors que nous poursuivons notre voyage de prière avec Dieu, voici trois suggestions pour améliorer nos moments de prière :

1. **Planifiez votre prière.** Nous pouvons nous sentir libres de partager ce que nous avons dans nos cœurs avec Dieu librement et spontanément, mais nous devons aussi être intentionnels sur l'objet de nos prières – **y inclure le culte (l'adoration), la confession, les actions de grâce et la supplication** (voir jour 37). Sinon, vous pourriez passer tout votre temps à demander des choses à Dieu ou à vous perdre dans vos confessions et à oublier de le remercier. Comme suggéré au jour 37, préparez une liste de sujets de prières que vous mettez à jour chaque semaine et faites des notes qui décrivent quand et comment Dieu a répondu à ces prières. Vous pourriez

même mettre en place un calendrier de prières hebdomadaires pour la partie «supplication» de vos moments de prière pour vous aider à vous concentrer sur des personnes ou des préoccupations spécifiques chaque jour de la semaine. Par exemple :

<u>dimanche</u> : préoccupations personnelles et pour la semaine à venir
<u>lundi</u> : missionnaires et ministères, pour la bénédiction et la faveur
<u>mardi</u> : enseignants, responsables du gouvernement, militaires et policiers, pour la sagesse et la protection
<u>mercredi</u> : membres de famille, pour leurs sujets de prière
<u>jeudi</u> : amis, pour leurs sujets de prière
<u>vendredi</u> : voisins et nations, pour le renouvellement, un réveil spirituel et la paix à Jérusalem (Psaumes 122.6–9)
<u>samedi</u> : pasteurs, pour leur bon repos et des prédications avec la puissance de Dieu

Vous pouvez également envisager d'utiliser des schémas de prières, des guides de prières ou des calendriers de prières, si votre communauté d'adoration en propose, qu'ils proviennent de votre église locale ou qu'ils soient accessibles en ligne.

2. **Privilégiez la prière.** Jésus se retirait souvent dans un lieu isolé pour commencer sa journée en prière et il communiquait avec son père tout au long de la journée. Il observait son père et faisait ce qu'il le voyait faire (Jean 5.19). Il écoutait les paroles de son père et déclarait ce qu'il entendait son père dire (Jean 12.49). Les disciples de Jésus ont été des témoins directs de sa dépendance de la prière. Lorsqu'ils ont pris la direction de l'église primitive, ils ont délégué d'autres tâches pour se consacrer à la prière et à l'enseignement de la parole de Dieu (Actes 6.4). Le Saint-Esprit a agi puissamment en réponse à leurs prières (Actes 1.14–2.4). Il peut faire de même pour nous.

3. **Imaginez-vous en train de prier dans le sanctuaire du trône** de Dieu. La prière n'est pas seulement une action, mais un lieu. «Approchons-nous donc avec assurance du trône de la grâce afin

d'obtenir compassion et de trouver grâce pour être secourus au moment opportun » (Hébreux 4.16). Lorsque nous prions, nous nous rapprochons du trône de Dieu! L'auteur des Hébreux nous rappelle que Jésus est notre souverain sacrificateur (Hébreux 2.17, 4.14) et nous exhorte à nous approcher avec confiance du trône de Dieu. Penser à la prière de cette façon change notre approche envers Dieu dans nos prières. Vous pouvez choisir de vous agenouiller ou d'incliner votre tête pour vous préparer physiquement à cette rencontre.

Le trône de Dieu ne ressemble à aucun autre trône sur la terre. La grâce est son siège. Il nous offre la grâce. Sa grâce est suffisante pour répondre à nos besoins au bon moment. Parce que Jésus est notre souverain sacrificateur, nous pouvons nous approcher du trône de grâce. Le Seigneur dit : « Ma grâce te suffit, car ma puissance s'accomplit dans la faiblesse » (2 Corinthiens 12.9). Nous sommes appelés à souffrir et nous avons à notre disposition la grâce pour nous garder durant notre voyage, notre vraie histoire avec Dieu et son dessein pour nous. Quelle belle et glorieuse image à garder en mémoire lorsque nous nous approchons de Dieu en prière!

Mon ami, vous êtes invité à avoir une conversation permanente avec Dieu dès votre réveil et tout au long de la journée. Croyez que celui que vous priez « fait grâce, [qu'] il est rempli de compassion, [qu'] il est lent à la colère et plein de bonté » (Psaumes 145.8). Il est notre bon père et il se réjouit d'entendre les prières de ses enfants (Proverbes 15.8).

Laisser parler la Bible :

Luc 18.1–14 (lecture facultative : Hébreux 4.14–16)

Laisser parler son esprit :

1. Comment le fait de savoir que vous vous approchez du trône de grâce de Dieu change-t-il la façon dont vous abordez la prière ?

2. Répondez aux questions de discussion de la sixième semaine.

Laisser son âme prier :

Père, je te remercie de m'avoir invité à ton trône de grâce. Guide-moi pendant que je prie. Quelle bénédiction que de savoir que tu veux m'entendre, que tu veux que je te déverse mon cœur ! Aide-moi à connaître ton cœur alors que je commence cette conversation continue avec toi. Accorde-moi ta miséricorde et ta grâce en temps de besoin. Au nom de Jésus, amen.

Laisser son cœur obéir :

Qu'est-ce que Dieu vous amène à connaître, à valoriser ou à faire ?

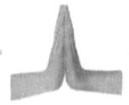

QUESTIONS DE DISCUSSION
DE LA SIXIÈME SEMAINE :
**Revoyez les leçons de cette semaine et répondez
aux questions ci-dessous. Partagez vos réponses avec
vos amis lorsque vous vous réunirez cette semaine.**

1. Qu'est-ce qui vous aide à vous concentrer lorsque vous priez ? Prier à voix haute ? À genoux ? Tenir un journal ? Rédiger vos prières ? Autre chose ?

2. Nous avons discuté des quatre principaux éléments de la prière (ACAS) : adoration, confession, actions de grâce et supplication. Lequel de ces éléments vous vient plus facilement ? Lequel aimeriez-vous développer davantage ? La prière du Seigneur est un excellent exemple qui comprend ces parties principales. Si vous ne connaissez pas la prière du Seigneur, lisez-la maintenant dans Matthieu 6.9–13.

3. Quand Dieu a-t-il utilisé la prière pour changer votre cœur sans changer votre situation ? Quelle est la plus grande réponse à une prière dont vous vous souvenez ?

4. Y a-t-il des obstacles à la prière dans votre vie ? Quelle action allez-vous entreprendre aujourd'hui pour surmonter ces obstacles ? Demandez à quelqu'un de vous tenir responsable de tout changement que Dieu vous appelle à faire.

5. Partagez vos sujets de prière et pratiquez l'intercession en priant les uns pour les autres. Faites savoir aux autres si et quand Dieu a répondu à ces prières.

SEPTIÈME SEMAINE

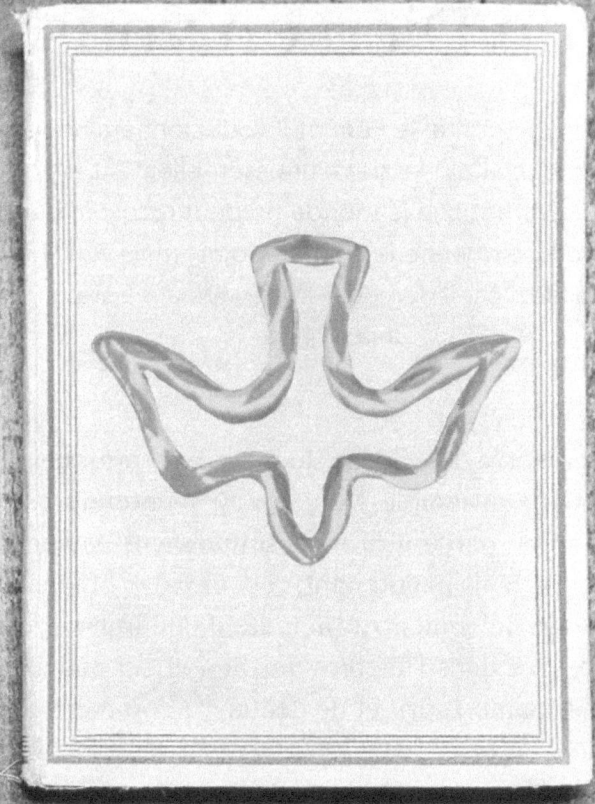

LE SAINT-ESPRIT —
VIVRE VOTRE HISTOIRE
DANS LA FORCE DE DIEU

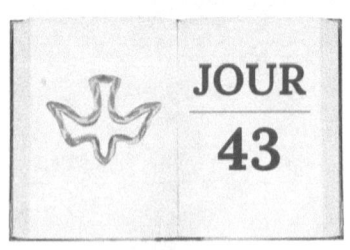

Découvrez la puissance de Dieu en vous

Et moi, je prierai le Père et il vous donnera un autre
consolateur, afin qu'il demeure éternellement avec vous,
l'Esprit de vérité, que le monde ne peut recevoir, parce qu'il
ne le voit point et ne le connaît point ; mais vous, vous le
connaissez, car il demeure avec vous et il sera en vous.
Jean 14.16–17

Nous avons réservé le cadeau le plus exceptionnel pour notre
dernière semaine ensemble. Vous en avez entendu parler tout au
long de ce voyage parce qu'il n'est simplement pas possible de ne
pas parler de lui. Mais maintenant, rencontrons officiellement celui
qui vous permet de connaître Dieu, de demeurer en Jésus et d'accomplir votre rôle dans l'histoire de Dieu. Il est maintenant temps
de connaître le Saint-Esprit et de découvrir comment profiter de sa
présence.

La réalité est que de nombreux croyants dans le monde comprennent que le Saint-Esprit, existe, mais ne savent pas comment
interagir avec lui. Ils peuvent aller régulièrement à l'église, étudier la
Bible et être bénévoles dans un ministère. Pourtant, quelque chose
semble manquer dans leur relation avec Dieu. Ils se demandent
pourquoi ils manquent de joie ou pourquoi ils ont peu de victoire
sur le péché ou pourquoi ils se sentent agités et frustrés. Ils ne réalisent pas que ce n'est pas une *chose* qui leur manque dans la vie, mais
quelqu'un. Personne ne leur a enseigné comment avoir une relation

quotidienne et vivifiante avec Dieu à travers le Saint-Esprit, basée sur l'œuvre achevée de Jésus. Dieu n'a jamais voulu que ses enfants se sentent ainsi. C'est pourquoi lors de son ascension, Jésus nous a laissé trois choses :

1. son corps : l'église (Colossiens 1.18)

L'église est la famille de Dieu, et non pas un bâtiment.[1] La Bible appelle ce rassemblement des croyants, le corps de Christ (jour 12). Tout comme les différentes parties du corps remplissent des fonctions différentes, mais constituent une seule personne, nous, en tant que croyants, constituons le corps de Christ. Nous nous encourageons et nous soutenons les uns les autres. Le Saint-Esprit nous donne des capacités spéciales, des dons spirituels, pour bien travailler ensemble en tant que famille de foi (1 Corinthiens 12). Parce que nous n'avons pas tous les mêmes dons, nous nous bénissons les uns les autres de différentes façons, mais toujours dans le but de nous entraider pour la gloire de Dieu. Le Saint-Esprit et l'église travaillent ensemble dans les Écritures.

2. sa pensée : la parole de Dieu (1 Corinthiens 2.16)

Jésus-Christ est la parole faite chair (Jean 1.14). Quand Jésus (la parole de Dieu sous forme *humaine*) est retourné au ciel, les Écritures (la parole de Dieu sous forme écrite) sont restées avec nous. Grâce à la parole de Dieu, nous connaissons la pensée de Dieu – sa volonté et ses pensées – et nous renouvelons notre intelligence (Romains 12.1–2). C'est par le Saint-Esprit que Dieu nous donne sa pensée et que nous pouvons la comprendre : «C'est à nous que Dieu l'a révélé, par son Esprit, [...] en effet, qui a connu la pensée du Seigneur et pourrait l'instruire ? Or nous, nous avons la pensée de Christ» (1 Corinthiens 2.10, 16). Dans les Écritures, le Saint-Esprit et l'Évangile vont de pair.[2]

---

1 Lisez le bloc «Comment trouver une bonne église» au jour 12.
2 J. D. Greear, *Jesus, Continued … : Why the Spirit Inside You Is Better than Jesus Beside You* [*Jésus, la suite… : Pourquoi l'Esprit qui est en vous est meilleur que Jésus qui est à vos côtés*], (Grand Rapids, MI: Zondervan, 2014), 21.

3. l'Esprit de Dieu : le Saint-Esprit (Romains 8)

Jésus nous a aussi laissé le Saint-Esprit, son aide. Le Saint-Esprit n'est pas séparé de Dieu, mais il est Dieu (2 Corinthiens 3.17). Lorsque nous nous détournons de notre péché et plaçons notre confiance en Jésus seul pour le salut, Dieu nous pardonne nos péchés et nous renouvelle à travers le Saint-Esprit (Tite 3.5). **Le Saint-Esprit nous remplit, nous réconforte, nous enseigne, intercède pour nous et nous dote de puissance.** Dans les dernières paroles de Jésus à ses disciples, il a centré son discours sur ce don du Saint-Esprit (Jean 14.15–27, Actes 1.8). Le Saint-Esprit et le croyant né de nouveau ne forment qu'un dans l'Écriture.[1]

Oui, c'est le Saint-Esprit qui travaille dans l'église et à travers elle, nous révélant l'esprit de Christ et nous aidant à vivre une vie de foi. Notre capacité à accomplir la volonté de Dieu repose sur notre relation avec Dieu à travers le Saint-Esprit. Nous devons apprendre à le connaître et nous appuyer sur lui pour qu'il nous conduise à Jésus (Jean 15.26). Bon, passons maintenant aux introductions.

Qui est le Saint-Esprit ? La Bible décrit le Saint-Esprit comme étant une part entière de Dieu. Dieu l'Esprit est la troisième personne de la trinité, avec Dieu le père et Dieu le fils (Jésus). Un seul Dieu en trois personnes, une seule unité, mais en trois personnes distinctes. Nous pouvons voir que la trinité est présente lors la création (Genèse 1.2, 26), active lors du baptême de Jésus (Matthieu 3.16–17), déclarée dans la grande commission (Matthieu 28.19), mentionnée dans les lettres du Nouveau Testament (2 Corinthiens 13.14) et omniprésente tout au long des Écritures. Puisque le Saint-Esprit est Dieu, il est égal en tous points à Dieu le père et à Dieu le fils.

Tout comme le père et le fils, l'Esprit est aussi une *personne* et non une vague puissance. Le Saint-Esprit n'est pas une force impersonnelle, mais une personne dotée d'une pensée, d'émotions et d'une volonté propre. Il est constamment avec nous, communique avec nous et nous aide. Il est «l'Esprit éternel» (Hébreux 9.14) qui sera avec nous pour toujours (Jean 14.16).

---

1 Jésus a utilisé le terme «né de nouveau» quand il a parlé du salut avec un chef religieux (Jean 3.3–8).

Lorsque le temps de Jésus sur terre a touché à sa fin, il a dit à ses disciples, « Il vaut mieux pour vous que je m'en aille » (Jean 16.7). Il vaut mieux qu'il nous quitte ? Pensez à cette déclaration. Comment le départ de Jésus pourrait-il être avantageux ? Jésus continua à expliquer : « En effet, si je ne m'en vais pas, le défenseur ne viendra pas vers vous ; mais, si je m'en vais, je vous l'enverrai » (Jean 16.7). Ce n'est qu'après le départ de Jésus que le consolateur, le Saint-Esprit, viendrait à eux. **Jésus savait que Dieu l'Esprit vivant en eux était une meilleure bénédiction que Dieu le fils vivant à leurs côtés.** Incroyable, mais vrai !

Le Saint-Esprit est donné à tous les croyants. En ce moment même, le Saint-Esprit réside en vous. Vous êtes maintenant le temple[1] de Dieu. En tant que lieux saints ambulants, nous avons le Saint-Esprit qui travaille en nous et à travers nous pour apporter la lumière et l'amour de Jésus au monde. Nous ne sommes pas seulement sauvés *de* nos péchés ; nous sommes aussi sauvés *pour* les desseins de Dieu et dotés de la puissance du Saint-Esprit de Dieu. Nous ne pouvons rien faire de durable ou pour la gloire de Dieu par nous-mêmes : « Ce n'est ni par la puissance ni par la force, mais c'est par mon esprit, dit l'Éternel, le maître de l'univers » (Zacharie 4.6).

Pour remplir notre rôle dans l'histoire de Dieu, nous avons besoin du Saint-Esprit dans tous les domaines de notre vie. Il agit en tant que :

- enseignant permanent – il nous révèle la vérité contenue dans la parole de Dieu et nous la rappelle (Jean 14.26) ;
- consolateur éternel – il nous guide et nous aide en tout temps (Jean 14.16) ;
- directeur des missions – il nous dote de la puissance d'être les témoins de Jésus dans le monde (Actes 1.8) ;
- intercesseur – il intercède pour nous lorsque nous ne savons pas comment prier (Romains 08.26) ;
- libérateur – il nous affranchit du péché (Romains 8.2, 12–13) ;

---

1 1 Corinthiens 3.9, 16–17 ; 6.17–19.

- l'Esprit de vérité – il nous guide dans toute la vérité (Jean 16.13) ;
- donneur de dons – il nous dote de dons spirituels (Romains 12.3–8 ; 1 Corinthiens 12) ;
- producteur de fruits – il récolte les fruits spirituels dans nos vies (Galates 5.22–23) ;
- gage de notre héritage – il garantit notre condition éternelle d'enfants de Dieu (Éphésiens 1.13–14).

C'est pourquoi Jésus a encore parlé de lui après sa résurrection. Peu avant son retour au ciel, Jésus a promis à ses disciples :

> Mais vous recevrez une puissance lorsque le Saint-Esprit viendra sur vous, et vous serez mes témoins à Jérusalem, dans toute la Judée, dans la Samarie et jusqu'aux extrémités de la terre. (Actes 1.8)

Par la puissance du Saint-Esprit, ils allaient représenter Jésus localement (Jérusalem), dans la région environnante (Judée), dans les endroits que certains évitaient (Samarie) et dans le reste du monde. De tous les conseils et encouragements que Jésus aurait pu offrir à ses disciples, ses dernières paroles concernaient le Saint-Esprit. La vie de Jésus dépendait du Saint-Esprit, depuis sa naissance et son baptême jusqu'à son onction, de la manière dont il a mené sa vie jusqu'à sa mort. Finalement, Jésus fut ressuscité d'entre les morts par l'Esprit (Romains 8.11). Si Jésus dépendait du Saint-Esprit pendant son passage sur terre, comment pourrions-nous vivre différemment ? Posez-vous les questions suivantes :

- Ai-je besoin de discernement pour comprendre l'Écriture ? (Jean 14.26, 1 Corinthiens 2.13–14)
- Suis-je disposé à ce qu'on me rappelle la parole de Dieu au bon moment ? (Jean 14.26)
- Voudrais-je être doté du pouvoir de réaliser les desseins de Dieu ? (Actes 1.8)
- Suis-je disposé à me laisser conduire par le Saint-Esprit ? (Romains 8.14, Galates 5.18)

- Ai-je parfois besoin d'aide quand je prie ? (Romains 8.26–27)
- Est-ce que je voudrais être libéré de l'emprise du péché ? (Romains 8.2, 12–13)
- Est-ce que je désire obéir à la parole de Dieu ? (Ézéchiel 36.27)
- Est-ce que je cherche à grandir dans la piété ? (2 Corinthiens 3.18, 2 Thessaloniciens 2.13)
- Ai-je besoin de réponses sages lorsqu'on m'interroge sur Dieu ? (Luc 12.12)

Si vous avez répondu oui à l'une des questions ci-dessus, vous êtes prêt à ce que le Saint-Esprit fasse davantage son œuvre à travers vous. Et il est également prêt à travailler avec vous. Plus vous permettez au Saint-Esprit d'avoir pleinement accès à votre vie, plus vous aurez conscience de la présence constante et aimante de Dieu. Il en résulte un amour plus profond pour Jésus. Et c'est exactement pour cela qu'est venu le Saint-Esprit. Alors que Jésus est venu sur terre pour exalter et révéler Dieu le père et (Matthieu 11.27), le Saint-Esprit est venu sur terre pour exalter et glorifier Jésus (Jean 16.13–14).

Dans les derniers jours, dit Dieu, je déverserai de mon Esprit sur tout être humain [...] [afin que] toute personne qui fera appel au nom du Seigneur sera sauvée. (Actes 2.17, 21)

Dans l'Ancien Testament, beaucoup de gens ignoraient Dieu le père. Dans le Nouveau Testament, beaucoup de gens ont ignoré Dieu le fils. Aujourd'hui, ne commettons pas l'erreur de négliger Dieu l'Esprit. Au contraire, renforçons notre relation avec Dieu à travers le Saint-Esprit en l'invitant à travailler en nous et à travers nous. Il le fera. Vous découvrirez comment demain. Cette dernière semaine ensemble sera formidable.

JOUR 43

Laisser parler la Bible :

Matthieu 14.15–27 (lecture facultative : Actes 1–4). Cette semaine, si le temps le permet, lisez le livre des **Actes** dans les **Nouveau Testament,** souvent appelé «Actes du Saint-Esprit» pour mieux comprendre le Saint-Esprit et comment il travaille dans la vie des croyants.

Laisser parler son esprit :

1. Qui est le Saint-Esprit? Lisez certains des versets bibliques ci-dessus et décrivez-le dans vos propres mots.

2. Comment peut-il influencer votre vie?

3. Nous sommes tellement habitués à ce que les gens travaillent avec nous ou pour nous. Que signifie laisser le Saint-Esprit travailler *à travers* nous?

Laisser son âme prier :

Père, je te remercie pour le don merveilleux de ton Saint-Esprit. Je veux une relation profonde et vivifiante avec toi, à travers le Saint-Esprit, basée sur l'œuvre achevée de Jésus. Aide-moi à me réjouir de ton Esprit lorsque je marche dans tes voies. Sans toi, je ne peux rien faire. Rappelle-moi d'ouvrir chaque jour le don de ton Esprit, en vivant par ta grâce et pour ta gloire. Au nom de Jésus, amen.

Laisser son cœur obéir :

Qu'est-ce que Dieu vous amène à connaître, à valoriser ou à faire?

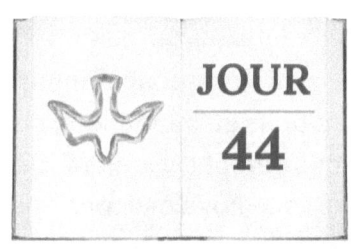

Soyez rempli de l'Esprit – abandonnez-vous

Soyez, au contraire, remplis de l'Esprit.
Ephésiens 5.18

Que feriez-vous si Jésus venait en personne, vous rendre visite ? Vous l'accueilleriez probablement, lui serviriez votre meilleur repas et lui présenteriez la meilleure partie de votre vie. Et s'il vous disait qu'il allait vivre avec vous pour *toujours* ? Tout changerait. Vous pourriez vous détendre et le laisser entrer dans chaque partie de votre vie. Chaque jour, vous vivrez dans la réalité de la présence de Jésus, de son amour pour vous et de sa capacité à résoudre tous les problèmes. La vie serait si différente.

C'est exactement comme ça que peut être votre vie dès aujourd'hui. Le Saint-Esprit est avec nous et pas seulement avec nous, mais *en* nous. Une fois que nous demandons à Jésus d'être notre Seigneur, le Saint-Esprit est toujours prêt à nous aider et à nous guider dans tous les domaines de notre vie. Non, tout ne se passera pas comme nous le voulons, mais nous n'avons aucune raison de nous inquiéter parce que nous savons que nous pouvons nous reposer dans sa protection. Comment le savons-nous ?

Dieu nous donne le Saint-Esprit quand nous croyons en Jésus.[1] Pas seulement pour un instant, mais pour toujours. Jésus promet

---

1 Jean 7.37–39, Romains 8.9, 1 Corinthiens 12.13, Galates 3.2, Éphésiens 1.13 14. Il y a beaucoup de discussions à ce sujet, mais les croyants du monde entier s'accordent pour dire que Dieu veut travailler dans ses enfants et par ses enfants. Continuez à lire pour en savoir plus.

que le Saint-Esprit vivra en nous pour toujours (Jean 14.15–17). Mais le Saint-Esprit qui vit en nous au moment de notre salut est différent du Saint-Esprit qui nous remplit. Nous ne décidons pas d'avoir le Saint-Esprit en nous lorsque nous mettons notre foi en Jésus – c'est une bénédiction automatique et inconditionnelle (Éphésiens 1.13). Nous choisissons, par contre, de nous soumettre au Saint-Esprit pour qu'il travaille en nous et par nous. C'est là est une bénédiction conditionnelle (Éphésiens 5.18).

Nous voyons cette relation dans le livre des Actes des apôtres. Le Saint-Esprit a démontré sa puissance dans les croyants qui étaient «remplis du Saint-Esprit.» Remarquez que ces versets se rapportent spécifiquement au fait d'être rempli du Saint-Esprit :

- «Alors Pierre, rempli du Saint-Esprit, leur dit : "Chefs du peuple et anciens [d'Israël]"» (Actes 4.8);
- «Quand ils eurent prié, l'endroit où ils étaient rassemblés trembla; ils furent tous remplis du Saint-Esprit et ils annonçaient la parole de Dieu avec assurance» (Actes 4.31);
- «C'est pourquoi, frères et sœurs, choisissez parmi vous sept hommes de qui l'on rende un bon témoignage, remplis d'Esprit [saint] et de sagesse, et nous les chargerons de ce travail» (Actes 6.3);
- «Ils choisirent Étienne, un homme plein de foi et d'Esprit saint,» (Actes 6.5);
- «Mais Étienne, rempli du Saint-Esprit, fixa les regards vers le ciel et vit la gloire de Dieu et Jésus debout à la droite de Dieu» (Actes 7.55);
- «[Barnabas] était un homme de bien, plein d'Esprit saint et de foi. Une foule assez nombreuse s'attacha au Seigneur» (Actes 11.24);
- «Alors Saul, appelé aussi Paul, rempli du Saint-Esprit, fixa les regards sur lui et dit : «Homme plein de toutes sortes de ruse et de méchanceté, fils du diable, ennemi de toute justice, ne vas-tu pas cesser de pervertir les voies droites du Seigneur?»» (Actes 13.9–10).

Un aperçu du ciel? Une prédication puissante? Un leadership audacieux? Oui, tous ces croyants, connus pour leur foi et leur puissance dans le Seigneur, étaient remplis du Saint-Esprit. Dieu les a fortifiés, les a équipés et les a unis pour lancer le message de Jésus depuis Jérusalem jusqu'aux extrémités de la terre. Voici la vérité : Dieu désire nous remplir aujourd'hui de cette même puissance du Saint-Esprit (Éphésiens 1.19). Comment le fait-il?

Regardons de plus près Éphésiens 5.18. Le mot grec d'origine pour «remplir» dans ce passage est à la fois un ordre et un verbe au présent, une réalité permanente. En examinant la langue d'origine, nous apprenons que c'est *Dieu seul* qui remplit, pas nous. Dieu nous ordonne aussi d'être remplis, à plusieurs reprises, ce qui signifie que c'est un processus continu, semblable à notre besoin de demeurer continuellement en Jésus (semaine 4).

Peut-être que vous vous demandez, «Comment puis-je obtenir plus du Saint-Esprit?» **Nous n'avons pas besoin d'obtenir plus du Saint-Esprit; nous devons *donner* plus de ce que nous sommes au Saint-Esprit.** «Dieu [ ] donne l'Esprit sans mesure» (Jean 3.34). L'Esprit de Dieu comblera tout espace que vous lui donnerez. Parfois, nous permettons à d'autres choses que le Saint-Esprit de nous remplir. Une vie de péché ne peut pas être remplie de l'Esprit, pas plus qu'un seau plein de saletés peut-être rempli d'eau propre. Le plus grand obstacle à notre relation avec l'Esprit est notre refus de coopérer avec lui. Les croyants peuvent être indifférents et insouciants de devenir des disciples efficaces ou victorieux de Christ et se demander pourquoi ils manquent de joie ou se sentent vaincus. Si nous ne faisons pas de la place au Saint-Esprit, nous serons frustrés et demeurerons superficiels dans notre foi. Souvenez-vous que nous n'avons pas conçu pour vivre en tant que disciples de Christ par notre propre force.

Voulez-vous faire de la place au Saint-Esprit? Premièrement, faites l'inventaire ce qui est dans votre cœur en ce moment. Priez Dieu et posez-vous honnêtement les questions ci-dessous. Lorsque vous avez terminé, notez les espaces où vous vous remplissez d'autre chose que le Saint-Esprit de Dieu :

1. amour : est-ce que je donne mon temps et mon attention aux autres, y compris ceux que je trouve difficiles ou différents de moi ?

2. joie : est-ce que je me réjouis quand les autres réussissent ou est-ce que je trouve difficile de célébrer avec eux ?

3. paix : est-ce que je recherche la paix avec les autres, en demandant pardon quand c'est nécessaire ?

4. patience : suis-je contrôlé par la vérité ou par mes émotions et mes circonstances ?

5. gentillesse : suis-je constant dans la gentillesse ou suis-je critique ou irritable avec les autres ?

6. bonté : est-ce que je porte le fardeau des autres ou suis-je secrètement content de l'échec des autres ?

7. fidélité : suis-je fidèle, engagé dans mes pensées et mes actions, dans mes amitiés (ou, si je suis marié, envers mon conjoint) ?

8. douceur : suis-je doux avec les autres ou est-ce que je leur réponds durement ?

9. maîtrise de soi : est-ce que je crée de bonnes habitudes ou est-ce que je suis esclave de quelque chose qui me fait du mal, à moi ou aux autres ?

10. gratitude : suis-je toujours reconnaissant ou est-ce que je me plains souvent ?

11. humilité : est-ce que je m'humilie pour servir les autres ou est-ce que je pense que je ne peux pas faire certaines tâches parce qu'elles sont au-dessous de moi ?

12. générosité : est-ce que je partage Jésus avec les autres quand le Saint-Esprit m'y pousse ?

13. obéissance : est-ce que j'obéis à Dieu ou est-ce que je tarde à obéir ?

14. satisfaction : suis-je satisfait de ce que Dieu me donne ou est-ce que je désire ce que les autres possèdent ?

15. pardon : ai-je accordé mon pardon à ceux qui m'ont offensé ou leur ai-je refusé ?

16. encouragement : est-ce que j'essaie d'encourager les gens ou est-ce que j'essaie de les impressionner ?

17. piété : suis-je enseignable et désireux d'apprendre ou suis-je sur la défensive quand je suis corrigé ? Est-ce que je résiste à mes responsabilités bibliques ?

18. confiance : suis-je confiant dans mon identité en Christ ou suis-je égocentrique ?

19. noblesse : est-ce que je fais taire les ragots ou est-ce que j'apprécie ou tolère les ragots en gardant le silence quand ils sont dits en ma présence ?

20. communauté chrétienne : suis-je fidèle à mon église ou est-ce qu'appartenir à une communauté chrétienne n'est pas une priorité ?

21. sainteté : est-ce que je cherche la sainteté dans ce que je dis, fais, regarde, entends ou lis ?

Bien que ces questions puissent être difficiles à répondre, l'auto-inspection est nécessaire (2 Corinthiens 13.5). Célébrez les points où l'œuvre de transformation de Dieu a lieu dans votre vie. Reconnaissez des péchés que cette liste vous a révélés et repentez-vous-en. «Changez donc d'attitude et convertissez-vous pour que vos péchés soient effacés! Alors, des temps de rafraîchissement viendront de la part du Seigneur et il enverra le Messie qui vous était destiné, Jésus» (Actes 3.19–20). La repentance est un travail difficile et continu, pas un événement ponctuel, mais Dieu est déjà de votre côté. **Le Saint-Esprit est notre aide et notre père céleste est impatient de pardonner.** «Quel Dieu est semblable à toi? Tu pardonnes la faute, tu oublies la révolte du reste de ton héritage. Il ne garde pas sa colère à toujours, car il prend plaisir à la bonté» (Michée 7.18). **Lorsque nous demandons sincèrement pardon, Dieu nous dit : «C'est fait!»** Nous pouvons nous reposer sur la grâce de Dieu et la liberté de rédemption. «Il n'y a donc maintenant aucune condamnation pour ceux qui sont en Jésus-Christ. [...] En effet, la loi de l'Esprit qui donne la vie en Jésus-Christ m'a libéré de la loi du péché et de la mort» (Romains 8.1–2).

Un mot d'avertissement : un changement de direction pour suivre le Saint-Esprit au lieu de nos vieux modèles de péchés nécessitera une intentionnalité et de la persévérance. Dans

Matthieu 12.43–45, Jésus enseigne qu'une maison nettoyée, mais qui demeure inoccupée est pareille à une vie qui a été purifiée de mauvaises influences, mais dans laquelle le Saint-Esprit n'a pas été invité à résider. C'est comme inviter l'ennemi à revenir s'installer avec plus d'influence démoniaque, nous laissant en pire condition que nous ne l'étions avant. En pratique, cela signifie que nous remplaçons les mauvaises habitudes et les asservissements liés au péché par de nouveaux schémas de pensée et de pratiques pieuses *grâce à la puissance du Saint-Esprit*. Par exemple, un alcoolique en voie de guérison, rempli du Saint-Esprit, va chercher un moyen sain de se détendre ou de socialiser. De cette façon, il n'est pas soumis à la tentation (Jacques 1.13–18). Une pensée remplie de l'Esprit aide à créer de bons comportements et à écarter l'ennemi. Priez pour que votre « maison » soit remplie de l'Esprit.

Cette étape cruciale de votre voyage dans la foi peut faire passer votre vraie histoire de l'ordinaire à l'extraordinaire. Êtes-vous prêt à donner votre vie au Saint-Esprit ? Vous n'avez pas besoin de vaincre tous les péchés avant de le faire. Le Saint-Esprit vous aidera.

1. **Confessez vos péchés à Dieu.** Commencez par faire table rase du mal que vous avez fait, du bien que vous n'avez pas fait et des choses que vous avez cachées à Dieu. Humiliez-vous.

2. **Repentez-vous.** « Détourne-toi du mal et fais le bien » (Psaumes 34.15). Abandonnez tout ce que vous êtes et tout ce que vous avez à Dieu. Le Saint-Esprit nous corrige doucement lorsque nous faisons quelque chose qu'il interdit – « N'attristez pas le Saint-Esprit » (Éphésiens 4.30–31) – ou lorsque nous ne faisons pas ce qu'il nous ordonne – « N'éteignez pas l'Esprit » (1 Thessaloniciens 5.16–19). Prêtez attention à ses encouragements, obéissez-lui immédiatement et traitez le péché rapidement.

3. **Demandez au Saint-Esprit de vous remplir et croyez qu'il le fera.** Dieu aime nous remplir du Saint-Esprit : « Si donc, mauvais comme vous l'êtes, vous savez donner de bonnes choses

à vos enfants, le Père céleste donnera d'autant plus volontiers le Saint-Esprit à ceux qui le lui demandent» (Luc 11.13). Et il ordonne que nous soyons remplis de lui : «Soyez, au contraire, remplis de l'Esprit» (Éphésiens 5.18). Ayez foi en cette promesse, en ayant confiance qu'il vous remplira.

4. **Accomplissez la mission de Dieu en vous remplissant de la parole de Dieu.** «Que la parole de Christ habite en vous» (Colossiens 3.16). Le Saint-Esprit révèle la volonté de Dieu dans la parole de Dieu. Lorsque nous poursuivons la mission de Dieu, nous nous positionnons pour que le Saint-Esprit nous remplisse et se déverse en nous afin que nous puissions bénir les autres. Vérifiez votre position. Vous découvrirez de grandes ressources spirituelles et une réelle puissance lorsque vous obéissez à ce que le Saint-Esprit vous incite à faire selon la parole de Dieu. Partagez Jésus quand il vous dit de le faire.

Vous ne sentez peut-être pas le Saint-Esprit couler en vous ou à travers vous, mais sachez qu'il travaille de façon spectaculaire et directe. Vous aurez plus d'efficacité, de foi, de puissance et d'amour tout au long de votre vraie histoire. Comme nous l'avons appris la semaine dernière, si vous demandez quelque chose selon la volonté de Dieu, il vous écoutera et vous donnera ce que vous demandez (1 Jean 5.14–15). La volonté de Dieu est que le Saint-Esprit vous remplisse sans cesse (Éphésiens 5.18). Vous ressentirez une joie indicible et une proximité avec Jésus alors que le Saint-Esprit vous remplit et rend Jésus plus réel pour vous. Mon ami, soyez rempli du Saint-Esprit.

Laisser parler la Bible :

Romains 6 et 8.1–17 (lecture facultative : Actes 5–8)

Laisser parler son esprit :

1. Comment la repentance et l'obéissance nous permettent-elles d'être remplis du Saint-Esprit ? Quelle attitude devez-vous adopter pour vous soumettre au Saint-Esprit en toutes choses ?

2. Que vous a appris en faisant l'inventaire de ce qui vous remplit actuellement ?

3. Comment pouvez-vous faire plus de place au Saint-Esprit dans votre vie ? Si l'Esprit est en vous, qu'est-ce qui peut être dit de vous maintenant (Romains 8.10) ?

4. Prenez le temps de confesser vos actions et vos péchés et repentez-vous. Demandez à Dieu de vous remplir de son Esprit et croyez qu'il le fera.

Laisser son âme prier :

Seigneur, remplis-moi de ton Saint-Esprit. Je veux que Jésus devienne plus réel pour moi. Je ne veux pas attrister ton Esprit en péchant, ni éteindre ton Esprit en ignorant ce que tu me dis de faire. Je confesse que je me suis laissé remplir par des choses sans valeur. Pardonne-moi. Montre-moi comment changer. Guide et dirige mes pensées, mes paroles, mes actions et mes émotions afin qu'elles puissent te plaire. Au nom de Jésus, amen.

Laisser son cœur obéir :

Qu'est-ce que Dieu vous amène à connaître, à valoriser ou à faire ?

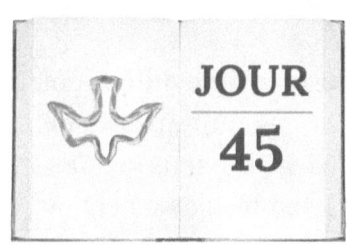

Soyez purifié pour une vie de résurrection-sanctification

Que le Dieu de paix vous sanctifie lui-même tout
entiers et que tout votre être, l'esprit, l'âme et
le corps, soit conservé irrépréhensible, lors de
l'avènement de notre Seigneur Jésus Christ.
1 Thessaloniciens 5.23

Dieu ne nous a pas sauvés juste pour faire de nous de meilleures personnes. Il nous a sauvés pour nous épargner du châtiment de nos péchés et rétablir notre relation avec lui, pour sa gloire. Nous devenons de meilleures personnes *à cause de cette relation* : « Si quelqu'un est en Christ, il est une nouvelle créature. Les choses anciennes sont passées ; voici, toutes choses sont devenues nouvelles » (2 Corinthiens 5.17). Nous sommes de nouvelles créatures ! **Dieu nous sauve *par* Jésus et, par la puissance du Saint-Esprit, il nous transforme ensuite pour que nous soyons *comme* Jésus.**

Oui, ce processus de changement – appelé la **sanctification** – nous accompagne tout au long de notre marche de foi. Devenir croyant n'est que le début de notre voyage de sanctification.

> **Sanctification :**
> être saint ; le mot grec
> original, *hagiazo*,
> signifie « séparer »,
> « mettre à part »
> ou « rendre saint ».
> « Grandissons à tout
> point de vue vers celui
> qui est la tête, Christ »
> (Éphésiens 4.15).

Le processus qui consiste à vivre différemment et de devenir comme Jésus demande à la fois du temps et de l'aide de Dieu. C'est le Saint-Esprit qui est chargé de nous rendre saints, de nous recréer pour que nous soyons semblables à celui à qui nous désirons ressembler (Genèse 1.27).

Dans les jours à venir, nous apprendrons comment le Saint-Esprit nous aide à grandir en servant, en partageant Jésus et même en souffrant. Aujourd'hui, nous allons apprendre comment coopérer avec lui.

La sanctification exige l'obéissance (1 Pierre 1.2). Une fois que la parole de Dieu nous a dit ce qu'il faut faire, le Saint-Esprit nous aide à discerner notre réponse (Romains 8). Quand nous méditons sur la parole de Dieu, nous renouvelons notre esprit et nos pensées commencent à changer (Romains 12.1–2). Nous commençons à penser plus à ce qui est « synonyme de qualité morale et ce qui est digne de louange » (Philippiens 4.8). Nos pensées façonnent nos paroles et nos actions de sorte que nous disions « seulement bonnes paroles » (Éphésiens 4.29) et que nous « [reconnaissions] que toute personne qui pratique la justice est [aussi] née de lui » (1 Jean 2.29).

Mais la sanctification ne consiste pas à observer des règles. La sanctification consiste à suivre Jésus. Dieu s'intéresse plus à qui nous devenons plutôt qu'à notre comportement. **Si nous devenons comme Christ, nous agirons plus comme lui et trouverons plus de satisfaction en lui seul.** Un comportement semblable à celui de Christ découle d'un cœur semblable à Christ et non du légalisme religieux dont nous avons entendu parler au jour 25. Jésus a condamné les pharisiens parce que leur comportement semblait propre à l'extérieur, mais leurs cœurs étaient sales à l'intérieur :

> Malheur à vous, spécialistes de la loi et pharisiens hypocrites, parce que vous nettoyez l'extérieur de la coupe et du plat, alors qu'à l'intérieur ils sont pleins du produit de vos vols et de vos excès. [...] Vous de même, de l'extérieur, vous paraissez justes aux hommes, mais à l'intérieur vous êtes pleins d'hypocrisie et d'injustice. (Matthieu 23.25, 28)

Nous devons nous concentrer non pas sur les comportements extérieurs, mais sur un cœur qui ressemble de plus en plus à Christ (Éphésiens 4.15). Il ne s'agit pas de règles ; mais d'une *relation*. Pour mieux comprendre ce processus, prenons en considération l'une des illustrations de Jésus. Plusieurs fois dans les Saintes Écritures, Jésus compare les gens au blé. En examinant la croissance du blé, nous en apprenons davantage sur notre croissance en Christ.

1. **Nous ne pouvons pas forcer la maturité spirituelle, nous avons donc besoin de faire confiance au Saint-Esprit pour notre croissance.** Un grain de blé ne force pas sa croissance. Il ne pense pas ainsi : « Je dois germer. Maintenant je dois faire pousser une tige et après ça, je dois forcer le grain à sortir ». L'apôtre Paul était frustré par les croyants qui faisaient confiance à Christ pour les sauver du péché, mais ne lui faisaient pas confiance pour leur croissance spirituelle. Les Galates étaient obsédés par le respect des règles et la diffusion de faux enseignements selon lesquels le salut venait avec des règles supplémentaires. Paul leur demanda, « Manquez-vous à ce point de bon sens ? Après avoir commencé par l'Esprit, voulez-vous maintenant finir par vos propres forces ? » (Galates 3.3). Nous devons accueillir le Saint-Esprit afin qu'il fasse son œuvre en nous ; nous devons être remplis de lui (jour 44). Nous pouvons voir la croissance qu'il produit au fur et à mesure :

> Il dit encore : « Voici à quoi ressemble le royaume de Dieu. Il est semblable à un homme qui jette de la semence en terre ; qu'il dorme ou qu'il reste éveillé, nuit et jour la semence germe et pousse sans qu'il sache comment. [En effet,] d'elle-même la terre produit d'abord l'herbe, puis l'épi, enfin le grain tout formé dans l'épi. » (Marc 4.26–28)

2. **Nous coopérons avec le Saint-Esprit en cultivant des conditions favorables à la croissance.** Même les graines les plus saines ne peuvent pousser sans une bonne terre, de l'eau et du soleil. Les grains de blé qui ont été trouvés enfouis dans d'anciens bocaux pendant des milliers d'années semblaient être hors d'usage, mais dès que les archéologues les ont découverts et les ont plantés dans une bonne terre, ils ont poussé comme n'importe quelle bonne graine. Le même

principe s'applique à nous. Si vous voulez grandir en Christ, vous avez besoin de trois choses :

- une bonne terre : votre cœur est-il de la bonne terre? Faites-vous confiance à Dieu et lui obéissez-vous à travers sa parole (jour 30)?
- de l'eau fraîche : avez-vous des racines profondes dans la parole de Dieu afin de pouvoir vous imprégner de l'eau vive du Saint-Esprit (jour 24)? Demeurez-vous en lui?
- du soleil : marchez-vous dans la lumière de Jésus? Demandez-vous à Dieu d'exposer vos péchés afin qu'il puisse vous guérir (jour 26)?

Remarquez que l'environnement que vous créez dépend plus de l'état de votre cœur que de vos circonstances. Même si vous vivez dans un endroit hostile aux disciples de Jésus ou si vous éprouvez des difficultés, vous pouvez cultiver des conditions saines pour la croissance spirituelle dans votre cœur et votre esprit.

3. **La croissance spirituelle se produit en communauté.** Si une graine de blé est plantée seule, elle ne survivra pas. Elle ne pourra supporter sa hauteur et elle tombera, molle ou complètement cassée, avant d'arriver à maturité. Mais lorsqu'elle est plantée dans un champ avec des millions d'autres graines de blé, cette unique tige de blé se tiendra debout malgré les tempêtes. Même en cas de vents violents, les tiges parviennent à se soutenir mutuellement et se balancent en unité, dans une harmonie gracieuse. Il en va de même pour nous. **Nous ne pouvons pas grandir seuls.** Si vous n'avez pas de famille de foi, demandez à Dieu de vous aider. Cherchez une église où la parole de Dieu est enseignée et vécue sincèrement (voir «Comment trouver une bonne église» au jour 12). Si les églises sont rares où vous vivez, réunissez-vous régulièrement avec au moins un ou deux amis qui suivent aussi Jésus (voir «Réunions hebdomadaires» au jour 17). Le Saint-Esprit se servira de votre famille de foi pour vous encourager et vous aider à grandir dans la maturité spirituelle.

4. **La croissance spirituelle se produit quand nous mourons à nos anciennes habitudes.** Comment le blé pousse-t-il et se multiplie-t-il ? Jésus nous enseigne : «En vérité, en vérité, je vous le dis, si le grain de blé tombé en terre ne meurt pas, il reste seul; mais s'il meurt, il porte beaucoup de fruit» (Jean 12.24). Pour que des générations de blé continuent de se multiplier, les grains individuels doivent tomber par terre et mourir. L'enveloppe de la graine se fend et la nourriture qu'elle contient est utilisée pour alimenter la nouvelle vie de la plante en pleine croissance. Au fur et à mesure que la nouvelle plante mûrit, elle est capable de produire beaucoup plus de grains que le seul grain dont elle est issue.

En tant que disciples de Christ, nous passons aussi par le processus de la mort de plusieurs façons :

- nous mourrons d'abord au **péché** lorsque nous plaçons notre foi en Christ. Nous sommes «crucifiés avec Christ» et «morts pour le péché» (Galates 2.20, Romains 6.11);
- en suivant Jésus, chaque jour nous continuons à mourir à nos **anciennes habitudes**. «Si quelqu'un veut être mon disciple, qu'il renonce à lui-même, qu'il se charge [chaque jour] de sa croix et qu'il me suive» (Luc 9.23);
- nous mourons tous les jours à nos **désirs mondains** en résistant à la tentation et en mettant le péché à mort par la puissance du Saint-Esprit (Romains 8.13, Colossiens 3.5);
- nous mourons tous les jours à notre **égoïsme** lorsque nous répondons aux besoins des autres et les bénissons à nos dépens (Philippiens 2.4).

Ce processus de mort peut sembler effrayant, mais en tant que croyants, **nous pouvons embrasser la mort parce qu'elle mène à la résurrection.** Jésus enseigne que «celui qui voudra sauver sa vie la perdra, mais celui qui la perdra à cause de moi la sauvera.» (Luc 9.24). **La sanctification est un processus qui consiste à mourir au péché et à soi-même afin que la vie de Christ puisse nous remplir de plus en plus.** Quand l'Esprit vous appelle à mourir à vous-même d'une manière ou d'une autre, souvenez-vous qu'il désire remplir cet espace avec la vie de Dieu.

Jésus tenait tellement à notre sanctification que quelques instants avant son arrestation, il a prié pour nous : « Ils ne sont pas du monde, tout comme moi, je ne suis pas du monde. Consacre-les par ta vérité ! Ta parole est la vérité » (Jean 17.16–17). Jésus savait que le monde et nos anciennes natures pécheresses lutteraient contre l'œuvre du Saint-Esprit en nous. Il savait aussi que la parole de Dieu pouvait vaincre cette opposition. C'est pourquoi la pratique quotidienne d'un temps consacré à notre relation avec Dieu à travers sa parole est si importante. Par la parole de Dieu, le Saint-Esprit nous montre ce qui doit changer et nous donne la grâce d'opérer ces changements (Galates 5.16–17). Petit à petit, le Saint-Esprit nous fait grandir dans la sainteté. Il renouvelle notre pensée (Romains 12.2) et tue les racines du péché dans nos vies. **Essayez ceci la prochaine fois que vous avez du mal à obéir :**

1. demandez l'aide du Saint-Esprit (Luc 11.13) ;
2. permettez-lui d'ouvrir vos yeux et votre cœur pour découvrir ce qui vous empêche d'avancer (Psaumes 19.8). Étudiez la parole de Dieu pour trouver les réponses ;
3. attendez-vous à Dieu ! Repentez-vous si vous êtes invité à le faire. Priez avec autorité (jour 36) ! Alors que vous le faites, Dieu brisera toutes les couches d'incrédulité ou de dureté de votre cœur. Vous trouverez satisfaction en Jésus-Christ. Vous finirez par vous détourner de tout le reste pour le connaître davantage (Philippiens 3.8).

Voici un exemple de la manière dont cela fonctionne. Disons que vous luttez contre le commérage. Vous êtes tentés de dire du mal d'une autre personne à un ami, mais vous vous souvenez de prier. Demandez à Dieu de vous aider à tenir votre langue (Jacques 1.26). L'Esprit vous révèle où vous avez été spirituellement aveugle (Psaumes 119.18). Quand il vous ouvre les yeux, vous commencez à voir cette autre personne avec plus de compassion, comme Dieu la voit. Vous voyez aussi clairement les commérages pour ce qu'ils sont : un péché. Vous choisissez de ne pas parler de cet ami. Cette seule étape transformationnelle d'obéissance fait grandir votre cœur et change votre comportement. Maintenant, votre joie dans le Seigneur satisfait votre cœur de sorte que votre comportement antérieur, votre désir pour le commérage, devient moins attrayant.

Rappelez-vous d'être patient avec vous-même. La sanctification prend du temps, mais peu à peu, vous verrez de réelles améliorations dans votre caractère et dans vos habitudes. Vous deviendrez plus aimant, plus compatissant en demeurant en Christ et en obéissant à la parole de Dieu. Les plaintes feront place à des actions de grâce. Les accès de colère deviendront moins fréquents et les louanges spontanées seront plus fréquentes. Votre valeur et votre identité se trouveront en Christ seul. L'étude de la Bible et la prière deviendront une partie intégrante de votre rythme quotidien. Vous commencerez à voir les choses du point de vue de Dieu et vous voudrez avant tout que sa volonté prime.

Lorsque nous constatons des changements positifs, nous pouvons être encouragés par le fait que l'Esprit nous transforme jour après jour. «Nous tous qui, sans voile sur le visage, contemplons comme dans un miroir la gloire du Seigneur, nous sommes transformés à son image, de gloire en gloire, par l'Esprit du Seigneur» (2 Corinthiens 3.18). Nous sommes transformés de la seule manière qui compte vraiment – de l'intérieur vers l'extérieur pour refléter la gloire de Dieu!

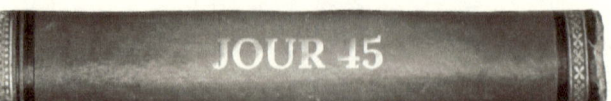

Laisser parler la Bible :

Ephésiens 4.1–16 (lecture facultative : Actes 9–12)

Laisser parler son esprit :

1. Comme le blé, nous grandissons en communauté. Pourquoi la communauté est-elle si importante pour ceux qui suivent Jésus ?

2. Si vous n'êtes pas connecté à une église ou vous n'avez pas de famille dans la foi proche, que pouvez-vous faire pour vous connecter à d'autres croyants ?

3. Comment la mort à soi quotidienne vous change-t-elle ? Comment améliore-t-elle vos relations avec les autres, y compris avec votre famille dans la foi ?

Laisser son âme prier :

Père, fais-moi croître à travers la sanctification. Chaque jour, rends-moi davantage semblable à Jésus. Fortifie ma famille dans la foi afin que nous puissions grandir ensemble. Aide-nous à mourir chaque jour pour que ton Saint-Esprit nous remplisse davantage. Au nom de Jésus, amen.

Laisser son cœur obéir :

Qu'est-ce que Dieu vous amène à connaître, à valoriser ou à faire ?

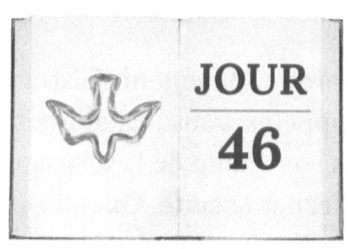

Grandissez spirituellement – le service

Il n'en sera pas de même au milieu de vous. Mais quiconque veut être grand parmi vous, qu'il soit votre serviteur ; et quiconque veut être le premier parmi vous, qu'il soit votre esclave. C'est ainsi que le fils de l'homme est venu, non pour être servi, mais pour servir et donner sa vie comme la rançon de plusieurs.
Matthieu 20.26–28.

Dieu n'a pas besoin de notre service. Dieu nous invite à servir, car *il nous aime*. En servant avec lui, vous apprenez à mieux le connaître. Vous expérimentez son amour qui se déverse en vous pour atteindre les autres, et qui vivifie et transforme des vies. Oui, servir Dieu en servant les autres est une autre manière par laquelle le Saint-Esprit nous sanctifie. Lorsque nous comprenons comment devenir les mains et les pieds de Jésus, nous servons avec une attitude de service à offrir aux autres, et non d'un service à recevoir. Cependant, parfois, nous résistons au service. Nous ressentons l'appel à servir, mais nous luttons avec les détails – ce que nous devrions faire, où et quand nous devrions le faire et même qui aider. Nous ne sommes pas les seuls. Moïse a également lutté avec ces détails.

Moïse est l'un des plus grands chefs de toute l'histoire juive et l'un des rares croyants guidés par l'Esprit dont parle l'Ancien Testament. Pourtant, il a failli passer outre son rôle dans l'histoire de

Dieu. Nous avons regardé rapidement l'histoire de Moïse lors de la troisième semaine. Rappelez-vous : Dieu avait appelé Moïse à conduire son peuple dans son exode de l'esclavage égyptien et à établir la loi de Dieu parmi eux par la suite. Quand Dieu appela Moïse pour servir, Moïse lui répondit d'envoyer quelqu'un d'autre. Le refus de Moïse irrita Dieu (Exode 4.13-14). Dieu apparut à Moïse sous la forme d'un buisson ardent et Dieu aurait pu facilement consumer Moïse dans les flammes, mais il ne le fit pas. Il a été patient avec Moïse et il est patient avec nous aussi (1 Timothée 1.16).

Remarquez comment Dieu a utilisé les détails de la vie de Moïse.[1] Moïse était un garçon hébreu qui, dans des circonstances inhabituelles, a été élevé dans le palais du roi égyptien comme le petit-fils du Pharaon. Voici quelques-unes des expériences qui l'ont aidé à accomplir l'appel de Dieu dans sa vie :

- il a reçu une éducation, ce qui l'a aidé quand Dieu l'a inspiré à écrire les cinq premiers livres de la Bible ;
- il a été préparé à se tenir devant les rois, ce qui l'a aidé quand Dieu l'a appelé à parler au nouveau pharaon ;
- on lui a enseigné le leadership et des compétences organisationnelles, ce qui l'a aidé quand Dieu l'a appelé à diriger la nation d'Israël ;
- lorsqu'il s'est enfui à Madian (avant d'être appelé à diriger le peuple hébreu), il a appris la patience et aussi la façon de traverser le désert, ce qui l'a aidé pendant ses quarante années d'errance dans le désert.

Nous ne sommes peut-être pas tous appelés à diriger comme Moïse, mais nous sommes tous appelés à servir. Comment pouvez-vous être appelé à servir ? Commencez par examiner votre biographie. Où vivez-vous ? Quelles langues parlez-vous ? Quelles compétences et quels talents possédez-vous ? Quelles épreuves avez-vous traversées ? Lorsque vous répondez à ces questions, priez

---

1 Jill Briscoe, *Here Am I, Lord...Send Somebody Else: How God Uses Ordinary People to Do Extraordinary Things* [*Me voici, Seigneur... Envoie quelqu'un d'autre : Comment Dieu utilise des personnes ordinaires pour faire des choses extraordinaires*], (Nashville: W Publishing, 2004).

et demandez à l'Esprit de vous aider à identifier les aspects de votre histoire que Dieu pourrait vouloir utiliser à son service.

Lorsque vous demandez à Dieu comment vous pourriez le servir, considérez également ce que vous aimez faire.[1]

1. Dans le passé, quand avez-vous éprouvé le plus de joie et de fruits pour l'œuvre de Dieu ?
2. Quand avez-vous senti Dieu agir le plus en vous et à travers vous ?
3. En fonction de ces réponses, comment pouvez-vous avoir le plus grand impact pour le royaume de Dieu ?

Si vous venez de commencer, cherchez les besoins les plus importants dans votre église ou votre communauté. Examinez la façon dont vos passions et vos compétences pourraient répondre à certains de ces besoins. Aimez-vous prier ? Savez-vous cuisiner ou chanter ? Aimez-vous entraîner des sportifs ou diriger des pièces de théâtre ? Avez-vous des passe-temps qui pourraient répondre aux besoins d'autres personnes (p. ex., tricoter des couvertures pour le refuge local pour sans-abri) ? Êtes-vous doué pour enseigner aux autres ou pour organiser des rassemblements ? Êtes-vous expert en création d'entreprises ou en gestion financière ? Même le fait de savoir écouter est une compétence très utile et précieuse. Tout le monde a quelque chose à offrir. Vous ne savez peut-être pas quoi faire à l'instant même, mais **Dieu vous révélera vos dons pendant que vous le servez.** Donnez-vous la permission d'essayer des choses et d'apprendre en même temps ; il faut du temps pour trouver sa place et il n'est pas nécessaire que cela se produise tout de suite. Faites confiance à Dieu pour vous révéler votre prochaine étape et ensuite avancez fidèlement. En peu de temps, vous verrez se dérouler le plus grand plan et vous vivrez la bénédiction du service. Jésus aime vous bénir comme il bénit les autres grâce à vous. C'est pourquoi il a dit, « Il y a plus de bonheur à donner qu'à recevoir » (Actes 20.35).

---

1 Glenn Reese, pasteur de l'église Chets Creek à Jacksonville, FL, lors d'une discussion avec l'auteur, août 10, 2010.

Une partie de cette bénédiction prend la forme d'une croissance spirituelle : **le Saint-Esprit nous fait grandir pendant que nous servons Dieu en servant les autres.** Le Saint-Esprit est aussi appelé l'Esprit de Jésus (Philippiens 1.19) et tout comme Jésus s'humilia pour devenir serviteur de tous, l'Esprit de Jésus fera aussi de vous un serviteur à mesure que vous grandissez à son image. En Christ, nous « servons dans un esprit nouveau » avec la puissance de Dieu et non par nous-mêmes (Romains 7.6). **L'Esprit nous motive par amour et non par devoir, à travailler pour la gloire de Dieu, et non pour la nôtre.** Alors que nous « rendons à Dieu notre culte à Dieu par l'Esprit » (Philippiens 3.3), nous devons compter sur la force de Christ et « ne [pas mettre] notre confiance dans notre condition » (Philippiens 3.3). **Nous trouvons la vraie joie lorsque nous faisons ce que Dieu a conçu pour nous dans sa puissance et pour sa gloire.** Et rappelez-vous, Dieu ne vous demandera jamais de servir d'une quelconque manière sans vous donner la grâce et la puissance pour le faire (Josué 1.9, 2 Corinthiens 12.9).

Vous seul avez votre rôle unique à jouer dans l'histoire de Dieu. Apprenons à bien servir. L'apôtre Paul nous enseigne des façons de servir :

1. **Servir de manière sacrificielle.** Servir les autres seulement quand cela nous convient est presque impossible. Nous planifions rarement du bénévolat lorsque nos calendriers nous offrent du temps libre. Nous devons être intentionnels lorsque nous nous proposons de servir et cela nécessite le sacrifice de notre temps, de nos ressources ou même des deux. Quand nous servons, nous nous faisons un « sacrifice vivant » (Romains 12.1), une offrande agréable au Seigneur. Nous plaçons les besoins des autres avant les nôtres comme Jésus l'a fait. Jésus a sacrifié son confort bien avant de sacrifier sa vie sur la croix. Lorsqu'il était épuisé par les exigences du ministère, il mettait ses besoins personnels de côté pour enseigner et nourrir les gens autour de lui, qui se comptaient souvent par milliers (Marc 6). Quand vous sacrifiez quelque chose de petit ou de grand – votre confort, votre repos, votre temps, etc. –, vous pouvez

nous réjouir comme Paul : «Si mon sang doit couler pour le sacrifice [...] de votre foi, j'en suis heureux» (Philippiens 2.17).

2. **Servir humblement.** Parfois, nous sommes tentés de servir pour impressionner les autres. Nous passons à côté de l'objectif qui consiste à exalter Jésus et non nous-mêmes, en répondant aux besoins des autres. Jésus a déclaré : «Gardez-vous bien de faire des dons devant les hommes pour qu'ils vous regardent; sinon, vous n'aurez pas de récompense auprès de votre Père céleste» (Matthieu 6.1). Nous humilier en servant les autres sans chercher à attirer l'attention fait partie de notre voyage pour nous éloigner de l'égoïsme. Lorsque nous servons avec une véritable humilité, nous pensons aux besoins des autres autant qu'aux nôtres (Romains 12.10). Paul a écrit à plusieurs reprises aux premières églises pour souligner l'importance de servir avec humilité. «Ne faites rien par esprit de rivalité ou par désir d'une gloire sans valeur, mais avec humilité considérez les autres comme supérieurs à vous-mêmes. Que chacun de vous, au lieu de regarder à ses propres intérêts, regarde aussi à ceux des autres» (Philippiens 2.3–4). Paul leur a demandé de servir tout le monde, indépendamment de la situation financière ou du statut des gens (Romains 12.16).

Jésus, le roi des rois, a été le modèle parfait du service rendu avec humilité. «Lui qui est de condition divine, il n'a pas regardé son égalité avec Dieu comme un butin à préserver, mais il s'est dépouillé lui-même en prenant une condition de serviteur, en devenant semblable aux êtres humains. Reconnu comme un simple homme, il s'est humilié lui-même en faisant preuve d'obéissance jusqu'à la mort, même la mort sur la croix (Philippiens 2.6–7). **Celui que tous devraient servir est devenu le serviteur de tous!** Jésus a partagé ce paradoxe avec ses disciples : «Si quelqu'un veut être le premier, il sera le dernier de tous et le serviteur de tous» (Marc 9.35). Humiliez-vous et Dieu vous élèvera (Jacques 4.10). **Votre valeur ne dépend pas de ce que vous faites ou de ce que les autres disent; votre valeur vient de qui vous êtes en Christ.**

3. **Servir avec amour.** Vous a-t-on déjà offert un cadeau par obligation? Ou peut-être quelqu'un vous a aidé à réaliser un projet, mais

l'a fait à contrecœur ? Ce n'est pas un bon sentiment. Vous préféreriez peut-être que la personne garde son cadeau ou qu'elle ne vous aide pas du tout. Quand nous servons sans amour, c'est comme si nous donnions un cadeau à Dieu de la même façon. Tout acte de service, aussi exceptionnel soit il est sans valeur s'il est fait sans amour (1 Corinthiens 13.3). Au jour 6, nous avons appris que nous serons récompensés par notre amour et non par nos bonnes actions que nous avons faites. Comment l'amour nous sert-il ?

- L'amour sert généreusement, en pratiquant l'hospitalité (Romains 12.13).
- L'amour sert activement, en répondant aux besoins réels (1 Jean 3.18).
- L'amour sert à faire preuve de compassion en montrant une sincère sympathie (Romains 12.15).
- L'amour sert pacifiquement, en vivant en harmonie avec les autres, sans aucune considération pour leur statut social (Romains 12.16, 18).
- L'amour sert avec grâce, en bénissant activement ses ennemis (Romains 12.14, 12.17, 12.19–20).

4. **Servir dans l'Esprit.** Lorsque, les croyants placent leur foi en Jésus pour le salut, le Saint-Esprit nous gratifie des dons spéciaux—des dons spirituels.[1] Les hommes et les femmes travaillent ensemble pour remplir la mission de Dieu[2] à chaque étape de la vie. Chacun a un rôle essentiel à jouer en tant reflet de l'image de Dieu. **Le Saint-Esprit produit le fruit de l'Esprit en vous lorsque vous utilisez les dons de l'Esprit pour la gloire de Dieu.** Observez comment le Saint-Esprit fait grandir votre personne et vos dons quand vous

---

[1] Pour une liste des dons spirituels spécifiques mentionnés dans la Bible, lire Romains 12.3–8, 1°Corinthiens 12.8–11 et Éphésiens 4.10–12.

[2] En raison du manque de formation, les femmes du monde entier n'ont pas souvent d'attentes claires sur la façon dont elles peuvent servir l'église ou faire progresser l'évangile. Passez en revue les Actes ainsi que les lettres du Nouveau Testament pour des exemples d'hommes et de femmes travaillant ensemble en équipe. Les femmes, à chaque saison de leur vie, reçoivent des dons spirituels pour remplir leur rôle essentiel dans la communauté, l'église et le foyer.

les mettez à son service. Comme nous l'avons appris, l'église est appelée un corps parce que chaque partie, bien que différente, est essentielle au fonctionnement de l'ensemble. Tout comme les différentes parties du corps travaillent ensemble, les différents croyants doivent se réunir en utilisant leurs dons pour l'édification du corps de Christ à la gloire de Dieu (Éphésiens 4.12). Lorsque nous servons nos frères et sœurs, nous honorons le sacrifice de Christ pour l'église (Éphésiens 5.25) et devenons plus comme la communauté que Dieu avait dans sa pensée à la création : une communauté remplie d'unité, d'amour et de créativité.

Nous sommes aussi conçus pour servir nos propres familles. Dieu se soucie profondément de notre service à notre famille dans la foi, mais ce service ne nous dispense pas de nos responsabilités envers nos familles naturelles. Nous ne pouvons pas bien servir les autres dans l'église si nos familles sont dans la tourmente à la maison. C'est pourquoi l'une des exigences pour conduire l'église est que l'ancien doit être capable de bien gérer sa famille (Tite 1.6–7) : «En effet, si quelqu'un ne sait pas diriger sa propre maison, comment prendra-t-il soin de l'église de Dieu?» (1 Timothée 3.5). Jésus a réprimandé les chefs religieux pour avoir cautionné la décision des gens de donner des ressources à une communauté religieuse au lieu de répondre aux besoins de leurs parents (Marc 7.11). Paul prêcha la même chose : «Si quelqu'un ne prend pas soin des siens, et en particulier des membres de sa famille proche, il a renié la foi et il est pire qu'un non-croyant» (1 Timothée 5.8). Dieu ne veut pas que nous choisissions entre servir notre famille de foi et notre famille proche. Il veut que nous servions les *deux*. Et il vous promet que sa grâce vous aidera à servir à chaque étape de votre parcours.

Le service est une autre occasion pour le Saint-Esprit de vous faire grandir – de vous recréer – pour devenir plus semblable à Christ, le Sauveur serviteur. En servant, vous découvrirez de nouveaux dons que Dieu vous a accordés et vous apprendrez à compter davantage sur lui. Vous approfondirez vos relations et en créerez de nouvelles lorsque vous cherchez à servir plutôt qu'à être servi. Mieux encore, votre amitié avec Dieu grandit au fur et à mesure que vous servez ensemble et que vous jouez votre rôle dans son histoire.

Laisser parler la Bible :

1 Corinthiens 12–13 (lecture facultative : Actes 13–16)

Laisser parler son esprit :

Ces questions tirées de la lecture d'aujourd'hui peuvent nous aider à découvrir des dons et des passions pour le service :

1. Quand avez-vous connu la plus grande joie et récolté de nombreux fruits pendant votre service à Dieu ?

2. Quand avez-vous senti Dieu agir le plus en vous et à travers vous ?

3. Sur la base de ces réponses, comment pouvez-vous avoir un grand impact pour le royaume de Dieu ?

Laisser son âme prier :

Père, je te donne ma vie pour faire ce que tu veux que je fasse, pour aller où tu veux que j'aille et pour dire ce que tu veux que je dise. Aide-moi à utiliser les dons spirituels dans ma vie pour ta gloire. Rends-moi comme Jésus, le serviteur de tous. Je te remercie pour ton service propitiatoire, humble et affectueux envers nous, Seigneur. Au nom de Jésus, amen.

Laisser son cœur obéir :

Qu'est-ce que Dieu vous amène à connaître, à valoriser ou à faire ?

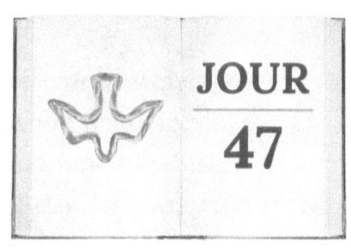

JOUR
47

Grandissez spirituellement – le partage

« Tout pouvoir m'a été donné dans le ciel et sur la terre.
Allez, faites de toutes les nations des disciples, les baptisant
au nom du Père, du fils et du Saint-Esprit, enseignez-leur
à observer tout ce que je vous ai prescrit. Et voici, je suis
avec vous tous les jours, jusqu'à la fin du monde. »
Matthieu 28.18–20

Imaginez un monde où Dieu aurait décidé de ne pas nous impliquer dans le partage de la bonne nouvelle de Jésus avec les autres. Au contraire, il sauverait les gens sans aucune participation des croyants. À quoi ressemblerait ce monde ? Imaginez que, dans ce monde étrange, vous alliez dans une église où vous êtes devenu un disciple de Jésus sans aucune intervention humaine. Vous trouvez votre place et la musique commence, mais les chansons sont toutes différentes. Le chant « Grâce infinie » et d'autres chansons basées sur les enseignements du Nouveau Testament n'existent pas parce que le Nouveau Testament n'a pas été écrit.

Dans notre monde, le Nouveau Testament a été écrit par des disciples dont le but était de faire davantage de disciples, mais s'il n'y avait pas de gens choisis pour faire des disciples, il n'y aurait aucune raison d'écrire à propos de la mission de Dieu.

Dans un tel monde, notre objectif, notre existence tout entière changerait pour le pire. Notre joie de partager Jésus et ses enseignements avec d'autres disparaîtrait. Nous manquerions l'excitation de voir quelqu'un passer de la mort spirituelle à la vie. Notre privilège d'être l'outil de Dieu pour transformer une âme humaine serait perdu. Nos attitudes, nos actions et nos appels seraient très différents. Si Dieu ne nous avait pas invités à faire partie de son œuvre de salut, nos vies manqueraient tellement de joie, d'espoir et de but.

Loué soit Dieu que cela ne soit pas notre réalité! «**Tout cela vient de Dieu qui nous a réconciliés avec lui par [Jésus-] Christ et qui nous a donné le ministère de la réconciliation**» (2 Corinthiens 5.18–20). Ce don inestimable est pour notre bien. Nous nous rapprochons de Dieu lorsque nous travaillons avec lui pour faire des disciples. Oui, Dieu peut sauver des gens sans impliquer les autres (et il le fait), mais c'est un privilège pour nous d'être choisi par Dieu pour annoncer la bonne nouvelle (2 Corinthiens 2.14). Nous recevons ce don afin que tous puissent être pardonnés, nés de nouveau et réconciliés à la famille éternelle de Dieu. Nous avons un médicament à donner aux gens qui meurent spirituellement afin de transformer éternellement leur vie. Nous ne pouvons pas garder pour nous-mêmes le don de la grâce de Dieu pour nous. Jésus a déjà fait le plus dur du travail. Tout ce que nous avons à faire maintenant, c'est de partager son histoire. Et quand nous le faisons, il n'y a pas de satisfaction plus grande que de voir Dieu agir en nous pour secourir ceux qui s'égarent. Quand ils se détournent de leurs péchés et disent oui à Jésus, leur éternité change juste sous nos yeux!

Chose étonnante... Certaines églises et certains croyants agissent comme s'ils existaient dans le monde étrange que nous avons imaginé. Ils ne pas s'impliquent pas pour partager la bonne nouvelle de Jésus avec d'autres (l'évangélisation). Ce n'est pas une priorité pour eux. Ils se débarrassent de la grande commission de Jésus, la cachant comme ils le feraient avec de l'argent de poche dans un tiroir. Ils manquent de joie, de croissance, d'espoir, d'unité ou de but. Ils se demandent peut-être pourquoi ils ne grandissent pas personnellement ou collectivement, mais ils ne réalisent pas qu'ils ne font pas ce que Dieu leur a demandé de faire. La vérité est que le fait de **ne pas partager l'évangile constitue une violation du commandement de Dieu.**

Heureusement, la mission de Jésus est toujours de chercher et de sauver les perdus (Luc 19.10). Grâce au Saint-Esprit, ces églises et ces croyants peuvent changer. Le Saint-Esprit peut créer des familles de foi saines où les nouveaux dans la foi sont encadrés par des croyants matures. Avez-vous besoin d'un nouveau départ ? Dieu peut vous aider à revenir aux raisons principales pour lesquelles vous existez :

pour aimer Dieu ;

pour aimer le monde et ;

pour faire des disciples !

La formation des disciples commence avec Jésus, sa bonne nouvelle et sa grande commission. Lorsque Jésus a confié son message à ses disciples, il leur a donné des instructions spécifiques que se trouvent dans Matthieu 28.18–20. Maintenant, c'est à notre tour. Dieu nous a confié l'évangile, alors examinons ce passage et soyons des formateurs de disciples pour cette génération.

1. Il a été donné à Jésus « **tout pouvoir** » – Pour faire des disciples, nous devons être des disciples. Plus tôt dans Matthieu, Jésus a dit : « Si quelqu'un veut être mon disciple, qu'il renonce à lui-même, qu'il se charge de sa croix et qu'il me suive ! » (Matthieu 16.24). Avons-nous renoncé à nous-mêmes pour suivre Jésus et nous soumettre à son autorité ?

2. « **Allez** » – Compte tenu de l'autorité de Jésus, sommes-nous disposés à aller et à partager son histoire ?

3. « **Faites de toutes les nations des disciples** » – Ce commandement signifie former des gens qui le suivent, des croyants qui en apprennent davantage sur lui. Partagerons-nous l'amour de Jésus, suivrons-nous le modèle de la vie de Jésus et enseignerons-nous la parole de Jésus ?

4. «... **toutes les nations**» – Chaque âme compte pour Dieu. Sommes-nous prêts à partager Jésus avec tout le monde?

5. «... **les baptisant...**» – Le baptême est le signe extérieur d'un changement intérieur et le premier pas d'obéissance des croyants. Sommes-nous baptisés? Allons-nous faire baptiser les autres?

6. «**Enseignez-leur à observer tout ce que je vous ai prescrit**» – Nous devons obéir aux instructions de Jésus et pas seulement de les connaître. Enseignerons-nous le message de Jésus et y obéirons-nous?

7. «**Je suis avec vous tous les jours**» – Croyons-nous que Jésus est toujours avec nous? lui faisons-nous confiance?

> Dieu vous a choisi pour être son ambassadeur.
> Jésus promet d'être avec vous.
> Le Saint-Esprit vous donne le pouvoir d'obéir à
> ce commandement (Actes 1.8).
> Vous pouvez le faire.

Jésus dit : «Tout comme le Père m'a envoyé, moi aussi je vous envoie» (Jean 20.21). **Lorsque vous faites des pas d'obéissance, Dieu vous donne tout ce dont vous avez besoin pour faire sa volonté.** Quand vous annoncez la bonne nouvelle, le Saint-Esprit vous donne la force *et* les paroles pour le faire.[1] Dans ce processus, le Saint-Esprit fortifie votre foi – vous sanctifie – lorsque vous faites des disciples.

Comment faire des disciples? Considérons la requête de la prière de Jésus : «La moisson est grande, mais il y a peu d'ouvriers. Priez donc le maître de la moisson d'envoyer des ouvriers dans sa moisson» (Luc 10.2). Jésus a utilisé la symbolique de la moisson pour expliquer comment les gens sont prêts à être rassemblés dans la famille de Dieu. Comme un champ prêt pour la moisson, les gens

---

1   Matthieu 10.19, Luc 12.12, Actes 1.8, 2 Corinthiens 5.20.

sont mûrs pour l'évangile. Quand il nous envoie, nous demandons à Dieu, le Seigneur de la moisson (Matthieu 9.38), de nous envoyer des ouvriers pour travailler avec lui. La formation de disciples suit souvent un processus de moisson à quatre parties :[1]

1. **Semez** les semences de l'évangile par la **prière**. Comme Jésus l'a demandé, commencez par la prière. Quand nous prions, nous répandons des semences de l'évangile qui sont porteuses de vie. Nous allons dans les champs, les endroits où les gens sont loin de Dieu (dans la rue ou à travers le monde).

2. **Arrosez** ces semences avec l'histoire de Dieu, **l'évangile**. Lorsque nous partageons l'histoire de Dieu et notre histoire en tant que témoins, les semences de l'évangile deviennent de la nourriture dans la vie des gens.

3. **Faites pousser** ces semences qui ont germé à la lumière de la parole de Dieu. Alors que de nouveaux croyants apprennent de vous, aidez-les à **prier et à étudier la Bible** par eux-mêmes afin qu'ils grandissent.

4. **Moissonnez** les champs en rassemblant les croyants pour former l'église. En tant que croyants, nous nous réunissons pour l'exhortation, la formation de disciples et la communauté. Nous formons de **nouveaux laboureurs** à être envoyés dans de **nouveaux champs** pour semer et arroser des semences de l'évangile dans la vie des autres. Cette commission relance à nouveau le processus de la formation de disciples.

Maintenant, prenons les outils que nous avons appris au cours de ce voyage de foi et voyons comment ils s'intègrent dans le processus à quatre parties :

---

[1] Les mouvements d'implantation d'église dans le monde suivent un processus similaire appelé « La formation en 4 champs ».

1. **Semez** les semences de l'évangile par la **prière.**
   a. Créez une carte de relations pour les gens dans votre vie qui sont loin de Dieu (voir annexe). Priez et planifiez des occasions de leur partager l'amour de Jésus.
   b. Priez pour les autres, priez avec autorité, priez et jeûnez pour le réveil spirituel (sixième semaine).

2. **Arrosez** ces semences avec l'**évangile**, l'histoire de Dieu.
   a. Partagez l'histoire de Dieu en y ajoutant les ingrédients du **pain de l'évangile** (jour 18).
   b. Commencez des conversations spirituelles en utilisant l'approche «Écouter, apprendre, aimer, Seigneur» (jour 18).
   c. Partagez votre histoire en utilisant «**Le partage de votre histoire**» comme guide (jour 18).

3. **Faites pousser** ces semences au cours d'un petit rassemblement hebdomadaire dédié à la formation et au soutien.
   a. Rassemblez de trois à cinq nouveaux croyants en utilisant le format des «**rassemblements hebdomadaires**» (jour 17).
   b. Formez les croyants à obéir aux enseignements de Jésus (semaines 3 à 7).
   c. Utilisez un plan de lecture de la Bible pour **étudier la Bible ensemble** (jour 33).

4. **Moissonnez** les champs en rassemblant les croyants pour former l'église et en les libérant pour qu'ils deviennent des formateurs de disciples.
   a. Réunissez-vous en tant que famille de foi pour l'adoration, le repas du Seigneur, le service et la formation (jours 12 et 43).
   b. Apprenez aux croyants à utiliser leurs dons spirituels pour servir Jésus et les autres (jour 46).
   c. Encouragez les croyants à aller ensemble vers de nouveaux champs en utilisant l'outil «**Écouter, apprendre,**

aimer le Seigneur » (voir annexe). Revoir chaque semaine la prière et la responsabilité (voir Luc 10.1–11).

Comment savez-vous si l'approche de formation de disciples est efficace ? La preuve, c'est le changement de vies. Vous pouvez toujours améliorer les processus ou les outils listés plus haut, mais sachez que Dieu seul est celui qui fait pousser sa moisson humaine (1 Corinthiens 3.6–7). Nous ne serons peut-être pas capables de faire de tout le monde des disciples, mais nous pouvons former un disciple. Ensuite, encouragez cette personne à en former un autre et à assumer la responsabilité d'un nouveau croyant. Même si vous êtes un nouveau croyant, vous pouvez toujours faire des disciples.

Pensez à ce qui se passerait si vous formiez un disciple par année. La deuxième année, la personne que vous avez formée la première année commencerait, elle aussi, à former un disciple par année. Ensuite, tous ceux qui ont été faits disciples formeraient eux aussi un nouveau disciple chaque année. Si ce cycle de formation de disciples se poursuivait pendant 30 ans, plus d'un milliard de personnes connaîtraient la foi en Christ ! Réfléchissez-y. Dieu pourrait changer votre famille, votre ville et votre nation à travers vous !

Laisser parler la Bible :
Luc 10.1–11, Romains 10.9–17 (lecture facultative : Actes 17–20)

Laisser parler son esprit :
1. Connaissez-vous quelqu'un qui veut devenir disciple ? Deman-
    dez au Saint-Esprit de vous amener vers 2 ou 3 nouveaux croy-
    ants afin de former un rassemblement hebdomadaire qui forme
    d'autres disciples.

2. Examinez Luc 10.1–11 et trouvez toutes les choses à faire et
    à ne pas faire que Jésus a enseignées aux disciples avant
    de les envoyer moissonner. Lesquelles d'entre elles vous
    impressionnent ?

3. Complétez ou consultez l'outil « Écouter, apprendre, aimer le
    Seigneur » dans l'annexe et consultez-le régulièrement avec
    votre groupe (1 Pierre 3.15).

Laisser son âme prier :
*Père, je te remercie de m'avoir confié ton ministère de réconciliation.
Crée des opportunités pour que je présente Christ aux gens. Aide-moi
à partager l'amour de Jésus, à suivre le modèle de la vie de Jésus et à
enseigner la parole de Jésus à tous ceux que tu places dans ma vie. Je
veux être un disciple qui fait des disciples par ta puissance et pour ta
gloire seule. Au nom de Jésus, amen.*

Laisser son cœur obéir :
Qu'est-ce que Dieu vous amène à connaître, à valoriser ou à faire ?

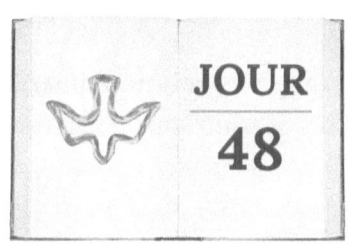

Grandissez spirituellement – la souffrance

Mes frères, regardez comme un sujet de joie complète les diverses épreuves auxquelles vous pouvez être exposés, sachant que l'épreuve de votre foi produit la patience, mais il faut que la patience accomplisse parfaitement son œuvre, afin que vous soyez parfaits et accomplis, sans faillir en rien.
Jacques 1.2–4

Vous et moi pouvons être tentés de penser que si nous menons une bonne vie, nous recevrons des bénédictions matérielles et que le monde sera attiré par Jésus. Le monde entier suivrait Jésus s'il faisait disparaître nos problèmes et que notre richesse se multipliait, mais nous n'aurions plus de christianisme. Au contraire, nous aurions probablement une terrible idolâtrie – des gens qui viennent à Christ pour ce qu'il donne, et non pas pour qui il est. Notre témoignage est souvent plus puissant lorsque tout ce que nous avons n'est que souffrance, mais que nous pouvons quand même dire : «Jésus me suffit».

Pour accepter pleinement cette vérité, il faut la foi et, parfois, avoir expérimenté le soutien, l'aide et la transformation de Dieu au travers d'épreuves. C'est notre réaction face à ces difficultés qui définit notre caractère et qui détermine si nous grandirons ou si nous nous effondrerons. Nous pouvons choisir la colère ou la joie, le contrôle à poings serrés ou la soumission franche. **Notre réponse**

aux épreuves révèle le type de relation que nous avons avec Jésus. Le Saint-Esprit nous fait grandir par le service et le partage, mais il le fait également par la souffrance.

> Bien plus, nous sommes fiers même de nos détresses, sachant que la détresse produit la persévérance, la persévérance la victoire dans l'épreuve, et la victoire dans l'épreuve l'espérance. Or cette espérance ne trompe pas, parce que l'amour de Dieu est déversé dans notre cœur par le Saint-Esprit qui nous a été donné. (Romains 5.3–5)

Avez-vous remarqué que Dieu déverse l'amour dans nos cœurs par le Saint-Esprit? Cet amour nous soutient durant la souffrance. C'est aussi un amour qui coule à travers nous vers les autres. Non seulement la souffrance perfectionne notre caractère pour que nous ressemblions davantage à Christ, mais elle attire également les autres vers lui. Rien n'est plus puissant que de voir quelqu'un souffrir avec dignité et joie tandis qu'il garde son espérance en Christ.

Reconnaissons qu'une partie de la souffrance est le résultat du péché; nos mauvais choix ont des conséquences. Mais aujourd'hui, concentrons-nous sur la souffrance qui est le travail de l'ennemi. Jésus dit : «Le voleur ne vient que pour voler, égorger et détruire; moi, je suis venu afin que les brebis aient la vie et qu'elles l'aient en abondance» (Jean 10.10). La souffrance en elle-même est mauvaise et est utilisée par Satan pour dérober, égorger et détruire, mais Jésus mène la **guerre contre la souffrance. Il travaille pour l'arrêter ou à la soulager et dans les deux cas, il l'utilise *toujours* pour notre bien.**

Vous souvenez-vous de Joseph (jour 15)? Il a été vendu comme esclave et emprisonné à tort. Il l'a dit à ses frères : «Vous aviez projeté de me faire du mal, Dieu l'a changé en bien pour accomplir ce qui arrive aujourd'hui, pour sauver la vie à un peuple nombreux» (Genèse 50.20). Plusieurs personnes ont obtenu le salut après les nombreuses épreuves difficiles subies par Joseph. Peu importe la souffrance que vous vivez, sachez que «du reste, nous savons que tout contribue au bien de ceux qui aiment Dieu, de ceux qui sont appelés conformément à son plan» (Romains 8.28). Toutes choses – le bien, le mal et tout ce qui est entre les deux – sont utilisées par

Dieu pour le bien de ceux qui l'aiment. **Cela signifie que parfois notre plus grand bien n'est pas directement lié à notre confort.** Le verset 29 explique : « En effet, ceux qu'il a connus d'avance, il les a aussi prédestinés à devenir conformes à l'image de son Fils, afin que celui-ci soit le premier-né d'un grand nombre de frères » (Romains 8.29). Lorsque nous lisons ces deux versets ensemble, nous pouvons conclure avec assurance que notre plus grand bien est de devenir comme Christ. Jésus nous avertit en ces termes :

> Si le monde vous déteste, sachez qu'il m'a détesté avant vous. Si vous étiez du monde, le monde vous aimerait, car vous seriez à lui. Vous n'êtes pas du monde, mais je vous ai choisis du milieu du monde ; c'est pour cela que le monde vous déteste. Souvenez-vous de la parole que je vous ai dite : « Le serviteur n'est pas plus grand que son seigneur. » S'ils m'ont persécuté, ils vous persécuteront aussi ; s'ils ont gardé ma parole, ils garderont aussi la vôtre. (Jean 15.18–20)

Nous devons nous attendre à de l'hostilité et à de la discrimination envers les croyants à cause de leur foi en Christ.[1] Les pays où les gouvernements considèrent Jésus comme une menace pour leur pouvoir ou ceux où la religion est liée à l'identité culturelle maltraitent cruellement les chrétiens. Ces gouvernements privent souvent les croyants de leurs libertés humaines fondamentales. Nous ne devrions pas être surpris quand nous sommes persécutés ou quand il nous est demandé de prier pour l'église persécutée : « Tous ceux qui veulent vivre avec piété en Jésus-Christ seront persécutés » (2 Timothée 3.12).

Maintenant que nous savons qu'il faut s'y attendre, comment pouvons-nous mener une vie victorieuse tout en subissant la persécution ? Nous endurons la persécution en demeurant en Christ, notre Sauveur compatissant qui a subi la persécution pour nous et qui souffre encore avec nous. Quand Jésus a fait face à Saul (connu plus tard comme l'apôtre Paul) alors qu'il persécutait les croyants, il a demandé, « Saul, Saul, pourquoi me persécutes-tu ? » (Actes 9.4).

---

1   Actes 14.22, 1 Pierre 4.12.

Jésus ne s'est pas identifié comme «Jésus, le Seigneur de ceux que tu persécutes». Non, il a dit : «Moi, je suis Jésus, celui que tu persécutes» (Actes 9.5). Jésus porte personnellement la persécution des croyants. Quand nous demeurons en lui et qu'il demeure en nous, Dieu ne se contente pas de nous observer dans la persécution; il l'endure avec nous. **L'une des plus grandes bénédictions de la persécution, c'est de développer une intimité avec Christ.** Au moment où nous subissons la persécution, nous pouvons embrasser Jésus, sachant que nous sommes bénis.[1]

Jusqu'au jour où nous serons en sa présence, où toutes les larmes seront essuyées (Apocalypse 21.4), nous avons besoin d'un antidote contre la souffrance et la persécution. Examinons la parole de Dieu :

1. **Criez à Dieu!** David a déclaré : «Dans ma détresse, j'ai fait appel à l'Éternel, j'ai crié à mon Dieu; de son palais, il a entendu ma voix, mon cri est parvenu à ses oreilles» (Psaumes 18.7). David a aussi dit, «Éternel, je fais appel à toi. Viens vite à mon secours, écoute-moi quand je fais appel à toi» (Psaumes 141.1). Même Jésus a crié à Dieu depuis Gethsémané. Dieu peut se charger de votre colère, vos larmes. Comptez sur lui pour vous aider. Paul a écrit qu'il a connu une souffrance accablante, au point de vouloir mourir. Il a aussi écrit que dans ces moments, il a crié à Dieu, qui l'a sauvé (2 Corinthiens 1.8–9). Dépendez de Dieu. Il prendra soin de vous. Il vous donnera ce dont vous avez besoin et vous montrera où aller (Matthieu 10.16–23).

2. **Abordez la vie, un jour à la fois.** Jésus nous prévient que nous ne devons pas nous préoccuper de l'avenir parce qu'à chaque jour suffit sa peine (Matthieu 6.34). Juste avant qu'il ne dise cela, il donne aussi la clé de la vie sans inquiétude : «Recherchez d'abord le royaume et la justice de Dieu, et tout cela vous sera donné en plus» (Matthieu 6.33). En cherchant premièrement le royaume de Dieu, nous pouvons aborder la vie à travers la perspective du royaume et

---

1 Matthieu 5.11–12, 2 Corinthiens 4.15–18, 1 Pierre 4.14, 4.16.

établir nos priorités là-bas plutôt que dans ce monde compliqué. Lorsque nous développons une perspective du royaume, nous nous concentrons moins sur ce qui nous manque. Nous nous concentrons aussi plus sur ce que Dieu fait et sur la manière dont il pourvoit à nos besoins. Au fur et à mesure que nos perspectives changent, nous pouvons percevoir un objectif plus grand dans les épreuves : elles produisent la persévérance dont nous avons besoin quand les temps sont difficiles et Dieu peut se glorifier, car sa puissance opère mieux dans notre faiblesse (2 Corinthiens 12.9).

3. **Restez ferme**. Ami, « restez vigilants, tenez ferme dans la foi, soyez courageux, fortifiez-vous » (1 Corinthiens 16.13). La seule façon de demeurer ferme dans la foi est de choisir de vivre en Jésus pour puiser à même sa force (Jean 15). Nous pouvons prier pour demander à Dieu de changer nos circonstances, de nous donner la sagesse et d'être tout ce dont nous avons besoin dans nos difficultés. Nous pouvons prier et dire, « Éternel, mon rocher, ma forteresse, mon libérateur, mon Dieu, mon rocher où je trouve un abri » (Psaumes 18.3). Avoir confiance en Dieu et lui confier toutes nos inquiétudes nous aide à demeurer fermes. Nous pouvons nous rappeler de nombreux exemples de la fidélité de Dieu, révélés dans sa parole et dans nos propres vies (pierres commémoratives). « Soyez fermes, inébranlables. Travaillez de mieux en mieux à l'œuvre du Seigneur, sachant que votre travail n'est pas sans résultat dans le Seigneur » (1 Corinthiens 15.58).

4. **Recevez et partagez le réconfort de Dieu.** Dieu utilise sa parole pour s'occuper des parties les plus profondes de nos âmes. Le livre des Psaumes regorge d'exemples magnifiques de la façon dont Dieu s'approche de ceux qui souffrent et qui ont le cœur brisé (Psaumes 34.18). Il nous utilise aussi, d'une part, pour nous rapprocher les uns des autres et, d'autre part, pour nous soutenir mutuellement d'une manière concrète et pratique : une visite en temps opportun, un repas chaud, une étreinte d'encouragement. Lorsque nous recevons du réconfort de sa part et d'autres croyants, nous sommes fortifiés et prêts à être une bénédiction pour les autres.

> Il nous réconforte dans toutes nos détresses afin que nous puissions réconforter ceux qui se trouvent dans la détresse, grâce à l'encouragement que nous recevons nous-mêmes de la part de Dieu. En effet, de même que les souffrances de Christ abondent pour nous, de même aussi, c'est par Christ que notre réconfort abonde. (2 Corinthiens 1.4–5)

Nos expériences douloureuses nous aident à compatir avec d'autres personnes qui souffrent. Quand nous avons besoin d'aide, n'ayons pas peur d'être vulnérables et de recevoir de l'aide. Comme nous l'avons appris tout au long de ce voyage, Jésus nous a conçus pour être un seul corps, travaillant ensemble et nous soutenant les uns les autres (1 Corinthiens 12.12–27). Quand nous réconfortons les autres avec le réconfort que nous avons reçu, notre réconfort se multiplie et Dieu est glorifié.

5. **Aimez vos ennemis.** Nous pardonnons comme nous avons été pardonnés. Jésus pardonna à ses bourreaux pendant qu'il était saignant, suspendu sur une croix. Il nous a enseigné, « Vous avez appris qu'il a été dit : "Tu aimeras ton prochain et tu détesteras ton ennemi." Mais moi je vous dis : Aimez vos ennemis, [bénissez ceux qui vous maudissent, faites du bien à ceux qui vous détestent] et priez pour ceux [qui vous maltraitent et] qui vous persécutent » (Matthieu 5.43–44). Rappelez-vous que nous étions autrefois les ennemis de Dieu et qu'il nous aimait toujours (Romains 5.8). Il veut sauver nos persécuteurs autant qu'il veut nous sauver. Nous sommes tous faits à son image. **Serez-vous le canal de l'amour de Dieu pour eux ?** Juste avant sa mort, Étienne demanda à Dieu de pardonner à ses persécuteurs, dont Saul, qui persécutait les croyants et avait approuvé l'exécution d'Étienne (Actes 7–8). Peu de temps plus tard, Dieu répondit à la prière d'Étienne en sauvant Saul, aussi connu sous le nom de Paul. Un homme qui avait fait tant de mal aux croyants a été transformé par l'amour de Christ et est devenu un apôtre (Actes 8–9, 8.13). Paul a subi beaucoup de persécutions à cause de sa foi, mais a fini par conduire l'un de ses persécuteurs, un geôlier, à Christ (Actes 16). Ami, libérez-vous de toute amertume ou de vos pensées de vengeance et priez pour ceux qui vous persécutent. Dieu a un plan pour eux et

veut les sauver avec le même bras plein d'amour qu'il a utilisé pour vous sauver (Ésaïe 59.1).

En attendant notre demeure céleste, rappelez-vous que Jésus vaut toutes les épreuves que nous pourrions endurer sur terre parce que nous le suivons. Nous pouvons lui faire confiance quand il dit : «Je vous ai dit cela afin que vous ayez la paix en moi. Vous aurez à souffrir dans le monde, mais prenez courage : moi, j'ai vaincu le monde» (Jean 16.33). La vie est courte et la souffrance est temporaire, mais Jésus est toujours avec vous (Matthieu 28.20). Continuez la course – *persévérez* – pour la gloire de Dieu (Hébreux 12.1–3). «Le Dieu de toute grâce vous a appelés en [Jésus -] Christ à sa gloire éternelle. Après que vous aurez souffert un peu de temps, il vous rétablira lui-même, vous affermira, vous fortifiera, vous rendra inébranlables» (1 Pierre 5.10). Le Saint-Esprit vous fortifiera pour endurer la souffrance sur la terre jusqu'à ce que vous receviez votre récompense au ciel. En attendant, l'Esprit vous perfectionne de plus en plus à l'image de Christ, vous recrée et vous restaure comme un reflet de l'image de Dieu. C'est absolument merveilleux !

Laisser parler la Bible :

Hébreux 11.1–12.3 (lecture facultative : Actes 21–24)

Laisser parler son esprit :

1. Lisez Hébreux 11.32–40. Qu'est-ce qui a aidé ces fidèles à persévérer malgré les circonstances ? Comment ont-ils été fortifiés ?

2. La persécution prend de nombreuses formes. Cela peut être la perte d'un emploi. Cela peut être des voisins qui vous fuient à cause de votre foi ou, comme nous l'avons vu dans la Bible et par l'entremise des événements actuels, cela peut être un traitement insupportable et même la mort. Décrivez un moment où vous avez été persécuté pour avoir suivi Jésus. Comment y avez-vous répondu ? Qu'est-ce qui vous a permis de vous rester concentré sur Jésus et non sur les circonstances ?

3. Dans votre vie, quand avez-vous vu Dieu utiliser le mal pour le bien ?

Laisser son âme prier :

Père, je te remercie parce que Christ porte mes fardeaux et compatit à ma souffrance. Fortifie-moi pour endurer la souffrance pour ta gloire. Aide-moi à compter sur toi, à recevoir ton réconfort et à le partager, à aimer mes ennemis et à demeurer ferme. Tu en vaux la peine. Au nom de Jésus, amen.

Laisser son cœur obéir :

Qu'est-ce que Dieu vous amène à connaître, à valoriser ou à faire ?

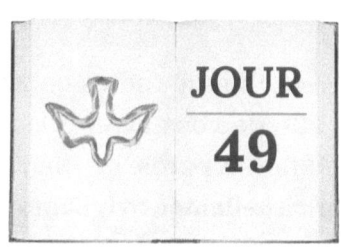

Réveillez-vous, veillez, travaillez – Jésus-Christ revient

Prenez garde ! Veillez et priez ; car vous ne savez pas quand ce temps viendra.
Marc 13.33

Commençons aujourd'hui avec la meilleure nouvelle de tous les temps : **Jésus revient nous chercher.** C'est l'une des promesses les plus importantes que nous attendons impatiemment en tant que croyants. La souffrance et la persécution que nous vivons aujourd'hui ne sont pas éternelles. L'histoire de Dieu, tout comme votre vraie histoire, a une fin merveilleuse. Jésus a dit à ses disciples la veille de sa crucifixion, « Puisque je vais vous préparer une place, je reviendrai et je vous prendrai avec moi afin que, là où je suis, vous y soyez aussi » (Jean 14.3). Cette promesse nous donne de l'espoir et nous encourage à vivre de façon à être prêts à le rencontrer.

Selon la parole de Dieu, nous vivons dans les derniers jours. L'apôtre Paul a écrit : « Cela est d'autant plus important que vous savez quel temps nous vivons : c'est l'heure de vous réveiller enfin du sommeil, car maintenant le salut est plus près de nous qu'au moment où nous avons cru » (Romains 13.11). Personne ne connaît le jour exact où Christ reviendra (Marc 13.32), mais nous savons que notre temps ici est compté. Même si vous vivez cent ans, ce n'est qu'un souffle comparé à l'éternité. Que devrions-nous faire avec le temps qui nous reste? «La fin de toutes choses est proche. Soyez donc sages et sobres afin de vous livrer à la prière» (1 Pierre 4.7). Restez vigilants en méditant la parole de Dieu et en priant.

Si nous restons spirituellement vigilants, nous reconnaîtrons les faux enseignements sur Jésus. Jésus nous prévient que, dans les derniers jours, nous verrons une augmentation des faux enseignants; ils prétendront parler au nom de Christ même s'ils sont ses ennemis. Ils déformeront la parole de Dieu et en tromperont plusieurs :

- «En effet, un temps viendra où les hommes ne supporteront pas la saine doctrine. Au contraire, ayant la démangeaison d'entendre des choses agréables, ils se donneront une foule d'enseignants conformes à leurs propres désirs. Ils détourneront l'oreille de la vérité et se tourneront vers les fables.» (2 Timothée 4.3–4). ;

> **Est-ce que toutes les religions mènent à Dieu?**
> Non. Il est vrai que tout le monde sera face au seul vrai Dieu lorsqu'ils mourront, qu'ils aient été croyants ou non (voir jour 6). Mais tous n'iront pas au ciel pour vivre dans une relation parfaite d'amour avec Dieu. Lorsque nous nous tiendrons devant Dieu, seul ceux dont les péchés auront été pardonnés, qui se tiendront ferme dans la foi et qui seront vêtus de la justice y entreront. Ceux qui se tiendront dans la justice de leurs œuvres et de leur religion n'y entreront pas.

- «Méfiez-vous des prétendus prophètes! Ils viennent à vous en vêtements de brebis, mais au-dedans ce sont des loups voraces» (Matthieu 7.15);
- «Ces hommes-là sont de prétendus apôtres, des ouvriers trompeurs déguisés en apôtres de Christ. Et ce n'est pas étonnant, puisque Satan lui-même se déguise en ange de lumière. Il n'est donc pas étrange que ses serviteurs aussi se déguisent en serviteurs de la justice. Leur fin sera conforme à leurs actes» (2 Corinthiens 11.13–15).

La seule façon de reconnaître et de rejeter l'enseignement erroné est de le comparer à ce qui est vrai. **Nous pouvons nous protéger**

des faux enseignements en étudiant la parole de Dieu. Nous pouvons être comme les disciples de Bérée, qui comparaient les paroles de Paul aux Écritures pour confirmer la véracité de ce qu'on leur disait (Actes 17.11). La Bible révèle de nombreux signes de tromperie prédits dans les derniers jours. Elle nous dit, en particulier, ce qu'il faut rejeter :

1. **Rejetez tout enseignement qui dévalorise Jésus et sa croix.** « Et si un esprit ne reconnaît pas que Jésus est le Messie venu en homme, il n'est pas de Dieu : c'est l'esprit de l'Antichrist. Vous avez appris sa venue, et maintenant déjà il est dans le monde » (1 Jean 4.3). Le mot antichrist signifie « contre Christ ». Un enseignement influencé par l'esprit de l'Antichrist déforme la vérité sur la personne et sur l'œuvre de Christ. **Jésus-Christ est Dieu et il est la seule source de salut** : « Il n'y a de salut en aucun autre, car il n'y a sous le ciel aucun autre nom qui ait été donné parmi les hommes, par lequel nous devions être sauvés » (Actes 4.12). **Souvenez-vous : s'il y avait une autre façon d'être sauvé, Jésus n'aurait pas eu à mourir sur la croix.** Certaines personnes enseignent à tort que nous devons ajouter nos œuvres à l'œuvre de Jésus sur la croix pour être sauvés. Souvenons-nous des dernières paroles de Jésus prononcées sur la croix : « Tout est accompli » (Jean 19.30). Cela qui signifie que notre péché, notre dette, a été payée en entier. Nous obéissons à Dieu par excès d'amour pour lui et non pour gagner notre salut. Tout enseignement qui nie que Jésus est Dieu, que Jésus est le seul chemin ou que l'œuvre de Jésus sur la croix est insuffisante est faux. Jésus seul est suprême :

> Le Fils est l'image du Dieu invisible. [...] Tout a été créé par lui et pour lui. [...] Il est la tête du corps qu'est l'église ; il est le commencement, le premier-né d'entre les morts, afin d'être en tout le premier. (Colossiens 1.15–18)

2. **Rejetez tout enseignement qui glorifie les humains ou les dirigeants humains.** Jésus a donné des signes détaillés de la fin (Matthieu 24). Il a averti que les faux enseignants se glorifieraient eux-mêmes et feraient des merveilles pour tromper les

gens (Matthieu 24.24). Nous sommes tous nés pécheurs (Psaumes 51.5), complètement dépendants de Dieu (Jean 15.5, Actes 17.25). Méfiez-vous de tout enseignement qui transforme des dirigeants humains, même pieux, en d'autres sauveurs. Paul a corrigé les croyants qui étaient ainsi tentés :

> N'êtes-vous pas dirigés par votre nature propre ? [...] Quand l'un dit : « Moi, je me rattache à Paul » et un autre : « Moi, à Apollos », n'êtes-vous pas animés par votre nature ? Qui est donc Apollos et qui est Paul ? Ce sont des serviteurs par le moyen desquels vous avez cru, conformément à ce que le Seigneur a accordé à chacun. J'ai planté, Apollos a arrosé, mais c'est Dieu qui a fait grandir. Ainsi, ce n'est pas celui qui plante ni celui qui arrose qui compte, mais Dieu, qui donne la croissance. (1 Corinthiens 3.3-7)

Nous devons non seulement éviter de glorifier les dirigeants, mais nous devons aussi nous éloigner de ceux qui se glorifient eux-mêmes. S'ils ne dirigent pas comme des serviteurs, suivant le modèle que Jésus a donné au monde, alors ils ne conduisent pas d'une manière qui plaise à Dieu. Et Dieu les humiliera (Matthieu 23.12).

3. **Rejetez tout enseignement qui promet le confort, la richesse et la santé du monde.** Il existe un enseignement faux qui conduit les croyants à *utiliser* Dieu plutôt que de *faire confiance à Dieu*. Ils affirment souvent qu'à travers un discours positif ou des dons de nature financière, les croyants peuvent obtenir des bénédictions financières excessives et un bien-être physique complet ici et maintenant. Ce faux enseignement se concentre sur le don plutôt que sur le donateur, sur l'ici et le maintenant plutôt que sur l'éternité. Cet enseignement est source de grande confusion.

Dieu veut-il vous guérir ? Oui et il le fait à la fois spirituellement et physiquement. « Il essuiera toute larme de leurs yeux, la mort ne sera plus et il n'y aura plus ni deuil, ni cri, ni douleur, car ce qui existait avant a disparu » (Apocalypse 21.4). Nous pouvons lui demander la guérison physique et croire qu'il nous guérira. Mais nous devons faire confiance qu'il a choisi le bon moment, que la guérison se produise dans cette vie ou dans l'éternité. À moins que Jésus ne revienne, nous tous qui vivons aujourd'hui mourrons de causes physiques, mais nous serons guéris au ciel.

Dieu veut-il subvenir à nos besoins ? Oui, la Bible offre de nombreux exemples de la façon dont Dieu pourvoit à nos besoins. Comme tout bon père, Dieu veut que nous lui demandions de répondre à nos besoins. « Donne-nous aujourd'hui notre pain quotidien » (Matthieu 6.11). Dieu sait ce qui est bon pour nous, mais une fois encore nous devons avoir confiance qu'il a choisi le bon moment et qu'il répondra à nos besoins. Souvenez-vous du psaume 23 (jour 22), « L'Éternel est mon berger ; je ne manquerai de rien » (Psaume 23.1)

Quand les prières pour la guérison ou la provision restent sans réponse, les faux enseignants mettent souvent l'accent sur le manque de foi ou le refus du croyant de contribuer financièrement comme étant la cause de leur problème. Ils ne parviennent pas à montrer que Jésus et son enseignement sont notre exemple et notre direction. Jésus nous a dit d'amasser des trésors célestes et nous a mis en garde contre le fait de se concentrer sur le plaisir terrestre.[1] Si nous sommes guéris et que nos besoins sont satisfaits, nous glorifions Dieu ! Si ce n'est pas le cas, nous croyons quand même que Dieu travaille pour notre bien (jour 48). Continuez à prier et à demeurer en Jésus.

4. **Rejetez tout enseignement qui exige l'obéissance à des règles strictes qui ne se trouvent pas dans la parole de Dieu.** Certains croyants pensent que l'obéissance à des traditions non bibliques est requise pour prouver qu'ils sont sauvés. Ils croient souvent que les traditions religieuses sont égales ou supérieures à l'autorité de la Bible. Comme nous l'avons appris au jour 31, seule la Bible est la parole inspirée de Dieu (2 Timothée 3.16). Jésus a reproché aux gens d'ajouter leurs propres règles aux commandements de Dieu (Matthieu 23.4, Marc 7.1-23). Paul a mis en garde contre le fait de se concentrer sur des performances extérieures plutôt que sur le changement intérieur du cœur :

---

1   Matthieu 6.19-24, Luc 12.33-34, 18.24, 1 Timothée 6.9, 1 Jean 2.15-17.

Si vous êtes morts avec Christ aux principes élémentaires qui régissent le monde, pourquoi, comme si vous viviez dans le monde, vous soumettez-vous à toutes ces règles : «Ne prends pas! Ne goûte pas! Ne touche pas!»? Elles ne concernent que des choses destinées à disparaître dès qu'on en fait usage. Il s'agit bien là de commandements et d'enseignements humains! Ils ont, en vérité, une apparence de sagesse, car ils indiquent un culte volontaire, de l'humilité et le mépris du corps, mais ils sont sans aucune valeur et ne servent qu'à la satisfaction personnelle. (Colossiens 2.20–23)

Suivre des règles supplémentaires ne nous rend pas plus saints ; c'est en suivant *Jésus* que nous le devenons. «C'est pour la liberté que Christ nous a affranchis. Tenez donc ferme dans cette liberté et ne vous placez pas de nouveau sous la contrainte d'un esclavage» (Galates 5.1). Fini l'esclavage par des activités légalistes qui font honneur aux gens et non à Dieu. Nous sommes maintenant «des serviteurs de Christ qui font de tout leur cœur la volonté de Dieu» (Éphésiens 6.6).

5. **Rejetez tout enseignement qui excuse le péché.** Tout enseignement qui permet le péché intentionnel et entretient le péché se moque du sacrifice de Jésus pour le péché. «Avec de grands discours plein de vide, [ces faux enseignants] prennent au piège des plaisirs de la chair, de leurs débauches, ceux qui ont en réalité échappé aux hommes vivant dans l'égarement. Ils leur promettent la liberté alors qu'ils sont eux-mêmes esclaves de la corruption, puisque chacun est esclave de ce qui l'a dominé» (2 Pierre 2.18–19). Jésus ne nous a pas libérés du péché pour que nous puissions continuer à pécher. «Allons-nous persister dans le péché afin que la grâce se multiplie? Certainement pas! Nous qui sommes morts pour le péché, comment pourrions-nous encore vivre dans le péché?» (Romains 6.1–2). Le salut n'est pas un événement unique, qui nous sauve de l'enfer, mais une vie de transformation en de nouvelles créatures de Christ, libérées des liens du péché. Nous ne vivons pas comme nous le faisions avant que Jésus ne nous sauve. Le livre d'Hébreux nous met en garde contre une vie chrétienne négligente :

«Comment échapperons-nous si nous négligeons un si grand salut ?» (Hébreux 2.3). Nous sommes transformés par Jésus et ce changement affecte tous les aspects de notre vie. «Frères et sœurs, c'est à la liberté que vous avez été appelés. Seulement, ne faites pas de cette liberté un prétexte pour suivre les désirs de votre nature propre. Au contraire, soyez par amour serviteurs les uns des autres» (Galates 5.13).

Amis, soyez encouragés. Dieu a placé des dirigeants humbles dans le monde entier qui reconnaissent Jésus comme Seigneur, qui enseignent selon l'Écriture et qui encouragent des comportements vertueux. **Le Saint-Esprit, l'Esprit de la vérité, nous guidera et nous protégera contre les faux enseignements.** Il nous aidera à partager la vérité de Dieu avec les autres et à le faire *avec amour*. Quand le temps sera venu, Jésus reviendra. Soyez vigilants, prenez garde aux faux enseignements et servez Jésus avec diligence jusqu'à ce qu'il revienne ou vous rappelle à la maison céleste. Votre fidélité sera récompensée quand vous entendrez les paroles les plus précieuses de notre Seigneur et roi : «C'est bien, bon et fidèle serviteur» (Matthieu 25.23).

Laisser parler la Bible :

Matthieu 24, 2 Pierre 2.1–3 (lecture facultative : Actes 25–28)

Laisser parler son esprit :

1. Passez en revue la liste qui détaille les façons d'identifier les faux enseignements. Qu'est-ce qui vous frappe dans cette liste ? Comment pouvez-vous vous préparer à rejeter les faux enseignements ?

2. Pourquoi pensez-vous que certains faux enseignements sont si populaires dans les cultures de nos jours ? Pourquoi pensez-vous qu'il est difficile pour les gens de croire simplement au message de l'évangile et de faire confiance à Jésus ?

3. Qu'est-ce qui vous aidera à reconnaître le véritable enseignement de la parole de Dieu des faux enseignements de ceux qui pourraient demander, comme le serpent en Genèse 3.1, « Dieu a-t-il vraiment dit …? »

Laisser son âme prier :

Père, réveille-moi. Ancre-moi dans ta parole pour ne pas être trompé par un mauvais enseignement. Aide-moi à montrer la vérité aux autres et à le faire avec amour. Quand je faiblis, fortifie-moi par ta grâce pour ta gloire. Lorsque tu reviens, puisses-tu me trouver fidèle, afin que je puisse entendre tes précieuses paroles : « C'est bien, bon et fidèle serviteur » (Matthieu 25.23)… Au nom de Jésus, amen.

Laisser son cœur obéir :

Qu'est-ce que Dieu vous amène à connaître, à valoriser ou à faire ?

Célébrez votre vraie histoire

*Puis tu célébreras la fête des semaines et tu feras des offrandes
volontaires, selon les bénédictions que l'Éternel, ton Dieu,
t'aura accordées. Tu te réjouiras devant l'Éternel, ton Dieu.*
Deutéronome 16.10–11

Remontons le temps jusqu'aux jours qui ont suivi la résurrection de
Jésus. Revenons dans la ville où tout s'est passé.

Cinquante jours après la première Pâque, Jérusalem était rempli de festivités, de nourriture et d'étrangers. Pendant des centaines
d'années, les Juifs ont célébré la fête des Semaines (ou la fête des
Moissons) 50 jours après la Pâque (Lévitique 23.9–20). Chaque jour,
jusqu'au 50ᵉ jour, l'anticipation des Juifs pour cette fête d'action de
grâce pour la récolte augmentait. Des fleurs décoraient les maisons. Des pains spéciaux reposaient sur la table de chaque famille.
Les gens transportaient leur nouvelle offrande de céréales dans
les rues. La foule sortait avec leurs taureaux et leurs chèvres, leurs
agneaux et leurs béliers. Une procession de pèlerins juifs venus
de pays lointains marchait jusqu'à Jérusalem. Où allaient tous ces
gens, jeunes et vieux, riches et pauvres, natifs et étrangers? Ils se
dirigeaient vers le temple pour un rassemblement sacré.

Plutôt que de se joindre à la célébration joyeuse, les disciples
de Jésus, hommes et femmes, étaient rassemblés, cachés, les mains
vides (Actes 1.12–14). Quelle offre avaient-ils pour le rassemblement

sacré ? Juste quelques semaines plus tôt, après le deuil de leur ami, de leur chef, de leur roi, les cœurs des disciples avaient éclaté de joie lorsqu'ils avaient vu Jésus à nouveau vivant. Ils avaient mangé, ri, pleuré et parlé avec le ressuscité. Mon Dieu, de la joie pure ! Mais, après 40 jours, il était reparti. Cette fois, Jésus a monté droit au ciel juste devant leurs yeux. Il leur a recommandé d'attendre un don puissant, le Saint-Esprit (Actes 1.4–8), mais l'attente était difficile. Ils se fixaient des yeux, vides et incertains, alors qu'un défilé de gens passait devant leur porte. Contrairement au reste de Jérusalem, ils n'avaient aucune offrande à donner à Dieu aujourd'hui.

Le 50ᵉ jour saint était unique pour une tout autre raison. Plus de 1500 ans plus tôt, les israélites en exode étaient arrivés au mont Sinaï, où Moïse avait rencontré Dieu. Cinquante jours après la première Pâque en Égypte, Dieu a donné à Moïse les dix commandements. Ces lois n'étaient pas seulement des règles détaillant le bon fonctionnement de la vie, mais un cadeau don pour nous tous, car elles ont révélé notre péché (Romains 7.7) et *notre besoin d'un sauveur*.

Le 50ᵉ jour revêtait tellement d'importance – en raison des dons venant de Dieu et des dons donnés à Dieu – mais beaucoup de choses avaient changé pour les disciples quand ce 50ᵉ jour est arrivé :

- les disciples savaient que le Sauveur – le don promis – était venu ; *la loi et les prophètes avaient été accomplis* ;
- les disciples étaient témoins de l'histoire de Dieu, mais *ils étaient trop incertains pour la partager* ;
- les disciples savaient attendre ; *ils ne connaissaient ni l'heure, ni les dates, ni les détails.*

Finalement, l'attente a pris fin et cela en a valu la peine. En ce glorieux dimanche, le Saint-Esprit est descendu dans toute la maison où les disciples se cachaient, *comme Jésus l'avait promis.*

Tout à coup il vint du ciel un bruit comme celui d'un vent violent, qui remplit toute la maison où ils étaient assis. Des langues qui semblaient de feu leur apparurent, séparées les unes des autres, et elles se posèrent sur chacun d'eux. Ils furent tous remplis du Saint-Esprit et se mirent à parler en d'autres langues, comme l'Esprit leur donnait de s'exprimer. (Actes 2.2–4)

Les disciples ont jailli de la pièce. Une foule venue de partout s'est mise à écouter pendant que les disciples parlaient et elle était stupéfaite : «Crétois et Arabes, nous les entendons parler dans notre langue les merveilles de Dieu!» (Actes 2.11).

Les disciples ne pouvaient pas garder le Saint-Esprit que pour eux parce que le Saint-Esprit ne peut pas être restreint à une pièce, à une partie de nos vies ou à un jour de la semaine. Il avait rempli les disciples et jaillissait d'eux pour rejoindre le monde. Cinquante jours après la Pâque et le Vendredi saint, quand Jésus nous a donné son tout, le Saint-Esprit s'est répandu *sur tout* (Actes 2.17). Hommes et femmes, vieux et jeunes. Personne n'a été laissé de côté. Aucune tribu ou nation ni aucun groupe n'est indésirable. Jésus, et maintenant le Saint-Esprit, est venu pour tous. L'apôtre Pierre a parlé courageusement à la foule et a cité le prophète Joël :

«Dans les derniers jours», dit Dieu, «je déverserai de mon Esprit sur tout être humain; vos fils et vos filles prophétiseront, vos jeunes gens auront des visions et vos vieillards auront des rêves. Oui, sur mes serviteurs et sur mes servantes, durant ces jours-là, je déverserai de mon Esprit et ils prophétiseront.» [...] Alors toute personne qui fera appel au nom du Seigneur sera sauvée. (Actes 2.17–18, 2.21)

Connu depuis toujours sous le nom de Pentecôte, ce 50ᵉ jour a marqué la naissance de l'église. Alors que les disciples proclamaient l'évangile en différentes langues, les gens des nations, divinement rassemblés, ont répondu en grand nombre : 3000 âmes ont été sauvées lors de cette fête des Moissons (Actes 2.41). Ces nouveaux croyants allaient changer le monde en retournant dans leur terre natale et en partageant la vraie histoire de Dieu. Tout cela parce que le cadeau d'anniversaire du Saint-Esprit a permis aux croyants de partager le nouveau cadeau qu'est la naissance de Jésus (Jean 3.3). Nous savons que c'est vrai parce que :

- tous les croyants ont des **dons spirituels** pour partager la vraie histoire de Dieu;
- tous les croyants **travaillent ensemble** pour faire avancer la vraie histoire de Dieu;
- tous les croyants, quelle que soit **la saison de leur vie**, ont un rôle important à jouer dans la vraie histoire de Dieu;
- tous les croyants sont **changés** par la vraie histoire de Dieu et **partagent ce changement** avec le monde!

Un bel échange s'est produit : au lieu d'avoir la loi de Dieu écrite sur pierre, la loi était maintenant écrite sur leurs cœurs (Jérémie 31.31–33). Plutôt que de donner une offrande à Dieu pour la moisson, Jésus, le Seigneur de la moisson, nous a donné le Saint-Esprit. La Pentecôte a fourni une nouvelle célébration pour l'église naissante. Tout comme les disciples ont rempli leur rôle dans l'histoire de Dieu, c'est votre tour maintenant de faire la même chose.

Aujourd'hui est votre 50ᵉ jour!

Dans le calendrier du royaume, votre heure est venue. Dieu a fixé ce temps et ce lieu afin que vous le connaissiez et que vous sachiez quel est votre rôle dans l'histoire de Dieu (Actes 17.26–27). Comme la Pentecôte a fourni une nouvelle révélation aux apôtres, cette étude vous a fourni une nouvelle révélation. Au fur et à mesure que le Saint-Esprit vous remplit pour vous rendre davantage semblable à l'image de Dieu, vous pouvez vous libérer de tout ce qui vous empêche d'être tout ce qu'il vous a appelé à être. **Vous pouvez vous délecter de celui qui est bon, adorable, sage, pur, beau, héroïque et vrai.**

Il est temps de célébrer! il est temps de remercier Dieu pour ce qu'il a fait en vous et à travers vous ces 7 dernières semaines! Prenons un moment pour nous souvenir de tout ce qu'il a fait pour vous durant toute la semaine.

Première semaine : l'histoire de Dieu

Vous faites partie de l'histoire de Dieu. Vous savez comment tout a commencé (la création), comment tout a été brisé (le péché), comment tout a pu être sauvé (la venue de Jésus) et comment tout va finir (la recréation).

Deuxième semaine : votre histoire

Vous êtes un enfant choisi, pardonné, adoré, adopté et saint de Dieu. Votre nouvelle vie a un sens et un but. Vous êtes tellement aimé de Dieu.

Troisième semaine : votre plan divin

Vous comprenez l'appel divin rattaché à *votre* création. Votre appel affecte le ciel et glorifie Dieu parce que vous l'aimez, que vous aimez les autres et que vous faites des disciples.

Quatrième semaine : votre amitié indéfectible

Vous êtes appelé l'ami de Dieu. Vous connaissez ses plans pour vous et vous demeurez en Jésus. Vous dépendez de la vraie vigne et recevez tout ce dont vous avez besoin d'elle, votre source suffisante. Vous savez comment résister à la tentation et Dieu porte des fruits à travers vous.

Cinquième semaine : une étude biblique qui transforme votre vie

Vous savez que Dieu a inspiré la Bible et vous vous êtes baladé dans les Écritures de bout en bout. Vous savez comment les étudier, les mémoriser et combattre victorieusement l'ennemi grâce à elles.

Sixième semaine : votre vie de prière puissante

Vous savez que Dieu aime s'entretenir avec vous et conform-er votre cœur au sien. Vous savez comment jeûner et prier, supprimer les obstacles, prier pour les autres et débloquer une paix surnaturelle.

Septième semaine : votre conseiller spirituel

Vous avez appris comment être rempli du Saint-Esprit pour vous libérer de l'emprise du péché, grandir dans la piété, vous aider à faire des disciples, vous protéger de faux enseignements et vous réconforter dans la souffrance.

Vous y êtes arrivé! Vous n'avez pas abandonné. Vous n'avez peut-être pas envie de faire la fête pour ça, mais vous le devriez. Avec Dieu, vous avez franchi des étapes difficiles et sacrées dans ce voyage de foi pour découvrir votre vraie histoire. Tout comme les disciples présents à la Pentecôte, vous êtes transformé. Maintenant vous êtes appelé à partager ce changement avec le monde.

Le premier jour, vous avez écrit ce qu'a été votre histoire jusqu'à présent avec Dieu. Prenez quelques minutes pour écrire comment votre histoire s'est déroulée durant ce voyage de foi de 50 jours. Comparez les deux. Comment avez-vous grandi dans votre relation avec Dieu?

Repensez à votre voyage de foi et sachez que Dieu avait ce parcours de foi dans sa pensée depuis toujours. Dieu vous a choisi et vous a placé exactement où vous êtes « pour une circonstance comme celui-ci » (Esther 4.14). Dieu est en train d'écrire votre histoire et elle est magnifique. Votre nouveau chapitre commence maintenant.

Ami, alors que ce voyage de foi de 50 jours arrive à son terme, je tiens à vous remercier d'avoir répondu à l'appel de Dieu pour découvrir *Votre vraie histoire*. Cela a été un honneur de marcher avec vous. J'invoque les bénédictions de Dieu sur votre vie pour que votre amour grandisse en connaissance et que vous marchiez dans la justice pour la gloire de Dieu (Philippiens 1.9–11). Un jour, quand nous serons tous ensemble au ciel, je vous acclamerai pendant que Jésus, notre roi, vous présentera irréprochable :

À celui qui peut vous garder de toute chute et vous faire paraître devant sa gloire irréprochables et dans l'allégresse, oui, à Dieu seul [sage], qui nous a sauvés [par Jésus-Christ notre Seigneur], appartiennent gloire, majesté, force et puissance [avant tous les temps,] maintenant et pour l'éternité ! Amen ! (Jude 24–25)

JOUR 50

Laisser parler la Bible :

Ephésiens 3.14–21 (lecture facultative : livre de Ruth, lire sur la Pentecôte, appelée shavuot). Cette brève histoire sur le thème de la moisson parle d'espoir et de rédemption et révèle le plan du salut de Dieu.)

Laisser parler son esprit :

1. Quand vous pensez à votre vie en Christ, décrivez votre célébration personnelle. Qu'est-ce qui vous rend le plus reconnaissant dans votre voyage de 50 jours ?

2. Répondez aux questions de discussion de la septième semaine.

Laisser son âme prier :

Père, je te remercie. Je te remercie d'avoir envoyé ton fils, Jésus et d'avoir déversé ton Esprit dans le monde. Je te remercie de m'avoir inscrit dans ta vraie histoire. Aide-moi à demeurer en Jésus et à être rempli de l'Esprit pour ta seule gloire. «Mes destinées sont dans ta main» (Psaumes 31.16). Au nom de Jésus, amen.

Laisser son cœur obéir :

Qu'est-ce que Dieu vous amène à connaître, à valoriser ou à faire ?

Restons connectés :

Veuillez visiter notre site Web (yourtruestorybook.com) pour nous laisser savoir que vous avez complété cette étude biblique. Nous voulons célébrer avec vous et vous offrir des vidéos, des ressources et bien d'autres supports. **Vous recevrez, de plus, une attestation de participation et nos prières.** Je vous remercie.

QUESTIONS DE DISCUSSION DE LA SEPTIÈME SEMAINE :

Revoyez les leçons de cette semaine et répondez aux questions ci-dessous. Partagez vos réponses avec vos amis lorsque vous vous réunirez cette semaine.

1. Jésus a dit à ses disciples qu'il était bon qu'il les quitte et qu'il retourne au ciel, car en son absence il enverrait le Saint-Esprit. Pourquoi le Saint-Esprit est-il si précieux ? Comment le Saint-Esprit aide-t-il les croyants ?

2. Comment le Saint-Esprit peut-il nous faire grandir pendant que nous servons ? Partagez un exemple si vous en avez un. Quelle attitude devrions-nous adopter lorsque nous servons ? Y a-t-il quelqu'un que vous trouvez difficile à servir ? Comment pouvez-vous lui montrer l'amour de Dieu cette semaine ?

3. Lisez Romains 8.28–29. Comment Dieu pourrait-il tirer profit de nos épreuves ? Comment cela pourrait-il vous encourager à persévérer malgré la souffrance ?

4. Avez-vous rencontré un faux enseignement et comment avez-vous su qu'il était faux ? Comment pouvez-vous rester motivé pendant que vous vivez votre histoire avec Dieu ?

5. **La répétition est la clé de l'apprentissage. Demandez à Dieu qui vous devriez inviter à revisiter cette étude avec vous.** Y a-t-il un nouveau croyant ou quelqu'un à la recherche de Dieu que vous pourriez convertir en disciple en utilisant cet outil ?

Remerciements

Il est dit qu'un livre s'écrit en communauté et *Votre vraie histoire* ne fait pas exception. Par la grâce de Dieu et en réponse à de nombreuses prières, des croyants de diverses traditions chrétiennes ont contribué à ce voyage de foi.

Avant qu'un mot de ce livre n'ait été écrit, l'équipe de prières de notre ministère a donné le ton au projet avec ses puissantes prières. Je vous aime : Christy Price, Missy Blanton, Hilary Windsor, Linda Reppert, Diane Engelhardt, Paddy Creveling, Cynthia Webb, Jenny Krishnarao, Riann Boyd et Mélanie Gauthier.

Je suis infiniment reconnaissante à Mary Ann Wilmer pour son travail acharné et son cœur, et pour m'avoir aidée à lancer ce projet. Un grand merci à Dr Archie England, Danita Brooks, Kim Driggers, Tara Krishnarao et The Wayne Hastings Co. qui nous ont aidés le à finir en beauté.

Un grand merci à l'équipe d'All In Ministries International ainsi qu'à ses sympathisants pour mis le contenu au test. Un merci particulier à Glenn Reese, Kelley Hastings, Christy Price, Erin Crider et Amy Tiede pour leur rétroaction sur la première version de ce livre. Merci à Chets Creek Church pour votre encouragement et votre soutien.

À ma famille, je suis reconnaissante pour votre amour et votre soutien indéfectibles. (Maman, merci pour tout.) Mes enfants, nièces et neveux ont été mon inspiration. Je vous passe ce voyage de foi, comme un bâton, pour continuer la course d'Hébreux 12.1-3. N'abandonnez jamais. Jésus vaut la peine de tout ce que vous pourriez endurer. À mon meilleur ami, Brett, grâce à ta vision d'un appel commun dans notre mariage, tu as rendu ce voyage de foi possible à plus d'un titre. C'est l'honneur de ma vie d'être ton épouse. Je t'aime énormément.

Plus que tout, je suis éternellement reconnaissante à Dieu, l'auteur de nos vies, d'avoir écrit nos véritables histoires. Que Dieu reçoive toute la gloire du fruit de ce travail.

> «Non pas à nous, Éternel, non pas à nous,
> mais à ton nom donne gloire, à cause de
> ta bonté, à cause de ta vérité!»
> (Psaumes 115.1)

APERÇU DES RÉUNIONS HEBDOMADAIRES

Pour développer des relations authentiques dans le contexte de la formation de disciples, envisagez d'utiliser l'approche ci-dessous pour vos rencontres de petits groupes en semaine.* Divisez votre temps en trois parties ci-dessous et invitez le Saint-Esprit à prendre la relève :

PASSÉ

Préoccupation :

- Pourquoi êtes-vous reconnaissant cette semaine ?
- Qu'est-ce qui vous préoccupe ?

Prier/adorer :

Une personne prie et invite Dieu à conduire ce temps de groupe.

Responsabilité :

Passez en revue les objectifs établis la semaine précédente pour vous tenir mutuellement responsables.

Mission :

Examinez la mission/vision du groupe (p. ex. « prendre plaisir en Dieu et l'exalter » ou « être des disciples qui font des disciples »).

PRÉSENT

Leçon :

Lire un passage de l'Écriture deux fois dans deux différentes traductions, si possible.

Demander :

- Que savez-vous de Dieu ?
- Qu'avez-vous appris sur les gens ?
- Que Dieu veut-il que vous sachiez, valorisiez ou faisiez ? (De temps à autre, pensez à utiliser ce temps pour découvrir un outil de formation de disciples, comme, par exemple, comment partager votre témoignage ou comment partager l'Évangile. Assurez-vous de mettre ces outils en pratique au sein de votre groupe avant de passer à autre chose.

FUTUR

Fixer des objectifs :

Invitez tout le monde à prier en silence, en demandant à Dieu, comment vous devriez y répondre.

Répondre :

- Comment pouvez-vous agir sur ce que vous avez appris ?
- Qui formerez-vous avec ce passage ?
- Avec qui partagerez-vous l'Évangile ?

Noter et partager les objectifs :

Chaque personne note ses objectifs dans son journal ou dans son téléphone. Partagez-les avec le groupe.

Commission :

Une personne clôture avec la prière.

Adapté de l'approche #NoPlaceLeft 3/3rds.

Annexe

Outils pour partager votre foi

Étapes pour partager l'histoire de Dieu à l'aide de 3 cercles

1. **Dessinez le cercle de gauche avec un cœur.** Expliquez l'amour de Dieu et son dessein pour nos vies.

2. **Dessinez le cercle droit et la flèche du péché.** Expliquez comment nous choisissons tous de suivre notre propre chemin plutôt que de faire confiance à Dieu. C'est ce qu'on appelle le péché et sa présence crée une coupure dans nos relations, en commençant par notre relation avec Dieu.

3. **Dessinez trois flèches** qui s'éloignent de Dieu à partir du cercle Coupure. Expliquez que chaque flèche représente la façon dont les gens essaient de régler leurs problèmes : par leurs réalisations, leurs possessions, leur religion, leurs bonnes œuvres ou leurs dépendances. Seule une relation avec Dieu peut les restaurer.

4. **Dessinez le cercle inférieur.** Expliquez comment Dieu a envoyé son fils unique, Jésus (**dessinez une flèche descendante**), pour prendre notre punition pour le péché en mourant sur une croix (**dessinez la croix**). Jésus est ressuscité d'entre les morts (**dessinez une flèche montante**), vainquant la mort et prouvant au monde qu'il est Dieu, notre sauveur.

5. **Dessinez une flèche depuis Coupure jusqu'à Jésus.** Expliquez comment quand nous nous détournons de nos voies (repentance) et que nous acceptons de faire de Jésus notre guide (**dessinez une couronne au-dessus du cercle**), notre relation avec Dieu est restaurée (**dessinez une flèche de Jésus à Dieu**).

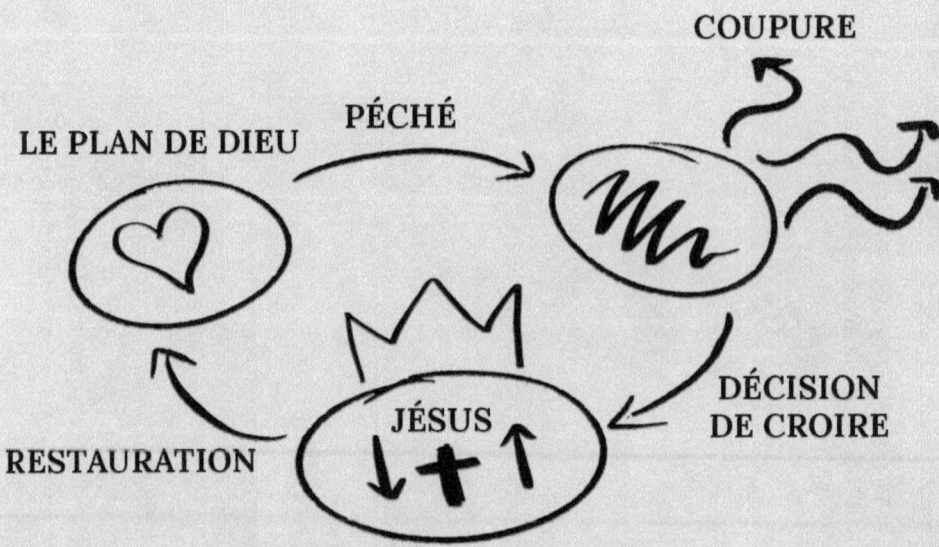

Apprendre

Apprenez l'histoire des gens et ce en quoi ils croient. Soyez à l'écoute d'une connexion qui vous permettrait de partager l'histoire de Dieu.

- Avez-vous des croyances spirituelles?
- Croyez-vous en Dieu?
- Pour vous, qui est Jésus?
- Quelqu'un a-t-il déjà partagé l'Évangile avec vous?

Entraînez-vous à raconter votre histoire de Dieu en 15 à 20 secondes. Voici une suggestion d'approche :

« Il y a eu un moment dans ma vie où j'étais...

_____.»

(insérer deux mots/phrases qui décrivent votre vie avant Jésus)

« Puis j'ai été pardonné par Jésus et j'ai choisi de le suivre.

Ma vie a changé. Maintenant, je...

_____.»

(insérer deux mots/phrases qui décrivent votre vie après avoir rencontré Jésus)

Posez la question : « Vous, avez-vous une histoire comme celle-là ? »

Écouter

Créez une carte des relations avec les gens que vous connaissez et qui se sont éloignés de Dieu.

1. Priez pour que le Saint-Esprit vous donne du discernement et inscrivez votre nom dans le cercle du milieu.

2. Remplissez les cercles de connexion des personnes que vous connaissez et qui se sont éloignées de Dieu. Ajoutez des cercles additionnels, si nécessaire.

3. Ajoutez des cercles aux cercles de ces personnes pour représenter les gens qu'elles connaissent et qui se sont également éloignés de Dieu (p. ex. leur conjoint, des collègues de travail).

4. Priez pour les personnes que vous connaissez et pour les personnes qu'elles peuvent atteindre. Dans Jean 17:20, Jésus a prié pour ceux qui croiraient à lui à travers les autres. Prions comme cela nous aussi.

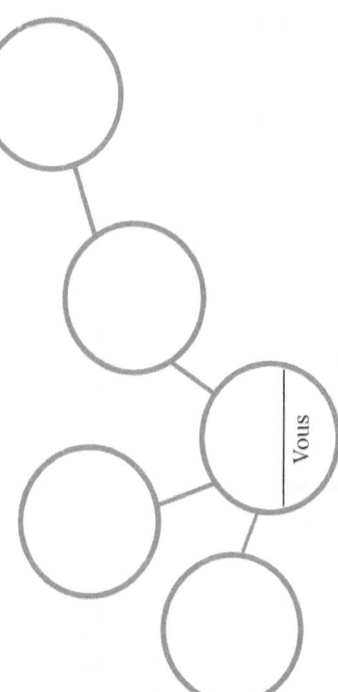

Amour

Partagez l'histoire de Dieu et incluez les quatre ingrédients du pain de l'évangile : 1. amour, 2. péché, 3. Jésus et 4. repentance et foi.

Exercez-vous à dessiner les trois cercles de l'histoire de Dieu :

Demander : y a-t-il quelque chose qui vous empêche de recevoir le pardon de Dieu et de faire de Jésus le guide de votre vie?

Partager les éléments de la prière : croire, pardonner, aider.

Seigneur

Votre engagement envers Jésus.

En tant que nouvelle personne en Christ, je suis un ambassadeur de Jésus et il a autorité sur toute ma vie (2 Corinthiens 5.17-21).

En demeurant en Jésus, j'obéirai à son commandement de faire des disciples sachant qu'il est toujours avec moi et que le Saint-Esprit m'aidera (Jean 15, Matthieu 28.18-20, Actes 1.8).

• Je prierai pour les gens sur ma carte de relations.

(Insérer l'heure /les jours où vous prierez comme, par exemple, les matins ou les lundis.)

• Je partagerai l'histoire de Dieu avec quelqu'un sur ma carte de relations.

(Indiquer la fréquence à laquelle vous vous ferez comme, par exemple, une fois par semaine ou par mois.)

• Je formerai une personne déjà croyante pour qu'elle devienne une formatrice de disciples.

(Insérer la fréquence et la méthode de formation de disciples, que vous utiliserez pour le faire comme, par exemple, des appels téléphoniques hebdomadaires.)

_____

(Signature et date)

Bibliographie

Alcorn, Randy C. *Heaven Study Guide*. Carol Stream, IL : Tyndale House Publishers, 2006.

Barry, J. D., and L. Wentz. *The Lexham Bible Dictionary*. Bellingham, WA: Lexham Press, 2016.

Blue, Ron, and Karen Guess. *Never Enough? 3 Keys to Financial Contentment*. Nashville, TN: B & H Publishing Group, 2017.

Briscoe, Jill. *Here Am I, Lord Send Somebody Else: How God Uses Ordinary People to Do Extraordinary Things*. Nashville: W Pub. Group, 2004.

Chan, Francis, and Lisa Chan. *You and Me Forever: Marriage in Light of Eternity*. Singapore: Imprint Edition, 2015.

Danker, Frederick W. *Lexical Evolution & Linguistic Hazard: An Introduction to A Greek-English Lexicon of the New Testament and Other Early Christian Literature*, Third Edition (BDAG), Edited by Frederick William Danker, Based on Walter Bauer's *Griechish-Deutsches Wörterbuch Zu Den Schriften Des Neuen Testaments Und Der Frühchristlichen Literatur*, Sixth Edition, Ed. Kurt Aland and Barbara Aland, with Viktor Reichmann and on Previous English Editions by W. F. Arndt, F. W. Gingrich, and F.W. Danker. Chicago: University of Chicago Press, 2000.

Elwell, Walter A. *Evangelical Dictionary of Biblical Theology*. Grand Rapids, MI: Baker Books, 2001.

Gangel, Kenneth O., and Max E. Anders. *John*. Nashville, TN: Holman Reference, 2000.

Geisler, Norman L. *Systematic Theology: In One Volume*. Minneapolis: Bethany House Publishers, 2011.

Greear, J. D. *Jesus, Continued ...: Why the Spirit Inside You Is Better than Jesus Beside You*. Grand Rapids, MI: Zondervan, 2014.

Grudem, Wayne. *Systematic Theology: An Introduction to Biblical Doctrine*. Leicester: Inter-Varsity, 2007.

Habermas, Gary R. *The Historical Jesus: Ancient Evidence for the Life of Christ*. Joplin, MO: College Press, 1996.

Hauer, Cheryl. "God's Invitations." Bridges for Peace, November 21, 2017. https://www.bridgesforpeace.com/letter/gods-invitations/.

Hendricks, Howard G., and William Hendricks. *Living by the Book: The Art and Science of Reading the Bible*. Chicago: Moody Press, 2007.

Hollajour, William Lee., and Ludwig Hugo Koehler. *A Concise Hebrew and Aramaic Lexicon of the Old Testament*. Grand Rapids, MI: W. B. Eerdmans Pub. Co., 1993.

Hughes, R. Kent. *John: That You May Believe*. Wheaton, IL: Crossway Books, 1999.

Jones, Ian F. *The Counsel of Heaven on Earth: Foundations for Biblical Christian Counseling*. Nashville, TN: Broadman & Holman Publishers, 2006.

Keller, Timothy. *Walking with God through Pain and Suffering*. London: Hodder & Stoughton, 2015.

Kitchen, K. A. *On the Reliability of the Old Testament*. Grand Rapids, MI: William B. Eerdmans, 2006.

Kroll, Woodrow Michael. *Facing Your Final Job Review: The Judgment Seat of Christ, Salvation, and Eternal Rewards*. Wheaton, IL: Crossway Books, 2008.

MacDonald, James. Walk in the Word Radio, AM 550, Jacksonville, FL, 2009.

Miller, Mike, and Michael Sharp. "Worship Leadership" Intensive Class Notes: Three Stages of Worship, New Orleans: New Orleans Baptist Theological Seminary, May 2014.

"Mitzvot." ReligionFacts, June 22, 2017. http://www.religionfacts.com/mitzvot.

NoPlaceLeft International Coalition. https://noplaceleft.net.

Pratt, Zane. "Making Disciples in Another Culture." Breakout, Send Conference, Orlando, FL, July 26, 2017.

Towns, Elmer L. *Fasting for Spiritual BreakThrough: A Guide to Nine Biblical Fasts*. Ventura, CA: Regal Books, 1996.

Tripp, Paul. "Why Do I Need the Bible?" Paul Tripp Ministries, Inc., May 13, 2019. https://www.paultripp.com/app-read-bible-study/posts/001-why-do-i-need-the-bible.

Vine's Complete Expository Dictionary of Old and New Testament Words. Nashville: T. Nelson, 1984.

Wallace, J. Warner. *Cold-Case Christianity: a Homicide Detective Investigates the Claims of the Gospels*. Colorado Springs, CO: David C Cook, 2013.

Whelchel, Hugh. "The Four-Chapter Gospel: The Grand Metanarrative Told by the Bible." Institute for Faith, Work & Economics, February 14, 2012. https://tifwe.org/the-four-chapter-gospel-the-grand-metanarrative-told-by-the-bible/.

Whitacre, Rodney A. *John*. Downers Grove, IL: Inter-Varsity Press, n.d.

Wilbur, Hervey. *The Assembly's Shorter Catechism, with the Scripture Proofs in Reference: with an Appendix on the Systematick Attention of the Young to Scriptural Knowledge*. Newburyport: Printed by Wm. B. Allen & Co., 1816.

Notre cadeau pour vous

Vous y êtes arrivé ! Nous voulons célébrer avec vous et vous partager des vidéos, des ressources et bien d'autres choses encore. Veuillez visiter **yourtruestorybook.com** pour nous laisser savoir que vous avez terminé ce voyage. Vous recevrez une attestation de participation et nos prières.

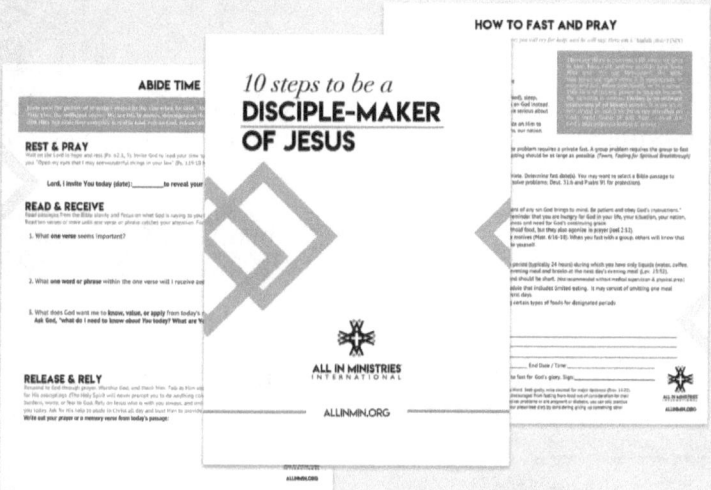

Restons connectés

Nous avons marché ensemble pendant 50 jours et nous ne voulons pas nous dire au revoir.

Restez connectés avec nous et partagez-nous votre vraie histoire ici :

Facebook – facebook.com/allinmin
Instagram – @allinministriesinternational
YouTube – All in Ministries International

Le livre **Votre vraie histoire** a été écrit pour tout le monde, où que vous soyez dans le monde.

All In Ministries International entraîne les femmes à devenir des formatrices de disciples pour Jésus.

ALL IN MINISTRIES
INTERNATIONAL

Trois façons de servir ensemble :

Faites des disciples

Vous pouvez rejoindre les femmes dans votre communauté ou dans le monde afin de pouvoir former des disciples de Jésus. Nos ressources en ligne gratuites vous aideront à y arriver.

Devenez formateur

Utilisez notre cours de formation pour faciliter les rassemblements de disciples locaux et partout au monde. Faites partie d'un réseau mondial de formatrices bénévoles.

Devenez partenaire de mission

Invitez-nous à travailler à vos côtés dans votre ministère. Pendant que votre équipe sert, nous nous occupons de former des femmes pour qu'à leur tour, elles puissent former des disciples.

All In Ministries International Incorporated est une organisation à but non lucratif 501c3.

Pour en savoir plus, visitez allinmin.org.
Changer le monde une femme à la fois